劉君祖易經世界

身處變動的時代，易經教你掌握知機應變，隨時創新的能力。

易斷全書

理解《易經》斷卦的實用寶典

Volume 1

劉君祖 著

The Comprehensive Book of I Ching Readings

目錄

自序

感而遂通，極數知來

二〇〇九年歲末隆冬，我應邀赴吉林長春授《易》二日，同行友人建議可寫一部專論斷卦的書，以饗天下習《易》者熱切求知之忱。自古即稱：「演卦容易斷卦難。」占法不一，精斷尤難，我自己習《易》四十餘年，講論《易經》也逾四分之一個世紀，各地各界學生數千，無不深嘆斷占甚難。如能藉此因緣全面探討，與天下同道同好切磋分享，倒是人生一快。其時北國大雪紛飛，室外氣溫冰凍至攝氏零下二十幾度，噓息成霧，我的心思活躍起來。

返台後，收到友人寄給我的《高島易斷》一書，為日本明治時代易學家高島吞象所著，副標稱：「易經活解活斷八〇〇例」。我看完全書七十多萬字後，不久即開始自己這部「易斷」之書的撰寫，約兩年成書近百萬字。除了將六十四卦三百八十四爻全部闡釋透解外，從自己與朋友、學生多年累積建檔的數萬占例中，斟酌選用了三千多例作斷占說明，其中大部分已準確應驗。

大陸簡體字版出書後，反應相當熱烈，時隔五年，大塊文化欲出更新的繁體字版。兩年前，郝明義先生即出版了《劉君祖易經世界》一套十冊書，裝幀精美，內容贍富，薈萃我多年易學研習的成果。當時我即以「大塊假我以文章」稱譽且致謝，今日再續因緣，出版百萬字鉅構的本書，嘉惠習《易》後學，我衷心感念。繁簡版間距五年，世勢又有重大變遷，不少事情已幸或不幸而言中，中間又積累了更多占例，可與讀者共享。《易》為隨時應變之書，理當與時俱進。再者，簡體版出書單位難免有許多避諱的考量，這次繁體版中則盡予恢復，以存其真相。一些過時的恩怨早已無感，於世道人心亦未必有益，則大筆勾消。如此刪訂贊修，仍約百萬字篇幅問世，箇中用心，望廣大讀者體會。

〈繫辭上傳〉第十章稱：「易有聖人之道四焉，以言者尚其辭，以動者尚其變，以制器者尚其象，以卜筮者尚其占。」明確將易占列入聖人之道，既而續稱：「是以君子將有為也，將有行也，問焉而以言，其受命也如嚮。无有遠近幽深，遂知來物。非天下之至精，其孰能與於此？」人生行事有疑惑，

敬慎問占，必能得出反映現實及未來變化的占象，不是天下最精密的學問，怎能達到這個境界呢？「參伍以變，錯綜其數。通其變，遂成天地之文；極其數，遂定天下之象。非天下之至變，其孰能與於此？」《易經》卦爻關係的錯綜複雜以及千變萬化，若能透徹了悟，解讀占象不是問題。

「易，无思也，无為也，寂然不動，感而遂通天下之故。非天下之至神，其孰能與於此？」易占如此神妙，與萬事萬物間的和諧感通有關，占者須滌除雜念凝神靜慮，方易獲致最切合的卦象。至精、至變、至神，〈繫辭傳〉對《易經》理氣象數的高明推崇備至。確實就是如此。

〈繫辭上傳〉第十章前面的第九章，即為古傳正宗的揲蓍之法的說明。取五十根蓍草為大衍之數，用四十九根，經分二、挂一、揲四、歸奇的反覆操作，可得出十八變之後的六爻卦象。成卦法自古無甚爭論，爻變、卦變的決定卻有不少歧異。近代學者高亨所著《周易古經通說》第七篇〈周

易筮法新考〉，論證詳密，以「天地之數五十五」測定宜變爻位的說法，相當精彩可靠，我多年實占的經驗也能符驗。本書前有〈易學導論〉、〈大衍之術〉數篇，以及第四輯後附學生邱雲斌所整理的〈變卦！變卦！〉一文，全面闡析得很清楚，讀者細心品鑒即知。

日人高島應是採用揲蓍之法，但全書只有不變之卦與單爻變的占例，未見二至六爻變動的例證，書中也沒有任何多爻變怎樣衡量判斷的說明，這是該書最大的缺憾。蕞爾小島自以為高，學養不足以蛇吞象，極論易占還得歸於中華。

若據本書〈變卦！變卦！〉的機率研究，多爻變出現的可能性約四成六，不是都可簡化為單爻變的情境而獲完整解釋。本書三千多卦例中，即收錄過半的多爻變占例，並予以充分信實的解析說明，讀者用心揣摩，當有深悟。

本書占例中，除個人人生經歷外，還有大量對世局時事的洞察與預斷，跨世紀前後三十年，舉世政經社文各方面的變化甚大，極數通變，定業斷疑，正是學《易》用《易》的最好素材。借占習易、借易修行，我個人樂在其中，獲益甚大，也真誠希望將心得與天下好學深思者共享。中孚卦九二爻辭稱：「鳴鶴在陰，其子和之；我有好爵，吾與爾靡之。」謹以此書獻世，期能功不唐捐。

劉君祖

識於二〇一七年十月仲秋

導論

《易經》有一套由六十四卦、三百八十四爻的符號所構築的象徵體系，以爻與爻、爻與卦、卦與卦間種種錯綜複雜的關係來描述宇宙人生的變化。為了便於讀者清晰掌握本書的分析架構，有必要將卦、爻象的基本含義作一番說明。

卦代表宏觀的情境，爻則為其中不同層次、不同立場的更細微的變化。以組織結構而論，卦代表全體，爻則代表從基層到高層的六個位階（下圖）。初爻、二爻和三爻合組成下卦，為代表民間或地方政府的被管理階層；四爻、五爻和上爻合組成上卦，為中央政府的決策管理階層。上卦和下卦間的互動，即表示朝野的關係良窳，足以決定全卦的吉凶禍福。五爻為君位，獨掌大權，領袖群倫；四爻為近臣或重臣之位，輔佐五爻治理天下，伴君如伴虎，角色很難扮演；上爻

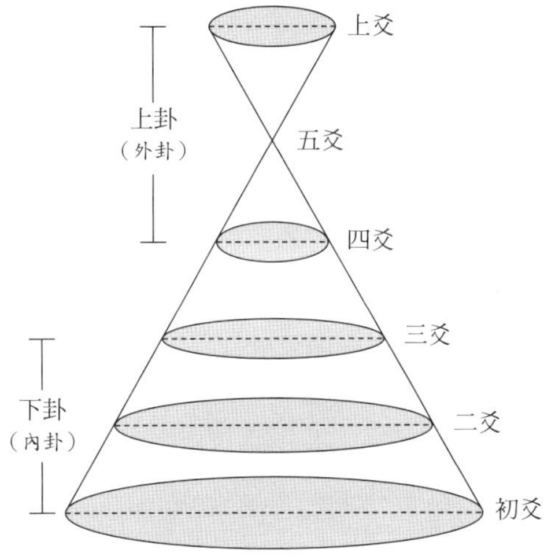

六爻金字塔結構

為半退休的老臣之位，有時也代表全卦的最高精神象徵。

爻除了象徵地位外，也代表時序的變遷。初至三爻為從始到終的一個週期，四至上爻為終而復始的又一個週期。第一個週期的特性即由下卦、亦稱內卦來表徵，次一週期則由上卦、亦稱外卦而顯示。

三劃卦的八卦有其基本特性：乾（☰）健，精進不息；坤（☷）順，和順包容；震（☳）動，積極主動；巽（☴）入，婉轉深入；坎（☵）陷，險惡陷溺；離（☲）麗，相續附著；艮（☶）止，適可而止；兌（☱）悅，衷心喜悅。至於乾為天、坤為地、震為雷、巽為風、坎為水、離為火、艮為山、兌為澤，則為自然界的八種現象，只要合於前述的基本特性，八卦可作為無窮無盡的取象。

八卦相蕩，上下內外互動的結果，自然產生六十四卦的種種情境。例如豫卦（䷏），上卦震動、下卦坤順，表示決策高層積極主動、組織基層順從配合，故有卦辭所云「利建侯行師」之象。又如豐卦（䷶），內卦離為火為明、外卦震動，表示先明而後動，真知力行的結果，當然大有斬獲。

爻分陰陽，卦中初、三、五奇數位為「陽位」，二、四、上的偶數位為「陰位」，陽爻居陽位或陰爻居陰位，稱為「當位」，反之則為「不當位」。以人事安排論，當位即稱職，量才適性，容易有好的表現。二爻居下卦之中，五爻居上卦之中，分別代表民間意見領袖及政府領導人的位置，不論當不當位，已經佔了優勢，這稱為「得中」。當位又稱「正」，「中」大於「正」，若「九五」、

「六二」則既中且正，本身條件好到極點。

一卦中爻際的互動關係也很重要。相鄰兩爻間的關係為「承乘」，下承上、上乘下，組織內長官和部屬的隸屬關係即屬此。「陰承陽」，亦稱「柔承剛」，實力弱的接受實力強的領導，正常而多吉；「陰乘陽」，外行領導內行，官大學問大，反常易獲凶。「陰乘陽」、「柔乘剛」也象徵欲望蒙蔽了理智，正義不得伸張，當事者容易做錯事情。

初爻和四爻、二與五、三與上，相隔三爻間的關係為「應與」，代表組織上下內外的呼應關係。相應兩爻若為一陰一陽，資源互補，配合無間，稱為「相與」；若同為陰或陽，合作關係較差，稱「應而不與」（前頁圖所示）。人處任何環境，遠近親疏、承乘應與的關係特別重要，非搞清楚不可。

卦所代表的宏觀情境亦非孤立，而與其他卦之間有或深或淺、或隱或顯的關係。最常見也最密切的一種，稱為「相綜」，以卦劃論，六爻依上下次序顛倒旋轉一百八十度，所成卦象即為原卦的綜卦。例如師卦和比卦相綜（如下圖所示），正面看為「師」，反面看為「比」，「師」是軍事戰鬥，「比」是外交結盟，二者實為一體兩面、同時俱生，可交相為用。外交需以武力為後盾，團體與團體間往往既聯合又鬥爭。綜卦的好處在教導人全方位看問題，設身處地了解對立者的觀點，進而尋求辯證式的更高層次的綜合。

一卦六爻陰陽全變，所得之卦為原卦的「錯卦」，代表一種徹底的劇烈變

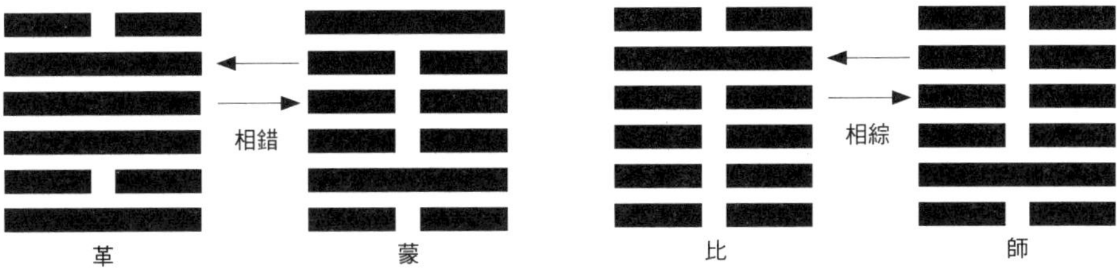

化。例如蒙卦和革卦相錯（如前頁圖），啟蒙成功、民智全開即為革命。錯卦亦稱「旁通卦」，性質截然相反的事物，一樣有建立共識、相資相成的可能。例如乾、坤相錯，坎、離相錯，天地合而生萬物，水火合成既濟（䷾）等。

六十四卦非任意排列，有其自然演進的順序，稱為卦序。了解卦序，對事情發展的來龍去脈、前因後果即能掌握，看問題不但有歷史的縱深，還可對未來有精確的預估。綜卦既為一體兩面、同時俱生，在卦序中當然排在一起；錯卦表示劇烈的變化，在一個時代伊始和快結束之時也會並排出現。例如乾（䷀）一、坤（䷁）二，開天闢地就是錯卦的大變動，既濟（䷾）六十三、未濟（䷿）六十四，宇宙綿綿無絕期。《易》分上、下經，上經三十卦，下經三十四卦，象徵偏重天道或人事的兩重演化。上經快結束前，頤（䷚）二十七、大過（䷛）二十八、坎（䷜）二十九、離（䷝）三十，為起伏極大的相錯巨變；下經也是全經最後，中孚（䷼）六十一、小過（䷽）六十二，動盪之烈，令人很難適應。今日全球矚目的金融風暴，政經格局變動之大，即印證了錯卦之理。

積爻成卦，爻變，卦也可能跟著變，風雲人物往往開創機運，扭轉時代。例如困卦「九五」爻變，成解卦（如圖），表示君子固窮，遭困不改常度，終於脫困；否卦「九五」爻變，成晉卦（如圖）上下不交的局面得以重

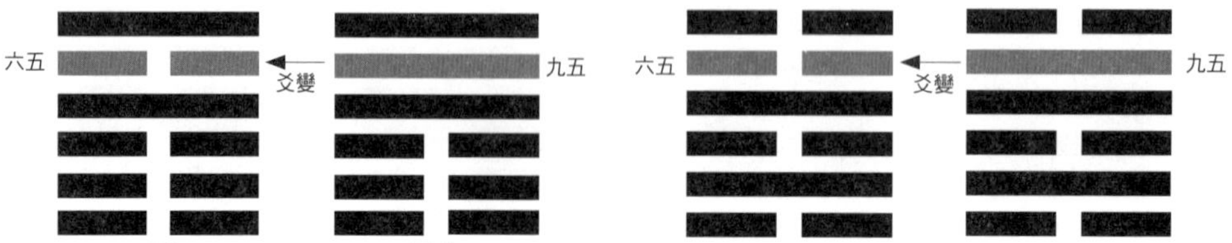

困卦　解卦　否卦　晉卦

見光明。除了一爻變外，也有二至五爻變的情形，孰為主變數？孰為次要變數？抑或大家聯合起來一起變？或者格於時勢，想變而變不成？總之，個體和群體間的相互制約與連動，非常精微而複雜，足供我們論世事之時參考。

最後是「中爻」，也就是所謂卦中卦的理論。中爻指居全卦中間的三、四兩爻，為天、地、人三才中的「人位」，承上啟下、繼往開來，多凶、多懼、多是非。此二爻與上下諸爻連結，重新排列組合，會產生新的卦，潛伏在原卦內而發揮無形的影響力。例如泰卦，以三、四、五爻合成上卦震（☳），二、三、四爻合成下卦兌（☱），配成雷澤歸妹（如圖），歸妹卦即為泰卦的卦中卦；同理，否卦的卦中卦為漸卦（如圖）。人生持盈保泰不易，驕奢致敗，即受了歸妹卦「柔乘剛，无攸利」的影響；而解消否境，往往漫漫難熬，也和「否」中之「漸」有關。

此外，三至上、初至四、二至上、初至五，亦可合成另四組卦中卦，都對本卦及相關爻位產生影響。人生實無孤離情境，一切息息相關啊！

《易經》狹義來說，係指卦爻辭，總共才四千多字；廣義來說，則包括號稱「十翼」的十篇傳文在內，使其篇幅達到兩萬多字。〈彖傳〉、〈象傳〉依經分為上下篇。〈彖傳〉解釋卦辭、分析全卦結構、指出主力爻的地位，而且往往有嶄新的創見。〈象傳〉又分〈大象傳〉和〈小象傳〉，前者偏重上下卦的互動關係，將自然界的道理落實到人間世來施行；後者解釋爻辭，依當位居

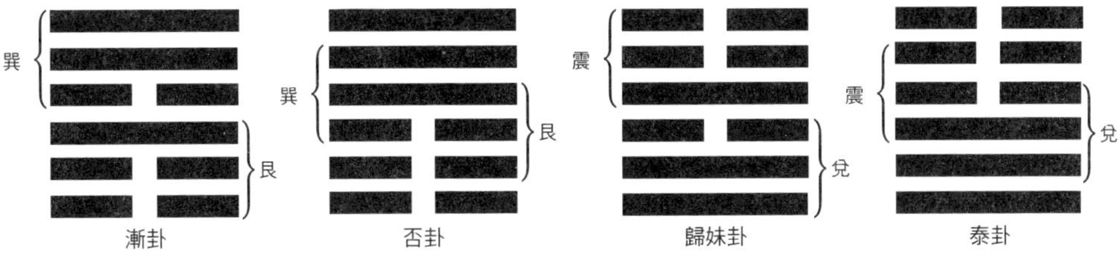

中、承乘應與的法則剖析吉凶。

〈繫辭傳〉通論《易經》，分上下篇，共二十四章，哲理意境極高。〈文言傳〉專釋乾坤兩卦，教人從基本面進德修業之路。此二傳內文多稱「子曰」，和孔子思想有密切關係。

〈說卦傳〉探索作卦的緣由，闡論八卦的特性、方位及彼此互動的情狀。〈序卦傳〉解析卦序之理；〈雜卦傳〉另出機杼，將原有卦序打亂，以一、二字對比顯示錯綜諸卦之理，混沌中自有秩序，堪稱「十翼」中壓軸蓋頂之作。

〈雜卦傳〉最末言：「夬，決也，剛決柔也。君子道長，小人道憂也。」《易》為君子謀，天道悠悠無盡，人道莊敬自強，今日時習論《易》，也無非就是這種心情吧！

大衍之術

藉占習易、藉易修行

俗話說，演卦容易斷卦難。因為斷占的過程一定會涉及到占卦的原理，如果對《易經》六十四卦、三百八十四爻的背景知識不很熟悉，也缺乏深刻的體悟，斷占當然很困難。儘管難，但只要掌握幾個基本原則，並切記「不可為典要，唯變所適」，同樣可以斷占。自古以來，但凡研究《易經》者，大都會注意現場斷占的情勢、自身的精神狀態，以及自身的修為能力，甚至還包括你的靈感。所謂「藉占習易、藉易修行」，說到底還是要歸於人生的基本實踐。藉著易占的問答，結合自己的生活經驗，將更容易進入《易經》豐富而深刻的義理世界。換句話說，如果學習態度是健康的，在習占、習易的過程中，藉著一個問題、一個答案這種占卦的訓練，一定會提升形勢判斷跟決策思維，甚至是實踐的能力。如果養成依賴心，學了易占之後，不占就不能決策、不敢做事，那就本末倒置了。過去我也提過，一般要在碰到比較過不去的困局跟險境時才會想到問占；學會占法後，當局者迷，旁觀者清，明明靠基本判斷就可以解決的事，還要啟占，這樣的情形也是有的。所以斷卦之難，有時候也難在你容易感情用事；因為你深陷在自己的情境中，不敢面對真相。我們講蒙卦的時候也說過，「初筮告，再三瀆」；當「瀆」的情形出現，一定會影響判斷，你會一廂情願，把明明已經呈現的客觀真相，硬是曲解成對自己有利的狀況。所以占卦時必須跳脫個人好惡，站在比較客觀、比較中道的角度做冷靜的判斷；否則，自己占過之後，再請朋友、老師代占，因為對方的判斷比較可以就事論事、就易論易。這也是一種方式。但最好的方式還是面對自己的問題，然後練習面對人生很多的難關。累積久了，肯定會增加處理人生困境的能力。所以學占卦是為了增強你的決策判斷能力，不是讓你養成依賴心，這是大前提。

大衍之術

大衍之數五十，其用四十有九。分而為二以象兩，掛一以象三，揲之以四以象四時，歸奇於扐以象閏；五歲再閏，故再扐而後掛。乾之策二百一十有六，坤之策百四十有四，凡三百六十，當期之日。二篇之策，萬有一千五百二十，當萬物之數也。是故四營而成易，十有八變而成卦。

——《易經・繫辭傳上》

在大衍之術的講解過程中，會用很多占例來做示範。當然，不見得每一種斷卦的變化類型都有代表的卦，我們只舉出過去一些非常有啟發意義、已經是靈驗如神，或者在未來發展中我們最關切的幾個中長期問題為例。

學斷占不可心急，斷占之難，難在它需要長時間的經驗累積，不只需要對《易經》卦爻義理的深刻理解，甚至需要以畢生的修為，以及豐富的社會實踐經驗。當然也不是每個都那麼難，不然我們都沒信心學了。易卦四千零九十六種變化類型，有的很簡單，一目了然，卦辭、爻辭寫得清清楚楚、明明白白；有的非常繁複，明明看老師講起來好像很容易，等自己下手判斷時卻茫無頭緒，遇到這種情況也不必心急。我還沒碰過有教占、學占、看占例馬上就懂的學生，所以有挫折感或不懂是正常的。

相較於其他占法，《易經・繫辭傳》中提到的「大衍之術」是最繁複的。「衍」即「水之行」，就是環繞高山曲折而流的河流，最後歸於大海。這就是「衍」的基本意思。透過占卦也可以理解，人生的奮鬥並不是一步到位的，必須經過一些曲曲折折，然後依形勢而成。「大」代表無所不衍，在宇宙時空中，沒有不可以通過這種方法計算的；只要一個問題有一定的合理性，就一定可以得出相應的答案。

初學易占的人，實際體驗還不很豐富，也許會覺得「大衍之術」的占法很繁複，其理論根據和曆法有關，亦即跟星辰運轉的規律性有點關係。這套占法也不知道是誰發明的，它像電腦模擬一樣，不僅模擬天地人三才、星辰日月，還有春夏秋冬四時；這就跟太陽、地球的互動有關。然後它還考慮了置閏的設計，閏年、閏月，五年二閏、十九年七閏；陽曆有陽曆的方式，陰曆有陰曆的方式。發明這套「大衍之術」的人，把這些都設計在整個操作程式之中，看似簡單，其實不知花了多少心血。如果沒有這套占法，以現代人的聰明才智，還未必能創造出這樣的占法。

我們看〈繫辭傳〉關於「大衍之術」那一章的說明。整個操作程式、曆法的概念，與第四十九卦、第五十卦、第五十五卦都是有關聯的，這幾個卦的〈大象傳〉，幾乎就已經把大衍之術的教占、衍占、斷占的規律都說明了。如第四十九卦革卦（䷰）的〈大象傳〉說：「澤中有火，革。君子以治曆明時。」這就講到了曆法的概念，要了解時機，就要訂立曆法。第五十卦鼎卦（䷱）〈大象傳〉云：「木上有火，鼎。君子以正位凝命。」「明時」、「正位」就是革故鼎新；也就是《易經》講的「時」與「位」。革故鼎新就是人的一種原創力的大突破、大發揮，占法也好、曆法也好，都是人掌握自然天時的規律而發明的，並不是先天就有的。

「大衍之術」的數目就是「五十」，我們先準備五十根籌策（蓍草或圍棋等皆可）。我們講過《易經》的卦序都有深刻的意義，並非巧合。「五十」是鼎卦的卦序，第五十就要「正位」，把人生的定位、空間的佈局、資源的狀況告訴我們。「其用四十有九」，開始占卦時，先要把一根籌策拿出來，在往下的演算中，那一根是不能動的，但也不可或缺。其他四十九根蓍草做分分合合的演算，好像就是針對那一根來做演算；像天空的星辰繞著北極星，北極星不動，其他動。那一根不動的蓍草，也是《易經》講的「不易」；其他的四十九根天翻地覆的變化，這就像「變易」。

另外，還有一個純自然的天地之數，即「五十五」。在《易經》中就反映在對應的第五十五卦豐卦（䷶）。豐卦〈大象傳〉云：「雷電皆至，豐。君子以折獄致刑。」正如乾卦〈文言傳〉對「大人」的定義，天人合一，與天地、日月、四時、鬼神合其吉凶。宇宙、天地之間太豐富了，包含天地、人、鬼神，不是只有人。所有這些看得見的、看不見的力量，都可能會主導一些形勢的發展。如果你能全方位的掌握，則有助於搞清楚時位的關係，並做出精確的預測。一個卦占出來，一般是用四十九、五十這個數操作，如果涉及較複雜的爻變，甚至可能引發整個卦產生變化的判斷時，一定要用豐卦卦序的數目「五十五」。「五十五」稱為「天地之數」，革故鼎新之

「四十九」或者「大衍之數」的「五十」，是人創造模擬發揮出來的，天人之間還是有差距的，所以「五十五」是一個滿數，不管怎麼演算，都不可能超過五十五。等到實際操作時就會明白。豐卦〈大象傳〉說：「君子以折獄致刑」，因為需要審慎的判斷，所以涉及到斷卦，亦即爻變、卦變到一個比較穩定的狀況，以便我們做形勢的判斷。會跟豐卦有關，是因為豐卦〈大象傳〉講的就是天地人鬼神的綜合判斷，決定善惡、吉凶、是非、輸贏、成敗、禍福。

以上就是教占之前在理論上的說明，閒言少敘，以下開始進入具體的占卦。

占具介紹

占具一般用蓍草，我一般在教占時所用的籌策—蓍草，是我在河南安陽殷墟羑里文王廟那裡買的。也可以用黑色的圍棋子或者小木棍代替；任何東西，只要數目是五十就可以了。長條狀如蓍草，或是顆粒狀（最好不要是扁平的）如圍棋子，都適合做分分合合的演算。其他如吸管，甚至是牙籤，只要長形或顆粒狀的都可以，因為「大衍之術」跟數有關，跟形無關。就像數學的幾何與代數一樣，幾何是講形的，代數是講數的。如果用龜卜，那就跟形有關了。將龜殼放在火上烤，看它會呈現什麼樣的裂紋，那就是「卜」。這就跟數沒有關係。當然卜術已經失傳了，我們現在教的都是「筮」，但兩者都需要用專注的心念來操作。筮法是一直流傳到現在的。一個用動物的殼，一個用植物的莖。為什麼要用龜殼和蓍草卜筮呢？據說是因為烏龜和蓍草都活得很長，看盡天下興亡，所以適合做占卦預測的載具。

如何衍卦

在操作開始之前，先要選定問什麼問題，還有時限的問題。我們且以「二〇〇九年臺灣經濟能否振作」為問題進行占卦。首先要集中心念，冷靜專注，理論上這樣出來的答案會更接近真相。如果心思雜亂，心神不定，有可能得出次佳的答案，而不是最佳。

如果你覺得心亂，就先打坐、念經，或者點根香讓自己靜下來。像朱熹還專門有一套繁複的筮儀，當然現在都不用了，只要能專注就可以了。開始操作時，先放一根籌策在外面，固定不動，用其餘四十九根操作（圖①），這是第一道程序。一卦六爻，每一個爻有三次變化，要經過十八次周而復始的變化，才能把六個爻從初爻、二爻……上爻排出來。每個爻都一樣，都是通過這樣的操作程序。有些人認為，既然那一根從頭到尾都不動，那我們就用四十九根算好了，不行！因為這單獨的一根與其餘四十九根有對應關係；除了我們剛才講的變易和不易，還有不管怎麼變化，藏在變化裡面的東西，就是一切變化的本體（有點像太極），一定有一個根源，即不動的那一根，就像乾卦的「元」。由「體」到「用」，開始變化，變化就是讓你在想這個問題的時候，像撲克牌切牌一般，一生二，變成陰陽（兩儀）兩邊（圖②），這種分成兩堆的方式，完全根據你的心念，是隨機的，至於左邊是多少、右邊是多少都是不知道的，反正左半邊跟右半邊加起來的數目一定是四十九，既隨機又偶然。因為實

①

際上很多形勢的變化，開始啟動的時候就是純偶然的，不是按照預期的。分開之後等於是開天闢地、分陰分陽了，這就是「大衍之數五十，其用四十有九，分而為二以象兩」。什麼東西都有兩端，像太極圖就有陰陽，每一個問題也都有兩端，像執政黨和在野黨。

分開了，就代表會活動了，象徵從太極、從「元」然後生出天地。下面就有一個原則叫「右手定則」，它是有方向性的，左半邊為天，右半邊為地。那麼地中會生出什麼？生出人。地上生人，乾、坤下面有生命，這是天地人三才的概念。一生二，二生三，人在天地之間，是舞台上的主角，是從地上長出來的，所以接著就要從右半邊再拿一根出來，這叫「掛一以象三」（圖③）。下面就容易了，一、二、三之後就是「四」了，「揲之以四以象四時」，按照「四」的數目把籌策分開，從一、二、三、四來決定六、七、八、九。「四」就是象徵四時—春夏秋冬、元亨利貞那個周而復始的循環。換句話說，從右邊拿了一根象徵人這個天地舞台上的主角之後，然後就有「時」的循環，即四個四個一數分堆，像做除法一樣有餘數，餘數不管多少，就把它拿在手裡（注意：因為餘數不能是零，所以餘數不管多少，即使是「四」，都要拿在手裡），這叫「歸奇於扐以象閏」（圖④）。若是用蓍草則把它夾在指頭間。「歸奇於扐以象閏」，是歲差

的呈現。累積歲差就有閏年、閏月的考量，所以這完全跟曆法有關。任何東西都有一個創造的本體，沒有天地就沒有人、時的循環。曆法是整個宇宙、時空環境中，天、地、人、時的循環，息息相關且互相影響，所以用它來模擬人生所有的事態發展。

右半邊處理完了，不要把它混進來，我們還有左半邊，注意不要再拿一根出來了，還是四個一數，將餘數拿在手裡，和右半邊的集中在一起，放在一邊。桌面兩堆蓍草都是四的倍數，這就叫做完成了一次變化（圖⑤）。總共有十八次變化，要三次變化才決定一個爻是陰爻還是陽爻，是老陰、少陰還是老陽、少陽。陽氣如果到了極點，就叫老陽，數字為「九」，可能要陽極轉陰；如果是少陽就叫「七」，表示還未發育成熟，還很穩定。如果是老陰就叫「六」，陰極要轉陽，非常不穩定，就要產生變動了；「八」就是比較穩定的少陰。萬物分陰分陽，然後陰極轉陽、陽極轉陰，這些都跟四季的變化有關。

完成一次變化之後，拿出來的那一堆也不要動，下面的兩堆分而復合，又合而復分，開始進行第二次變化。第一次變化剛開始時，籌策的數目一定是四十九，現在不是四十九了，但一定還是四的倍數；就用這新的組合做基礎，再來一次。仍要專注在當初設下的問題上，一樣把這堆籌策分成兩半，然後右邊再拿一根出來，四個一數，餘數

夾在手指間；然後處理左邊，直接四個一數，餘數和右邊的餘數合在一起，放在另一堆，與第一次變化的餘數堆區別開來。

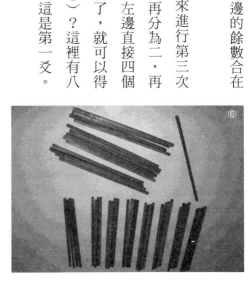

下面還是兩堆四的倍數，完成兩次變化了。接下來進行第三次變化，還是一樣，先將兩堆四的倍數的籌策合在一起，再分為二，再從右邊拿一根出來，然後四個一數，餘數夾在手指間，左邊直接四個一數，餘數和右邊的一起放做一堆。這就完成三次變化了，就可以得出第一個爻了。算一算最後留下的「四」有幾堆（圖⑥）？這裡有八堆，所以數字為「八」，是陰爻，叫少陰，寫在紙上，這是第一爻。如此如上重複演練，另外五個爻就會相繼出來。

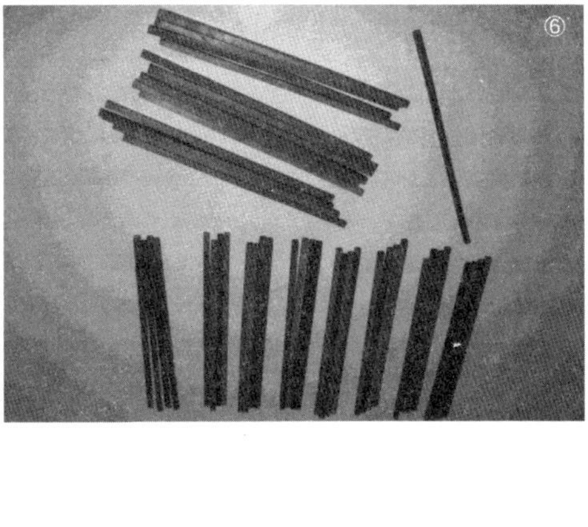
⑥

演算過程中需儘量放鬆，經過十八次的分分合合，那是非常偶然、非常隨機的，人力根本不能控制。因為問題是自然呈現的，而在每一次的一分為二時，結果其實就確定了，所以它是隨機開展的偶然；分的時候是偶然，把它排出來則是必然。人生就是偶然和必然的結合，開創的時候沒什麼章法，到一段時間不行了，就得打散重新創造。偶然與必然經過十八次的反覆進行，把所有人為誤差、人力干預的可能性統統排除。

我們得出的第一個爻是陰爻。再開始推演第二個爻。還是一樣，「分而為二以象兩」，「掛一以象三」，經過三次變化後，這次出來的數字是「七」，是陽爻，少陽。少陰、少陽是不會變的，非常穩定，因為它還沒有發育成熟。我們在紙上畫個陽爻做記錄。然後進行第三爻。還是照第一爻的方法，經過三次變化，出來的數字是「八」，是一個陰爻，少陰，再記錄下來，下卦就完成了，這是一個坎卦（☵），而且是不變的。現在，要把希望寄託在上卦，看看可否脫險？

我們再繼續看第四爻的衍算，還是將四十九個籌策一分為二，再如上經過三次變化，出來的數字是「九」，是陽爻，而且是老陽，終於有變化了，總算有一點生機。「九」是老陽，要動，當然後面兩個爻還不知道，所以有四種可能。下面再算第五爻，就是君位，全卦最重要的位置。還是得照規矩四個四個來，最後一次變化，結果是「七」，是不動的陽爻。算最後一個爻，結果是「八」。上卦也出來了，是兌卦（☱）。

現在全部算完了，要強調的一點是，每經歷三次變化後，出來的堆數都是四的倍數；四的倍數只有四種可能，不是六堆，就是七堆、八堆或九堆，絕不會有別的。如果發現不是六堆、七堆、八堆、九堆，一定是在衍算時操作錯誤。

上卦為兌，下卦為坎，組成的是澤水困的困卦（䷮）。這就是二〇〇九年年底臺灣經濟的形勢。後來驗證，確實是如此的。如果第四爻不是動爻，那就是完全不變的困卦，「困」就是資源根本動不了，都消耗光了，卦象是澤中的水統統乾涸，但這裡還有一線生機，就是第四爻是變的，爻變為坎卦（䷜）。如果爻變為困中的坎象，就知道這個爻的處境是非常辛苦的。

斷占解卦

假定算出來的六個爻都是「七」和「八」，表示六個爻不會有任何變化；一旦有變化，就像春夏秋冬，就是陰陽老少的變化。「九」跟「七」是陽，「六」跟「八」是陰，一年溫度最高的時候是「九」，一年溫度最低的時候是「六」。「八」就是秋天，「七」就是春天。由秋天到冬天，基本上都屬於陰；比如由少陰到陰寒之氣越來越重；從「履霜」到「堅冰至」，由「八」降到「六」，溫度節節下降。

春暖花開的春天屬於少陽，溫度慢慢升高到夏天，七、八月份非常熱，就到老陽「九」了。從「八」到「六」，氣溫下降；從「七」到「九」，氣溫上升。基本上還是陰與陽在各自的「量」上面產生變化，這叫做「量變」。可是夏天變秋天，老陽轉少陰，或者冬盡春來，老陰轉少陽，這叫「質變」。可見，「六、七、八、九」跟四時的循環完全對得上。而「天地之數」也並不神秘，是很基本的算術問題，一到十加起來就是「五十五」。「天地之數」是做為一個控制。因為不管算出什麼卦，最多算出六個「九」，即五十四，那是一個六爻全變的乾卦；最少是三十六，那就是一個純陰的坤卦，全部是「六」。這裡面當然都是有道理的。

接下來就要看如何斷卦。通常我們算出一個卦，如果全部是不變的少陰、少陽，不是「七」就是「八」，只要根據這個卦的卦辭、卦象去判斷，就可以找到我們要的答案。因為不變，所以爻沒有動，那就沒有任何的變數。這是最容易判斷的。但是，不變的狀況一般較少，通常變的可能性較大；像我們前面算的那個卦，唯一變化的可能就是第四爻，第四爻的爻辭就要列為重要參考。爻辭就是一個變化的概念，牽涉到可能會怎麼變，如何才能趨吉避凶？第四爻的變動，使原來的困卦變為坎卦；也就是說，一個政策還需執政的高層通過，除非最高領導人可以用行政命令解決。換句話說，臺灣當局的政策能不能紓解民困，就是第四爻和第一爻的關係。第一爻顯然都空了，民不聊生，是坎卦；能不能解決問題？困卦第四爻的爻辭就可以做為參考。一般來講，遇到不變的卦，就直接看卦辭，算也沒有意義，因為所有的爻都不會動。通常只要出現一個「九」或者「六」，就代表有變的可能。

還有，爻變也有能量大小的差異。我們剛才算的六個爻的數字——八、七、八、九、七、八加起來，結果是四十七。這就要用極限數（天地之數）「五十五」去減四十七，結果差距是「八」，所以要由「八」來決定爻變的能量。亦即這個爻雖有變化的可能，但能量到底有多大，還要掂量掂量。這是很重要的決定因素，因為爻變不必然等於卦變；主觀上有變化的意願和能力，還要看客觀環境是否允許你變化。或者，即使你有變化的能力，但其他人沒有，能不能變，就要看機緣。所以接下來要決定宜變的爻位。像剛才的相差數值是「八」，表示第八個位置是宜變的爻，從初爻開始往上數到第六爻，再從第六爻往下數，第八的落點是在第五爻，如果第五爻本身剛好有變的意願與能力，它就得到「宜變」的加持了。也就是說，如果這個爻剛好是「九」或「六」，表示它本身有變化的能力和意願，然後這個差數又剛好點到這個位置（機率有六分之一），就代表客觀環境也允許它變，所以它就得到加持了。而那個爻辭的份量就更為重要了。否則，只是擦肩而過，雖然還有一定的能量，但客觀環境還有阻礙。

所以「九」跟「六」只能說是可變的爻，通過用總量五十五減掉六爻數字總和的能量差，就可以知道環境給不給它機會？前面占出來的困卦六爻數字總和是四十七，與五十五相差八，我們從下往上數，再從上往下數，減數「八」落在君位第五爻，但君位是不變的爻，沒反應，下面第四爻是想變的，卻沒有得到強大的能量加持。

前面提到單爻變要列為重要參考，因為它是唯一最有變的能量，所以除了困卦的卦辭、卦象要做整體思考，爻辭也要列為重要參考。困、坎二卦雖然還沒學過，但大家也約略知道一些，後來也證實二〇〇九年臺灣的民眾確實過得不輕鬆。當時大家也不敢奢望過高，只希望當年年底景氣可以稍微振作一下，因為爻辭「來徐徐，困于金車，吝，有終。」讓大家有了一線希望。後來確是如此。「來徐徐」表示很慢很慢。爻往上發展叫「往」，往下發展叫「來」，官方政策希望能振興經濟、紓解民困，就是針對初爻。第四爻是陽爻，代表政府有實力實權；困卦初爻是老百姓，是陰爻，有跌到谷底的象。居高位的第四爻，有責任紓困，所以它從年頭拚到年尾，設法啟動民間經濟的活力，效果來得很慢，也不明顯；爻辭下面有「困于金車」，表示只有百分之十到二十的效力。「金車」跟在地方上處在坎險中心的第二爻有關。第二爻跟初爻是近距離的承乘關係，跟關係較遠的第四爻之間，就有些爭奪。像四爻針對初爻的政策，要經過第二爻才能將資源送到第一爻，過這一手的中間，很有可能就被攔截掉了。換句話說，不管居高位的怎麼設法振興經濟，但效力很有限；有些錢可能流失掉了，或者卡住不動了，或者去填了更貪婪的坎險深處的口。這就叫做「困于金車」；這也可能是「來徐徐」的原因。現實社會的例子也很多，中央發放到地方的資金，很有可能被中間截取，或者被「金車」藏到保險箱裡去了，最後到百姓手上的就只剩下一點點，所以是「吝」，不是一個大開大闔的局面。困卦第四爻拚了老命，儘管少、儘管來得慢，到底還是給老百姓留下一點點資源，辛苦到年底，終於熬出了頭，得到一個「有終」的結局。當年全球的局勢大概都像困卦第四爻〈小象傳〉所說的「志在下也」，一心想為老百姓紓困，但礙於「金車」作祟，所以吃力不討好。困卦「九四」陽居陰位不當位，也是被罵得要死。

「大衍之術」的深度

《易經》的理氣象數包括時間在內，現在來看卦氣圖（下頁圖）。剛才占到困卦第四爻爻變為坎卦，坎卦就是冬天。春天是震卦，夏天是離卦，秋天是兌卦，冬天就是坎卦。冬天正好是年終。如果一定要對應，坎卦大致在復卦的冬至之後，復卦走到一半，約陽曆年底，陰曆十一月中的位置。不管是從陽曆、陰曆年看，剛好是年終，也是寒冬之象。而困卦就是在十二消息卦中的剝卦那個月份，是陰曆九月、陽曆十月，而且是比較接近月底的時候。換句話說，也是在一年的最後一季，看看有沒有機會拚得「有終」？所以，從卦氣圖標示的時間上來看，跟我們的判斷也是呼應的。

我們算二〇〇九年臺灣經濟情勢是困卦第四爻，爻變為坎卦。記得二〇〇八年在全球DRAM產業以先進製程技術與優異的生產效率著稱的臺灣茂德科技，在當年最後一季全世界出現景氣倒退的狀況時，它就非常危險；當時在茂德科技工作的學生，占卦問茂德的未來，就是完全不變的坎卦。這很清楚就是險象環生的象，面臨生死存亡的關頭，而且也是在坎卦冬天陰寒之氣最盛時出的事。

剛才介紹的「大衍之術」看起來簡單，裡面卻包含無比複雜、精密的道理，我們今日即使有高科技的工具輔助，要創造出這樣的演卦程式也是很困難的。從實用來講，比起唐宋以後發展出來的金錢卦、梅花心易等只需十幾秒就能算出來的程式，當然要複雜得多。「大衍之術」是最古老的占卦方法，先秦時期就出現了，孔子等人也是用「大衍之術」算卦。這種方法最快也要三四分鐘；如果心平氣和，慢慢把十八次變化算出來，大概要八、九分鐘或十分鐘。時間較長，但剛好可以訓練心的專注和穩定，這是占卦最重要的修為。

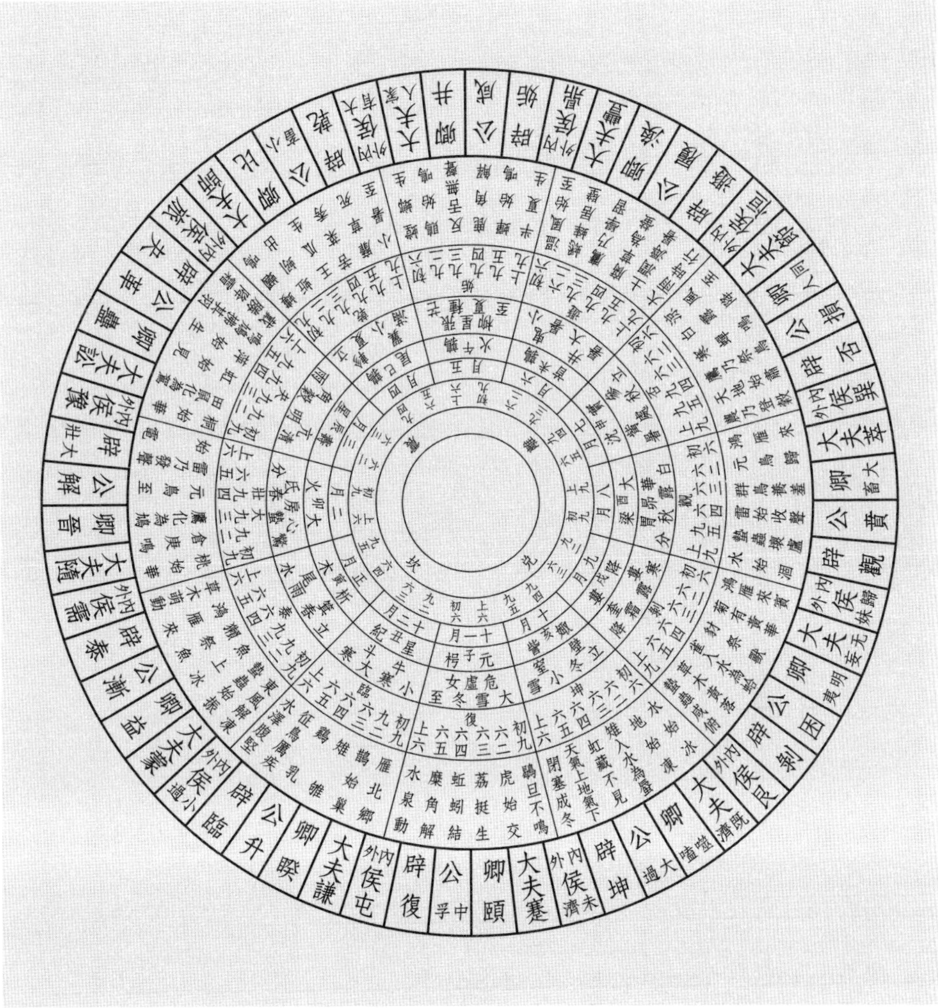

卦氣圖

我個人認為，除非特殊狀況，還是用這種比較繁複的占法為好。金錢卦或其他方式也不見得不準，但相較而言，「大衍之術」有義理的深度，而且是最正宗的。所以，何必在乎多花幾分鐘？如果多花的這幾分鐘時間，對你的人生困惑可以起到正面的指引作用，這是非常划算的，而且還可以幫助你切入卦、爻辭，了解《易經》的義理世界。其他占法雖然也可以結合卦爻辭，但是像「文王卦」之類就另外引入五行生剋等其他系統，根本就與卦、爻辭分離，純粹走術數的路子，機械式宿命論的色彩也比較濃。若想藉《易》修行，提高修為，自己就切斷了提升實踐能力的機會。還有就是機率的問題。這個問題我們會專門詳細說明。這裡先簡單提一下。也就是說，「六七八九」、「陰陽老少」出現的機率是有規律的，完全符合自然原理。嚴格來講，金錢卦靠擲三枚銅板，跟「大衍之術」的機率，在有些狀況下不會完全一樣。試想銅板的正、反面為陰、陽，機率絕對是百分之五十，就像自然界的雌雄、男女比例相近，不會差太多。將這種方法用之於解決難題，相較於大衍之術，我們會覺得，越是錯綜複雜的問題，通過「大衍之術」的盤算而顯現的卦、爻辭，資訊必定更豐富。如果你會解占、斷占，這種方法遠遠超過其他簡易的占法，尤其是跟卦、爻辭偏離的占法。像邵雍發明的「梅花心易」（也稱「梅花易數」）就因為十分簡易，受到後世許多占卦者的採用，但是以我的實踐接觸，用「梅花心易」短短幾秒鐘算出來的東西，有高度的不穩定性，如果學的人至少像邵康節那麼聰明，準的時候神準，但不準的時候也非常不準。不穩定度超過百分之五十，這不是開玩笑嗎？如果精確度、準確率低於百分之五十，還不如金錢卦丟銅板呢！

這套大衍之術的占法，各位學會之後，將來是「如人飲水，冷暖自知」。據我了解，大部分人在教占時，按傳統占法的還真不多，大部分都是用比較簡易的方式；從心態等各方面來講，簡易的方式犧牲不少東西，反而不能弄清真相。

「大衍之術」左右操作分析

我們在演占時會特意區分左右手，於是就有人問了一個很有趣的問題：我們都是從右邊拿一根籌策出去，可不可以從左邊拿呢？因為《易經》傳下來的規定就是從右邊拿出去的，大家也按這麼算。就研究《易經》來講，為什麼不可以從左邊呢？這是一個值得研究的題目。從實際占卦試試看，會發現把右邊變成左邊，結果有可能不一樣。首先，告訴各位，不論選右選左，一定要有選擇；分堆之後，從右邊或左邊拿一根出來，也要重複十八次。假定左邊可以，就得每一次都從左邊拿，不能忽左忽右，那就會完全亂掉了。而且我們發現，女性占卦，從左邊拿，可能比從右邊拿更好。現在會思考這個問題，一方面是因為古典資料無從查考，另方面則是我們確實有實踐經驗可證明，從右邊拿跟左邊拿的結果極可能不一樣；一爻之差就可能產生不一樣的結果，別說六個爻相乘的效果了。

找不到左邊的依據，怎麼辨呢？不過，這個問題也可以用實驗來解決。第一，就是拿左邊的籌策來看這個卦到底準不準？這當然是比較笨的方法。還有一種比較偷懶，就是用占卦來問：「可不可以用左邊進行『大衍之術』？會不會準確？」一有問題就有答案，我們實際占卦的結果，就是完全不變的風火家人卦（䷤）。根據卦辭來判斷，家人卦為「利女貞」，「貞者，事之幹也」，適合女人這麼做。這個回答看起來跟我們一般講的男左女右、左陰右陽有點關聯，這就很有趣了。之前我教占也教了十幾年了，心裡就很擔心女同學占的卦準不準呢？現在從易占給的答案看來，女性占卦用右邊也可以，但左邊會更好。其實過去女同學用右手占卦好像也沒出過什麼岔子，後來有些女同學全部改用左手占，我聽來的結果都是比右手好。所以用右手當然可以，全部用左手，尤其適合女性，這大概跟坤卦很細密、很豐富的特性是相符的。照這樣看，男性不建議用左手，女性則可左可右，但不能忽左忽右。為什麼傳統文獻上一定要從右邊呢？很簡單，自古有女人算卦的嗎？沒有。自古不管是實際負責占的專業人士或一般人，用「大衍之術」占卦的都是男人，所以規定用右邊。現在舊社會結束，女生也可以學占卦了，用左手「利女貞」，這就是一個回答。

「大衍之術」電腦化？

有些人在占卦時會急著想要有答案，尤其是遇到生死存亡一線之間的問題，哪能等十分鐘之後再決定？結果商機都過去了。那麼，現在資訊這麼發達，大衍之術可不可以電腦化呢？只要保持某一段時間的心誠，十分鐘、幾分鐘，甚至在剎那之間的差別在哪裡？可不可以一秒鐘就把結果算出來？整個算卦的操作程式中，有偶然、有必然，有分分合合的演算規律，是不是可以寫成可操作的程式，到時只要將自己的心念按程式輸入，一按鍵盤，答案立刻分曉？這樣的想法很早就有人提過。剛開始我們會覺得，利用「大衍之術」或其他占法，在三五分鐘或十分鐘內就可以算出來的答案，人生大概沒有比這更迫切的問題吧？而且衍占也是一種訓練，可以使自己在那個過程中靜下心來，想想自己的處境，多揣摩一下問題。當然，既然有人提出這個疑問，就得解決。把占卦程式化，理論上絕對可以辦到。比較難的是「隨機」的分開，因為它很偶然，經過十八次分分合合，把所有人為的誤差、操縱的意願都排除了；也把人生的始壯究、始壯究，由下而上、由內而外的繁複歷程統統整合了。既然理論上是可行的，就看程式寫得好不好？好不好用？還要結合大量的實際問答，才會知道程式設計是否成功？有個學生把一個法國人發明的電腦占法拿給我看，問我到底行不行？當時我也無法證實，沒辦法，只好占卦一問：「這套電腦演卦程式可不可行？」這樣問確實有一點邏輯上的問題，但也沒有別的辦法了。一占下去，結果就很抱歉，老外發明的東西占出來是不變的睽卦（䷥），剛好是與家人卦相綜的卦，反目成仇，各方面格格不入。可見老外這個程式設計不是太高明，自己打自己耳光。

二〇〇八年初，我們有個精通程式設計的同學，也是財務金融方面的長才，他自己就試著寫，第二個禮拜就來找我說，他設計好了一個程式，不知道準不準。我們還是占卦問一問，結果有突破了，占的是觀卦（䷓）。占卦不就是要深入觀察、要有穿透力嗎？此外，觀卦裡面還有爻變，而且是四爻齊變（下圖），動的是第五爻、第六爻，兩個「九」；還有第四爻為「六」，其實是上卦全變了；然後第二爻是「六」，也變，唯一不變的兩個陰爻就是初爻與三爻。二爻動，四爻、五爻、上爻全部都變動。這也是一個很好的占例，在這種情況下，觀卦出現過半數的變動，一旦出現變爻，就得用天地之數五十五做為控制數，減掉六爻的總和是「八、六、八、六、九、九」，相加得四十六，與五十五相減，結果是「九」，由下而上數到第六爻，再從第六爻往下數，剛好落在原本就可變的第四爻，所以第四爻的爻辭在四個變數之中，應該是最強勢的。四爻變已經是過半數了，就像六個人投票，有四個人投反對票，結果一定是要變的；而

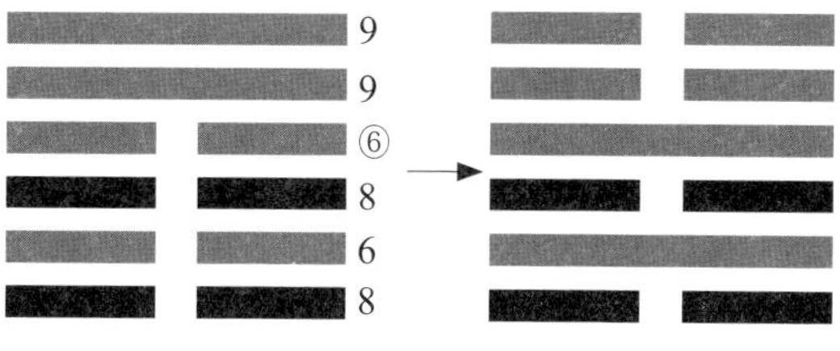

觀卦　　解卦

第四爻剛好是宜變的爻位，好像得到加持一樣，它的力量在四個變爻中變數最強，這個爻就叫「主變數」。但另外三個爻的意見也不能不重視。人生會面臨很多問題，有時候會有很多變數，九、六代表有變數，有改變的可能；「七」、「八」代表不會變，很穩定，安於現狀，屬於保守派，它既不會變，也沒有主觀意願和能量變。所以宜變的爻位，要用天地之數減六爻的總數，看它落在哪一個爻上，就是客觀環境提供的一個機會。假定剛好是蠢蠢欲動的六與九，乾柴烈火，變得更快。如果這個爻位點到的是「七」跟「八」，這個機會就浪費掉了，徒留一個殘局。

話說回來，我們上面占的觀卦四個爻都是可能變的，第四爻的變化可能特別強，也是主要變數，其他要變的三爻是次要變數。我們做事、思考問題常常要抓重點，如果時間不夠，能抓到重點，大概就已經有五六成的勝算；如果時間夠長，可以參考其他次要變數，再做更完整的考量，勝算就更高了。觀卦四個爻齊變為解卦（䷧），第四十卦解卦不就是解開難題嗎？它前面的第三十九卦蹇卦（䷦）就是難題，解卦要解的就是難題，用最佳解法給出答案。所以，他的設計比老外更接近了，加上我們用一些實際的東西去算，只需六秒鐘，卦象就跑出來了，準確度非常高。後來很多人把一堆問題用這個程式去操作，答案出來，好像也沒有不準的。當然程式可能並不是唯一的，但這個設計應該是成功的；先是深入觀想，冷靜設計，然後得其正解。尤其是觀卦第四爻，我們先不詳細講，諸位將來會學到，就是客觀的意思。「觀」本來就要很冷靜，觀卦第四爻說要更深入，保持客觀，那就不會有蒙卦講的「初筮告，再三瀆，瀆則不告」的問題。

「大衍之術」的概率問題

接下來，講關於六、七、八、九出現的機率問題。我們上面也講了，六、七、八、九包含春夏秋冬、陰陽老少的轉換，也就是由量變到質變的觀念。那麼出現六、七、八、九的機率又是多少呢？只要以前學過概率的數學，就可以直接算出答案來了——出現機率最高的是不變的少陰「八」。就像擲骰子一樣，擲十六次，有近半的爻是不會變的陰爻「八」，機率約有十六分之七。第二個出現頻率較高的就是不變的陽爻「七」——少陽，我們算任何一個爻，出現「七」的機率是十六分之五，四分之一強一點。而有變動可能的老陽「九」，十六次大概只有三次，出現的機率大幅降低，因為安靜、保守容易，想打破格局創新，那要有很大的能量，機率當然少。老陰「六」是最物以稀為貴的，十六次的機率大概只會出現一次變動的陰爻，這是必然的結果；因為陰極轉陽的力量，會比陽極轉陰的力量要大，機率是老陽的三分之一，它的能量則是「九」的三倍。我們在講乾卦和坤卦時曾說，至柔克至剛，「九」陽到極點，那是至剛，「六」陰到極點則是至柔；可是「至柔」的能量恐怕有「至剛」的三倍，從機率反推，越稀罕的越不容易出現。但是它一反彈起來，陰極轉陽的力量無堅不摧，故說「坤至柔而動也剛」。我們從這裡就能看出，一般陰性的力量是安於穩定、保守的；而陽性的力量一般比較浮躁，想衝想撞，所以陽爻要變比較容易，機率有十六分之三；陰爻要變的機率只有十六分之一，除非被壓迫到忍無可忍，最後反彈出來的能量一旦爆發出來，力量之大，非比尋常。

我們也可以發現，陰陽出現的機率剛好各半，十六分之七的少陰加上十六分之一的老陰剛好是二分之一；十六分之三的老陽加十六分之五的少陽，也是二分之一。整體來講，不管可變不可變，陽爻、陰爻出現的機率都是二分之一，永遠不會變。但是，在陰爻中，不想變的少陰「八」和可能變的老陰「六」比率是七比一。也就是說，大部分的陰爻、陰性的東西不想變，只有八分之一的機率才會出現強烈想變的「六」。陽爻就不是這樣了，少陽和老陽是五比三的比率。陽爻也有安定的時候，畢竟穩定還是第一選擇，可是到了老陽要爆發的時候，出現的機率還是佔了十六分之三。

從另外一個角度來看，十六分之一的老陰加十六分之三的老陽，不管是陰還是陽，就占了十六分之四，剛好是四分之一，不變的十六分之七加上十六分之五，剛好是四分之三。看來，社會上永遠是沉默的大多數——「七」和「八」，永遠是習於安定，能忍耐就忍耐；走極端、會打破現狀的「九」跟「六」，永遠是社會的少數。這不是很合乎社會的規律嗎？四分之三的人，接近百分之八十是沉默的多數，習慣穩定，很難帶頭造成社會的改變，創意不夠，膽識不夠，就是「七」跟「八」；少數幾個不滿現狀、帶頭改朝換代、創造發明的佔四分之一；這四分之一中，男人佔三個，女人佔一個。女強人最特殊，可以一個抵三個，所以千萬不要小看陰爻，它一旦發揮作用，誰都攔不了。所以陽性的東西要達到最高點很容易，陰性要到一個最高點則很難，出現的機率十分罕見，但是能量更強。社會上很多這種例子，而且這個規律絕對說得通。陽爻要由「七」達到「九」是又快又多；陰爻要從「八」到「六」很不容易，變化的可能性截然不同。我們也可以這樣看，男人要熱情高漲、要變心、花心，八個男人中至少有三個，只有五個能面對誘惑不變心，可見，陽爻是不穩定的，八個有三個一衝動就到了「九」，所以不可靠；看起來女人還是比較可靠的，八個女人只有一個可能會變心，其他七個都是忍耐。俗話說，「癡情女子負心漢」，看來得到了驗證。有人說女人多變，其實男人才是多變的。

這就是我們所說的六七八九、陰陽老少的機率問題，以及至陰、至陽、至柔、至剛的轉換關係。可見《易經》的占法「大衍之術」還有很深刻的人生道理在其中。

「大衍之術」斷占分析

下面就是這一章的核心了。我們將針對演示時所占的困卦進行斷占的分析（下圖），這是「九四」爻一爻變的例子，而且經天地之數五十五減去六爻總數之後的數目，由下往上，再由上往下數，也沒有落在宜變的第四爻上，可見，第四爻變的能量不是很強，所以除了要參考困卦的卦辭，還是要參考那個變爻的爻辭。如果占出來的六個爻，是全不變的卦，就根本不用算，五十五一減，不管落在哪個位置，它都不會變；你給它機會，六個爻也統統不想變，這個卦就很穩定，沒有變動的可能。問題的答案就是卦辭，一個穩定的卦所象徵的整體環境，它提供你形勢分析、趨勢預測，然後建議你怎麼做。換句話說，占到六個爻都是七跟八，就是不變的卦，只要直接看卦象、卦辭就可以了，當然還有傳，像〈彖傳〉和〈大象傳〉都值得參考。其實〈彖傳〉已牽涉到爻；〈大象傳〉是分析上卦、下卦的互動，對一個卦的整體掌握很有幫助。占到不變的卦，在做判斷時只要不考慮爻辭就好了。這種斷占很簡單。

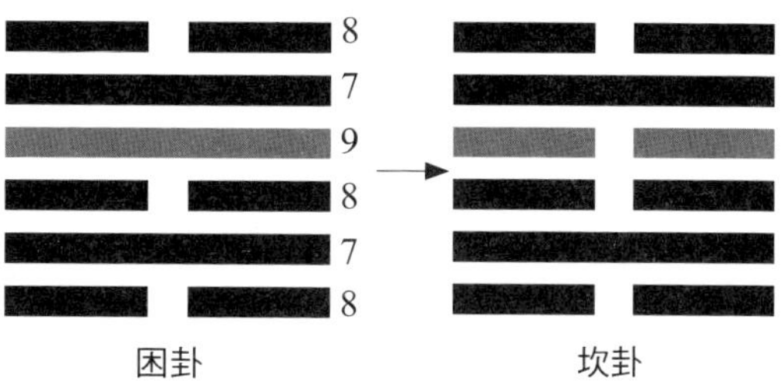

困卦　坎卦

還有一種極端的例子，就是六個爻都是「九」或「六」。占到的卦叫「本卦」，爻變後的卦叫「變卦」或「之卦」。「本卦」也叫「貞卦」，這是專有名詞，「貞」是固守本分的意思。我們算出一個卦，如果它有變化的爻，就有可能爻變造成卦變；尤其有過半數三個爻以上，「本卦」就非常不穩定，多半是要變到「之卦」去了。就像剛才講到發明電腦占卦的觀卦，四爻齊變，變成雷水解的解卦。至於五爻變、六爻變就更不用講了。六爻全變，就是錯卦的變化，這個極端的可能就是陽爻都是九、陰爻都是六，遇到這種情形也不用算了，因為怎麼算這六個爻都想變，哪個爻的聲音更大一點，影響有限，因為它要重視團體，六個爻都想變，當然少數服從多數。要決定一個重大問題，全票通過，哪一票是董事長或員工的票，都沒差別，所以也不必考慮哪個爻剛好是五十五減下來的落點，直接根據它的錯卦卦辭、卦象做判斷就可以了。如果占到一個坎卦（䷜），六爻全變成為離卦（䷝），表示坎卦出現的剎那間就變成離卦：從一個掉到地獄裡面被死死套牢的坎卦，一下變成重見光明的離卦；那就要用離卦的卦辭、卦象做判斷。離卦從坎卦六爻全變而來，說明坎卦的狀態不會長久，很快就可以脫險，離卦就會是主要的判斷依據。這種情形跟直接占到離卦不大一樣。直接占到不變的離卦，根據離卦的卦辭、卦象判斷即可；可是這種六爻全變的卦變，表示剛開始有一個險象環生的坎卦，結果瞬間六爻全變，變成離卦。這也不必考慮爻，因為那是一個瞬間發生的整體劇烈變動，只是多了「離是從坎變來的」這個資訊。這也不必用天地之數去減。很多人學占，不管它是什麼，還在那邊算五十五；要記住，不變的六爻和全變的六爻這兩個極端就不必算了，直接用卦辭判斷就好了。

只要三個爻以上，變的爻越多，變卦的能量越大，時間、速度也越快，因為大部分都傾斜過去了，不可能維持在本卦。如果是三比三，本卦中有三個爻是想變的「九」跟「六」，另外三個爻是不想變的「七」跟「八」，這就很難說了。如果過半數，四比二、五比一，甚至六比零，全票通過，那個卦一定會變過去。若是三比三就會形成「貞悔相爭」的局面，因為本卦又叫「貞卦」，固守原狀不變；變過去的卦除了叫「之卦」，也叫「悔卦」，是提醒你別以為打破現狀一定好，變過去可能就會後悔了。「貞卦」與「悔卦」是雙箭頭，稱做「貞悔相爭」，這也是一個專有名詞，是很有趣的變化類型。因為正反意見各佔一半，兩邊爭執不下，雙方互相較量，鬧得社會不穩定。三爻以上多半是要根據變過來的卦判斷，三爻以下本卦多半不容易變過來，所以本卦的卦辭、卦象，都要做為重要的參考。

我們前面講過，若有一到五個爻出現「九」跟「六」，就要把六個爻的總數加起來，用天地之數五十五去減，好決定哪一個爻是更強的宜變之爻，哪一個爻是次要的；並將宜變之爻的爻辭列為重要參考。尤其在一爻變或兩爻變的情形，因為還沒有過半數，找出宜變之爻的做法，可以幫助我們在思考問題的時候分出主、次，這是很細膩的。如果沒有碰到宜變之爻，那就多半維持在本卦。這一、兩個想變動的爻雖然沒有取得客觀環境允許它變動的許可證，但它的能量跟意見不會輕易放棄。所以整個卦雖然不變，還留在本卦，卻留下了一個殘局，這就像那些失意政客，或者一時無法讓整個卦變過去的人，仍然會持續發揮作用，一旦時機成熟，它就會繼續在檯面上竄，造成一個或兩個爻變。在斷卦時，這些未來的隱憂都要考慮到，才不會疏忽卦象中隱含著另一個目前還不成為事實的卦。

斷占的原則大致是這樣，不是用本卦的卦辭，就是用變卦的卦辭做判斷的依據，卦辭當然是從卦象來的；再不然就是根據本卦那個最重點的爻辭，能參考其他次要的爻辭更好，萬一沒參考，也不用太緊張，因為最重要的爻辭已經掌握到了。絕對不會用到變卦的變爻爻辭來做判斷，因為爻辭就是變動的概念，既然A卦已經變到B卦，若還依據B卦相應的爻辭判斷，那不是又要變回來了嗎？假定在三個爻以內，或者是三爻齊變的「貞悔相爭」，參考的依據可能是本卦的卦辭，可能是變卦的卦辭，也可能是兩者的交集。那就是「and」和「or」的關係，可能A、可能B，可能兩者都有。大致如此。

六種斷卦的類型

斷卦的類型大致有六種。第一種是「六爻不變」，占出來的爻全是「七」跟「八」，用所占本卦的卦辭解占。就拿我們以前占的一個卦來說吧。在二十一世紀即將來臨時，我們問：《易經》在二十一世紀的發展會是怎麼樣？占出來的結果是「八八八七七八」，為澤地萃卦（䷬），這是六爻都不變的卦，所以答案就是萃卦的卦辭。也就是說，在二十一世紀的一百年間，《易經》學術的發展就是萃卦。萃是人文薈萃、出類拔萃，說明《易經》極有可能成為顯學。首先，《易經》是中華文化的思想源頭，是中國諸子百家思想最精華的部分，所以是「萃」。其次，萃卦還有精英相聚的象。自古以來，許多學術的發展都有盛衰起伏，而《易經》在二十一世紀的發展形勢就非常看好。這就是答案。這也是時代的機緣所致，因為萃卦前面是姤卦（䷫），機緣到了；下面就是升卦，上去了。姤、萃、升，有了這樣一個難得的機緣，發展相當可觀，絕對看好。所以，占到不變的萃卦，只要根據萃卦的卦辭、卦象就可以做出判斷，形勢非常篤定。

第二種是「六爻全變」，這種例子比較罕見。我們前面也說過，單爻出現「九」的機率是十六分之三，出現「六」是十六分之一，如果一個卦六爻全部都是九跟六，你就做乘法算算機率如何。六爻不變的機率比較大，六爻全變的機率則偏低。如果占到一個六爻都是「九」的乾卦，這種機率就更低了。出現一個九的機率是十六分之三，六個則是十六分之三的六次方，機率當然更低了。這還不算，機率最低的是六個爻都是「六」的坤卦，它是十六分之一的六次方，差不多是一千六百七十多萬分之一的機率。就我看過的歷史文獻，歷史上有名的占例從來沒有出現過；但是我還真遇過這種事，就是我在講坤卦的時候，有個女學生占了她的人生第一卦，結果她就占到一個六爻變的坤卦，六個爻都是六，那麼，坤卦不就變乾卦嗎？由無生有，本來坤卦什麼資源都沒有，變成乾卦就什麼都有了。這個機率是一千六百七十多萬分之一，所以當時我們都覺得難以置信。尤其是她剛開始學占卦，是不是搞錯了？我的一個助手當時在一旁盯著她做，也懷疑她是不是弄錯了。結果她很篤定，事實上她問的事到後來看起來也真是對的。我原來一直不信，這個例子我等一輩子、甚至等十輩子都等不到，由坤變乾不就是沒本買賣嗎？從完全沒有到擁有一切，怪異之極。當然，如果她占的是事實，這種最少的機率也有可能出現，說不定需要很多奇怪的力量在後面促成。後來，我對這個結果始終耿耿在懷，沒辦法，再占一卦吧！因此，我就以「她當時有沒有騙我」為問題，占了一卦，答案是正面的、肯定的，她確實占到六個六。遇到六爻全變時，就用變過去的錯卦做為判斷，不必考慮爻辭。我自己唯一占過的六爻全變，是兌卦（䷹）六爻全變，變艮卦（䷳）。艮卦是止欲修行，兌卦是想表現自己的情緒。本卦是兌卦，六爻全變成艮卦，那就要用艮卦論占。結果還真對，這是我十幾年前在一個公司負責督促銷售業績，那時經營總部每個月的業績太少了，月會時，總經理要教訓人家，當然有很多話想說，兌卦不就是拚命想說嗎？結果我占到兌卦，就是說罵得太凶，搞不好有反效果，那我該怎麼表達呢？策略就是兌卦六爻全變，變艮卦，每逢月會總結銷售業績時，一句話都不講，無聲勝有聲，威力更大。從完全想說的兌卦，變成閉口不言的艮卦。很有意思！這是我經歷過的六爻全變的例子，由兌變艮，最後要按照艮卦來行事。

第三種是「一爻變」。一爻變的例子就是我們教占算出來的困卦第四爻為「九」。一爻變就有兩個可能，一個是根據天地之數相減之數剛好點到第四爻，第四爻就更強，斷占就得根據第四爻的爻辭判斷，而不是卦辭；另一個可能則是相減之數點到第五爻，第四爻還是要參考，但那個爻辭就不見得會發揮效應，也就是說，如果點到它，主客觀結合，效力就會增強；如果點不到，它只是有可能發揮效應，但不是百分之百，這時卦辭與沒有被點到的爻辭在斷占時要共同參考。這是宜變的爻位沒有被點到的例子。若被點到的呢？我們隨便舉一個例子。像剝卦（䷖），如果上爻動，即為「九」，下面是五個「八」，五個陰爻都不動，加起來是四十九，用天地之數五十五一減結果是六，剛好點到上爻，是剝卦唯一的陽爻。那麼，剝卦上爻爻辭就是最重要的答案。這個爻辭才好玩呢，它是說「君子得輿，小人剝廬」，小人剝到最後只剩一張皮，如果再剝就完蛋了。這時就要看你的修為，是君子或小人，結果完全不一樣，因為「易為君子謀，不為小人謀」。這個卦象若只有上爻動，是吉是凶，就要看處在那個環境中的人，他的精神、能耐、智慧、修為如何，如果是《易經》認可的君子，就沒有問題；若是小人，就會徹底被衝垮，死無葬身之地。這就是人生的一個極端考驗：如果結果是吉，就證明你是君子；如果結果是凶，原來你是小人。像馬英九特別費案，當時占的就是這個爻，民進黨以此為籌碼，把他剝到岌岌可危，到最後還是無罪，為什麼？君子也。《易經》中有很多這樣的微妙之處，有時候還分男女而有不同的結果。

第四種就是「兩爻變」。我們先談一個占例。這是我們為「二〇〇九年臺灣的政局形勢為何」所占的，結果是「九八八八九八」，就是屯卦（䷂），初爻與五爻動。以臺灣來說，第五爻是臺灣最高領導人馬英九的位置，初爻則是臺灣的老百姓。初爻與五爻是屯卦的兩個陽爻，六個數加起來就是五十，再用天地之數五十五減五十，結果是五，剛好點到馬英九那個位置。也就是說，二〇〇九年臺灣的政局，馬英九的舉措還是很重要，可是屯卦第五爻爻辭「屯其膏，小貞吉，大貞凶」，說明形勢窘困，資源有限，沒有多少政治資源可利用。在那種情況下，屯卦第五爻就是最主要的變數，初爻則是次要的變數，也要參考。屯卦如果第五爻爻變就是復卦（䷗），如果兩爻都變，屯卦中又有一個坤卦（䷁）的象藏在裡面。坤卦是陰曆十月，復卦是陰曆十一月，也就是說影響在年底，而年底剛好有縣市長選舉。所以，有主變數與次變數時，以「九五」的爻辭為主，「初九」的爻辭為輔。多方參考可能引動的變化，將有更多應變的成算。

如果兩個變爻都沒有被點到呢？我們舉一個升卦（䷭）的例子。如果動的是第三爻、第五爻，那麼占算出來的結果一定是「八七九八六八」，加起來是四十六。五十五減四十六減數是「九」，由下往上，再由上往下，點在第四爻。第四爻爻辭不管有什麼主張，都輪不到它變化，根本就不需要參考它，因為必須參考的爻辭一定是老陽「九」跟老陰「六」。這裡想變的結果沒有變，不想變的反而給他機會，造化弄人，人生很多時候就是這樣。可是第三爻和第五爻會善罷甘休嗎？何況五爻還是老闆的位置呢！但因為兩個爻也沒有過半數，所以斷占時就要以升卦卦辭為主，兩個爻的爻辭也要注意，它們兩個很可能因為沒有按它們的爻辭去變，就會組織失意政客聯盟，希望未來能促成兩爻齊變。如果兩爻齊變，上卦變坎，下卦也是坎，這就是升卦中有坎卦的象，明升暗坎，大局雖然是根據升卦的卦辭去掌握，可是兩個爻聯合作用，裡面就隱伏著坎卦的風險。這個卦是一九九六年李登輝參選總統時所占的卦，看卦辭是一帆風順，「南征吉」，南部的選票特別多，而且升卦的五爻動，那一定選上，可是第三爻就有無限玄機，第三爻說最後是一場空——「升虛邑」。換句話說，當選那一天，就進入坎險的深淵。這就很有意思了！明升暗坎。兩爻變造成升中有坎象，第三爻有更大的啟發意義。這就是說，即使這兩爻沒有被點到，它們的爻辭也要注意，除了有升卦卦辭顯現的結果，還要看內在可能的諸多狀況，要考慮那兩個想變而沒有變成的爻，會造成什麼樣的整體效應。

另一個例子就是恒卦（䷟），也是第三爻與第五爻可能動，算出來的是「八七九七六八」。這樣算的話，加數就是四十五，五十五減四十五減數是十，由下往上數，再由上往下，點到第三爻。同樣是恒卦，三爻、五爻都是變數，第三爻是主變數，所以恒卦第三爻的爻辭就要高度重視了，同時也要參考第五爻。這個象就是一九九六年我們為連戰占的，問「二〇〇〇年連戰競選的勝算如何」？結果是恒卦第三爻。第三爻是非常糟糕的：「不恒其德，或承之羞，貞吝。」未來並不樂觀，後來是民進黨上台。這是一個長達四年的預測，在當時的卦象中資訊就已經非常明顯，而且是兩難，不容易找到對策。好，以上是「兩爻變」。

第五種是「三爻變」。三個爻為九或六則是「貞悔相爭」。如果是剛好三爻，那是最微妙的，哪個地方加把力，就可能偏向哪一邊。第六種則是「四爻、五爻變」，超過半數，多半是要衍到之卦來了，那就根據之卦判斷。

這六種斷占差不多是如此，並沒有什麼特別難的。教占畢竟是一個程式，我想更重要的還是健康的心態，對大家有增益的效果，而不是迷信。因為《易經》最高明的不是占卦，而是「善易者不占」，這絕對是事實，修為提升、智慧提升之後，任何問題都不是問題，自己就可以判斷了，何必占卦呢？

「大衍之術」的問題與答案

接下來就是有關占例的問題了，本書會舉出很多占例來說明。這些占例有些是過去已經被應驗的事，前面我也略舉了一些；有些還在發展中，甚至有的是十年、二十年以後還待長期觀察的事。總之，都是大家共同關心的，有關大環境可能發生的變動。

但在講解占例之前，我們先釐清幾個問題。其一是，針對同一個問題，不同的人去占，很有可能出現不同的卦象。到底誰準呢？誰都準。你知道多人占問同一個問題，出現同樣的卦、同樣的爻，機率為四千零九十六分之一。可是不同的卦象，並不代表不準；因為很多卦、爻是有共通性的，只是通過不同的面向，指向統一的結論。除非某個占卦的人身心有狀況，算出來的卦有問題。所以，如果針對同一個問題，尤其是跟個人私密無關的公眾議題，若占出不同的卦象，也可以驗證一下，不同的答案是不是指向一個共同性？

其二，占問時最好一個問題一個答案，問題越明確，焦點越集中越好。如果問題問得「太貪心」，想把這一輩子都問進去，想一卦定終身，將來不再問了，那你問的問題包羅萬象、鋪天蓋地，出來的答案也是鋪天蓋地的，焦距不明顯，含混朦朧。所以最好是問題明確、焦點集中，甚至最後要將答案落實為決策時，可以簡化成「yes」或者「no」那樣明確。

其三，問問題時，如果希望有明確的時間指示，或者想在問題中加上一些但書，來限制問題可能的最後範圍，這也是可以的。因為加上不同的但書就會出現不同的結果。例如這件事情你如果問前半年，有可能是不變的坤卦；如果問後半年，或者問往後三年、四年，時間條件放寬，出現的卦象也會改變。所以有時候還要看會不會問問題，問題是不是抓到要點？可見，設計問題也是一個學問。我們講過，爻辭本身常常還有但書，有君子、小人和男人、女人之別；也有旋乾轉坤、趨吉避凶的可能；有時則形勢比人強，不管怎麼做都很難翻轉。總體而言，它都會指引你一個方向，這也是《易經》人文性質比較強的地方。它不像算八字、紫微斗數那樣，你的生辰不是你能選擇的，未來的開展也是不能改變的。《易經》不是百分之百的宿命論，問題變了，答案就變了。類似的例子相當多，大家不必急，慢慢就會明白是怎麼回事。

占卦的基本要素就是只要你專注、真心誠意，不要犯可能的一些毛病，大概就很簡易，也沒什麼忌諱。雖然說占卦因為可以打通天地人鬼神的很多領域，可以穿透生前死後的狀況，但大致來講並沒有什麼忌諱，心誠就好，哪個時段能算不能算，也沒有忌諱。只是說在忙碌的生活中，占問的時候儘量不要被打斷，如果一下電話響了，老婆、小孩吵了，有時候算到一半中斷了，是接續還是重來呢？理論上都是可以的。越安靜的環境精神越專注，如果能夠不受影響，再吵的環境，酒樓、茶館等地照樣可以算，基本上也不會影響準確度。當然如果剛開始定力不夠，還是選擇比較清靜的時間和地點比較好。

占例一

「換了人間」——二〇一二年占象分析

● 有關二〇一二年地球毀滅的各種傳聞沸沸揚揚，說什麼天翻地覆，人類面臨文明浩劫等等，大有唯恐天下不亂之勢。二〇一二年年底接近冬至，也正是「地雷復」復卦的陰曆十一月、陽曆十二月那個節氣。不管傳聞怎麼說，我們且從《易經》的角度做一探測。

從二〇〇七年開始，我們就累計一些用《易經》的理氣象數，結合義理、占卜所做的探測紀錄，假定在未來四、五年內，全球是不是真的會發生那樣的大災難？我用了一個名詞叫「換了人間」，意思是換了一個新的時代，可見是非常大的變動。如果人類經歷文明浩劫，浩劫前與浩劫後一定是完全不一樣的世界。如果你所熟悉的舊社會、舊地球、舊的產業金融，甚至自然生態都有了重大變化，那麼你該怎麼應變？因為不可能退到變化之前的世界。就算未來景氣再復甦，那也一定是嶄新的遊戲規則和資源型態。所以這段時間是最好的學習機會，不要荒廢，不要自怨自艾。否則，在驚天動地、天翻地覆的變化之後，彷彿換了人間的新世界應該要如何面對呢？

我們先看題目：二〇一二年真有浩劫？占出來的卦象是四爻齊變的巽卦（䷸），超過一半，一定會有變動。巽為風，下卦全變（下頁圖）。因為是「六九九」，巽卦君位第五爻也是變動的「九」，然後第四爻、上爻當然是「八」和「七」。純粹就卦象來看，答案是肯定的，尤其是二〇〇八年九月十五日美國連動債引爆的連鎖反應，剛好發生在陰曆八月，也是《易經》臨卦、觀卦的概念；「至于八月有凶」。那是典型的自由過度、管束失控引發的大災難。那一波金融風暴在二〇〇八年的陰曆八月整個啟動，災難的幅度可說是百年難遇。由於這個卦是在二〇〇七年所做的探測，金融風暴引發的災難，是不是可以抵銷或減輕二〇一二的災難？我們接著從各個角度切入，會看得比較清楚。

巽卦，巽為風，風是無形無象，看不見的。時代風尚、社會風潮的風行速度也是快得不得了，比坎卦的水流速度還要快，隨時可以轉向，千變萬化，防不勝防；而且最主要的是它是無形的，坎卦的水再怎麼危險，還有形跡可見，只是沒有固定形狀。無形的風就可怕了，一旦爆發了，無孔不入，速度快得不得了。既然是問二〇一二年的浩劫，本卦是巽卦，然後四爻變。我們先看巽卦君位九五之變，就代表一個長期潛伏的、看不見的東西在慢慢進行；從下卦開始，初爻變了、二爻變了、三爻變了，可是你還是看不見，除非很敏銳，不然你感覺不到有很多東西已經在形成中。到外卦第五爻君位瞬間產生的劇烈變化，整個世界都翻轉過來了。這就是巽卦第五爻變的意思，在下卦、內卦的時候，你可能完全沒有感知；等到你感知到的時候已經晚了，因為第五爻這個爻一動，天地為之變色。所以它是累積了很久的變化，是一個發展過程的結果。巽也有天命的象徵，是很難抗拒、不容易觀測的。一旦生變，從一二三到五，就已經是變的結果了，然後因為它是君位，這個大的變化，會讓全世界都在風暴的籠罩範圍內，金融風暴就是如此。

怎麼理解第五爻？巽卦君位第五爻單爻變，就是山風蠱的蠱卦（䷑）。蠱就是敗壞，整個爛掉、亂套了，然後完全是另外一個哀鴻遍野的世界。下卦三爻的廣土眾民都跟著變；三爻都變，對民生的影響就很大。而且第五爻是君位，一旦災難發生，就會考驗各國領袖的智慧。像美國總統的責任可就大了，稍微處理不當，全世界都會跟著倒楣。從這個象看來，二〇一二年變有可能是這個象，因為長期累積了很多問題。另外，我們把那六

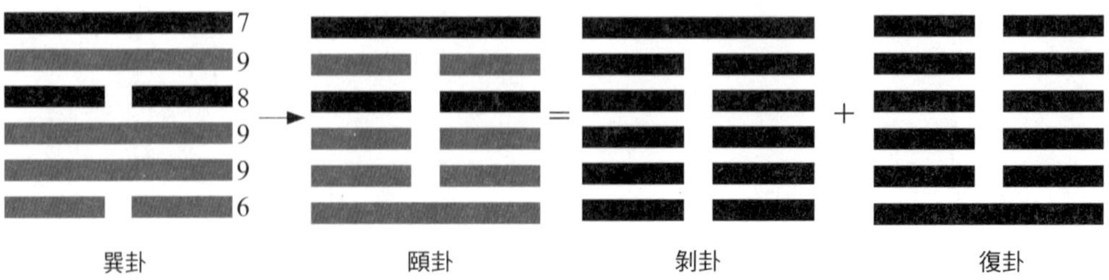

個數加起來是四十八，用天地之數五十五減四十八是七，七是上爻的位置，而第六爻是不變的，所以並沒有點到哪一個變爻。這是最典型的四爻齊變的例子，四爻齊變就變成山雷頤的頤卦。下卦變成震，上卦變成艮，這就很明顯了。頤卦是一個生態的概念，代表浩劫之後的世界出現一個新的生態；產業有產業的生態，金融有金融的生態，政治生態、國會生態，我們自己的身心調養也是一個生態，這個生態之中就有上下內外的互動關係。換句話說，經過巽的爆發、累積、衝擊之後，出現一個嶄新的人間、嶄新的生態。殘存下來的人，在這個生態中可能有一席之地；在變動中被衝垮的人，就沒有辦法進入這個新的生態。可見，那個衝擊是很大的，而且是很難防備的，隨後一定會慢慢恢復穩定，然後就出現一個新的世界。怎麼理解頤卦呢？頤卦可理解為一個新的生態，代表有的人被衝垮了，有的人不但熬過來了，而且在新的生態中站穩腳跟，繼續發展。所以這就代表一個剝極而復的概念。頤卦可以拆解成剝卦加復卦，剝就是被徹底擊垮的；能夠重生再造、慢慢恢復元氣的就是復卦。所以，不管多大的災難，人類絕對不可能滅絕，還是有人能存活下來，在一個新的遊戲規則下再出發。

事實上，頤卦不管是哪種生態，都是由剝卦加上復卦的新陳代謝構成的；上一代剝了，下一代再復，生生不息。這很自然，沒什麼好感傷。頤卦為什麼可以拆解成剝卦跟復卦呢？陽爻代表「1」，陰爻代表「0」，這是一個數位觀象法，非常實用。頤卦的陽爻可以拆解成剝卦最上面的陽爻加上復卦最上面的陰爻，這叫「1=1+0」。即頤卦的「初九」是「1」，就等於剝卦「初六」的「0」，加上復卦「初九」的1，頤卦中間四個是陰爻，「0=0+0」，就這麼簡單。這個方法適用於一切。換句話說，頤卦，代表一個生態，有人剝有人復，代代相傳；新陳代謝，有人毀滅、有人繼續生存，唯一不能處理的就是「1」，如果是「1+1」就不行，

「1+0=0+1」，陽爻、陰爻的換算，構成的卦象完全合理。但是陽爻加陽爻沒辦法運算，你得想辦法避開，然後陰爻加陰爻就是零加零。這就叫數位觀象法，按這個原理，這個卦象還可以拆解成很多卦，只要它最後滿足這個簡單的加法就可以。然後方程式左邊的卦象幾乎就等於方程式右邊卦象的總和（前頁圖），大致是這樣。

沒有逃過浩劫的人就剝，逃過浩劫的人，重新再繁衍新的物種，就叫復。所以這個卦象已經很明確地透露訊息，這個傳聞未必是空穴來風，必須謹慎，尤其人類文明長期的發展，累積了很多看不見的問題。這個資訊就告訴你這樣一個情景：「歲暮花落，陽入陰室；萬物伏藏，利不可得。」「歲暮花落」，是一個悲慘的象；「陽入陰室」，陽剛的、原先有實力的東西都沒有了，進入一個像地獄一樣被陰寒之氣籠罩的世界；「萬物伏藏」，「巽」不就是「伏」嗎？都躲起來了，不消費了，萎縮了；「利不可得」，強烈的萎縮，能活過來就不錯了，當然就是不得利的狀況。這是一個四爻齊變的例子。

當然如果對《易經》掌握得很熟練，對於這些卦的分析和對於卦的確切意義的掌握夠，像這樣的卦象出來，第一秒就知道它在講什麼了，所有的資訊都能進來。

占例二

金融浩劫——二〇一二年占象分析

● 再看第二個占例。第一個卦象出來後，我們難免會想，假定二〇一二浩劫確實是有的，那它可能是哪一種浩劫呢？是隕石撞地球嗎？如果是，那就不必問了，你就是每天念佛也躲不過。如果是核武戰爭可能性也小。如果是生物戰造成病毒流禍人間，以現在全世界非常重視控管這樣的東西，機會也不大。如果是全球暖化也沒有那麼快，我們知道全球暖化是在惡化中，但是要在短短幾年造成大浩劫，違反常識，不大可能。所以那時候推測了種種可能，猜多半是錢的問題。猜對了！至少金融風暴先爆發了，如果未來幾年還解決不了，到時候還會有新的狀況出來，整個世界都會受到波及。所以我們的第二個問題是：「浩劫可不可能是金融風暴呢？」占出來的答案也告訴我們：浩劫最可能就是錢的問題。出現的是比卦（下圖），只動第三爻。比卦就是外交結盟，拉關係做朋友。全球經貿已經全球化，所以全球息息相關，可能上午那邊出問題，下午這邊就要倒楣，像巽卦一樣，無形而迅速。現在的錢也是無形的，只要通過電腦操作就可以進行金錢往來的交易，不一定要現鈔。這就完全合乎巽卦的象。因為全世界脫離黃金本位已經那麼多年了，美國人一直在印鈔票，稍微冷靜一點都可以看得出來。所以要出問題最快、最可能的就是跟錢有關的。比卦就是通過全球理財、經貿、各國匯率的換算，把全世界連成一體，好比赤壁之戰火燒連環船，他出問題我也會有問題，而且沒有辦法、也來不及切割。

從二〇〇八年年底開始，壞消息一個接一個，一個比一個嚴重，那些平常鎮靜、老成的金融家、理財家，看到當時的狀況都會脫口而出說：「英國完了。」英國確實比美國嚴重。我們不能只看它的國債，還包括公司債、個人債。像美國的所有債務，包括個人債、公司債和美國人欠這個世界的錢，是美國GDP總產值的三・五倍。美國的GDP一年大概是十四兆美金吧，債務就

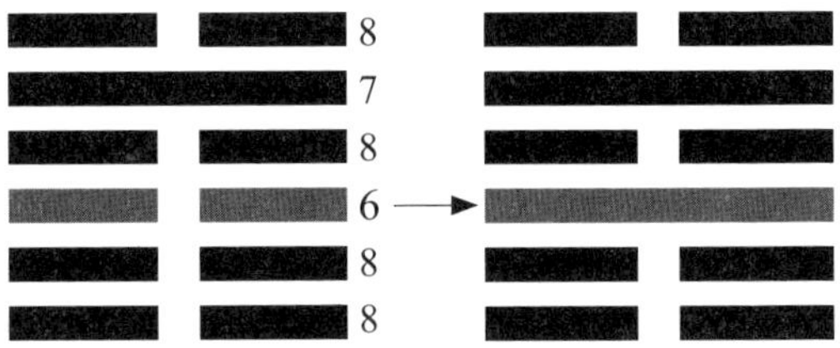

比卦　　蹇卦

接近五十兆美金了。全世界有多少兆美金？英國更嚴重，英國的所有債務是GDP的五倍，非常嚴重。看到英鎊跌成這樣，我就發現我的《易經》也白學了，我的女兒二〇〇八年去英國留學，你看我花了多少冤枉錢？可能也不是不知道，女兒要去，你還能拒絕嗎？英國這麼老牌的一個霸權，會想到它有今天嗎？從鴉片戰爭到現在那麼多年了，那時不可一世的霸權，居然會淪落，讓我多多少少也有一點幸災樂禍，這是民族主義，對不對？所以我覺得是我們的閩南先賢林則徐顯靈了，鴉片戰爭他受了老英一肚子火，憋了一百多年，這下報應不爽。玩笑歸玩笑，這次風暴的嚴重性，正是因為大家利害相關，經貿活動統統綁到了一起，這就叫「比」。

比卦第三爻的爻辭叫「比之匪人」，要是你的理財活動碰到有問題的人，跟他有連動關係，那你就慘了，正如〈小象傳〉說的「不亦傷乎」，是不是這樣？第三爻剛好是比卦的人位，是「三多凶」的位置。比卦〈大象傳〉講「地上有水，先王以建萬國親諸侯」，現在世界不是這樣嗎？他的禍福會影響你的禍福，如果你的目標有問題，你就會受傷。而且比卦第三爻單爻變，就是水山蹇的蹇卦，寸步難行，外面是坎，裡面是艮，外險內阻，動彈不得。照這樣看，這個浩劫極大的可能就是錢的問題。如果要從比卦第三爻爻變成蹇卦的概念來看，這就是你交錯了朋友、找錯了合作對象，結果造成蹇卦這麼痛苦的環境。怎麼解決呢？「蹇難先謀避，行舟風雨多；片帆撐巨浪，去計苦蹉跎。」「蹇難先謀避」，越早閃越好，趨吉避凶；「行舟風雨多」，蹇卦本身就是風雨同舟的概念，現在大家在一條船上了，必須合作，不能搞對抗。「片帆撐巨浪」，巨浪滔天中，一艘帆船在那邊苦撐；「去計苦蹉跎」，這是傷害很重的象，短期內很難恢復。

二〇一二年前兩岸三通的卦象分析

●我們再看第三個例子。這也是多爻變的，這是在二〇〇七年年底臺灣選舉時算的卦。那時看兩岸三通的形勢，不管誰當選，三通都是非走不可的趨勢。當時的問題就是：兩岸完全三通有沒有可能？現在幾乎已經全部落實了，而且越開越廣。這個卦象是百分之三百，在二〇一二年前。它是一個升卦（下圖），升卦是風起雲湧之勢，不可抵擋。可能變的是一、二、五三爻，初爻廣大的基層，「允升，大吉」，大家都同意；第二爻是民間「見龍在田」的位置，尤其產業界都希望能節省成本，他們是升卦中一個關鍵的地位，而且和初爻是陰承陽、柔承剛的關係；也就是說民意支持、允許由二爻向第五爻代表的臺灣最高領導人施壓。二爻承下應上，可謂是一個樞紐位置，其爻辭曰：「孚乃利用禴，无咎。」它相信非要三通不可，打開這個局面不需要花太大的成本。第五爻在初爻跟二爻的龐大民意形勢下，也不會全面開放，而是一個階段、一個階段慢慢進行，但必然會越來越開放，因為形勢不可逆轉，所以說：「貞吉，升階。」而且開放是好的。升卦這三個爻，我們根據天地之數五十五計算，最後點到的是第二爻，主變數就是第二爻，所以這個爻是促成兩岸三通最大的因素。兩岸經貿往來，禍福相關，當然希望有一個新的形勢，然後民意也支持，新選上的領導人也不反對，「承乘應與」都是最好的關係。第二爻單爻變為謙卦（䷎），本來是地風升的升卦，

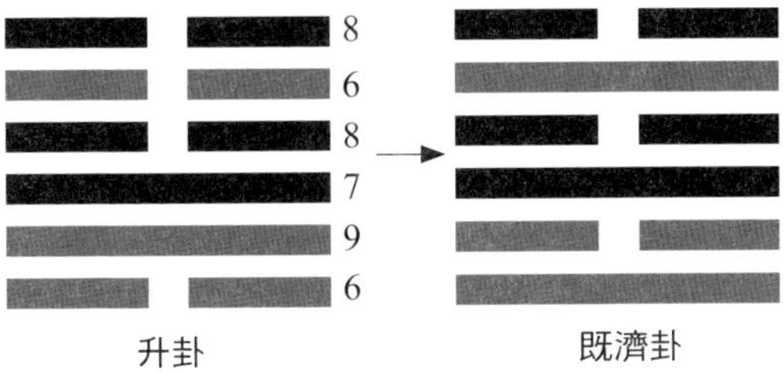

升卦　　既濟卦

如果第二爻發揮效力，就是「地山謙」。謙卦一定得善終，天地人鬼神都贊成三通；謙也是和平、兼顧雙方利益的象。所以非常明顯的三通沒有問題。另外，三個爻都動了，雖然第二爻屬於發動點，是最重要的，但三爻齊變就有「貞悔相爭」的可能。但三爻齊變是「水火既濟」（上頁圖），就是過河了，搞定了，成功了。所以升卦不管是通過第二爻爻變的謙卦，還是三爻齊變功德圓滿的既濟卦，至少在二〇一二年之前兩岸一定是百分之百三通。當時占卦就已經得到這樣的結論，現在的形勢已經提前發展了。那時也還不知道誰會當選，但卦象已經出來了，而且三通一旦展開，就不可能再走回頭路。可是好不容易三通了，結果又碰到了金融大風暴，這就是人生！原先的執念好不容易得到解脫，結果另一個卻把局面給打亂了，如果是早十年，或者早五年、三年三通，那該多好！結果選了一個最糟糕的時候，力量當然打折扣。

占例四

臺灣高鐵的卦象分析

●接著我們開始從過去的一些案例來檢討。這些案例都是千錘百煉的，而且已經實現，靈驗度幾乎是百分百的重大案例。當然，再重大都沒有全世界面臨的金融風暴重大。高鐵涉及幾千億新臺幣的投資，在臺灣是第一個BOT案（政府特許的私人投資經營，收益最終歸屬政府）。這是一九九九年臺灣高鐵聯盟得標後，我的學生富邦蔡明忠是原始股東之一，他自己在課堂上占的一個卦。他問：臺灣高鐵興建順利否？可不可能成呢？這個卦非常準，臺灣高鐵興建十年，雖然中間波折不斷，最後還是通車了。興建期間痛罵者有之，批判者有之，我既不痛罵也不批判，因為人換了位置就換了腦袋，我現在常坐高鐵，怎麼可以再批高鐵呢？只能祈禱高鐵不要出任何問題。這個卦象當時雖然完全是生手問占，但《易經》占卦，其準確性生手、老手都不影響，只是斷占是否應驗。蔡明忠當時顯然是生手，他占到的是一個三爻變的例子，如果會解讀，答案是惟妙惟肖；十年興工過程所遭遇的所有問題，全部顯現出來，百分之百準確。他占到的是風山漸的漸卦，漸卦卦辭是：「女歸吉，利貞。」所以殷琪這個角色就顯現出來了。這個卦辭是說女孩子出嫁，千辛百苦，最後還是有了美滿的姻緣，但時間一定會拖長，因為它上卦全變（下圖）。漸卦的四、五、六三個爻全變，「貞悔相爭」就是雷山小過卦，所以中間十年「大過不犯，小過不斷」。然後漸卦也提到，若要按原先計畫的時程完工是絕對做不到的；工期會不斷地延長，然後是借錢，把利息壓低，再有數不清的談判……等等。種種狀況都會出來，但不至於讓高鐵夭折，小過而已。還有，漸卦代表循序漸進，時間當然拉長，最後確實是比原先的工期拉長一倍不止。所以由漸卦三個爻「貞悔相爭」有可能是小過卦，已經指出往後十年的發展狀況。要注意的是，上卦全變是什麼意思？就是指高鐵的領導階層在完工前的十年中間，可說是全都變了。後來證實高鐵聯盟的原始股東就剩下孤零零的幾個。

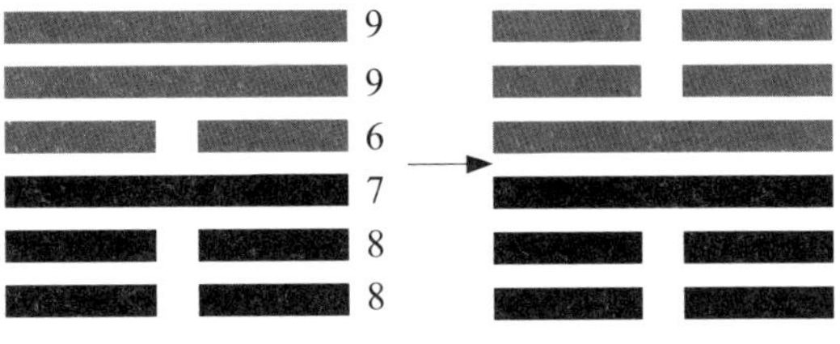

漸卦　　小過卦

另外值得一提的是，不光高鐵聯盟原始股東變化，政府和銀行都牽扯進去了。先簡單提一下漸卦，它是鴻雁的象，如同雁形團隊。BOT不是只有興建的一方，銀行、企業、政府這個大三角都屬於編隊飛翔的鴻雁團隊，必須配合無間，不然就會有問題。而且BOT的意思也很有趣，就

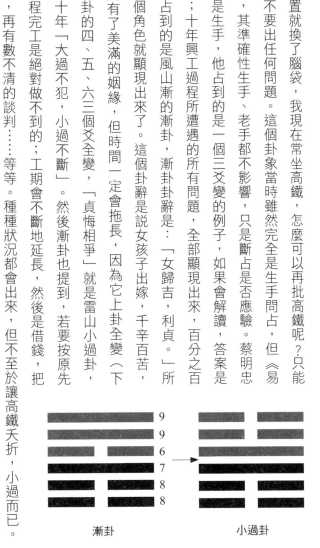

是說由企業興建、經營一段時間，最後還是要還給政府。鴻雁也是一樣，四五六三爻就是這個過程。第五爻表示突破萬難，一定會完成；到第六爻就是要還給政府的時候。鴻雁集體飛翔遷徙，飛到目標之後牠還要回來，就像BOT的興建操作又回到原地，跟漸卦是相符的。然後我們發現，你拿天地之數去算，剛好點到宜變的爻位第五爻，第五爻就是鴻雁最後達到的目標，突破萬難飛到了山頂——「鴻漸于陵」，中間可能經歷長期的種種障礙，最後還是突破萬難，得以完成。然後是「女歸吉，利貞」。這個單爻變是艮卦（䷳），飛到山頂了。然後上卦三爻全變為小過卦，代表工期拉長，期間會遭遇種種狀況，但不會影響最後的完工。第五爻變，也代表君位。

高鐵興建十年期間，臺灣從國民黨的李登輝到民進黨的陳水扁，至少有一點是共通的，即百分之百的挺殷琪，遭遇任何狀況都用政府的權力意志支持高鐵的興建完工。剛才講到上卦全變，這不光是高鐵聯盟的高層變了，連總統都換人了，從國民黨時期開始興建，真正完工則是在民進黨時期。雖然這個卦當時沒有問二〇〇〇年到二〇〇八年到底是誰主政，可是從這個卦透露的資訊，說明整個團隊、政府、銀行高層都產生劇烈的變化。高鐵在興建過程中經歷這麼大的變化，後來發現情況完全吻合。這也是一個三爻全變、「貞悔相爭」，但其中有一個爻是主變數的例子。

占例五

BenQ 的品牌之路

● 這是二〇〇三年所占的一個例子。我的大學同班同學李焜耀，一畢業就跟著宏碁集團創始人施振榮，他是明碁友達集團的董事長。二〇〇三年大概是五月的樣子，當時SARS疫情流行，但正是BenQ意氣風發的時候。那時剛好有個機緣和老同學見面，聽他談談未來的抱負，他想自創品牌，不想像其他電子業只賺一點微薄的代工。如果能夠自創品牌，光是BenQ的品牌就價值連城，而且可以像那些世界大品牌一樣，自己做主。他在業績很不錯的時候有這個企圖心，的確很值得期待。當天因為時間有限，我都在聽他談，沒有回應。其實我是很擔心的，因為在算這個卦之前，曾算過臺灣經濟自二〇〇三年起到二〇一二年的十年內，整個臺灣經濟的發展前景裡，並沒有自創品牌的可能。所以回家之後，我就暗算了一卦：BenQ未來三至五年自創品牌之路前景如何？能不能走得出來？結果是離卦。後來併購西門子公司時，警訊就已出現。

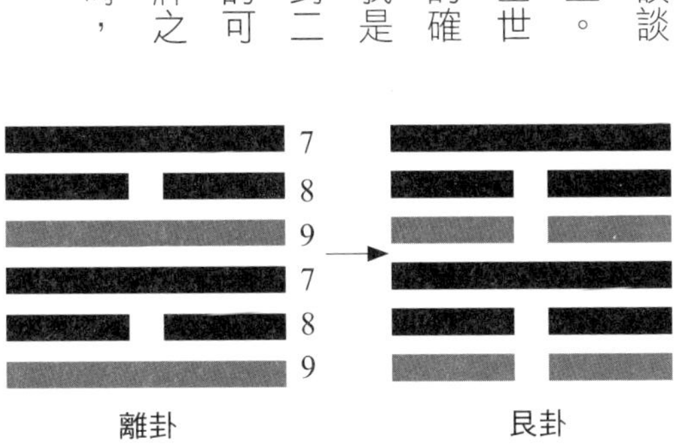

占出來的離卦是初爻和四爻動（下圖），兩個變爻。而且根據天地之數，也沒有點到第一爻和第四爻。但如果兩爻變，裡面就有一個艮卦的象。艮卦即阻礙，內部、外部都有阻礙，於是停滯不前。這時候就要趕快調整，充實教育訓練。離卦第四爻就像世界浩劫，是最凶的一個爻：「突如其來如，焚如，死如，棄如。」外卦出現這麼慘烈的局面，因為他對外跟德國西門子合作，企圖用併購手段快速達到創造品牌的目的。後來得知併購一年後慘賠，最後只好叫停，虧損達三百億到五百億台幣，還有官司的問題要面對。離卦原本是在光明的基礎上，由內而外、由下而上，希望能發揚光大。所以說「大人以繼明照于四方」，有持續光明的企圖心；可是離卦也是人類文明的象，德國跟臺灣的文化就有很大的差異，就像美國迪士尼到巴黎就沒賺過錢。有文化差距，就不宜輕敵。把臺灣那套成功的方法直接移植到國外，未必可以成功；「橘生淮南則為橘，生淮北則為枳」，這是很簡單的道理。所以離卦中有艮卦的象。離卦第四爻看爻辭就知道堪稱《易經》最慘烈的爻，一把火毀於一旦，而且是像風暴一樣突如其來的襲擊，無法防範。其實它的遠因就在相應的第一爻——「履錯然，敬之，无咎。」在決定走自創品牌之路時未經審慎評估，結果在三個爻之後——剛好在三年半以後就受到大災難的重創，在當年底召開記者會承認併購失敗，結束西門子。其實預警的訊息，在他剛開始有這個念頭的時候就已經出現了；結果踏錯了第一步，在三個爻之後，由內而外、由下而上，在德國這個外卦的文化圈吃足了苦頭。當時出現艮卦之象，也是提醒最好能停下來，因為阻礙超乎想像。針對三、五百億台幣的重大折損，《易經》把寶貴的預警資訊都顯示出來了。

當時這個卦象一出來，我心裡就有底，但後來沒再見面，直到三年後得知他的西門子之難，才想起當時算的卦，翻箱倒櫃的把檔案調出來，變成我們今日的教材。當然這也是我對老同學不負責任，純粹是馬後炮。後來想當時如果能找機會碰面，當面提醒他，能不能讓他不賠這三、五百億？

若從人性的角度來講，大概也辦不到，因為人在成功的巔峰，對自己充滿信心，聽不進任何反對的意見，這常常也是人的失敗之處。但《易經》的提醒很明顯，可見《易經》的確可以穿透每個專業領域，提供寶貴的啟示。

占例六

臺灣經濟十年的卦象分析

● 這是二〇〇三年的一個占例。問題是：臺灣經濟十年走勢？算出來的數字是「七九九九八七」，卦象是火天大有卦（䷍），二、三、四連著三個爻都是動爻，六個數字加起來是四十九，天地之數五十五減四十九為六，六是上爻的位置，上爻是不會變的，結果就是典型的雙箭頭——可能從大有卦變過來，也可能變不過來。三爻齊變，除了要參考這三個爻的爻辭，也要參考可能三個爻變後變成的頤卦（下圖）。頤卦代表生態形式，這裡就是指臺灣經濟產業的生態。這個生態在頤卦來說是自食其力、自給自足，自己吃飽沒有問題。在臺灣的產業佈局來說，資訊業、電子業和半導體產業之類的核心產業，在那段時間是受創最嚴重的，而且這些母體產業在二〇一二之前很難轉型。所以大家最擔心的是內需市場，因為過去都是外銷，即便台商到大陸投資建廠生產，終極市場還是在歐美，一旦歐美市場受到重大衝擊，嚴重萎縮，一定會受到影響。金融風暴使得全球自由貿易都有可能往保護主義這一方向轉變，那時候每個國家或地區要想振興經濟，就得靠內需。臺灣不像大陸，大陸內需開發的潛能很大，臺灣的內需在哪裡？在外銷不振的時候，內需能否刺激消費、生產，並形成完整的產業佈局？這是讓人最擔心的。而且這肯定也不是發消費券就能解決的，必須在產業結構上改善。因此未來十年的經濟主體就看內需能不能自給自足？能不能養成？如果還要依靠外銷，這就很糟糕了。在全世界的走勢中，臺灣明顯無法遺世而獨立。可見，一直到二〇一二年之前，臺灣必須在全球化的格局中找到自己的定位，利用自己的優勢找到生存之道；像大有卦第二爻所說的「大車以載，有攸往，无咎」，大車子裝滿產品，「有攸往」，才可立於不敗之地。大有卦這一爻就是講臺灣的經濟主體IC、IT產業，占相當大的比例是要賺運

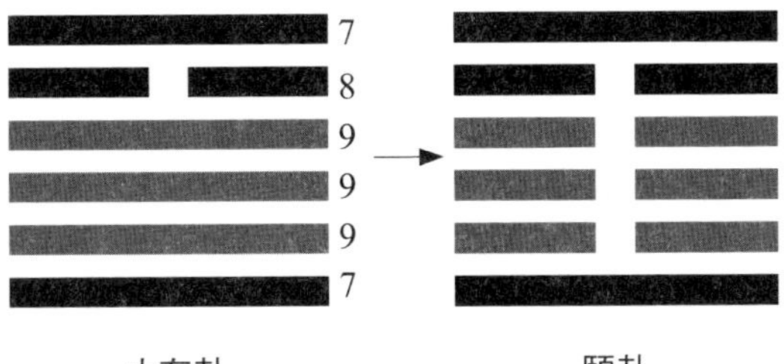

大有卦　　頤卦

輸的錢，以代工產品銷售全球，即使有些東西自己不生產，也可以調貨，就賺運輸的錢，使得貨暢其流，方能立於不敗之地。

然而，這既是臺灣的優勢，也是弱點。下面再一步一步從二爻、三爻、四爻由內而外、由下而上往上提升。我們看第四爻：「匪其彭，无咎。」臺灣因為過度依賴全球的經貿往來，要在和平、沒有戰爭動亂的情況下，這樣的經濟才有可能維持一定的穩定度，所以它還是有但書的。另外，大有卦第五爻如果君位動了，表示能創立一個價值連城的國際品牌。可是臺灣再怎麼奮鬥，第五爻是「八」，它不能動，換句話說，它還是得從代工、運輸這條路繼續走下去，所以必須寄望於整個國際大環境的和平穩定，才勉強可以自給自足；當全球經貿嚴重受挫時，就沒有辦法進一步發展。這就是第五爻不變而沒有帶來品牌效應的意思。

占例七

中信金集團未來三至五年之前景

●這是占問臺灣中信金集團未來三至五年的經濟情勢。這也是在金融風暴之前所占的卦。我們看到臺灣這些大企業集團，像臺灣高鐵、BenQ 都先後出現重大的狀況，就代表現實的挑戰很嚴酷，要特別小心。事實上，這些卦象事先都是有預警的。中信金集團辜家大少爺辜仲諒二〇〇四年因「紅火案」引發一系列中信金案之後，流亡日本，二〇〇八年又跑回來認罪協商。當時占的這個卦就說明他未來三、五年是非常辛苦的。因為結果是睽卦（䷥）。「睽」就是翻臉，也就是他跟當時的民進黨翻臉，原先還是「蜜月期」，後來翻臉了。睽卦是典型的民不與官鬥。睽卦初、

四、上爻三個爻變，初爻爻辭是：「悔亡，喪馬勿逐，自復。見惡人，无咎。」四爻爻辭是：「睽孤，遇元夫。交孚，厲无咎。」有那種翻臉之後，試圖通過其他管道修補關係的象。可是發展到睽卦最後一爻：「睽孤，見豕負塗，載鬼一車。先張之弧，後說之弧。匪寇婚媾，往遇雨則吉。」就知道翻臉翻定了。三爻齊變就是師卦（下圖），完全像打仗一樣的生存競爭。因為睽，所以以前到處擴張、到處插旗的積極態勢一去不復返；它就是只想守住，只求繼續生存，但也還是有問題的。所以我們看到八十歲的掌門人辜濂松就得勉為其難，不能退休；年輕人闖的禍，老人家來收拾善後。所以在師卦裡頭，打仗一定要經驗豐富的老將，而且是採取守勢的生存戰爭。經過此一衝擊政商關係破裂，中信金集團之前、之後就完全是兩個景觀了。

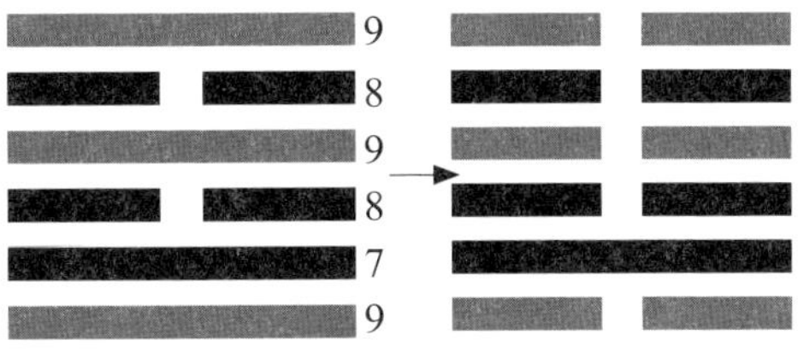

睽卦　　師卦

占例八

二〇〇一～二〇一一上海未來十年之發展

● 上海是中國大陸的一個櫥窗。二〇〇一年上海申辦世博會時，我就上海未來十年的發展占問一卦。卦象為小畜卦（䷈），三爻、五爻、上爻都動，而且點到上爻。這三爻的爻辭分別為：九三：「輿說輻。夫妻反目。」九五：「有孚攣如，富以其鄰。」上九：「既雨既處，尚德載。婦貞厲。月幾望，君子征凶。」小畜卦這三個爻變，「貞悔相爭」是君臨天下的臨卦（䷒），自由開放，海闊天空，所以上海越來越國際化（下圖）。臨卦的卦象為澤上有地，正是上海的地域特徵，這就很妙了。有時候《易經》的卦象會跟地名、人名、國名有奇妙的巧合。臨卦是「元亨利貞」四德俱全的卦，其〈大象傳〉云：「君子以教思无窮，容保民无疆。」「无疆」就是沒有國界，越來越國際化；「教思无窮」則代表創意無限，越來越自由化。這是發展到臨卦的象徵意義。可是這臨卦的象，必須經過未來十年的發展，在二〇〇一年它還是在一個密雲不雨、以小博大的小畜卦。相對於全世界的財富，上海當然是小，可是它能博大，因為它把局面做得非常好，結果就產生了聚寶盆效應，全世界的資源都往那邊跑，就取得了君臨天下的優勢。當然，最主要的是上海市政府的決心和政策，能夠給投資者提供一個信用的保障——「有孚攣如，富以其鄰」。大家能富利共用。這是「小畜」變成「臨」的意思。換句話說，在二〇〇一年時就可以預期上海的成長幅度跟空間，在未來十年間還會更開放、更自由；而且我們可以從中得知，政策的正確，對人家才會有吸引力。比如從二〇〇八年開始全球都不景氣，只有大陸一枝獨秀，所以上海就有吸金、吸收資源、吸收人才、吸收創意的效果。另外，按照卦序，小畜卦是第九卦，臨卦是第十九卦，上海可以從第九卦一下跨越十個卦，直接變到臨卦，發展的勢頭十分可觀。這是非常看好的十年發展，當時算出來就是這樣。

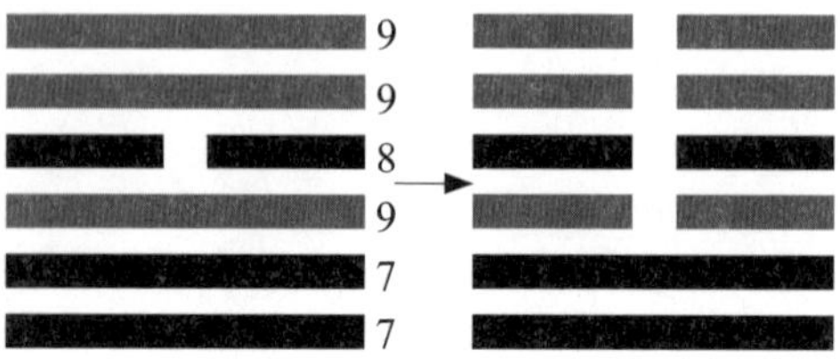

小畜卦　　臨卦

美國經濟十年走勢

●我們再看美國經濟十年的走勢，這是在二〇〇三年算的。這個卦象現在已經實現了，卦象是天山遯（䷠），四陽在上，二陰在下，下面都空了，整個影響力消退，在全球所佔的比重開始往下滑。那時雖然還沒有金融風暴，但趨勢已經很明顯了。然後這個遯卦也是三爻齊變——初爻、三爻、四爻，而且第四爻是決定性的變數，第四爻爻變是漸卦（䷴）。如果三個爻都發揮效應，也不要低估，美國經濟還有可能又是一條活龍。因為它消退是必然的，可是消退不一定是壞事，主要看第四爻怎麼做。第四爻就是美國的財經政府部門——美聯儲。第四爻爻辭為：「好遯。君子吉，小人否。」所以還得看它是君子政府還是小人政府。「遯」不一定是壞事，在於君子和小人應變的方式。這十年美國不管遭遇什麼衝擊，就看第四爻財經主政的決策，能不能讓「遯」變成一個好事，借著「遯」拋掉一些過時的包袱，經過盤整，反而又變成一個極佳的獲益體——益卦（下圖），所以叫「利有攸往，利涉大川」。可見，在遯卦第四爻，面臨經濟大幅消退，幾乎沒有立足之地的時候，能夠有智慧、有膽識，然後所有的動作都做對了，君子就吉。這樣的「遯」反而是件好事，藉著調整體制，漸漸又變成獲益的個體。可是如果財政部門策略錯誤，小人就「否」，結果正好相反。「易為君子謀，不為小人謀」，若是這樣「遯」就不會變成「益」，繼續「遯」的趨勢非常明顯。總的

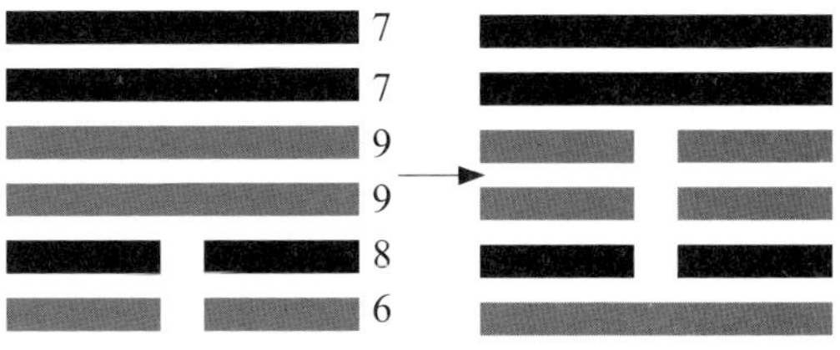

益卦　遯卦

來說，這個卦象揭示兩種結果：可以過得去和過不去。如果過不去就還是遯卦，繼續消退。這是從二○○三年開始算的，直到二○○九年，六年過去了，第四爻所代表的美國財經決策單位不知犯了多少錯誤。不過事在人為，這裡面還有變數，接下來就看歐巴馬怎麼做，做對了還有可能又是一條龍，否則就繼續消退下去。這是美國經濟十年走勢，是好是壞全看第四爻怎麼做，君子、小人決定吉凶。但是出現「遯」的象，不管是吉是凶，要像以前幾乎佔三分之一的壓倒性影響力，那辦不到，當然最明顯的就是美鈔，還能不能在以後成為強勢的國際貨幣工具，就很值得觀察。

占例十

大陸經濟十年走勢

● 二○○三年算的大陸十年經濟走勢，結果好得很，是一個「元亨利貞」四德俱全、而且不變的隨卦（䷐）。看卦辭「元亨利貞，无咎」就知道，從二○○三年到二○一二年，可以隨時勢變化而靈活變化，不管環境怎麼變動，都可以做到「元亨利貞，无咎」。而且內卦是震卦，自己絕對有主宰能力，外卦是與全世界親善、和顏悅色的兌卦；換句話說，中國也希望和平，不希望發生戰爭衝突，當然就能達到「元亨利貞，无咎」。因為這一卦是不變的，分析起來就比較簡單。從二○○三年到二○一二年，大陸地區的經濟走勢比美國好多了。

陳水扁的歷史定位

●這一占可謂蓋棺定論，將來也可以進入占卜教科書的。這是我自己算的，問題是：陳水扁未來的歷史定位？這是二〇〇〇年算的，那時他剛當選總統。那麼歷史最後會怎麼評價他呢？結果《易經》太厲害了，早就算出來了。我為什麼算這個？因為從孫中山到老蔣、小蔣我都算過，他們已經成為歷史人物，蓋棺定論，每個人都有一個卦象，而且是非常公正的，哪裡做得好，哪裡有缺失，卦象都可以看出來。所以陳水扁當選的時候，卦象一出來，我當時就傻了，完全看不懂。那時《易經》已學了三十年，二〇〇〇年的時候這個卦象卻不會斷了，因為他是家人卦（䷤）第四爻：「富家，大吉。」然後卦辭是「利女貞」。一個領導人的歷史定位，跟他家裡發財有什麼關係？又跟女主人有什麼關係呢？女主人不就是吳淑珍嗎？是指吳淑珍善於理財嗎？這個卦象當時真把我考住了。結果二〇〇四年陳水扁與連戰、宋楚瑜二人相爭，參加連任競選，那時算陳水扁的勝算如何，這個卦象又出現一遍，我還是不懂。後來二〇〇六年「紅衫軍」的反貪倒扁，我才恍然大悟，原來是這麼回事。陳水扁因貪腐罪被羈押，吳淑珍也面臨刑期，這就是陳水扁的歷史定位。將來後人會在歷史記載上看到，他對臺灣沒有任何貢獻，就是家裡發財了，因為有一個善於理財的賢內助吳淑珍。這就有趣了，《易經》一眼看到底，還沒開始做，就曉得最後的結果，難怪當時我怎麼也想不到這方面。有了這個占例，以後占到這個卦，就會很容易理解了，因為「富家，大吉」，「利女貞」，正是如此。

更妙的是，他們還是全球化的理財。我們看家人卦第四爻爻變，結果是天火同人卦（䷌），只要有人的地方都有他們家的錢。「家人」變「同人」，不是全球經貿、世界大同嗎？哪裡都有。《易經》怎麼能看得那麼透呢？我們就看不到，當時大家都被陳水扁騙了，不管是有「台獨」理想的，還是有各方面想法的，都沒法看到這一點，唯獨騙不過《易經》。所以他的歷史定論就是這樣，現在很多人明白為什麼二〇〇四年選舉時也會出現這個卦了。

占例十二

陳水扁運勢

●二〇〇八年陳水扁的運勢，糟透了。占出來的卦是晉卦（䷢），表面上看是不錯，可是第四爻動：「晉如鼫鼠，貞厲。」是一個竊據高位的貪婪大老鼠。「貞厲」則是位不當，這個爻爻變就是剝卦（䷖），「不利有攸往」，資源喪失殆盡，岌岌可危。晉卦變剝卦，就因為它是大老鼠。大老鼠貪婪，而且繁殖力特強，帶動一窩小老鼠一起貪腐，形成共犯結構。搞了八年，二〇〇八年就是一個清算年，所以他開始入監。晉中有剝象，尤其到接近剝卦的月份，是他更危險的時間，所以二〇〇八年年底他就慢慢出狀況了。他自己可能也有感應，所以自我解嘲說：「我現在還有什麼影響力！現在是過街老鼠，人人喊打。」他絕沒想到《易經》就說他是個大老鼠。《河洛理數》對晉卦第四爻的解釋寫得多好：「念念多憂失，謀營又害身。持孤一女子，鼠叫庸方貞。見才不是才，見喜不是喜。去處在他人，自身不由己。」注意最後一句，就是剝的處境：去處在他人，自身不由己。當時二〇〇八年初還不知道是民進黨選上，還是國民黨選上，但陳水扁的運勢就已經確定了。更為神奇的是，二〇〇九年元旦再占問陳水扁的運勢，居然是同卦同爻，這可是四千零九十六分之一的機率。換句話說，他繼續「晉如鼫鼠，貞厲」，還是晉中有剝象，當然越來越不利。

占例十三

二〇〇八年國際金融情勢（流動性）

●二〇〇七年底，全球五大央行要救市，動用一千五百億美金，全球開始撒錢，因為那時已經有危機的先兆，錢有點不流動了。看到這個動作，當時富邦集團的蔡明忠就占了一問：二〇〇八年全球國際金融情勢（流動性）如何？在貨幣的流動性上，錢一定要動才有用，不動就沒用了。結果占出來是困卦（䷮），第四爻和第六爻動。第四爻爻辭我們前面也講過：「來徐徐，困于金車，吝，有終。」被捆綁，動彈不得；一定要做對，才能勉強掙脫。如果問國際金融情勢、貨幣的流動性，困卦就是沒有流動性，澤中無水，乾掉了。以後是不是完全沒有機會呢？也不一定，要看主導國際金融的第四爻，政策對不對？能不能紓解民困？能不能在谷底產生動能？還有一點就是困到極點的第六爻：「困于葛藟，於臲卼。曰動悔，有悔，征吉。」簡直是重重捆綁。那麼困卦這兩個爻動，就有一個渙卦（䷺）的象。渙就是風吹過水面，從一個中心點往外做世界性的擴散；而華爾街就是那個中心點，困局會瞬間影響全球。換句話說，二〇〇七年拚命砸錢，對整個困卦的格局效力有限，即使有效，也很勉強。所以二〇〇八年就是困中有渙象，由一個地方的困，從華爾街、美國的困，散播到全球都困，錢都不動了。這個象也是百分之百準確。如果事先占到這個卦，又是屬於金融業的，當然就要小心、保守。教《易經》這麼多年，報紙上常常看到我的學生出事，不過近來又有點安慰，發現學《易經》多多少少有點好處，大部分的金融機構都出問題了，就是富邦沒出問題。因為我在富邦教了十年以上，他們是不是因為《易經》的功力很高了？也不是，很多人還是不求甚解，不知所云，但是沒有關係，只要出席率不是太低，依然有神功護體，不然怎麼能獨不「受災」呢？這是《易經》給我們的強烈暗示，學不懂沒關係，有聽就有用，像念大悲咒一樣。好，這是玩笑話。我們看下一個占卦。

占例十四

二〇〇九年全世界、中國大陸、臺灣的經濟分析

●關於二〇〇九年世界經濟形勢的分析，占問的結果是屯卦（䷂），動第四爻。屯卦是草莽開創，一切從頭開始，真的是「換了人間」。過去那種虛浮擴張的泡沫都要過去了。屯卦第一爻是民生經濟，第四爻代表世界各國和地區的政府施政，都必須回到初爻象徵的基本面，鞏固基盤，「乘馬班如，求婚媾」。如果完全做對了，才會「往吉，无不利」。換言之，全世界的經濟決策都要回歸屯卦初爻「磐桓，利居貞，利建侯」的基本面，不能再搞金錢遊戲。第四爻爻變就是隨卦，隨就是千變萬化，〈雜卦傳〉云：「隨，无故也。」「故」即「過去」。也就是說，過去的做法要一去不復返了，如果不隨機應變，重新調整，回歸基本面，鐵定很慘。

二〇〇九年大陸的經濟形勢是火天大有卦（䷍），動的是初爻和上爻。在同人、大有的全球經貿格局中，大陸也很難獨善其身，況且手上還有一大堆美國債券；但是很幸運，不但沒事，還有經濟發展的表現。大有卦第一爻說：「无交害，匪咎，艱則无咎。」雖然有一定的艱苦，像沿海

一帶有很多企業倒閉，但只要咬緊牙根，就不會有事。前面的「无交害」也很重要，在全球都受災的時候，中、美兩國要和衷共濟，一起解決問題；如果交相害，就會有咎。第一爻大致還好，雖有艱困的象，但可以無咎。只要不衝突，不互相扯後腿，到年底可能就是上爻的「自天祐之，吉无不利」。天助自助，只要做對了，就可以得天之佑，吉無不利。這就是年頭艱困，到年尾完全沒有問題的象。然後是在同人、大有的全球格局中，初爻、上爻兩個爻變為長久而穩定的恒卦（䷟）。一個大國就要有一個長期的觀點，不看短期上下。照《焦氏易林》的說法：「雖遭亂潰，獨不遇災。」說明大陸經得起衝擊，只要大方向掌握正確，就可維持長久穩定。

二〇〇九年臺灣的經濟形勢是艮卦（䷳），初爻動。艮卦是內部有阻力，外面更跨不出去。內阻、外阻，所以非停下來不可，停下來又面臨初爻廣大的基層民生：「艮其趾，无咎，利永貞。」「艮其趾」是站穩腳跟，不被風暴吹倒，這樣才能「无咎」。「利永貞」就是我們學過的坤卦的結論——「用六。利永貞」。所以在金融風暴襲捲下，國際間不管哪個地區，基本上都要像坤卦一樣包容忍耐，要順勢而為。而且「坤」象徵廣土眾民，是挨打的象，形勢比人強，要尊重形勢，不可能像乾卦那樣為所欲為。二〇〇九年臺灣整體的經濟在艮卦，內外都不動，這時就要立定腳跟，在基本面的民生經濟上，先求「无咎」。這個時間不會很短，至少在一年內都是如此。初爻爻變為山火賁卦（䷕），賁卦除了有文過飾非的負面意思，正面的意思就是人文化成，因為未來一定有劇烈的變動，所以在動彈不得的時候，反而要好好充電學習，趁機提升自己各方面的能力，不然，未來即使時機好轉，你也不見得能夠東山再起。

二〇一〇年全世界、中國大陸、臺灣的經濟分析

●二〇一〇年世界經濟在經過二〇〇九年屯卦第四爻普遍想往基本面修正的格局後，會呈現怎樣的面貌呢？結果是水火既濟卦（䷾），一、三、五爻動。三爻齊變，「貞悔相爭」，變成坤卦。

既濟卦初爻、三爻、五爻爻辭分別為：「初九。曳其輪，濡其尾，无咎。」「九三。高宗伐鬼方，三年克之，小人勿用。」「九五。東鄰殺牛，不如西鄰之禴祭，實受其福。」三個爻都疲憊不堪，至少要苦戰三年。這也有發動戰爭的象，亦即面對金融風暴，要打三年苦戰；就算勉強贏了，也是元氣大傷，累個半死，而且「小人勿用」，還不能用錯人。總之，至少是苦戰三年、疲憊不堪的象，重點還非常可能犯錯；不管採取什麼措施來積極整頓世界經濟，都會累得個半死。

初爻是小狐狸下河，把尾巴搞濕了，卻根本過不了河，只得趕快退回岸邊，保住「无咎」；若還悶頭往前衝，一定是滅頂之災。這是初爻，越保守越安全，什麼都要踩剎車，減少傷害。三爻就是苦戰三年的象，疲憊得要命；第五爻就是拚命想辦法省錢的象，拮据困難的時候，省錢比什麼都重要，儘量節省不必要的開銷。所以既濟卦第五爻，君位代表的全球領導人，在這個時候都得要精打細算，不敢亂花錢。

既濟卦是渡彼岸、安定的象，代表金融風暴慢慢會趨於穩定，但安定歸安定，你看從領導到基層都是這麼一個疲憊不堪、小心翼翼、保守省錢的象，而且從既濟三個爻變是坤卦來看，還是處在挨打、包容忍耐的象。這是二〇一〇年的狀況。

我們看二〇一〇年中國大陸的經濟形勢。這一年是蠱卦（䷑），第三爻和第六爻動。這個卦是

說，中國要因應全世界的金融風暴，勢必要扮演更重要的角色，在政治體制、甚至經濟體制上一定要有配套的改革，雖然還談不上救全球，但至少可以自保。改革會不會成功呢？會。因為蠱卦第三爻就是要改革：「幹父之蠱，小有悔，无大咎。」〈小象傳〉說「終无咎也」。「終」就是第六爻，第六爻就是改革成功的象：「不事王侯，高尚其事。」第六爻爻變是升卦，升卦就是成長。另外蠱卦改革成功後就進入臨卦改革開放的世界。換句話說，二〇一〇年大陸經濟的關鍵就是必須要有配套的改革方案；而且從三爻跟六爻看，它是改革成功的象。如果配套體制不做改革，就沒法因應這樣一個困難重重的大環境。

我們再看臺灣二〇一〇年的經濟。看了嚇一跳，占問的結果是否卦（䷋），除了初爻外，二、三、四、五、上五爻齊動，有谷底翻身的象。如果耐不住性子，看了這個卦馬上就去投資了。否卦不是谷底嗎？否卦第三爻就是最苦的時候，然後從上卦開始由陰入陽，由虛轉實，由柔轉剛，由弱轉強。否卦的上卦脫離下卦的坤，進入上卦的乾，由地入天，越來越好。五爻齊變是一個比較罕見的例子，前半段還在往下掉，掉到第三爻谷底，第四爻開始翻身，然後到第五爻、第六爻。如果五爻一起變，就是地風升的升卦（䷭），從一個否卦的極度不景氣，中間經歷五個爻的逐漸成長，最後從谷底翻身。根據天地之數剛好點到第五爻，第五爻的爻辭是：「休否，大人吉。」這就要看馬英九是不是「大人」了？第五爻爻變為晉卦，是日出的象。如果沒有「大人」，就還是「否」。所以二〇一〇年還是有幾個關鍵，如果這五爻統統都對了，二〇一〇年臺灣整體經濟就有可能從谷底翻身。升一般是高成長的意思，但有時候也有過分擴張造成泡沫化的現象，「升而不已，必困」。從否變升，也不是整個抬高，而是相對於否卦的谷底來講，至少有生機，而且是連續的。也就是說前半年還在探底的過程中，從陰曆七月之後有可能連環上升。我們看二〇一〇年的世界經濟只是趨於穩定的「既濟」，還沒有明顯復甦的象，可是臺灣卻有可能從谷底翻身。但是得看第五爻怎麼做？至於此爻關鍵是否一定是指馬英九？也不一定。這個位置也可能是指中國政府的領導人，因為從兩岸關係來說，臺灣是內卦，需要外卦象徵的大陸這個引擎來拉動。如此說來，有可能是兩岸關係產生了一定的拉抬力，讓臺灣升上來。不管是誰在拉動，反正這個象不是偶然的。

占例十六

二〇一一年全世界、中國大陸、臺灣的經濟分析

●二〇一一年世界經濟形勢，占問出來的是升卦（䷭），第二爻和第三爻動。終於有復甦的象了！從二〇〇八年到二〇一一年，果真是苦戰三年。可是，儘管世界經濟「升」了，也未必能起得來，要小心有新的泡沫出現，因為第三爻是「升虛邑」。第二爻沒有問題，是「孚乃利用禴，无咎」，只要有「孚」，然後「利用禴」，就「无咎」。現在全球主要的問題就是信用系統崩盤，誰都不相信誰；但這時「孚」又恢復了，可見全球經貿往來一定要有誠信的基礎。我們看從二〇〇九年開始修正基本面，勉強安定下來，但大家都苦得要死；然後到二〇一一年好不容易出現升卦的象，發動點就是「孚」字。可見只要有信用，一切好辦。假如經過前陣子的慘痛教訓還不學乖，難免又落入「虛邑」的象，升到最後，再度化為泡沫；就像那時候全世界有五、六百兆美金的泡沫。在「升」的時候，要特別小心這種現象可能又會冒出來。升卦的「二」、「三」兩爻

變就是坤卦，廣土眾民，順勢用柔；坤卦也代表完全空了，根本沒有東西。這是特別讓人擔心的。

我們看二〇一一年中國大陸的經濟形勢，占問的結果是腳踏實地的履卦（䷉），初爻和上爻動。從年頭到年尾，從基層到高層都沒有問題。初爻「素履，往无咎」，很樸素地腳踏實地去幹，無咎。原意就是「獨行願也」，獨不遇災。履卦雖然有踩著老虎尾巴的風險，但是腳踏實地應對，可以達成願望；而且，若是一直這樣老老實實的幹，幹到最後是「視履考祥，其旋元吉」，「大有慶也」，皆大歡喜。上爻爻變是兌卦（䷹），履卦之後為泰卦（䷊）。這是大陸二〇一一年的經濟情勢，可見二〇一〇年配套體制的改革確實成功了，所積累的基礎是很結實的，堅不可摧，對全球還會產生連帶的好處。

我們再看二〇一一年臺灣的經濟，二〇一〇年是谷底翻身，否卦變升卦；二〇一一年則是升卦，表示繼續在升，這很合理。升卦第二、三、六爻動，和二〇一一年世界經濟形勢的卦一樣，第二爻信用恢復，可是第三爻「升虛邑」，都有泡沫的象，而且這個泡沫到第六爻就破碎了：「冥升，利於不息之貞。」如果沒有體會到這個爻潛藏的危險，二〇一一年那個「升」的假象就會破碎掉，因為升卦上爻爻變是蠱卦（䷑），泡沫破掉之後還往前衝，結果就是「消不富」，緊接著就馬上進入困卦。另外，升卦二爻、三爻與上爻，三爻齊變則是剝卦（䷖）「不利有所往」，剝卦就是只剩一個空殼子。所以這個警訊至少讓我們小心一點，不要讓二〇一〇年那個谷底翻身的象給騙了，免得到二〇一一年就要承受苦果。

占例十七

二〇一二～二〇一三年全世界、中國大陸、臺灣的經濟分析

●二〇一二年的世界經濟形勢是同人卦（䷌），動最後一爻。這是說，全球化經貿可能走到盡頭了；自由貿易的問題假定不能改善，時間一久，肯定會出大問題。同人卦走到最後一爻是「同人于郊，无悔」，全世界都希望世界經濟不要退縮到自掃門前雪的保護主義和關稅壁壘政策，但是「志未得也」。想要「同人于野」，維持百分之百自由貿易的志向遭遇瓶頸，在艱困的現實處境中受挫、吃虧，所以可能會啟動一個天翻地覆的改革，即同人卦上爻爻變為革卦（䷰）。「同人」走到最後可能變成「革」。在某一個區域內的貿易往來還沒有風險，可是跟全世界跨區域的往來就會出問題，這就代表金融風暴的後遺症——信用系統的衝擊，導致跟外界往來沒有信用保護機制，所以大家都要更為謹慎保守。會出現這樣的危機，差不多是二〇一二年底的時候。

再看中國大陸二〇一二年的經濟形勢，還是沒問題，是不變的萃卦（䷬），依然是出類拔萃、人文薈萃。等於是說這次全世界的金融風暴反而讓中美之間的差距縮短了好多年。資源匯聚，對中國而言是一個好機會，所以大陸的經濟在二〇一二年將有相當亮眼的表現。

臺灣二〇一二年的經濟形勢則是不變的蒙卦（䷃），我們在講蒙卦時也提過。前面經過否卦的谷底翻身，然後出現泡沫，又從升卦變剝卦，然後到二〇一二年就遇到不變的蒙卦，內險外阻，不知該何去何從。二〇一二年剛好是臺灣的競選年，也不知怎麼回事，經濟情勢會變「蒙」。

我們再看二〇一三年全世界的經濟形勢是家人卦（䷤），一、三、五爻動。明顯退回到保護主義，各國自掃門前雪了。二〇一二年的同人卦是出門，「家人」則是退回來，設門檻把家門關

上，保護自己不受外面的風暴衝擊。也就是說，世界經濟形勢在二〇一二年的同人卦沒辦法持續下去，二〇一三年就變成家人卦了，這時候就看每個國家的內需能不能養活自己。如果需要仰賴外面的幫助，可能就很慘。家人卦初爻就是設門檻的象：「閑有家，悔亡。」「閑」就是「門中有木」，設門檻保護，當然違反自由貿易的精神；若不如此，就會被外面衝垮，所以「閑」才能維持自家人生存，才不會「有悔」。三爻是嚴格執行家法以保護內部的象：「家人嗃嗃，悔厲吉。」五爻是君位，那時世界上任何一個國家和地區的領導人，為了要保護他的家，就必須：「王假有家，勿恤，吉。」畢竟還是自己家比較重要。這麼一弄，家人卦初爻、三爻、五爻三個爻齊變，變成了剝卦。可見全球自由貿易還是比較合理的，但因為金融風暴後信用系統崩盤的問題無法解決，導致全面退到保護主義，嚴格來講對大家都是不利的，所以卦象還是「剝」；可是為了自保，這也是不得不然的措施。那麼這個時間到底要持續多久呢？因為我們只算到二〇一三年，從二〇一二年年底到二〇一三年就是這個象，後面就不得而知了。我們現在看，保護主義的跡象不是很明顯嗎？雖然二〇〇八年全球都在商議說，至少要維持一年不退回保護主義，但那些決策者到二〇一三年還在位嗎？你看美國現在就想開溜了，結果被各國痛批，溫家寶說美國是「豬八戒倒打一耙」。可想到時候如果大國、小國都不願暴露在世界貿易的風險中，二〇一二年底到二〇一三年大家各掃門前雪的狀態就很有可能發生，那時候能不能撐下去，就看家裡的內需產業夠不夠養活自己了。

那麼，中國大陸的經濟形勢呢？在二〇一二年是個大轉彎，出現一個未濟卦（䷿），二爻和上爻動。從卦來看似乎有點出乎意料，但從爻來看就沒什麼問題。第二爻是「曳其輪，貞吉」，提醒要踩住剎車，別讓車輪一直往前飆，雖然下卦是坎險，但在坎險深處若能控制住，就不會有問題。上爻「有孚于飲酒，无咎」。離開了下卦的坎險，進入上卦的文明，有一個慶功宴的象，表示問題解決了，可以放鬆一下。未濟卦的主要變數在上爻，表示雖然整個是一個「未濟」的象，但是它會度過，還有一個慶功宴。上爻爻變是解卦（䷧），說明問題解決了，這是主要變數。然後兩爻變又是一個豫卦（䷏）的象，「豫，樂也」，「利建侯行師」，有充分的準備可以打組織戰。所以，就像我們原先算大陸未來十年的經濟形勢是「元亨利貞，无咎」的隨卦一樣，從整體來講，至少到二〇一三年都沒有大問題。

我們再看臺灣二〇一三年的經濟形勢，這就很妙了，又是一個生態的頤卦，初爻和上爻動，就看能不能養活自己？從初爻看是養不活的；若從上爻講，因為有靠山，所以養得活。初爻「舍爾靈龜，觀我朵頤，凶。」看人家大塊朵頤，吃得很歡，自己非但吃不到，而且人家就在吃你。所以頤卦初爻爻變是剝卦（䷖），你是被剝削的對象。可是它要是有了外卦的艮卦當靠山，而且這靠山還是夠強的，就可以幫你「由頤」，讓你活得不錯；雖然「厲」，壓力大一點，但還是「吉」，而且還「利涉大川」。這個靠山很可能就是大陸。頤卦兩爻動又是一個坤卦的象，頤中有坤象，看你有沒有坤卦順勢用柔的本事。所以，初爻和上爻動，可能是指年初到年終，也可能是指內卦很糟糕，可是因為外卦這個因素的存在，若能巧妙運用，最後便能從凶轉吉，「利涉大川」。從整體看來，極有可能還是取決於跟大陸的互動關係是否能更入佳境。

上經

1. 乾為天（☰）

乾六爻全陽，為《易經》居首第一卦。〈說卦傳〉稱：「乾為天，為圓，為君，為父……」天道圓融，君父領導子民，這是乾卦的基本意象。「乾，健也。」為天為圓，為君為父，都應有剛健的本質或表現。〈大象傳〉稱：「天行健，君子以自強不息。」宇宙諸天體週而復始的運行，有志君子應效法天道，自立自強，永不止息地精進奮鬥。

〈說卦傳〉稱：「乾為馬。」卦爻辭中卻未以馬為象，爻辭取象於龍。初爻「潛龍」、二爻「見龍」、五爻「飛龍」、上爻「亢龍」，四爻「或躍在淵」，未明言主詞，應該也是指龍。三爻居卦中人之正位，改稱君子，仍是效法天道勤奮苦幹之意，和〈大象傳〉宗旨相同。〈彖傳〉中稱：「大明終始，六位時成，時乘六龍以御天。」無論稱龍、稱馬，或稱君子，都有領導統御以期光明成就之意。

龍是中華民族的圖騰，應為創意思維的產物，馬首蛇身魚鱗鹿角，可能顯示上古各部族融合的過程。各部族的圖騰為單一動物，融合後萃聚各家之長，創造了龍形的新圖騰，既表尊重過去歷史，又勉勵和衷共濟，開創新猷。〈彖傳〉說得好：「乾道變化，各正性命，保合太和，乃利貞。」保持個體的特色，重視群體的和諧，天道自然的生態本即如是。

龍在中國是祥瑞尊貴的象徵，皇帝稱真龍天子，一般百姓皆望子成龍，美好姻緣稱龍鳳呈祥。傳說中的龍神變無方，水陸空三棲，在任何環境中皆能適應並主導形勢，又會興雲佈雨，滋潤生靈，造福人群。〈彖傳〉稱：「雲行雨施，品物流形。」也吻合龍的意象。依據〈說卦傳〉：「震為雷，為龍，為玄黃……為長子……其究為健。」雷雨作，有生物之功，驚蟄節氣時，萬物甦醒。天玄地黃，乾坤父母交合，生震長子，長子肖父，長大亦行健不息，繼承父業，故亦為龍象。〈說卦傳〉又稱：「帝出乎震……萬物出乎震。」封建王朝由嫡長子繼承帝位，帝為主宰意，萬事萬物行動的主宰，生機所在即為震。

〈說卦傳〉稱：「坤為牛。」坤卦卦爻辭也沒有以牛為象，卦辭倒稱：「利牝馬之貞。」牝馬是母馬，追隨雄馬馳騁天涯，由此可推證乾為公馬，率領馬群前進。〈說卦傳〉稱「乾為馬」並沒錯，天馬行地，剛健不息。〈彖傳〉稱「時乘六龍以御天」，實即古代帝王車駕的規格。列國諸侯一車四馬稱乘，天子為天下共主，一車六馬以顯至尊，所謂「天子六駕」即是，前些年洛陽出土文物已經證實。唐朝魏徵〈諫太宗十思疏〉中有云：「奔車朽索，其可忽乎？」同時駕馭六匹馬，收放自如，快慢節奏一致，當然比四匹要難，愈高層的領導統御愈須敬慎，絕不可以虐民而致失控。

馬也用以喻心，所謂心猿意馬，人心憧憧往來，浮躁好動。而修心有成者，其心剛健無私，與天道合德，也通乾卦宗旨。〈文言傳〉讚嘆：「大哉乾乎！剛健中正，純粹精也。」正是持心公道、無私無染之意。《西遊記》敘述唐僧西天取經，保駕的孫悟空即稱心猿，白馬座騎譬喻其意念，豬八戒好吃懶作、爭功諉過，象徵其塵俗欲望。一路遭遇諸多妖魔鬼怪，歷盡天人交戰，千辛萬苦才能得道。其實，《易經》以乾象心，以坤喻物，心物合一遂能生生萬物。〈說卦傳〉稱「坤為牛」，牛即大物，中文物字即以牛為偏旁。坤卦卦辭稱：「先迷後得主。」心主物從，若物欲得勢，蒙蔽心智靈明，則稱「迷」。復卦〈象傳〉稱：「復，其見天地之心乎？」克己復禮，見證天心，而上爻走火入魔，誤入歧途，稱：「迷復，凶，有災眚。」

熊十力先生在《乾坤衍》一書中闡釋，乾為生命和心靈，坤為物質能量的總名，確為一語中的之卓論。

䷀

乾卦卦辭：

元亨利貞。

卦名乾，卦辭「元亨利貞」。六十四卦是先立卦名，再寫卦爻辭，還是先有卦爻辭，再確定卦名呢？出土的帛書易、竹書易，卦名與今本《易經》多有不同，是異字同義，還是連意義也不同呢？許多卦的爻辭中冠有卦名，例如復卦（䷗）六爻，稱「不遠復、休復、頻復、獨復、敦復及迷復」，是先定卦名再依次寫出爻辭，還是歸納其共性後，取名為復呢？又如履卦（䷉）卦辭逕稱「履虎尾」、否卦（䷋）卦辭「否之匪人」、同人卦（䷌）卦辭「同人于野」、艮卦（䷳）卦辭「艮其背」，卦名作為主動詞用，經本上也未另列卦名。這是先有卦名，還是先有卦辭？

大部分卦名都是一個字，雙字卦名有十五個：小畜、同人、大有、噬嗑、无妄、大畜、大過、大壯、明夷、家人、歸妹、中孚、小過、既濟、未濟。約佔全易四分之一，以大小對稱就有六個。易例陽大陰小，陰陽互動變化形成各種情境，對勘起來特有趣味。有大過有小過，有小畜有大畜；

有大有沒小有，有大壯無小壯。大有卦（䷍）旨在世界大同，主張大家都有、人人皆有，自然不可小有，一小撮人擁有，大部分人匱乏，是世界動亂的根由。大壯卦（䷡）陽氣盛壯，雖未完全成熟，假以時日將成大器，易理扶陽抑陰，自然不言小壯。姤卦（䷫）五陽下一陰生，卦辭稱：「女壯，勿用取女。」防微杜漸之意，深切之極矣！

〈文言傳〉稱「元亨利貞」為乾之四德，君子若行此四德，即合天道創生的自然法則，終而復始，生生不息。「元者，善之長也；亨者，嘉之會也；利者，義之和也；貞者，事之幹也。」可能是有易學以來最好的解釋，善加體悟，深邃不盡。這四句並非孔子所說，而是更早即有流傳。《春秋左傳》襄公九年，魯襄公的祖母穆姜薨於東宮，傳文追述其事，即已言及。除了元稱「體之長」外，其他全同，連以下進一步論述皆為穆姜所言：「體仁足以長人，嘉會足以合禮，利物足以和義，貞固足以幹事。」古代女性有此見識，令人驚嘆！〈文言傳〉全盤轉述，可見高度肯定。

簡單來說，元為核心的原創力，發揮出來可排除一切障礙，造成亨通，資源交流順暢遂生利益，消化吸收轉為己用，固守以待下一回合的衝刺，就是貞。「元亨利貞」，從開創到守成；「貞下啟元」，由守成再開創，不斷向外拓展。以前農業社會，一年四季的春耕、夏長、秋收、冬藏的工序，就是元亨利貞。利字以刀取禾，正是秋收之意。寒冬萬物深藏，不宜出外耕作，固守已穫收益才是人間正道。大衍之數的占筮法，據曆法而作，所得出的過揲之數七、九、八、六，即相當於春夏秋冬。少陽成老陽、陽極轉少陰、少陰成老陰、陰極轉少陽，週轉不息，生出眾多情境，亦與元亨利貞之理相通。

元亨利貞既稱天德，即可依此來判斷卦的卦性，看看是否合乎理想的自然法則。乾卦卦辭就

「元亨利貞」四字，圓融飽滿，沒有任何條件。另外還有六個卦，坤、屯、隨、臨、无妄、革，卦辭中都有「元亨利貞」，稱為四德俱全，不過皆有其他辭語作為但書。換言之，必須滿足那些條件或重視其警惕，才能元亨利貞。例如臨卦（䷒），卦辭稱：「元亨利貞，至于八月有凶。」依據卦氣學說，十二消息卦中，八月時節為觀卦（䷓）值令，臨、觀兩卦相綜一體，卦形正好顛倒，臨卦一百八十度逆轉即成觀卦之象。臨卦開放自由，容許創意及活力的發揮，但自由不宜濫用，否則流弊不可勝言，一旦失控，形勢逆轉，元亨利貞的圓滿開闊，轉為八月之凶的天災人禍矣！二〇〇八年九月十五日爆發的金融風暴，二〇〇一年九一一紐約遭恐怖攻擊事件，即為範例，都是放任失控所致。巧的是發生日期都在陰曆八月，真是名符其實的八月有凶。

再如蒙卦（䷃）卦辭有「亨利貞」，無「元」字，表示元德不顯，需認真啟蒙以求復元。咸（䷞）、恒（䷟）、萃（䷬）、兌（䷹）等卦曲繪人情，卦辭有「亨利貞」，亦欠「元」德，與蒙卦同級，感情蒙蔽理智，會影響人核心的創造力，看不清楚事實的真相。蠱卦（䷑）卦辭有「元亨利」，獨欠「貞」德，事態敗壞，必須大刀闊斧整頓，以撥亂反正。依《易經》卦序，蠱卦剛好介乎隨（䷐）、臨兩個元亨利貞的卦之間。由隨至蠱，因時變而失正；由蠱至臨，改革成功而至自由開放。

貞為固守正道，是《易經》的重要觀念，卦爻辭中處處可見，有時單獨出現，有時前後附加詞語或吉凶禍福的判斷。貞吉沒有問題，「貞凶、貞吝、貞厲」是什麼意思？行事正直，結果還這麼糟，那誰要幹？因此，有人引證甲骨文上的貞字而論，認為貞為動詞，就是占卜之意。占卜結果有好有壞，不足為奇。但很多地方講不通，也拉低了易理進德修業的境界，元亨利貞是大通利於去「占卜」嗎？坤卦「利牝馬之貞」，升卦（䷭）上六「利于不息之貞」，利於母馬占卜？利於一直不停的占卜？這不合理也不成話。節卦（䷻）上六「苦節貞凶」，而卦辭稱「苦節不可貞」，又怎麼理解？

其實，人行正道只求心安，本來就不一定有好結果。〈繫辭下傳〉第一章宣稱：「吉凶者，貞勝者也。天地之道，貞觀者也；日月之道，貞明者也；天下之動，貞夫一者也。」天地變化，日月光明，只是依順自然的法則，豈有得失禍福的計較？天下一切動變亦然，皆源於不容已的常道。《老子》稱：「道生一，一生二，二生三，三生萬物。」又稱：「天得一以清，地得一以寧……王侯得一以為天下貞。」人立身行事，但法自然之正，不論吉凶。短期看可能有得有失，長遠論則屹立不搖，仍為典範，所以稱貞道超越了吉凶、勝過了吉凶。

趨吉避凶為人之常情，卻未必是人生追求的價值與意義之究竟。〈繫辭上傳〉第二章說：「吉凶者，失得之象也；悔吝者，憂虞之象也。」吉未必得，可能是失，凶未必失，可能反得。吉凶只是個象，未必屬實，不宜過度執著追求。塞翁失馬，焉知非福？塞翁得馬，焉知非禍？吉凶只是一時相對的成敗得失，並無長遠或永恆的意義，易理標榜的不是吉凶，而是無咎。〈繫辭上傳〉第三章稱：「无咎者，善補過也。」又稱：「震无咎者存乎悔。」人孰無過？知過能改，善莫大焉！咎由自取，勿歸咎於人，引咎真心悔過就好。孔子至聖，慨歎學易可以無大過，愷切中肯之至，易學神髓確實在此。〈繫辭下傳〉十一章稱：「懼以終始，其要无咎，此之謂易之道也。」全易之道，就在求補過無咎。

貞字最早的意涵可能還不是占卜，而是上古祭祀天地、天子會見諸侯的一種禮器，《儀禮・覲禮》稱作「方明」，為上下四方的六面正方體，象徵時空結構，甲骨文的貞字造形或許由此劃出，易卦六爻模型也可能與之有關。人生天地間，必須先確定自己所處的時位，再搞清楚和他人以及萬事萬物的相互關係，這就是貞的功能。甲骨文以貞為卜，就是要探知各種情境下的時位關係，找出因應的正確方法，一旦找到，就固守奉行，此即貞字現在的含意。「貞者，事之幹也……貞固足以幹事。」人生做人做事的重要原則就是貞，無論吉凶禍福，理應奉行不渝。清末治煙名臣林則徐，慨稱：「苟利國家生死以，豈因禍福趨避之？」就是貞德的表現。

貞字強調堅持固守，不輕易破壞原則，當然是美德。但世事風雲多變，特殊時候又得隨緣調整，臨機應變，不宜過分執著，否則結果不會好，貞凶、貞吝、貞厲，有些也是因此而生。〈繫辭下傳〉第八章稱：「易之為書也不可遠，為道也屢遷。變動不居，周流六虛，上下无常，剛柔相易，不可為典要，唯變所適。」靈活無礙，不守故常，永遠隨順最新的變化走，這才是上乘的處世功夫。所以有些情境，就得權衡要不要固守，而提出可貞或不可貞的問題。可為恰到好處，適可而止。損卦（䷨）「懲忿窒欲」，卦辭稱「可貞无咎」；節卦卦辭稱：「苦節不可貞」。人的欲望與生俱來，不宜放縱，也不好壓抑過度，絕欲不可能，適度節制卻是必要的。

亨字意為亨通無阻，和享、烹二字意通。享是祭祀，虔誠上供以期神明與祖宗福佑；烹是烹飪，將生冷食材合化成珍饈美味。亨、烹、享三字可通用，在鼎卦（䷱）中更融合為一，充分說明調和鼎鼐、政通人和的主旨。老子說：「治大國若烹小鮮。」殷初名相伊尹善烹調，天下大治。明末王船山釋亨字為：「氣徹而成熟，情達而交合。」說得真是精確到位。

〈文言傳〉稱：「亨者，嘉之會也。」會是交流匯聚，嘉是喜上加喜，為雙喜之意。所謂亨通，是交會雙方都能獲益，資源互補，相得益彰。嘉又有美善之意，美滿姻緣稱「嘉偶天成」，古代大婚之禮稱嘉禮。《易經》用語，個人或單方面的好事稱喜，雙方面較大規模的稱嘉，眾喜、皆大歡喜則稱慶。古代帝王賢愚與否，影響國計民生甚鉅，稱：「一人有慶，兆民賴之。」清朝嘉慶帝的年號，福國利民，立意甚佳。其實，滿清部族漢化很深，諸帝名號多源於易，如咸豐、乾隆、道光等皆是。乾為君，八卦三陽為乾，乾隆帝賣弄風雅，有時以四陽為號簽名，表示他比一般的君王還多一陽，故稱乾隆。其實貪多務得、好大喜功，正是違反《易經》中道之理。陽剛過度遂生悔，追求文治武功，自號十全老人，死後被盜墓，屍首不全。最好笑的是，寵任大貪官和珅禍國，珅字坤上加一橫，至柔克至剛，硬是敗壞了乾上多一橫的帝王根基。一物剋一物，豐滿招損，天理昭昭不爽。中國人受易理浸染甚深，接觸西方文化，翻譯「Carnival」一詞為「嘉年華會」，巴西慶典洋溢的青春氣息躍然紙上，確實亨、享二意俱備，既是音譯，又合意譯，堪稱佳構。

利字解釋成「義之和」，又稱「利物足以和義」，也讓人耳目一新。戰國以後儒家諱言利，孟子即高唱義利之辨，好像言利就不及義，這種觀點自陷狹隘，值得商榷。《易經》首卦第三字即言利，開闊務實，人人可謀己利，但不可以私害公，亦當計天下眾生之利。如此之利，與義有何扞格？〈文言傳〉稱：「乾始能以美利利天下，不言所利大矣哉！」道出箇中關鍵。〈禮運大同篇〉倡導天下為公，有稱：「貨惡其棄於地也，不必藏於己；力惡其不出於身也，不必為己。」出錢出力，不是必不為己，可以為己，但不必每次都為己，這才合情合理。

〈彖〉曰：大哉乾元！萬物資始，乃統天。雲行雨施，品物流形；大明終始，六位時成，時乘六龍以御天。乾道變化，各正性命；保合太和，乃利貞。首出庶物，萬國咸寧。

〈彖傳〉為七種易傳之一，今傳本皆列於卦辭之後，解釋卦辭文句，分析卦爻結構，最後還會發表些讚歎或感想，涵蘊非常豐富。其創作應在〈象傳〉之後，談卦也談爻，有集大成的氣勢。彖、象都是動物，象性溫和，彖性則兇猛剛斷，也和〈彖傳〉、〈象傳〉的風格屬性相合。〈大象傳〉重視上下卦的互動關係，勉人效法自然，敦篤實踐，崇尚修德。〈彖傳〉則全方位解析卦爻之象，探討任事成功之道。〈繫辭下傳〉第三章稱：「彖者，材也。」舊註則釋：「彖者，斷也。」根據既有資源，當機立斷，為行事應有的霸氣。

乾卦〈彖傳〉以韻文寫作，四字四字一句，音韻鏗鏘，氣勢磅礡，思慮深邃，是中國思想史上極重要的篇章。熊十力先生曾據之發揮而成《乾坤衍》一書，建立大易哲學體用不二、博大精深的思想體系。傳文從「大哉乾元」至「乃利貞」，既解釋元亨利貞的卦辭，同時也建構了《易經》的本體論，或稱存有論「Ontology」，值得好學深思之士再三參研體會。末尾八字：「首出庶物，萬國咸寧。」尤須注意，這是〈彖傳〉作者極富創意的思想成果，和經文「用九，見群龍无首，吉」有關，舊註多誤解，刻須釐清。

簡略言之，乾元為宇宙萬象的創生根源，一切存在的共同本體，故以至大無外讚嘆，而稱「萬物資始」。「乃統天」之天，指諸天星體，浩瀚無涯的物質宇宙亦為乾元所生，以破除一般人著相的迷執。乾元並非外於萬事萬物獨存，而是既內在又超越，即體成用，即用證體。稱「乾元」不稱乾之元，即有體用合一之意。〈繫辭上傳〉第十一章稱：「易有太極，是生兩儀，兩儀生四象，四象生八卦。」以太極為萬象根源，和〈彖傳〉的說法不同。太極之說，首見於《莊子・大宗師》：

「在太極之先而不為高。」並沒有究竟根源之意。正本清源，習易仍應以〈彖傳〉乾元之論為宗。

雲行雨施以下，有宇宙創生後物種演化的意味，地球上的生命起源於海洋，雲雨即有坎水成洋之象，乾坤之後的屯卦（䷂），上坎下震，正表此義。品物為萬物分級的概念，演化程度有高有低，因應生存環境而呈現各式各樣的形態。「流形」的流字，顯示動態應變，找到最適合的演化形體才確定下來。文天祥〈正氣歌〉有言：「天地有正氣，雜然賦流形，下則為河嶽，上則為日星，於人曰浩然，沛乎塞蒼冥。」日月山川，靈蠢動植，乃至人修養練就的浩然正氣，都是流形，小宇宙大宇宙，渾淪一氣，打成一片。

萬物演化，愈往高級發展，由身而心而靈，至人類而達頂峰，開出智慧充滿的文明境界，可薪盡火傳，千秋萬世積累不息，此即「大明終始，六位時成」。上經推演天道，最後一卦為離（䷝），離取象火、日、網罟縱橫交織，正是人類文明的象徵，其〈大象傳〉稱：「明兩作，大人以繼明照于四方。」下經晉卦（䷢）上離下坤，〈彖傳〉亦稱：「明出地上，順而麗乎大明。」人生進德修業，如日東昇，苟日新，日日新，又日新，無有已時。《大學》開宗明義，稱大學之道：「在明明德，在新民，在止於至善。」晉卦〈大象傳〉明言：「君子以自昭明德。」都是大明終始之義。乾卦講天道，〈彖傳〉中已蘊含人道必興之勢，人由天出，天人畢竟合一。大明終始是離象，接在雲行雨施的坎象之後，表示智慧心靈的發展，先得經過一段坎坷學習的歷程，稱為「習坎繼明」，這也是天經地義的自然法則。孟子不云乎：「天將降大任於是人也，必先苦其心志，勞其筋骨，餓其體膚，空乏其身，行拂亂其所為，所以動心忍性，增益其所不能。」

六劃卦的卦序先坎後離，三劃卦出現的次序亦復如是。乾坤開天闢地之後，屯（䷂）、蒙（䷃）、需（䷄）、訟（䷅）、師（䷆）、比（䷇）共六卦，不是外卦為坎，就是內卦為坎，始終未離險陷。至小畜（䷈）、履（䷉）二卦，乾、坤、震、艮、巽、兌的三劃卦皆出現完畢，再經泰極否來的天旋地轉，進入同人（䷌）、大有（䷍），三劃的離卦（☲）才姍姍來遲，可見獲致光明不易。

六位時成，完全可以乾卦六爻的演化發展充分說明。神龍變化、天馬行空，皆以喻心，「潛、見、惕、躍、飛、亢」為精神心靈突破物質坎陷，終至光耀大顯的發展歷程。易卦六爻既象徵時，也象徵位，由內而外、由下而上，始壯究、始壯究，位隨時轉，時空合一，也合乎相對論以來現代科學的認定。人生居位，並非恆定，一旦時移勢易，必須重新檢討，改絃更張。企管理論有所謂定位策略（positioning），產品、行銷乃至企業、國家都有精準定位的問題，不同時機有不同的定位。舉例來說，世界知名電腦廠商英特爾（Intel）以做記憶體起家，後來因應經營情勢變化，改做微處理器而轉型成功，即為「六位時成」。

深諳時機時勢的變化如此重要，〈彖傳〉接下來乾脆說「『時』乘六龍以御天」，時變成了駕馭變化、管理一切的主詞，具有影響成敗的壓倒性優勢。任何人只要跟上了時勢的發展，便能勝利成功，一旦違時落伍，又立刻淘汰。歷史上多少興亡事，大浪淘沙，潮起潮落，所謂：「時來天地皆同力，運去英雄不自由。」真正英雄造時勢者少，洶湧時勢造英雄者多矣！乾元統天，時乘御天，連至大如天都要領導統御，真是氣魄雄偉。

大易以時立教，教人掌握時機時勢，與時俱進，易傳中處處提時，多卦〈彖傳〉深致讚嘆：「時之義大矣哉！」大易與《中庸》相表裡，中庸之道即在「君子而時中」，中道非固定不變，而是隨時隨地制宜。易傳與孔子關係密切，孟子就稱孔子為「聖之時者」，而《論語》開宗明義即稱：「學而時習之，不亦悅乎？」

時勢千變萬化，人生的奮鬥不宜拘泥執著。「乾道變化，各正性命，保合太和，乃利貞。」說出了最好的創造利益及貞正固守之道。《中庸》開宗明義：「天命之謂性，率性之謂道。」人所稟受於天者各各不同，順著自然的天性去做就是道。止於一為正，人人量才適性，找到自己的路專心幹一輩子，都能有所成就。個體的獨立性得以保障後，還得重視群體相處的和諧，「太和」是最高最大的和諧，獨不礙群，同不妨異，剛柔和衷共濟，相反卻能相成。乾卦講領導統御，乾為君，北京故宮的三大殿命名，即因乾卦〈彖傳〉而來。太和殿、保和殿、中和殿，意境多美！中國民間道教最高的神元始天尊，也從乾彖取材：「大哉乾元！萬物資始，乃統天。」至高無上，統領天上眾神，也算妙合其意。

「萬國咸寧」是天下太平的境界，《尚書・大禹謨》中亦稱：「野無遺賢，萬邦咸寧。」「首出庶物」是什麼意思呢？首是元首，庶物即眾人，元首應當從眾人之中選拔而出，既有基層歷練，便知民生疾苦，掌權後容易敦篤務實，為民謀福。這樣的領袖治理國家，對內營造和諧社會，對外講信修睦，與世界各邦共存共榮。由於最高權力根源於民意，非出世襲，沒有特權，任期到了換人接替，無從戀棧壟斷，也就不容易因權力爭奪而起紛爭。有志者儘可力爭上游，公平競試，不必像過去改朝換代那樣殺氣彌漫，血流成河。乾為天，天道大公無私，〈彖傳〉作者深體斯意，闡釋發揚得淋漓盡致。

舊註將「首出庶物」曲解，說是元首高高出於眾人之上，君臨天下而為人民所觀仰，這完全是封建落伍的帝王思想，也充滿了霸權的意識，如果這樣，怎麼會「萬國咸寧」呢？〈說卦傳〉稱：

「帝出乎震……萬物出乎震。」帝為主宰意，震卦（☳）為乾坤交合始生之卦，一陽奮起於二陰之下，象徵一切眾生的自性主宰，儒稱良知良能，佛稱如來本心，於此萬事萬物盡皆平等。「帝出乎震」就是「首出庶物」，和「群龍无首」的最高意境相通。乾〈彖〉首言萬物，是概括總論，次言品物，有了等級高下的分判，末言庶物，強調高層與基層的密切關係。老子云：「貴以賤為本，高以下為基。」《尚書．五子之歌》則稱：「民惟邦本，本固邦寧。」

〈象〉曰：天行健，君子以自強不息。

〈象傳〉分〈大象傳〉、〈小象傳〉。卦大爻小，〈小象傳〉解釋六爻爻辭，本則為解卦的〈大象傳〉，並不解釋卦辭，而是就上下卦的互動關係立論。上乾下乾，日月星辰始終週轉不息，君子亦應效法天道，積極進取，健行不已。〈象傳〉寫作應在〈彖傳〉之前，之所以未解釋卦辭，可能覺得言簡意賅，沒什麼好解釋的。〈彖傳〉創作時，才結合卦爻深入闡析，並加入後人讀經的創意與心得。

占例

問事占得不變的乾卦，按卦象卦辭行事即可，剛健無畏，勇猛精進，無論所處為順境或逆境，都要儘量爭取積極主動。一般來說，結果總是比較正面。就算推展不夠順利，也因依循天理天道而會產生長期的示範效益。〈文言傳〉稱頌：「乾始能以美利利天下，不言所利大矣哉！大哉乾乎！剛健中正，純粹精也；六爻發揮，旁通情也；時乘六龍，以御天也；雲行雨施，天下平也。」計利當計天下利，有了貢獻還謙遜不居功，正是天德無私的表現。「時乘六龍、雲行雨施」，為〈彖傳〉提出的觀念，〈文言傳〉再作發揮，顯然創作在〈彖傳〉之後。七種十篇易傳，過去所稱的「十翼」，孰先孰後，是很值得探討的有趣問題，徹底搞清楚後，能幫助我們了解易學思想的發展脈絡。

卦氣圖

另外，乾卦也是卦氣圖中「十二消息卦」之一（右圖），時當一年中的陰曆四月。若占得乾卦，可能也表示所問事勢的發展，在陰曆四月左右會有突破。

●我大學時讀的是土木工程，研究所專攻環境工程，算是理工出身，畢業後卻因緣巧會，走上了研習中國古典的路子，主要的原因還是遇到明師啟蒙。我的恩師愛新覺羅毓鋆為前清皇室，已於二〇一一年三月二十日以一百零六歲高齡仙逝，學問淵深似海，近四十年來一直是引領我前進的明燈。一九九九年初，老師有在台灣進一步推動經典教學的構想，我頗思參與盡力，也晉見老師談過幾次，不知能否落實。當時有過一占，問一九九九年與老師的機緣，得出恒卦（䷟）九四爻動，文辭稱：「田无禽。」〈小象傳〉解釋：「久非其位，安得禽也？」田是田獵，禽是禽獸的總稱，打獵一無所獲，位份不對，待再久也難突破。答案如此明顯，雖有些失望，接著轉念再問那當如何？結果就出來不變的乾卦，要我元亨利貞，自強不息。本來師傅領過門，修行在個人，真有志於弘道事業，就該去除一切倚傍，自己奮鬥成功。金庸小說《倚天屠龍記》中，記張三豐幼時曾想投靠大俠郭靖習武，未能償願，反而因緣巧至自徹自悟，成了一代宗師。人祖伏羲仰觀俯察，神智天啟，他拜誰為師？禪宗六祖惠能自師其性，普渡廣大眾生。此占對我啟發極大，十多年來也依此行事，庶幾無愧於師門教化，《易經》首卦就有這樣的加持能量。

● 大國崛起的話題是近年來探討國際形勢的熱點，金融風暴後，歐美、日本列強受創嚴重，實力下降，中國大陸一枝獨秀仍蒸蒸日上，也造成猜忌防範的對立競爭。一九八七年美國學者保羅・肯尼迪發表《大國的興衰》一書，檢討過去五百年的世界史，強國如何迭興迭滅，論點很值得參考。我於二〇一〇年九月初為此一占：「大國如何興盛？」占得不變的乾卦。《易經》的回答真是乾脆俐落，國家要興盛就是自立自強，健行不息，沒有倚靠外力能成功者。

● 中華文化以儒釋道為主流，佛教雖屬外來，幾千年的磨合已消融一體，成為中國人思想生活的一部分。佛經中不可思議的神通很多，也有囑人持念的各種咒語，其意義與效果究竟如何？我於二〇一〇年九月末占問，得出不變的乾卦。乾代表天道自然，元亨利貞，自強不息，看來佛咒確屬天籟，不可小看，但並非外求神靈幫助，而是開發存於眾生自性中的能量。易占一語道破，真是厲害。

● 佛教修行入門，有四聖諦之說：苦、集、滅、道。所謂「知苦、斷集、慕滅、修道」，其中滅諦是指滅掉無邊煩惱，得證無上菩提。但因漢譯用了消滅、毀滅、滅亡的滅字，望文生義者看了不喜，人生幹嘛不好好的生活，要去追求滅度？我於二〇一〇年十月下旬給學生講《心經》時，特地占問滅諦的真義，得出不變的乾卦。元亨利貞，滅盡煩惱，回歸天道自然，這是好事，完全不必害怕啊！

●二〇一一年十二月上旬，我的一位學生從美國返台，可能為魂靈附身，驅之不去頗為煩惱，同學們紛紛獻策，找這找那奇人異士化解，易占結果都不理想。最後她乾脆發橫，說就靠自己承擔宿業吧！說時氣勢豪壯，我占得不變的乾卦，自強不息，元亨利貞。沒多久，萬事化解，恢復正常。

初九：潛龍勿用。

〈小象傳〉曰：潛龍勿用，陽在下也。

爻辭所述，為卦辭境界的具體展開，由下而上、從內而外的分段奮鬥歷程。六爻所處時位不同，應對方式自然有異。〈說卦傳〉稱：「兼三才而兩之，故易六劃而成卦。」〈繫辭下傳〉第十章亦稱：「易之為書也，廣大悉備，有天道焉，有人道焉，有地道焉，兼三才而兩之，故六。六者非它也，三才之道也。」易卦六爻象徵天地人三才之位，五、上為天位，三、四居人位，初、二為地位。乾卦以龍為象，初九為地下之位，有潛隱深淵之意，故稱潛龍。初九為爻題，初為爻位，代表組織中的最基層，也象徵乾卦奮鬥初始；九為陽數之極，作為易卦陽爻的代稱，陽極轉陰，躍躍欲動，稱為可變的老陽。

在大衍之數的占法中，三變之後決定一爻，最後四策、四策一數的總堆數，只有六、七、八、九共四種可能。七、九奇數為陽爻，七不可變為少陽。六、八偶數為陰爻，六為陰數之極，作為易卦陰爻的代稱，陰極轉陽，稱為可變的老陰，八不可變為少陰。本來實際易占中，陽爻可能為七或九，陰爻可能為六或八，而爻題只以九表陽、以六稱陰，反映了易理重變的精神。再者，爻本來就是變動的概念，〈繫辭上傳〉第三章講的很清楚：「爻者，言乎變者也。」下傳第三章亦稱：「爻也者，效天下之動者也。」第十章則稱：「道有變動，故曰爻。」爻有動變，即須參考爻辭，所以爻辭稱九、六，不稱七、八。

潛龍位置太低，不宜公開行動，動了也發揮不了什麼作用，只適合沉潛修為，好好充實自己，為未來作準備，故爻辭建議「勿用」。〈小象傳〉解釋：「潛龍勿用，陽在下也。」乾卦〈文言傳〉亦釋：「潛龍勿用，下也。」又稱：「潛龍勿用，陽氣潛藏。」再有陽剛之氣、志向高遠的人，處此位卑職微之時，也得韜光養晦、低調行事，不可輕舉妄動。

〈文言傳〉中還有大段申說：「初九曰：潛龍勿用，何謂也？子曰：龍德而隱者也，不易乎世，不成乎名，遯世无悶，不見是而无悶，樂則行之，憂則違之，確乎其不可拔，潛龍也。」以問答體例解經，古典多見，學生記載孔子闡釋爻辭的言論，比〈小象傳〉短短一句豐富深刻的多，非常寶貴，值得珍視。已具備龍德高智大才的人，卻因時勢不合，寧願隱居不出來任事，這種人物古史多見。他們特立獨行，不苟同流俗，不隨世風而改變自己的操守，不務虛名，甘心隱遁，心裡沒有一點窒悶，不被世人認可也不悶，高興做的事就去做，不喜歡的事就不做，完全我行我素，確實沒有辦法改變他，這就是「潛龍」啊！這一段非常像夫子自道，孔子周遊列國而不獲用，返魯後整理典籍、著述《春秋》以傳世，沒有遷就現勢而放棄自己王道的理想，正是「潛龍」的風範。之前其實他已做過大司寇的高官，從政經驗豐富，所以潛龍之意在此已有擴充，並非僅指初出任事的基層歷練，大人物自甘隱遁也算潛龍。

「遯世无悶」之遯，即遯卦之遯，本為引退深藏之意。遯卦（䷠）〈大象傳〉稱：「天下有山，遯，君子以遠小人，不惡而嚴。」君子不與得勢的小人打交道，雖不明顯得罪，絕不遷就合作，寧願退隱林泉，逍遙自適。大過卦（䷛）〈大象傳〉亦稱：「澤滅木，大過，君子以獨立不懼，遯世无悶。」大過是善惡價值顛倒、極度動盪紊亂的時代，君子特立獨行，坦然不懼，也是潛龍修為的極致表現。

易卦中明確強調「勿用」的，還有屯卦卦辭及遯卦初六爻辭。處「遯」之始，不必急著「遯」，看清風向再決定行止；初爻也代表組織基層，任何權力改組通常只在領導高層，基層未必需要跟著走人。屯卦為乾、坤交合後的第一卦，象徵生命初始或事業草創時期，當然以基礎佈建、蘊養實力為先，不宜倉卒求成。乾、坤兩卦為六十四卦的基本，其他各卦皆有乾剛坤柔的體質，尤其乾卦更是基本的基本，一切現象的源頭，所以每一卦的初爻爻辭雖異，其實多有「潛龍勿用」的況味，就是不宜大舉行動。

「不見是而无悶」的見字，也可讀成現，心中知道怎樣是對，卻不表現出來，隱遁的世外高人往往如此。未濟卦（䷿）是《易經》最後一卦，上九爻辭末稱：「有孚失是。」是字為「日正」之意，象徵正確而且光明，失是已偏離日中，光芒漸消漸弱。易理其實始於是，終於是，乾初爻已有是而不表現，未濟末爻失去了是，深心體會宇宙人生的變化，教人感慨萬千。人生聚會共謀國是，散後又自以為是，各行其是，無論如何，大家還是實事求是的好。湖南長沙嶽麓書院庭前石碑所書四字，可做人生奮鬥的圭臬。

〈文言傳〉解釋乾卦六爻共四次，可謂不厭其詳，最後一次解釋潛龍為：「君子以成德為行，日可見之行也。潛之為言也，隱而未見，行而未成，是以君子弗用也。」君子學習尚實踐，懂得道理後就希望表現在日常生活中，潛龍表示學習未精、火候未成熟，所以還不輕易行動。

本爻爻變，成天風姤卦（䷫），卦辭稱：「女壯，勿用取女。」也有勿用之詞，五陽下一陰生，姤是不期而遇的危機之象，一陰所象徵的負面力量，可能迅速增長，顛覆五陽控制的安定局面，為了防微杜漸，切須做好抑制陰爻發展的工作。姤卦在男女關係中象徵不倫之戀，為免悲劇發生，也須克制情慾，懸崖勒馬。蒙卦（䷃）六三爻辭稱：「勿用取女。見金夫，不有躬。」女人花心，見異思遷，男士勿與其糾葛，以免後患無窮。易卦中所有勿用，警惕之意明確，人生行事，必須冷靜，勿須情慾蒙蔽了理智。

占例

占卦遇此爻動，自然以不動為宜。若一定要動，可能發生意料之外的危機，就算應付過來，也是得不償失，不如選更好的時機再出手。

● 台灣傳播界名人陳文茜女士，二〇〇一年末參選立法委員，想為公眾事務盡番心力。我當時占其勝算，即得乾卦初九爻動，卦辭「元亨利貞」，爻辭「潛龍勿用」，未值宜變爻位。陳女士剛健聰慧，行事有男兒風，乾卦自有實力堅強，選上應無問題。但潛龍之象似乎並不鼓勵其參選，三年立委幹下來，未必強過在媒體發揮影響力，也是不爭事實，甚至還因此遭遇些想像不到的困擾，又應了爻變為姤之象。易理判斷事情，往往高瞻遠矚，深透入微，值得我們虛心學習。

●二十多年前，有本企業經營的暢銷書《反敗為勝》成為話題，為前福特汽車公司總裁艾科卡所撰，敘述其挽救克萊斯勒公司的奮鬥經歷。今日看來當然已成陳跡，當時卻還是膾炙人口的傳奇。我於一九九七年底有占，問他如何反敗為勝？得出乾卦初爻動，爻變為姤。自強不息，潛龍不宜妄動時能克制忍耐，等到最好的時機再出手，姤亦是成事機緣之意，答案就是如此。

●我在師門啟蒙學易，而後又逢老師發心開講孔子著述的《春秋經》，對儒家內聖外王之學的宗旨有了完整的認識。二〇〇八年二月底，自己也開課跟學生試講春秋大義，由於《春秋》甚難，知之者寡，講授時也戰戰兢兢敬慎其事。開課前有同學建議與網路教學公司合作，讓更多有志學習者參與，我問占得出乾卦初爻動，時機未至，還是「潛龍勿用」。大法流傳自有天意，強求貪功不得，遂作罷論，只在內部講授，「不見是而无悶，遯世无悶」。

九二：見龍在田，利見大人。

〈小象傳〉曰：見龍在田，德施普也。

初九居地下之位，稱「潛龍」；九二居地上之位，故稱「見龍」。見讀作現，出潛離隱，浮上檯面，為眾所矚目，前途看好，但也因而失去了隱密行事的空間，公眾人物一切都得謹言慎行。

〈文言傳〉描述的很真切：「子曰：龍德而正中者也。庸言之信，庸行之謹，閑邪存其誠，善世而不伐，德博而化。易曰：見龍在田，利見大人。君德也。」庸是日用平常，最平常的言論也得講誠信，最平常的行為也得謹慎，不能出一點錯而貽人口實。《中庸》一書，教人運用中道於日常言行之中，亦記子曰：「庸德之行，庸言之謹。」與〈文言傳〉的語氣一致，可見關係密切。閑字「門中有木」，即門檻之意，設門禁障礙以防外邪入侵，如此則門內都是真誠信實者。九二居下卦中心位置，相當於各行各業的意見領袖，擁有一定的群眾基礎，須好好照顧並發展擴大，〈小象傳〉稱「德施普」，正是此意。但也須嚴格考核，不能撿到籃裡就是菜，還得防範心懷叵測者混入，一粒老鼠屎攪壞一鍋湯。閑字在家人（䷤）、中孚（䷼）二卦的初爻爻辭中亦出現，不是一家人，不入一家門，人際信用往來先得考核徵信，這是一定的道理。

「善世而不伐」，做了許多好事，對社會有貢獻，卻謙虛而不誇耀；「德博而化」，普徧照顧到許多人，教化群眾卓有績效。《論語・公治長篇》顏淵言志：「願無伐善，無施勞。」勞是辛苦奉獻有功勞，施與伐都是誇大張揚之意，顏回默默行善積功，絕無驕矜之態，正合見龍之旨。潛龍、見龍皆具龍德，時位不同而已。潛龍須隱，見龍居下卦正中，陽居陰位，剛而能柔，合宜謙沖養望，雖非九五君位，已備君德，大有未來領袖的架勢。二、五兩爻上下相應，互相幫襯，紅花綠葉，可成大事，故而兩爻爻辭皆稱「利見大人」。九二利於見到九五大德之君，獎掖提拔；九五利於見到九二大德之臣，竭誠輔助。乾卦二、五兩爻齊變，成離卦之象，其〈大象傳〉稱：「明兩作，大人以繼明照于四方。」皆具大德的君臣相遇，如魚得水，密切配合，事業發展光輝燦爛，影響深遠。

乾卦九二單爻變，恰值宜變，成同人卦（䷌），卦辭稱：「同人于野，亨。利涉大川，利君子貞。」廣結在野的民間力量，以累積雄厚的政治資本，可見志不在小。往上利見大人、往下德施普，平行再廣結善緣，展開全方位的外交攻勢。「見龍在田」之田，既是農田生產基地、又有田獵追捕行動之意。《易經》創作甚古，卦爻辭中漁獵活動甚多，超過農耕生活的記載，田字多指田獵而言。見龍在田，表示九二這號人物已成氣候，準備更上層樓追求大位了！無君位有君德，正顯示君位非專利，有德者人人得而居之。

孟子主張「人皆可以為堯舜」，又引顏淵之言說：「舜何？人也。予何？人也。有為者亦若是。」鼓勵人見賢思齊：「舜，人也。我，亦人也。舜為法於天下，可傳於後世，我由未免為鄉人也，是則可憂也。憂之如何？如舜而已矣！」乾卦〈彖傳〉結語：「首出庶物，萬國咸寧。」元首可從眾人之中選出，公平競爭，天下太平。孔子創作《春秋經》，太平世的世景為：「天下之人人皆有士君子之行。」見龍可為飛龍，尚無君位而有君德，正是微言大義之所在。《論語・雍也篇》首章記子曰：「雍也，可使南面。」冉雍字仲弓，為孔門以德行著稱的大弟子，夫子讚他可以南面為君，言之自然，絲毫沒有觸忤時忌的考量，這是先秦儒學的精神。

南面為君源出《易經》離卦，後天八卦方位居南方，坐北朝南治理天下，有嚮往光明之意。先天八卦方位居南方為乾卦，乾為君，先天為體，後天為用，離卦的光明統治正是君德的發揮運用。乾九二爻變為同人，乾天在上、離火在下，先後天同位，由體起用，光照天下。〈說卦傳〉闡釋的很明確：「離也者，明也。萬物皆相見，南方之卦也。聖人南面而聽天下，嚮明而治，蓋取諸此也。」

〈文言傳〉解釋見龍還有三處：「時舍也……天下文明……君子學以聚之，問以辨之，寬以居之，仁以行之。」「天下文明」正是上乾天下離明的同人之象。「時舍」之舍為暫時舍止之意，就像人住旅館房舍一樣，先謀安定，再求發展。《易經》幾乎每一卦初爻皆強調自修，二爻則發展群眾關係，且重視所居地位的穩定，沒有特殊誘因，一般都不會倉卒行動。二爻局勢開展，利用難得的安定時日廣泛學習，精思明辨以蘊養修為，學問成熟後再敦篤實踐，以成就事功。《中庸》論誠，有稱：「博學之，審問之，慎思之，明辨之，篤行之。」與文言此段論述全同。

占例

● 人睡眠時做夢，是很有趣的現象，常人都有豐富的經驗，文學家多有表述，心理學家更深入研究其所以然，佛洛伊德及榮格為其大家。我自幼思慮過度，幾乎無日不夢，還有些夢確能準確預視未來，是真如佛家所言，第八識中含藏了不少前世今生的記憶麼？一九九八年二月中，我占問：「夢究竟是什麼？」得出卦象即為乾九二爻動，恰值宜變，而成天火同人卦。看來夢境確與潛意識有關，由深藏內卦之底的「潛龍」出潛離隱，變為浮上檯面的「見龍」，種種上下及平行的人際關係編織而成迷離夢境，爻變同人，豈不甚切？同人卦內離為心火，二爻心火旺盛，日有所思，夜遂成夢矣！

九三：君子終日乾乾，夕惕若，厲，无咎。

〈小象傳〉曰：終日乾乾，反復道也。

三爻居人位，不稱龍，改稱君子，與〈大象傳〉同調，意境也相似。乾為健行，「乾乾」即健而又健，從早幹到晚都不懈怠，正是自強不息。若是語尾副詞，「惕若」即戒慎緊張的樣子，惟恐事情沒做好，認真負責，戰戰兢兢。「厲」是危險動盪不安，充滿挑戰和競爭，爻辭中常見，所以當事者須砥礪自己或激勵部屬全力以赴，才有機會勝出。「无咎」一辭更常見，是易學的中心觀念。〈繫辭下傳〉第十一章稱：「懼以終始，其要无咎，此之謂易之道也。」易之道就在追求終始無咎，反而不在一般所謂的趨吉避凶，為什麼呢？

〈繫辭上傳〉第二、三章有解釋：「吉凶者，失得之象也……无咎者，善補過也……震无咎者存乎悔。」吉凶只是一時的得失勝負，未必持久，長期來看還可能正好顛倒。塞翁失馬，焉知非福的故事，人盡皆知。《老子》五十八章所言：「禍兮福之所倚，福兮禍之所伏。」更是總結的好。吉凶以失得配吉凶，暗示失未必凶，可能為吉，得未必吉，可能為凶，而且都只是象，未必屬實。吉凶是相對的，競爭雙方此吉彼凶，而無咎卻可以是絕對的，不涉及競爭。人孰無過？「知過能改，善莫大焉」，這就是無咎。人生一切行動都能無咎，主要是懂得悔過。《論語・述而篇》記載：「子曰：加我數年，五十以學易，可以無大過矣！」正是易尚無咎之義，夫子至聖尚且如此，後世末學更應孜孜以此為念。

〈小象傳〉解釋此爻，以「反復道」概括，復卦卦辭中亦有「反復其道」之詞。積極任事，犯錯了立刻反省回頭，改過自新，不斷在嘗試錯誤中成長，顏回「不二過，克己復禮」，後世尊為復聖。本爻爻變，成履卦（䷉），腳踏實地為學做事，日夜勤勞，不斷精益求精，在專業上奮鬥。履字上「尸」為主，正是主於「復」，人生一切行動皆依復卦原理操作，見善則遷，有過則改。

《論語．里仁篇》記子曰：「朝聞道，夕死可矣！」這句話從古到今被嚴重誤解，以為是說早上悟道，晚上死掉都沒關係，凸顯出追求真理的浪漫情懷。如果是這樣，那誰還敢去聞道？而且也近乎荒誕般的矯情，夫子存誠務實，絕不會講這樣的話。《大戴禮記．曾子立事》有云：「朝有過，夕改則與之；夕有過，朝改則與之。」早上知道犯錯，晚上以前就改過來；晚上知道犯錯，第二天早上就改過來，這種人從善如流，值得肯定。「朝聞夕死」之死，是指消滅過失、永不再犯，「昨日種種譬如昨日死，今日種種譬如今日生」。人聞道後就該行道，留得有用身敦篤實踐，豈有死了亦無遺憾之理？

〈文言傳〉說的好：「終日乾乾，行事也……終日乾乾，與時偕行。」整天夜以繼日地苦幹，是為了趕上時代的發展。「君子進德修業，忠信，所以進德也，修辭立其誠，所以居業也。知至至之，可與幾也；知終終之，可與存義也。是故居上位而不驕，在下位而不憂，故乾乾因其時而惕，雖危无咎矣！」人在專業上進修，一言一行都得慎重，以建立誠信，知道自己奮鬥的目標，也真能一步一步達到；任何一個階段完成，都能總結經驗，作為未來行事的參考。九三已居下卦最高層，絕不驕傲自滿，仍在全卦之下位也不憂慮，整天因應時勢變化而保持惕厲，雖然所處環境危險，不會出大差錯。

「九三重剛而不中，上不在天，下不在田，故乾乾因其時而惕，雖危无咎矣！」乾卦上乾下乾皆剛，兩剛相重，九三正居交界之處，不處上下卦形勢最好的中位，既非飛龍在天，又非見龍在田，必須加倍努力才能無咎。

總括來說，九三目標明確，幹勁十足，完全知道自己在做什麼，也始終了解時勢的發展。以職場流行觀念而論，「work hard」不如「work smart」，人生不要盲目苦幹，否則勞而無功。

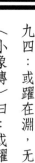

占例

●二〇〇八年八月中，北京中信證券高層訪問台灣，與金融界同行進行交流，由學生引介，我和他們見了面，餐敘時也應其要求，占算公司未來五年的發展氣運，得小畜（䷈）五、上爻動，五爻宜變成大畜（䷙），兩爻皆動又有泰卦（䷊）之象。由小有畜積到大有畜積，再到天地交泰，顯然形勢大好，壯大不可限量。他們也很受鼓舞，幾乎將卦象懸為座右銘，惕勵自己全力以赴。

二〇〇九年十一月初，我赴北京參加孫子兵法的國際研討會議，初雪之夜，又與他們餐敘，酒酣耳熱之際，又有論占。因為我看二〇一〇年大陸經濟是以「調結構」的深化改革為主，就問他們證券業有何亟待改革的事項，他們說是融資融券可能開放。我占得乾卦九三爻動，爻變成履，顯然在所必行。乾為君，這事還得由最高領導人拍板定案，責成執行。乾卦卦氣當陰曆四月，二〇一〇年四月以前應可施行。結果完全應驗，當年年初，當局宣佈試點施行三個月，然後全面開放，證券業營運的籌碼大增，中信證券的負責主管對易占神準印象深刻。

九四：或躍在淵，无咎。

〈小象傳〉曰：或躍在淵，進无咎也。

九四亦居人位，也不稱龍，爻辭且未見主詞，但推敲其意還是指「龍躍在淵」。淵是水流迴旋幽深之處，應合初爻潛龍之位，四爻位高權重，怎會在淵呢？其實高處不勝寒，地位愈高，人事傾軋與鬥爭愈烈，偶一不慎就可能被打下擂台，摔得粉身碎骨，又回到一介平民的最基層，前功盡棄，一切須從頭開始。九四之位已是一人之下，萬人之上，自然躍躍欲試，想更上層樓，同儕相爭，老闆猜忌，情勢險惡已極，須特別審慎以保無咎。然而，乾卦勇猛精進，自強不息，總是鼓勵人上進的，〈小象傳〉稱「進无咎」也，只要小心謹慎，還是可成大業。九四「在淵」，九五「在天」，一位之差，卻有天淵之別，透顯了高層權力鬥爭的實情。君位生殺予奪，大臣高幹若不敬慎，亦朝不保夕啊！

我大學本科學的是工程，還上研究所多唸了兩年，畢業服役退伍後，頗思轉入人文經典的終生研習，從工程公司的職場辭職，先開一家小書店營生並自修讀書。這樣的轉換不可謂不大，也與世俗的趨向不同，當然很多人勸阻，當時讀易至此爻，見「進无咎」三字，勇氣倍增，遂孤行不作二想。易理啟發人每每如是，片言單句足以改變一生。

〈文言傳〉解釋此爻，驚心動魄，耐人尋味：「上下无常，非為邪也；進退無恆，非離群也。君子進德修業，欲及時也，故无咎……或躍在淵，自試也……或躍在淵，乾道乃革。」九四高位必危，隨時可能下台，應該習慣這種宦途的無常，無論上台下台，都不作壞事或藉權謀利，也不脫離民眾，永遠關心斯土斯民。三、四兩爻居人位，都提進德修業，始終把握時間充實自己，片刻也不懈怠。躍躍欲試的企圖心很好，卻不宜顯露，自己揣摩情勢試煉自己，掂量分寸，判斷進一步出手的時機。或字為不定詞，有疑惑難決之意，也易遭人疑謗，須特別小心以免出事。躍字從翟從足，為大鳥振翅欲飛前的動作，斂翼踮足，準備一躍而飛。所謂「不鳴則已，一鳴驚人；不飛則已，一飛沖天」。九三「終日乾乾」，雖然辛苦，還只是專業上的競爭，情勢比較單純；九四「或躍在淵」，涉及更凶險複雜的政治鬥爭，奮鬥的方式又完全不同了！「乾道乃革」，顯示得有脫胎換骨的調整，才能因應嶄新的變化。革故鼎新，既問鼎掌權，不得不學習調和鼎鼐。

〈文言傳〉又稱：「九四重剛而不中，上不在天，下不在田，中不在人，故或之。或之者，疑之也，故无咎。」九四處上乾下乾之際，不居上下卦之中，由下而上、由內地而海外、由地方而中央，正是劇烈轉型之時，故稱重剛而不中。上沒到「飛龍在天」的領導之位，下又已脫離「見龍在田」的自在穩定，中還不居九三單純奮鬥的人事正位，猶疑徬徨，莫知所之。雖然如此，只要戒慎恐懼，仍能無咎。三、四兩爻處人位，皆強調無咎，可見人孰無過，知過能改就好。〈繫辭下傳〉第九章有云：「二多譽，四多懼，近也……三多凶。」九二、九四都幫九五做事，九二獲稱譽，是因為距離尚遠，對九五沒威脅，九四多戒懼，因為離權力核心太近，功高震主，可能取而代之。九三面臨嚴酷的專業競爭，不努力則易遭淘汰，所以多凶。

三、四兩爻以全卦論，為中間管理階層，承上啟下，壓力甚大，也似人生的哀樂中年，養老撫幼，不得歇息，多凶多懼，實在辛苦備嘗。兩爻齊變，為中孚卦（䷼），宜變爻位落在九四，單爻變成小畜卦（䷈）。「孚」為母鳥孵育小鳥，引申為信望愛之義，中孚講究合乎中道的誠信，人生在世重在立信，雖凶雖懼，坦然以對。小畜以小事大，以大事小，卦辭稱「密雲不雨」，沉悶迫人，不易亨通，也得耐心處置。

●我從一九九六年年初起，新春元旦都會占算政經大形勢的當年發展，剛開始自然是以台灣為主，並涉及兩岸關係，不久也推算大陸，甚至擴充到美國與全世界的經濟情勢，藉此參研易理。一年之計在於春，明辨當年大勢，自己在其間奮鬥也有個主軸可依循。所謂形勢比人強，〈文言傳〉一直強調欲及時、與時偕行、因其時而惕，人生不能盲目苦幹。

二〇〇七年初，我占算中美關係，得出乾卦九四爻動，爻變為小畜，切實反映了兩大國之間的微妙互動。美國是超級大國，中國大陸三十年經改有成，快速崛起，仍不能望其項背，在國際格局中恰似乾卦九四與九五的關係，「或躍在淵」，必須敬慎以保無咎。小畜「密雲不雨」，和戰不定，「智者以小事大，仁者以大事小」，雙方都得竭力周旋，以確保世局的安定。「躍龍」與「飛龍」既競爭又合作、親近又危險的關係，主事者必須深切掌握。

九五：飛龍在天，利見大人。

〈小象傳〉曰：飛龍在天，大人造也。

九五為全卦君位，所謂九五之尊，居高臨下統御一切，可好好發揮自己的理念，創造卓越的績效。然而紅花也得綠葉陪襯，利於見到九二這種大德之臣全力襄助，共成偉業。爻變成大有卦（䷍），和衷共濟，大家都有一片天。〈文言傳〉說的好：「同聲相應，同氣相求，水流濕，火就燥，雲從龍，風從虎，聖人作而萬物睹。本乎天者親上，本乎地者親下，則各從其類也。」聲氣相通，理念相近，自然物以類聚，相得益彰。九五是龍是虎為主，九二即雲即風隨從，一起帶動時代風騷，聖王興起，眾所觀仰。乾天離火先後天同位，坤地坎水亦然，體用既合，遂各正性命，各安其類矣！

風從虎，山林中虎嘯風生，《水滸傳》中記武松打虎，醉酒夜過景陽崗時即遇狂風大作。雲從龍，中國古代稱皇帝為真龍天子，造作了不少祥異傳說以強化統治的合理性，所謂「天命在躬」云云。《史記・高祖本紀》渲染劉邦最多：「其先劉媼嘗息大澤之陂，夢與神遇。是時雷電晦冥，太公往視，則見蛟龍於其上。已而有身，遂產高祖。高祖為人，隆準而龍顏……常從王媼、武負貰酒，醉臥，武負、王媼見其上常有龍，怪之……秦始皇帝常曰東南有天子氣，於是因東游以厭之。高祖即自疑，亡匿，隱於芒、碭山澤岩石之間。呂后與人俱求，常得之。高祖怪問之，呂后曰：季所居上常有雲氣，故從往常得季。高祖心喜。沛中子弟或聞之，多欲附者矣。」這一大段真有趣，是確有其事，還是日後的政治宣傳？有沒有受易傳的影響？高祖怪問又心喜於呂后之答，可見傳說深入人心，呂后真會講話，而天下的丈夫可能都很怕行蹤全為妻子掌握，由雲氣知龍處現在用不上了，GPS（全球定位系統）可以代勞。

〈文言傳〉又云：「飛龍在天，上治也……飛龍在天，乃位乎天德……夫大人者，與天地合其德，與日月合其明，與四時合其序，與鬼神合其吉凶，先天而天弗違，後天而奉天時。天且弗違，而況於人乎？況於鬼神乎？」一人高高在上治理，必須效法天德，行健無私，切莫作威作福。大人為《易經》中最高德位，所思所行與天地鬼神自然相合，其創造力之偉大，有時還趕到了自然變化的前面，高瞻遠矚，率先垂範。

占例

●中華文化本以儒道二家為主流，印度佛法東來之後，經千餘年辯證融合，遂鼎足而三，蔚為大觀。儒道兩家思想皆源於易，佛則另有特色。我經多年參研，決定以易理試解佛經，於二〇〇九年十月招生開課，進行系統性教學相長的研究。當時針對佛教重要經典、人物及觀念都有斷占，錯綜比較，甚有意趣。淨土宗以老實念佛、求生西方為尚，我占這種法門殊勝否？得到乾卦九五爻動，「飛龍在天，利見大人」，評價如此之高，令人矚目。爻變大有，大家都有，只要精誠人人可至。〈小象傳〉稱「大人造」，阿彌陀佛發願建此極樂淨土，為廣大眾生闢一去處，真是功德無量。爻辭所言多切？飛昇在西天，利見阿彌陀！釋迦牟尼佛為眾生推薦淨土，殷勤鄭重，應非虛譽。

上九：亢龍有悔。

〈小象傳〉曰：亢龍有悔，盈不可久也。

上九已至乾陽之極，過分高亢，與眾難諧，驕盈自滿，必不可久。爻變為夬卦（䷪），剛決柔，上爻已為離退休不掌權的大老之位，卻仍想影響或干預決策，不可能受人歡迎，一意孤行，必致咎悔。〈文言傳〉說的很清楚：「貴而无位，高而无民，賢人在下位而无輔，是以動而有悔也……亢龍有悔，窮之災也……亢龍有悔，與時偕極。」一旦脫離權力核心，過去一些舊屬受新主統管，想幫也幫不上忙，勉強行動也不會成功，時窮勢蹙，徒呼奈何。〈繫辭上傳〉第八章也有引述孔子論「亢龍有悔」之言，與文言全同，應為當時弟子親聞的實錄。

人生進退甚難，多少英傑過不了「亢龍」之關，轟轟烈烈開始，羞羞慚慚收場的比比皆是。〈文言傳〉最後的提醒也是千古的慨歎：「亢之為言也，知進而不知退，知存而不知亡，知得而不知喪。其惟聖人乎？知進退存亡而不失其正者，其惟聖人乎？」只有修到聖人的層次，才真知進退存亡，可見不易勘破。在易傳的體系裡，大人天人合一最高，聖人知所進退其次，然後是賢人、君子，就像佛、菩薩、羅漢、眾生的不同品級一樣。

占例

占遇此爻，顯然事勢已入窮途，硬幹也不會有好結果，不如適時收手，還保安閒自在。

● 一九九七年八月初，我幫一位在南部經營房地產失利的學生占問對策，能否轉危為安？先得出革卦（䷰）初爻動，〈小象傳〉稱：「不可以有為也。」革是大幅變革，時機未成熟不宜輕舉妄動。再代其籌謀，如何是好？得出乾卦上九動，有夬卦之象，剛決柔亦已過時，「亢龍有悔，盈不可久」，再硬幹下去只有衰亡。綜合來看，仍得尋求變革轉換，只是時機還未至，需耐心觀察應付。

用九：見群龍无首，吉。

〈小象傳〉曰：用九，天德不可為首也。

卦辭是每卦所代表情境的總論，六爻爻辭則是不同階段的分論，一般卦爻的經文由此組成。乾、坤兩卦特殊，還有用九、用六的結論。九、六分別代表「陽極轉陰」和「陰極轉陽」的變化能量，乾卦六爻純陽，坤卦六爻純陰，用九用六教導人如何善用至剛至柔之變，以產生最精妙的效果。再說的透闢些，用九說的是乾卦天理發揚的最高境界，坤卦用六則是地勢運用的深厚功夫，習易者必須虛心體會，以圓熟掌握宇宙人生的陰陽之變。乾坤為父母卦，其他卦皆由乾坤交合而生，既已示範九六之用，其他卦即不必再提，依則行事就好。所以用九用六並非爻辭，而是全易的總綱，有些人將之視為乾坤兩卦的第七爻，完全昧於事理。依卦爻符號創作原由，天天、地地、人人的三才之位，始壯究、始壯究的終而復始之時，一卦只能有六爻，絕無七爻之理，乾坤也不例外。

用九用六雖非爻辭，確屬經文的一部分，所以也有類似象傳的解釋。「天德不可為首」，大公無私，豈可據高位以壟斷資源，佛稱眾生平等，儒主「人人皆有良知良能」、「皆可為堯舜」，都是透視根源的究竟之論。如果社會進化到大家都成龍，卓越傑出，應變無礙，人人自立自強，還需要領導做什麼呢？世間萬惡，種種爭端皆由競爭領導而來，為掌生殺予奪的大權往往不擇手段，一旦得勢又怕失去，極力打壓誅除異己，猜防之心遂徹底破壞了人際的和諧相處。文明循此發展，肯定無長久幸福可言，「元亨利貞」如何確保？「群龍无首」稱吉而無凶，正是看到了這點，教導眾生掙脫權力鬥爭的情慾輪迴，得證大聖之境。世俗說法以訛傳訛，群龍無首成了一盤混亂的代稱，正是經義不明之弊。

當然，真要達到群龍無首的境界絕不容易，見讀做現，人間世一旦出現這種境界，世界大同即獲實現，故而〈文言傳〉稱：「乾元用九，天下治也……乾元用九，乃見天則。」乾元是萬物資始的根源力量，用九正好彰顯其自然法則，天下人人自治，全民共治，沒有強凌弱、眾暴寡的紛爭，多麼圓滿而理想。〈彖傳〉中所稱：「乾道變化，各正性命，保合太和，乃利貞。」就是這種天理流行、人際和諧的境界。「首出庶物，萬國咸寧。」無首是終極理想，未達到以前仍須有首，但必得從眾人中選拔出來，接受民意的監督與制衡，才能防止領導濫權，才能天下太平。

前面解釋九五飛龍在天時，引用〈文言傳〉：「飛龍在天，上治也……飛龍在天，乃位乎天德。」兩相比較，其意自明。上治是一個人高高在上管理一切，其位可行天德，其實則未必然，反而可能私心用事，作威作福，由「飛龍」變成了「亢龍」。「天下治」是群龍都可參與治理，沒有獨裁壟斷，真正體現了大公無私的天則。則字從貝從刀，將規律刻於貝殼上，昭示後人永遠遵守。《易經》於變易見不易，講的就是一些以簡御繁的自然法則，值得永遠參考。往後許多卦爻還會提到「則」這個字，讀者好自留意。

據聞，北京一群經濟學者曾組織了「天則研究所」，起名天則而非天擇，當有深意。達爾文倡導的「物競天擇」，最適者生存的學說，應該也是西方經濟學的一項基本假設，鼓勵叢林式的酷烈鬥爭。《易經》講的「天則」則不然，除了各自競爭外，更重視群體相處的和諧，〈彖傳〉稱的「各正性命」與「保合太和」，已經闡析的很清楚。

「天下治」之語，亦見於〈繫辭下傳〉次章：「神農氏沒，黃帝堯舜氏作，通其變，使民不倦，神而化之，使民宜之。易窮則變，變則通，通則久，是以自天祐之，吉无不利。黃帝堯舜垂衣裳而天下治，蓋取諸乾坤。」黃帝堯舜是中國自古稱頌的明君，治理天下政績卓著，他們都深通隨宜變化、與時俱進之理。古人服飾上衣下裳，實為一體，只以一根腰帶區隔開，垂衣裳而天下治，有君民一體、無為而治的寓意。所謂中原衣冠文物，乾君坤民的互動，為政治文明進化的表徵。「自天祐之，吉无不利」為大有上九爻辭，屬極好的斷語，在〈繫辭傳〉中出現三次，人習易會通有得，可臻此境。蠱卦講究撥亂反正的改革，其〈象傳〉中亦稱：「蠱元亨而天下治也。」改革成功，打破威權專斷，還政於民，正是群龍無首，天下太平。

「飛龍在天、獨掌大權」的代價很高，本身可能剛愎自用變成亢龍有悔，又讓高幹「或躍在淵」戰戰兢兢，乾卦六爻只見辛苦，無一吉字。二、五兩爻要好，須得「利見大人」，若見不到大人也不會有利。六爻的奮鬥歷程，從基層到高層是呈現類似金字塔的科層結構，五爻是塔尖，初爻量大是塔底，上爻又頂上開花有累贅之象，搞到最後可能一切成空，何苦來哉？「群龍无首」打破僵硬的科層結構，呈現出互聯網狀的靈動關係，處處都是中心，皆可獨當一面，自立自主，反應快效率高，才有吉字出現。

台灣宏碁電腦公司的創辦人施振榮，多年前曾有培育人才的群龍計畫，喊出「龍夢要成真，群龍先無首」的響亮口號，想訓練出至少五百名獨當一面的總經理，其志雖壯，夢卻未成，看來乾元用九確非一蹴可幾。

〈文言傳〉四段反覆申說的文句，只有中間簡述六爻的兩段有提用九，首末兩段完全未提，也值得注意：用九的思想究竟何時形成？發展成熟的過程為何？歷代解易者真正懂得「群龍之治」的微言大義嗎？

占例

依據古代相傳的筮法，占得乾卦六爻全變，按理會變成坤卦，因六龍皆動，可以群龍無首占斷為吉。《左傳．昭公二十九年》記載，晉大夫蔡墨論龍有云：「周易有之，在乾之姤，曰：潛龍勿用；其同人曰：見龍在田；其大有曰：飛龍在天；其夬曰：亢龍有悔；其坤曰：見群龍无首，吉。坤之剝曰：龍戰于野。若不朝夕見，誰能物之？」這顯然是爻變的概念，在乾之姤即乾初九爻變成姤，以潛龍爻辭斷占；在乾之坤即乾六爻齊變成坤，卻以乾用九「見群龍无首」論斷。蔡墨此言應有所據，值得重視。至於龍之有無，應該意義不大，不做論斷。

● 二〇〇六年間，我一位經營紡織業的學生在上海陸家嘴區域購屋，做辦公及租賃之用，當時自占合宜否？得出乾卦六爻全動，可以「群龍无首，吉」論斷，遂砸錢購置。迄今屋價上漲甚多，業務運行也很順利，群龍皆動，生機無窮啊！

多爻變占例之探討

以上是乾卦全部卦爻理論的陳述及單爻變占例的分析，用九即為六爻全變的特例，往下繼續探討二爻至五爻動變的占例。這在筮法占測中極易遇到，必須知道如何判斷，才能真正了解易占的精微，而這也是過去相關論述中最欠完備之處。

二爻變占例

任二爻動，即需考量二爻爻辭所述，若其中一爻恰值宜變，則為主要變數，該爻爻辭更得重視，另一爻為次要變數，亦列參考。

●二〇〇五年初，我占算當年美國經濟情勢，得乾卦初、上兩爻動，若齊變則有大過（䷛）之象。乾為君，體質強健，充滿了開拓性，美國為第一經濟大國，本應帶動全球經濟成長，為何卻有大過卦不堪負荷之象？初爻「潛龍勿用」，代表基本面的核心競爭力還在沉潛開發階段，未能量產而對經濟規模有貢獻；上爻「亢龍有悔」，表示有些經濟項目已趨疲軟或過氣。兩下加成，遂呈現青黃不接的發展窘境。其實，美國一意孤行，接連在阿富汗及伊拉克用兵，高昂的戰費支出造成嚴重財政失衡，這樣的結果並不奇怪，要調節正常亦非短期可致。

《焦氏易林》遇乾之大過的斷辭很有意思：「桀跖並處，人民勞苦，擁兵荷糧，戰於齊魯。」夏桀暴君，盜跖強梁，不顧民生艱困，窮兵黷武，不正是美阿、美伊戰爭之象嗎？齊魯本為兄弟之邦，基督徒與回教徒的先祖都是亞伯拉罕的子孫，《舊約聖經》和《古蘭經》都有記載，鬩牆相殺所為何來？

●二〇〇六年初，我依慣例占問當年兩岸關係，得出乾卦初、三兩爻動，齊變有訟卦之象。依「內貞外悔、貞我悔彼」的斷卦原則，外卦乾代表大陸，堅剛不動，內卦乾變坎代表台灣，由剛變險，初九、九三爻辭顯示台灣方面的動向。初九「潛龍勿用」，不可輕舉妄動；九三「終日乾乾」，戒慎行事。兩爻變所現訟卦之象，當然顯示兩岸的緊張關係，其時傾向獨立的民進黨繼續執政，大陸先前也通過了反分裂法，自然爭訟不斷，但台灣勢弱不敢躁進，以免訟發展成下一卦師，兩岸爆發軍事衝突，可就很難善後。

●我在富邦金控集團授易近二十年，六十四卦全部經傳來回講了兩三遍，還講《老子》、《莊子》、《孫子兵法》、《黃帝陰符經》與佛經等，算是相當難得的緣分。二〇〇九年末，一位學員有傷心事問占。原來她從醫的弟弟五年前頸椎壓迫開刀，休復期間至醫院代同事班，夜眠發生意外缺氧急救，雖挽回性命，卻成了心神喪失的植物人，堂上雙親哀痛欲絕，用盡各種方法也難以治癒，只有天天去病床前探視心愛的兒子。除了現代醫學外，也試過宗教與其他特異的法門，仍不得要領。安樂死的考量不是沒有，在台灣也未必合法，雖未生離實同死別，真是情何以堪？當日問的是：患者心魂何處？還算活著嗎？結果得出乾卦三、四爻動，宜變爻位落在四爻，單爻變為小畜（䷈），兩爻齊變則有中孚（䷼）之象。

九四爻辭「或躍在淵」，前述占例曾提過學生徐崇智心臟病發往生之事，「上不在天，下不在田，中不在人」，一種「密雲不雨」夾縫中的難堪處境；九三爻尚在人位，卻也朝乾夕惕辛苦之極，在生死關頭間掙扎。兩爻齊變的中孚為艮宮遊魂卦，〈大象傳〉稱：「君子以議獄緩死。」生命只是拖著尚未死亡，最後如何，似乎又與親情和信念有關。中孚卦本取母鳥卵翼小鳥之象，洋溢親子之情，誠信盼望愛心兼備，正合親人不捨之意，絕望中仍有期待。會不會有奇蹟呢？

接著再占能否康復，得出小過卦（䷽），初、三、四、五爻皆動，四爻齊變成屯卦（䷂），宜變爻位為九四，單變為謙（䷎）。小過為兌宮遊魂卦，〈大象傳〉有「喪過乎哀」之語，全卦又有大坎的凶險之象，所動四個爻，爻辭皆無吉字，或有費心徒勞之意。看來機會不大，變成屯卦為新生，恐怕實指歸天往生。小過九四〈小象傳〉解釋：「往厲必戒，終不可長也。」這麼凶險無望，還能拖多久呢？小過即為中孚下一卦，兩卦相錯，卦性完全相反，也是生死巨變，小鳥不可能永遠受母鳥卵翼一生啊！

二〇一一年五月下旬，學員的弟弟終於拖不過，病情惡化去世，家人雖然傷心，也算是彼此解脫了！

●二〇〇二年元月下旬，我在富邦金控的授易課堂上，應占一所俱樂部的經營前景。得出乾卦（䷀）三、四爻動，九四值宜變爻位，單變小畜卦（䷈），兩爻皆動有中孚（䷼）之象。九三日夜操勞，九四戒慎恐懼，密雲不雨難突破，要想建立商譽以轉虧為盈，恐怕需要更長的時間。中孚〈大象傳〉稱：「君子以議獄緩死。」遊魂為變，不想拖的話不如放棄經營以謀轉換。學員聽從建議，不久結束了前途黯淡的生意。

●二〇〇八年三月台灣大選，國民黨贏回政權。八月陳水扁任內貪瀆案爆發，事涉重大，檢調在高度政治敏感下，能否依法行事認真偵辦？當時占得乾卦四、上爻動，四爻宜變，單變為小畜，雙變有需卦（䷄）之象。乾為君，卸任元首已成上爻「亢龍有悔」，失時失勢，面臨公權力查辦，遂有四爻「或躍在淵」之險，形移勢轉，以小博大，難過已極。但全案要辦出最後結果，還需相當時日，三審定讞甚至可能過二〇一二年下次大選。需卦「上坎下乾，健行遇險」，摸著石頭過河，本來即有慢慢等待之意。需也是坤宮遊魂之卦，雖未最後確定，已形神渙散，束手待縛矣！占後不久，陳水扁即遭收押，爾後抗告亦不斷延押，乾卦所顯示的天理昭彰，法網恢恢，疏而不漏啊！

其實早在二〇〇六年國務機要費偵辦時，主責檢察官陳瑞仁欲於十月底結案，當時正是紅衫軍群眾運動反扁的高潮，偵辦結果是否對扁不利？我在十月中，於上海花園酒店占得乾卦，初、三、四、上爻皆動，四爻齊變為坎卦（䷜），可說已現徵兆。乾為君，坎為重險，君陷於險當然不利，而且一波未平一波又起，過得了初一，過不了十五。彼時初、三爻亦動，「潛龍勿用」，「夕惕若厲」，已有警懼辛苦之象；四、上爻動，超前預示了兩年後的狀況。

無獨有偶，二〇〇一年八月處暑時節，我占測李登輝的人格特質，得出亦是乾卦四、上爻動，四爻宜變成小畜、雙動有需卦之象。性格決定命運，所謂的台灣之父與台灣之子何其相似？皆曾為君，皆有躍躍欲試的冒險意圖，又都前後走上了「亢龍有悔」之路，剛愎自用，陷於窮途。

●我學易啟蒙甚晚，追隨老師讀經已二十三歲，群經中與《易》結緣最深，也是在費心經營出版公司飽歷憂患之時，爾後開堂授課復教學相長，進益頗速。大易深蘊的智慧似乎永無止境，再怎麼精勤汲取，還是開發不完。約莫十多年前，我乾脆每年秋分時節一占，檢驗自己的易學修為，一年來是否又有精進，作為隔年遷善改過的參考。

二〇〇九年秋，我剛自大陸山東開會並遊歷返台，循例占問學易三十四年的功力，得出乾卦三、五爻動，齊變有睽卦（䷥）之象。君卦君爻動，「飛龍在天，大人造也」，當然很受鼓舞；「終日乾乾，反復道也」，還得不斷努力改進，說的也是實情。睽卦〈大象傳〉稱：「君子以同而異。」易學當然有共同的規範與理念，也容許研習者與時俱進的創新，以呈現不同的特色。〈繫辭下傳〉第八章即稱：「易之為書也不可遠，為道也屢遷，變動不居，周流六虛……不可為典要，唯變所適。」

●兩岸關係一直是我長期觀測的重點，這也直接牽涉到台灣未來的發展。一九九八年六月底，我占二〇一〇年兩岸可能的對待關係，得出需卦（䷄）初、二、五爻動，九五宜變成泰卦（䷊），三爻皆變為謙卦（䷎）。泰是小往大來，謙為和平有終，兩岸基於生存發展的需要愈走愈近，和諧互動，自然甚好。其實已經實現，長達十二年的預測如此精準，令人嘆服。當時遂再問二〇一五年如何？得出不變的比卦（䷇），比為親比談判，互助合作，仍然不會兵戎相見。那麼二〇一五年台灣的發展如何呢？得出乾卦三、上爻動，有兌卦（䷹）之象。兌是「對口談判，朋友講習」，合理合情。乾九三朝乾夕惕，也很認真打拚；上九「亢龍有悔」，卻有時不我予的勢微之感。看來李、扁執政多年，戒急用忍兩岸交惡，讓台灣失去很多先機，和解後拚命追趕，已嫌吃力啊！二〇一六年民進黨再度上台，兩岸關係又急遽惡化矣！

●台灣這些年廟業興旺，各式各樣的修行道場吸引很多人參與，其中也有不少特異功能者展現神通，為人治病療心斷事。佛經預言末法時期天災人禍頻仍，社會動盪，人心不寧，這種事本宜固有，不足為奇，平常心對待就好。會神通者多少有些修為，境界有高有低，一般易占都能公正探測。二〇一〇年三月初，我在富邦集團易學班的學員問某老師的修為境地，占得乾卦三、上爻動，有兌卦之象，該如何解？

這老師為女性，外貌出色，正是討人喜悅的兌卦之意，在其專業上很用功，「終日乾乾，反復道」。然而已有「亢龍有悔、與時偕極」之虞，得注意調整。我說出來，學生頻頻點頭，看來易占又抓到關鍵了！

●大陸經改成功，各方面發展迅速，台灣各界菁英近年來常跑大陸，以探詢事業的第二春。我一位企業界的女學生二〇〇二年開始西進，先去讀北京清華大學辦的EMBA班，藉此開展政商人脈。行前問爾後的發展，得出乾卦二、上爻動，齊變有革卦（䷰）之象。乾、革皆為「元亨利貞」四德俱全之卦，這位學生是業界聞名的女強人，敢闖敢衝，不讓鬚眉，轉向西進也合乎開拓革新之道。乾九二「見龍在田」，初露頭角，唯須避免衝過頭成了「亢龍有悔」。謹記如上要點，這些年來，她在大陸的發展果然有聲有色，紅紅火火。

●二十多年前我在某大出版公司的那番歷練，算是刻骨銘心，雖然辛苦，卻著實學到不少人生實務的智慧。初接經營重責時，面對內憂外患，百廢待興，苦思危局中的突破點，得出乾卦初、五爻動，齊變有鼎卦（䷱）之象。自強不息，革故鼎新，先別輕舉妄動，穩住潛龍基層，然後再展現「飛龍在天」的大局領導。鼎卦尊貴穩重，寓有全民共和之義，要大家熱心參與，必須懂得調和鼎鼐。之後幾年做得出色，振奮亂局中的人心，不是沒有道理。

三爻變占例

任意三爻動，三個爻的爻辭均須參考，若其中一爻值宜變爻位，則為主要變數，其他二爻為次要變數。又因變數已至半，本卦已不穩定，可能三爻齊變成之卦，這種變或不變成三比三的拉鋸情勢，稱為「貞悔相爭」，非常微妙有趣，須結合兩卦合參。

●李登輝掌台政十二年，影響台灣及兩岸關係發展甚大，一九九四年八月卻找我去官邸講《易經》，每週一次，持續了一年多。這段不太尋常的經歷，曾經引發一些敏感的政治想像，其實就是單純的上課講授義理，連占卦都刻意避開沒教。他聽講也很認真，勤記筆記，也算相當難得了。一九九六年競選連任後，施政方向見出別有用心，台局頗有動盪。一九九七年中，我心血來潮，預占其身後的歷史評價，得出乾卦上三爻全動，上九為宜變爻位，單變為夬卦（䷪），三爻全變，則成乾與泰兩卦貞悔相爭之局。

乾為君，上卦三爻的依次變化，恰合李登輝的掌權歷程，由九四的副元首繼任九五的元首，再退休為上九的大老，最後以「亢龍有悔」終其身。剛愎自用，退而不休，仍對政局時時指點，企圖影響後繼者採行其路線，「知進不知退，知存不知亡，知得不知喪」。宜變爻位落在上九，點出了歷史評斷的結論，亢龍之情太強，擋住了往泰卦進行之路，誤失了大可作為的時代機緣。

● 台灣的統獨爭議一直居高不下，困擾政局發展甚鉅，尤以李扁當政時期為甚。我在二〇〇一年九月一處企業研易班中，應學生要求為此一占，台獨能成事嗎？結果得出乾卦二、四、上爻動，上九宜變成夬卦，三爻全變為乾、既濟兩卦貞悔相爭。乾卦積極自強，勇猛精進，所動三個爻位也反映當時台灣社會獨立傾向較強的階層：九二「見龍在田」，民間一些意見領袖顯現了政治態度，以及追求實現的意志；九四「或躍在淵」，執政的中央高層見獵心喜，躍躍欲試；上九「亢龍有悔」，不在其位的退休大老積極鼓動。上九宜變成夬，大老們來日無多，不顧一切想攤牌幹到底，決心更是熾烈，然而理勢俱弱，畢竟難成，空留悔恨遺憾以終其身。就算三爻齊變成功，轉為既濟，得遂所願，局面不會安定太久，又將成空。既濟卦辭稱：「亨小利貞，初吉終亂。」依卦序既濟之後為未濟，即為此意。衡諸現實國際形勢，易占所示完全顯露真相，確實不說假話。

● 孔子晚年習易甚勤，行住坐臥皆手不釋卷，有「韋編三絕」之說，把細繫竹簡的牛皮繩都翻爛好多次。我發心讀易，前後查索參照也翻破幾本袖珍版的《易經》，其實這是因為卦卦爻爻相關，真正研易必有的讀書方式，掌握全部才了解局部，懂了局部又增進對全部的體會。二〇〇七年九月二十八日孔子誕辰，我頗有所感，占問自己在台授易十六、七年，究竟有實效功德否？得出乾卦初、三、五爻動，貞悔相爭為未濟卦（䷿）。龍由潛而勤奮而飛，既教導民間各行業人士，也因緣際會試圖影響君位高層，但變未濟，即不算成功。乾卦自強不息當然可貴，未濟〈大象傳〉稱：「君子以慎辨物居方。」還是提醒我往後須慎選學生，因材施教，才可功不唐捐。

● 我有不少學生是一貫道的信徒，信奉儒釋道三教合一，主張三教同源，並宣揚二十一世紀真儒復興的理念。三教合一在中華文化中已多少有些落實，孔子在《論語》裡兩次強調吾道一以貫之，〈繫辭下傳〉第五章亦主張：「天下何思何慮？天下殊途而同歸，一致而百慮，天下何思何慮？」兼容並蓄的大氣魄，真不愧為萬世師表。至於三教同源，於史無證，於理不知是否通達？二〇〇九年九二八孔子誕辰後，我試問易占，得出乾卦初、二、四爻動，貞悔相爭為漸卦（䷴）。這個卦象極有意思，惹人發想。乾卦是天道自然，三教皆講述宇宙人生的自然真理，然而傾向各異，所動三爻難道就講這個？初九「潛龍勿用，遯世无悶」，似佛法清靜持心；九四「或躍在淵，上下无常」，有道家人物亂世出山輔佐君王、功成復身退以求保全的智慧；九二「見龍在田，天下文明」，則為儒者情懷，見大人，德施普，窮則獨善其身，達則兼善天下。〈繫辭下傳〉第九章稱：「二與四，同功而異位，其善不同。二多譽，四多懼，近也。」見龍與躍龍時位不同，皆為九五飛龍服務，傳統文化中儒道二家或仕或隱，始終互補相成；佛法東來，又為華夏文明增添了異色。無論如何，初九、九四相應，卻非中道，九二所代表的儒家才居中行中，故而一直是歷朝歷代的主流正朔。

妙的是三者各展特色，三爻齊變成漸卦，為群行以序、往來以時之義，取象於鴻雁編隊飛行，隨氣候變換南來北往，共同組成了豐富燦爛的中華文化。漸卦〈大象傳〉稱：「山上有木，漸，君子以居賢德善俗。」上卦巽為木也為風，有樹立風標、教化天下之象，中國人受此陶冶，無論遭致何種境遇都有從容應對之道。乾卦六爻以龍為象，漸卦六爻以鴻為象，都有水陸空三棲應變無礙的本事，龍於事理或無，鴻雁可是確實存在的生物。本占遇乾之漸，無中生有，由虛入實，三教教化眾生真是效益宏大。漸卦又是艮宮歸魂卦，為止欲修行的最後歸宿。三教同源於事無證，於理卻有可通，風格雖異，皆源於道。

●二〇〇三年十月底，我受邀赴一位學生辦公室占其志業前景，她的妹妹年初剛過世，她自己從美國回來，正在做身心靈調養及人才培訓方面的工作。我算得為乾卦初、二、四爻動，貞悔相爭成漸卦（䷴）。由潛而見而躍，循序漸進組團隊發展，大致就是如此。卻沒想到沒多久後她即過世，漸為艮宮的歸魂卦，卦辭稱：「女歸吉，利貞。」志業未酬，姊妹相繼往生，令人意外及悵惘。

●中國文化重視現實人生，對人情人性的幽微體會甚深，由廣泛的人際互動中，也累積了豐富的智慧與經驗。人物學自古即很發達，而三國時魏劉劭所撰《人物志》一書堪稱箇中翹楚。我聽老師講解過全書十二篇，深受啟發，自己後來也跟學生試講過幾遍，對其中義理相當醉心，每篇涵詠之餘都有占，以與易理互證，這也是一種特殊的學習方式。其中第七篇〈接識〉，談偏才型的人待人接物多有缺失，無法賞識和他們性向不同者，競相攻訐，氣度不弘。我占此篇主旨，得出乾卦初、三、四爻動，貞悔相爭為渙卦（䷺）。渙是離散之意，乾卦自強不息，人人若自限本位主義，難以建立共識，聚眾化眾。乾初爻勿用沒影響，三多凶四多懼，人際是非競爭又多，遂成渙散離心離德之局。乾卦〈彖傳〉稱：「乾道變化，各正性命，保合太和，乃利貞。」發揚個性的同時，仍需注重群體的和諧。遇乾之渙，在待人接物上有了疏失。

●二〇〇〇年四月中，我在整理自己〈繫辭傳〉的筆記，準備寫專書，為了更深入掌握義理，二十四章的主旨都有占其大意。其中上傳第五章哲理精深，文辭優美，從「一陰一陽之謂道」展開論述，至「陰陽不測之謂神」為終，談宇宙人生的大道理及豐衍變化的律則。其占象為乾卦三、五、上爻動，貞悔相爭成歸妹卦（䷵），上九「亢龍有悔」值宜變，單變有夬卦之象。乾即天理自然，「終日乾乾」運轉不息，發展至飛龍最高峰後，物極必反再衰退成「亢龍有悔」。天道如此，人事奮鬥卻無止境，夬卦剛決柔，〈雜卦傳〉卦序列為最末，稱：「君子道長，小人道憂也。」這也是繫傳第五章衝決網羅的精神，所謂：「鼓萬物而不與聖人同憂。」天道自然演化至未濟卦終，人事拚搏卻得彰顯正義，自強不息。貞悔相爭所成的歸妹卦（䷵），其〈彖傳〉稱：「歸妹，天地之大義也，天地不交而萬物不興。歸妹，人之終始也。」〈大象傳〉亦稱：「君子以永終知敝。」皆道出天地人終而復始之義，依易解易，就是這麼豐富精采！

●《孫子兵法》是世界第一兵書，裡面許多精采的觀點亦與易理相通，我在多年前即倡導所謂「大易兵法」的研究，確信深入參證會發展出嶄新的體系來。二〇〇七年初，台灣成立第一個研究孫子兵法的學會，我也受邀參加擔任副會長，積極開展兩岸兵學的交流活動。二〇〇九年九至十一月短短七週內，我連參加了三次大陸主辦的國際孫子研討會，前兩次在山東孫武故鄉的濱州和廣饒，後一次在北京。北京行原訂孫子會後，還要另參加一場老子思想的討論會，準備論文等相當緊湊。九月底我占測一切順利否？得出乾卦二、三、上爻動，上爻宜變成夬，貞悔相爭為隨卦（䷐）。九二「見龍在田」，好好表現，廣結善緣；九三朝乾夕惕，應該是日夜辛苦；上九「亢龍有悔」，又值宜變，小心操過了頭，物極必反。隨卦表示動變甚多，不宜拘泥，須隨機應變，隨遇而安。

結果往後一個多月的變化，真如卦象所示：老子研討會臨時取消，縮短行程，一下飛機，又多安排了一場北京郊外政商俱樂部的演講，簡談兵法十三篇的精義，且因此引發一些後續的會晤。確實日夜操勞，行程多變，但成果頗為豐碩。隨卦卦辭稱：「元亨利貞，无咎。」和乾卦都是四德俱全之卦，只要避開「亢龍之悔」，善加轉圜，可能比原訂計畫還好。

四爻變占例

任四爻動，則四爻爻辭均須參考，由於已過半數可變，多半四爻齊變成之卦，以本卦變之卦來斷占，之卦可能是最後結果。四爻中若有宜變之爻位，仍為較重要的變數，其他則次要。

● 世界盃足球大賽一直是舉世關注的熱點，每四年一次的賽程都激動人心，膾炙人口。二〇一〇年七月的大賽頻爆冷門，多少專家跌破眼鏡預測失準，而德國的一隻大章魚保羅卻百斷百中，震驚天下。這種神通因何而生？我為之一占，得出乾卦三、四、五、上爻動，宜變爻位落在九五至尊，單爻變為大有，四爻齊變成君臨天下的臨卦（䷒）。乾、臨皆元亨利貞四德俱全，乾九五「飛龍在天」，臨卦居高臨下俯瞰紅塵大地，無窮無疆，氣勢十足。這隻大章魚還真是龍神下凡，據天道天理以斷球賽勝負，一切動變都逃不過它的法眼啊！

● 二〇一五年四月中，我一位老友來訪，他十多年前離台赴北京中國經濟研究中心任職，是我參謀鼓勵去的，確實也展現才華育人無數。後來遭人排擠，頗不愉快，又接受嚴格考核試教，轉往上海中歐商學院任教，我問他往後三年的發展如何？得出乾卦三至上爻全動，九五宜變成大有卦，四爻全變成臨卦。乾、臨二卦皆元亨利貞，臨卦〈大象傳〉稱：「澤上有地，君子以教思无窮，容保民无疆。」澤上於地，恰合上海之意。活潑教學，無窮無疆，發展不可限量。乾九五「飛龍在天，利見大人」，令人鼓舞，離彼取此，焉知非福？

當天見面前，我先問得蒙卦（䷃）六五爻動，有渙卦（䷺）之象。爻辭稱「童蒙吉」，渙則為弘道傳學無遠弗屆，太好了！

●我因學生熱切推動，於二〇〇一年十月創立「台灣周易文化研究會」，並任首任理事長，三年後連任一次。二〇〇七年退下來交棒給學生，二〇一〇年三年期滿事故頻仍，再度改選。為長久發展計，決心引進新血。八月初，鎖定一位紡織業界經營有成的敦實學生，欲邀其任新理事，會晤時他謙辭，我不許，希望勉為其難幫忙。會後試占成效，得出乾卦初、二、三、四爻動，四爻齊變成觀卦（䷓）。看來還有變數，「潛、見、惕、躍」，戒懼不定，觀卦又有冷靜觀望之意。果然當晚他傳來手機簡訊，「生性孤陋愧承厚愛，怕負老師識人之明，還請另覓他賢」云云。我看了哈哈一笑，回訊同意他的肺腑之言，他謝謝老師成全，爾後如有可用力之處當遵吩咐。易占實話實說，往往如是。

●二〇〇四年三月台灣大選，藍陣營連戰、宋楚瑜結盟力拚陳水扁，聲勢一路領先，最後卻因三一九兩顆子彈的槍擊事件以極微差距落敗，一時人心離亂，社會動盪。選後兩天，企業界的重量級學生有機會見連戰，問有無建言可轉告。我訴諸易占，得出乾卦二、三、四、上爻動，四爻齊變成屯卦。乾為君，九五飛龍未動，「見、惕、躍、亢」之象，顯示元首大位已然無望，爾後如何奮勵自強？屯卦為在野新生之象，雖資源不足，卻志氣勃發艱苦奮鬥，〈彖傳〉稱：「剛柔始交而難生，動乎險中大亨貞。」國民黨長期在朝執政，草莽衝撞之氣不足，自二〇〇〇年敗選下台後，仍有甚深僚氣，與民進黨競爭往往失利。爾後痛定思痛，宜放下身段調整心態，臥薪嘗膽拚搏，才有贏回政權的希望。易占切中其弊，可謂金玉良言。

● 道家祖師爺老子是中國思想史上的大人物，影響後世極大，生平行事卻很神秘，來歷及去向自古即難釐清。二〇〇八年十月，我給學生上課以易通老，遂訴諸易占，問老子是否確有其人？得出乾卦二、三、四、五爻動，四爻齊變成頤卦（䷚），宜變爻位落在九五，單變為大有卦。乾為天道自然，九五「飛龍在天，大人造也」，顯示老子境界極高，對自然之道的體悟及運用戛戛獨造，而這也是由「見、惕、躍、飛」漸次養成。孔子曾向老子問禮，之後對弟子盛讚其德：「至於龍吾不能知，其乘風雲而上天。吾今日見老子，其猶龍耶！」神龍見首不見尾，此占真正應了孔子之歎，老子肯定有其人。頤卦主論養生，也是道家宗旨，遇乾之頤，順自然之道修養身心。「飛龍」單爻變大有，老子的智慧是人類共同遺產，為大家所享有。

● 二〇〇一年九月十一日發生在紐約的恐怖攻擊，可說改變了世局的風貌，美國民意沸騰。十月初美軍進攻阿富汗，當時我算對台灣經濟的影響，得出乾卦初、二、五、上爻皆動，四爻齊變成小過卦（䷽），乾卦九五恰值宜變爻位。乾為君，「飛龍在天」應指美國總統布希，剛強勇猛揮軍遠征，但對台灣經濟似乎影響有限。小過卦只要謹小慎微，低調行事，當不至有大礙。其實二〇〇一年台灣經濟為負成長，本來就欠活力，也不在乎多一項衝擊。

● 一九九五年十月中，我已給李登輝上了一年多的《易經》，他上課也很認真做筆記，確有學習的誠意。後來台灣政局多動盪，隔年又將大選，課程中休甚久，我其實無所謂，但還是問占：基本關係有無生變？得出乾卦初、三、五、上爻動，四爻齊變成解卦，九五值宜變，單變有大有卦之象。貞我悔彼，下卦兩爻應指我，「潛龍勿用，遯世无悶」，「終日乾乾，反復道」；上卦兩爻應指他，乾為君，「飛龍在天」又值宜變，「亢龍有悔」則有「盈不可久」之意。解卦有分開解脫之象，遇乾之解，似乎課程會結束，但關係談不上有什麼變化。解也是和解，九五單變所成大有卦，大家都有所得，關係和順元亨。後來政局趨緊，課程果然中止，最後一回合原定八堂課，只上了一堂，即未再繼續，而束脩已然先領，等於是我這輩子還欠他七堂課呢！之後他喬遷時還囑人聯繫，說以前上課的講義、筆記找不到，還有沒有資料補述云云，便結束這段緣法。

●二〇一二年元旦，我作一年之計，問自己年運為乾卦二、四、五、上爻動，九五值宜變為大有，四爻齊變成明夷卦。時值傳說中的浩劫年，我仍自強不息勇猛精進，「見、躍、飛、亢」因時而動，九五「飛龍在天」為主變數，「大人造也」，令人激奮。明夷為當年世局之卦，普世艱困，天災人禍不斷，唯有「利艱貞」。當年為壬辰龍年，我也肖龍，滿六十度本命年，四龍齊飛，剛健揮灑。後果如是，當年過得多采多姿，能量十足。

五爻變占例

一卦中任五爻動，五爻爻辭皆須參考，五爻齊變所成之卦多半便是最後結果，其中若有宜變爻位，影響較大，但仍以五爻齊變的大勢所趨為主。

●二〇〇八年三月馬英九代表國民黨贏回政權，一位支持綠營的朋友心氣難平，告訴我他占馬上任後的台灣經濟情勢不佳，為乾卦初、二、三、四、五爻動，五爻齊變成剝卦，宜變爻位為九三，單變為履卦。乾為君，為十二消息卦之一，時當陰曆四月，馬英九正是依慣例五月二十日就任履行職權，恰在乾卦月份。剝卦卦象一陽浮於五陰之上，資源大量掏空流失，是典型不利之卦，亦為陰曆九月的消息卦。由乾至剝，結果馬一上任後半年，從陰曆四至九月經濟一路下滑，跌至岌岌可危的地步。所謂「馬上好」的競選口號，以及上任後修正的「馬上漸漸好」的行政辭令，都難以掩飾實際經濟表現的窘境，易占再一次顯示了其神機妙算的本事。

●據佛經中記載，佛祖釋迦牟尼曾於過去生中供養燃燈古佛，並接受了未來成佛的授記。對這位跨越浩瀚時空的佛的老師，我充滿奇異的想像，於二〇一〇年七月心動一占，其意義為何？結果得出乾卦初、二、三、四、上爻動，五爻齊變成比卦（䷇），宜變爻位落在九三，單爻變為履卦。乾為君，佛是大法王，開發自性勇猛精進而成佛，燃燈為過去佛，履行職務後交棒予釋迦牟尼佛，五爻皆動，唯君位九五不變，亦有傳燈之意。比卦相親比，〈大象傳〉稱：「先王以建萬國，親諸侯。」封建諸侯以使江山永固，佛佛授記而令道法恆傳。

●二〇一二年元月十四日傍晚，台灣大選結束，開票已一個多小時，馬英九領先蔡英文的差距逐漸拉大，我接到前述那位深綠朋友來電。他說剛占馬是否獲勝，得出乾卦五爻齊變為比卦，然後自斷為蔡會後來居上獲勝。這已偏離了正常斷卦的準則，感情用事蒙蔽了理性，我也不說什麼。後來當然是馬勝蔡負，而他也沒再來電。

●台灣的易學團體不少，我跟同好之間的往來不多，唯邵崇齡先生推動的易經學會有些接觸，二〇〇九年十一月底，他們主辦兩岸易學研討會，兼辦三十週年會慶，一時也是老少咸集，群賢畢至。晚會上我致賀詞，即以占象為言：該會努力三十年的績效如何？得出乾卦初、二、三、五、上爻動，五爻齊變成豫卦（☳☷），宜變爻位為九三，單變為履卦。學會屬非營利組織，經營不易，文人學者習性相輕，也難免啟紛爭，終日乾乾自強不息，能持續一代確實可貴。豫卦卦辭稱：「利建侯行師。」組織群眾鬥志高昂，熱情行動，繼往開來甚可期待。

●二〇〇二年十二月初，我預占二〇〇三年大陸政局，得出乾卦初、三、四、五、上爻皆動，五爻齊變成師卦，九三宜變為履卦。師卦卦辭稱：「貞，丈人吉，无咎。」〈彖傳〉解釋：「師，眾也；貞，正也。能以眾正，可以王矣！」〈大象傳〉稱：「君子以容民畜眾。」動員全民自立自強，朝乾夕惕，勇猛精進以建設國家，「潛、惕、躍、飛、亢」齊動，氣勢飽滿，是極佳之象。遇乾之師，依《焦氏易林》的斷詞為：「倉盈庾億，宜稼黍稷；國家富有，人民藩息。」國富民強，也是好兆。接著算二〇〇三年（癸未）大陸經濟情勢，為不變的豫卦，卦辭云：「利建侯行師。」政局穩定精進，全民奮發建設經濟，政經形勢一片大好。

2.坤為地（䷁）

坤卦六爻全陰，為《易經》第二卦。據說殷易《歸藏》的首卦為坤，乾卦次之，故而又名《坤乾》；周代殷而立後，《周易》改為乾卦居首，坤卦次之，從此確立了往後幾千年乾主坤從的格局。夏易以艮卦居首，稱《連山》，與《歸藏》皆已失傳，應該是融會於今本《周易》中了。孔子當年去宋國，還見到過《歸藏》，宋為殷代遺民所封立之國，故而保有此書。此事記載於《禮記・禮運》：「孔子曰：我欲觀殷道，是故之宋，而不足徵也，吾得坤乾焉。坤乾之義……吾以是觀之。」易學史上有三易之說，夏商周三代皆有易，而《周易》集其大成。夏商之易未冠朝代名，所以《周易》之周有人說是包羅萬象、圓融周到之意，正合〈繫辭上傳〉第四章所稱：「知周乎萬物而道濟天下，故不過。」

〈說卦傳〉稱：「坤為地，為母……為文，為眾。」地道順勢，母愛包容，坤卦基本意象為廣土眾民，策略則為順勢用柔，文與武相對，不採對抗衝突而以和平協商方式解決問題。經緯天地曰文，剛柔交錯曰文，坤為文已明示乾坤配合、剛柔互濟的重要。孤陰不生，獨陽不長，陰陽和合才能運化萬物，生生不息。坤卦〈大象傳〉稱：「地勢坤，君子以厚德載物。」大地山川起伏，蘊育眾多生命，君子應效法地道，含蓄包容以待人接物，建立發展深廣的群眾關係。無論為地為母為文為眾，皆有因順之意，〈說卦傳〉稱：「坤，順也。」依理順勢是坤卦的基本要義。

䷁

坤卦卦辭：

元亨，利牝馬之貞。君子有攸往，先迷後得主。利西南得朋，東北喪朋，安貞吉。

元亨利貞四德，已於乾卦中詳細解釋，代表合乎自然充滿創造性的歷程。乾卦卦辭只有「元亨利貞」四字，代表最純粹的天道天理。坤卦卦辭二十九字，繁複囉嗦的多，雖有元亨利貞之德，卻須滿足甚多條件才能落實，可見天理與現實形勢之間差距不小，人生奮鬥必須深切了解這點，才有在現實中成功實踐理想的機會。

「利牝馬之貞」就是但書和條件，和乾卦單純的利貞不同。牝馬即雌馬，〈說卦傳〉稱乾為馬、坤為牛，乾主坤從，稱坤為雌馬，以追隨配合乾的雄馬，合情合理。據說華北平原上馬群奔騰，由一雄馬領頭帶隊，其他大批雌馬跟隨前進，既不爭先也不落後，永遠步調一致，並駕齊驅。這種配合無間的團隊服從精神，正是坤卦所須具備的德行，故而稱「利牝馬之貞」。牝牡即雌雄，牝牡之合才能孕育後代生生不息。《老子》一書中多稱牝牡，並盛稱坤陰柔順之德為萬化之源。第六章：「谷神不死，是謂玄牝，玄牝之門，是謂天地根，緜緜若存，用之不窮。」玄牝是深遠無極最高的道體，是天地的根本，妙用無窮無盡。第六十一章：「牝常以靜勝牡。」第三十六章：「柔弱勝剛強。」以陰制陽，以柔克剛，以弱勝強，以小博大，都是坤卦智慧的運用，習易者不可不知。

「有攸往」的往字，和行字不同，為「行之有主」之意。行字即況人邁步向前所留足跡，左腳右腳、左腳右腳之形，漫無目的閒逛也算。往則中心有主宰，設定追求目標與行進路線，經文常稱「利有攸往」。无妄卦（䷘）也是四德俱全之卦，初爻稱「无妄之往」獲吉，上爻稱「无妄之行」有災，顯見人一動妄念妄想，就會失去主宰而偏離正道，差之毫釐失之千里，不可不慎。「乾為馬」象徵心，「坤為牛」象徵物，心主物從則可，物慾乘權掩沒真心必將迷途。乾表天理，坤為地勢，依理順勢事事可成，仗勢失理終必敗亡。

先迷後得主有二義：其一，居坤若搶先做主，則成勢壓理臣僭君，必起紛爭騷亂，壞了牝馬之貞，應當居後配合，才與乾道之主相得益彰。《老子》第六十七章：「我有三寶，持而保之。一曰慈，二曰儉，三曰不敢為天下先……不敢為天下先，故能成器長……捨後取先，死矣！」老子處世的三大法寶，慈悲、儉約低調、不敢居先寧願處後，幾乎都是坤順之德的表現，不爭先反能真正主導局面，一味爭先自取滅亡。其二，坤卦為重重物勢，往前發展本易迷失，警覺後改過回歸天理正途。兩義皆通，總之，乾天之道清明純淨，下地成坤則有迷失本性的可能，人生修行必須慎之又慎，以免淪落。

行進迷途時必得辨明方向，西南東北之喻由此而生。依後天八卦方位，西南屬陰，東北屬陽：正西為兌（☱）、西南為坤（☷）、正南為離（☲）、東南為巽（☴）；正東為震（☳）、東北為艮（☶）、正北為坎（☵）、西北為乾（☰）。四陰卦連成一片與四陽卦相對，恰為太極圖分陰分陽互動旋轉之象。坤卦為陰卦之首，宜率先垂範謹守陰柔本份，安居西南陰方，配合陽卦行事，切勿撈過界闖入東北陽方，而與之相爭，故稱「利西南得朋，東北喪朋」，安於牝馬之貞即吉。異性相吸、陰陽和合為朋，坤守陰待陽，乾坤互動和諧如朋似友，若出陰爭陽對立抗衡，朋友關係破裂，反成仇敵矣！硬碰硬以弱擊強，對坤陰來說當然不利。蹇、解二卦亦強調「利西南，不利東北」，面對人我共同的憂患，大家蹇困難行，當然以同舟共濟和解為上，正是坤卦「西南得朋」的精神顯現。

《易經》卦爻中提到方位，還有升卦（䷭）「南征吉」、明夷卦（䷣）九三「南狩」、既濟卦（䷾）九五「東鄰殺牛不如西鄰之禴祭」等，除「東鄰、西鄰」似有先天意味外，皆指後天方位。先天為體，後天為用，經文指示人趨吉避凶，以後天應用為主，合情合理。坤卦所稱的西南東北應非八方，而是四方的概念，上古時期應該還不需精確到對角四十五度的方位，〈大象傳〉中也只提到四方，如離卦（䷝）稱：「大人以繼明照于四方。」姤卦（䷫）稱：「后以施命誥四方。」若以西南當坤方、東北當艮方來解卦辭，則不可通。

〈彖〉曰：至哉坤元！萬物資生，乃順承天。坤厚載物，德合无疆，含弘光大，品物咸亨。牝馬地類，行地无疆，柔順利貞，君子攸行，先迷失道，後順得常。西南得朋，乃與類行，東北喪朋，乃終有慶，安貞之吉，應地无疆。

乾元稱「大」，坤元稱「至」，兩字字義不同。大指至大無外，所有東西皆由乾元創生；至字依《說文解字》，為鳥高飛至地之象，由天至地，正是坤卦能量的表現，將乾天高遠的理想落實於大地上，配合無間，百分之百達成任務。其實即本體論，宇宙人生只是一元，坤元就是乾元，僅表現的方式不同，乾元的表現是大，創始萬有，坤元的表現為至，貫徹始終，蘊養萬有。

乾元稱「資始」，為一點原始的生機；坤元稱「資生」，便有具體的形狀。以乾卦六爻比喻，資始似初爻「潛龍勿用」，還隱微不顯，資生如二爻「見龍在田」，已具體可見。再看〈序卦傳〉：「屯者，物之始生也。」乾坤二卦之後為屯卦，象徵開天闢地後有生命誕生，或父精母血結合成胎兒新生命，稱「物之始生」。始從乾來，生由坤至，恰恰是乾坤交合所生。易傳修辭用字精密嚴謹，習易者勿忽忽讀過，而錯失妙義。日本做女性化妝品的大公司「資生堂」，資生一名即由坤彖而來，依此類推，若做男性化妝品則應稱「資始堂」，做嬰幼兒保養品該稱「始生堂」。

乾元「統天」，時乘六龍以御天，居上以統御諸天星體的自然現象；坤元「順承天」，居下以順應自然生養萬物。乾稱乘，坤稱承，天上地下秩序井然，就像卦中爻際關係一樣，相鄰二爻上對下稱乘、下對上稱承。坤厚載物應從〈大象傳〉來，〈象傳〉寫作在〈彖傳〉之先，〈彖傳〉沿用〈象傳〉語，許多卦皆然。德合無疆，天道運轉無遠弗屆，沒有任何界限，地德配合天道運行，也沒有疆界。乾彖稱「乾道變化」，坤彖稱「德合无疆」，無形稱「道」，有象稱「德」，像老子《道德經》一至三十七章為道經、三十八至八十一章稱德經一樣。第一章起始即稱「道可道，非常道」，講自然真理；第三十八章稱「上德不德，是以有德」，談人事運用。

大地含容滋養眾生，使各類物種皆暢通發展，生生不息。「含弘光大」一語，顯然由六三爻辭「含章」及〈小象傳〉「知光大」而來，〈彖傳〉創作較後，懂得汲取前賢的智慧以發揚光大。乾彖稱「品物流形」，坤彖稱「品物咸亨」，由萬物的概括總計進而研究品物的層級劃分，乾彖最後終結於「首出庶物，萬國咸寧」，更強調高層與基層和諧互動的重要。坤彖往下則申明落實實踐之功，牝馬與大地的意象相類似，都呈現坤陰柔順配合之德，正因「德合无疆」，所以奔騰起來「行地无疆」，有無限的發揮空間。君子依據坤德往前奮鬥，切勿爭先迷途，謹守居後本分，才合乎常道。陰陽合為類為朋，坤陰配合乾陽行事，如好朋友互助合作，攜手共進。若搶進東北陽方爭鋒，朋友變成敵人，以弱抗強必敗，敗後悔改回頭，重新修補關係，仍可皆大歡喜收場，故稱「乃終有慶」。與其如此，不如一開始即認清形勢，與乾陽合作，共創瑰麗前程，「利西南，不利東北」的主旨在此。「應地无疆」，這才與坤地之本色相應，既無紛爭衝突，前途發展不可限量。

坤彖提出三無疆：「德合无疆、行地无疆、應地无疆」。益卦〈彖傳〉也有二無疆：「民悅无疆，日進无疆」。臨卦〈大象傳〉創作早於〈彖傳〉，已有「无疆」的觀念：「君子以教思无窮，容保民无疆。」地澤臨（䷒）上卦為坤、風雷益（䷩）二、三、四爻相連，亦有坤象，蒼茫大地無窮無疆，最早形成之初哪有國界州界的劃分？眾生繁衍之後，加以人類的私心割據才界限井然，也因此而生出無量紛爭，傷殘多少人命。今日世界已成密切互動的地球村，無疆的理念值得大力推行，儘量降低國際人際的種種阻礙，往天下大同邁進。臨卦講自由開放、鼓勵創意發揚，為元亨利貞四德俱全之卦；益卦「利有攸往，利涉大川」，遷善改過，利益眾生，無疆之詞當之無愧。

談起疆界問題，中國與許多國家接壤，從東北到西南都有些未定界爭議，若不能敦親睦鄰同時又顧及主權尊嚴的話，麻煩也會不少，再加上海疆空疆的有效領域採油開礦等，確得敬慎費心。展開中美兩大國的疆域地圖，會發現一個有趣的現象：美國的州界為直線，中國的省界則為委曲婉轉的曲線。直線是辦公室裡劃分出來，曲線才是自然山川形勢的天然分界，太行山以東稱山東、以西稱山西，黃河以南稱河南、以北稱河北等等。由這點或可見微知著，中美兩國人想法作法的不同，未來所謂G2的競爭與合作，誰負誰勝出天知曉？再如西方宗教的十字架為直線造型，佛教的卍字已有曲轉之意，中國的太極圖則外圈圓融，內界也是S形曲線波盪進退，這些重要的文化符號給人什麼啟示呢？

〈文言傳〉稱：「坤至柔而動也剛，至靜而德方，後得主而有常，含萬物而化光。坤道其順乎！承天而時行。」顯然寫作還在〈彖傳〉之後，以詩歌似的韻文體稱頌坤彖的境界。「後得主而有常」，意同「先迷失道，後順得常。」「含萬物而化光」，實即「含弘光大，品物咸亨。」「坤道其順，承天時行」（唸銀行的行以協韻），就是「乃順承天」。坤彖也是以韻文寫作，君子攸行（唸航）、乃終有慶（唸槍）等等。至柔至靜一旦陰極轉陽，可變成至動至剛，此即大衍之術的占法中老陰六能量特高之理。《老子》四十三章宣稱：「天下之至柔，馳騁天下之至堅。」七十八章亦稱：「天下莫柔弱於水，而攻堅強者莫之能勝，其無以易之。弱之勝強，柔之勝剛，天下莫不知，莫能行。」研習坤卦，必須深悟以柔克剛的道理，人生行事運用無窮。

舊註解坤卦卦辭，有不同的斷句：「先迷後得，主利。西南得朋，東北喪朋，安貞吉。」參證〈文言傳〉的說法，顯然錯誤，還是「先迷後得主，利西南得朋，東北喪朋」正確。主利二字不成辭，且與蹇卦「利西南不利東北」、解卦「利西南」的卦辭不合。古經未有標點斷句，斷的不同，含意即有差異，這也是過去讀經的一種基本訓練，所謂《十三經注疏》的厚厚典籍，若無現代標校處理，將浪費多少青年學子的心力？坤卦強調「得主、得朋、得常」，乾主坤從，彼此朋友往來，才是可大可久的常道。

乾彖稱「萬國咸寧」，坤彖稱「品物咸亨」，咸即下經首卦之咸（䷞），本為最自然的陰陽感通互動之意。天地人都有和諧感應的作用，易理圓融無礙，易占極數知來，皆源於此。〈繫辭上傳〉第十章有稱：「易无思也，无為也，寂然不動，感而遂通天下之故。非天下之至神，其孰能與於此？」

〈象〉曰：地勢坤，君子以厚德載物。

我們遠眺太空，日月星辰光輝燦爛，周轉不息，天體運行的法則似乎簡易而和諧，回觀身處的行星地球，卻見山河大地蜿蜒起伏，障礙重重，行進絕不容易。這就是天行和地勢的差別，所謂形勢比人強，理想再高遠，仍得因順現實形勢以求實踐。坤為廣土眾民，其勢堅凝龐大，必須深入了解各地風土民情，做好人群關係，寬厚照顧民眾福利，才能任事成功。載有容載、運載之義，愈有包容人的器量，愈能啟動民力運轉無窮。

坤字從土從申，表示能將崇高的天道理念充分伸張實現於土地中，涵義極為豐富。申字為甲、由二字的合體，兼具二字的含意。甲為田中栽培作物深入札根之象，容易有最新最好的生長效果，所謂甲級甲等；甲又是十天干之首，代表新時運新紀元。由為田中作物順性自然發育成長，不拉也不壓，所謂自由自在即是。申字即向下深入紮根，向上自然成長，修善因遂結善果，根深葉茂，本固枝榮。

懂得以上之義，可徹悟豫（䷏）、蠱（䷑）、頤（䷚）、巽（䷸）四卦的宗旨。蠱卦卦辭稱：「先甲三日，後甲三日。」體制改革須深入徹底，以破舊立新，求取最好的績效。豫卦九四爻辭稱：「由豫，大有得。」順自然趨勢去預測，一定精密準確，大有所獲。頤卦上九爻辭稱：「由頤，厲吉，利涉大川。」順自然養生，飲食起居不違時令，身心肯定健康，安度疾病憂患。巽卦〈大象傳〉稱：「隨風巽，君子以申命行事。」〈彖傳〉亦稱：「重巽以申命。」人生在世，當深切了解自己的天命，量才適性去奮鬥，方易有所成就。

乾象稱「品物流形」，坤象稱「地勢坤」，由物形累積發展到厚勢，也是自然造化的過程。《孫子兵法》〈形篇〉第四、〈勢篇〉第五、〈虛實篇〉第六，義理結構緊密，戰略戰術一氣呵成；《易經》的卦爻世界所探討的，也無非就是宇宙萬有的形勢虛實。

乾坤兩卦的〈大象傳〉，一是先做好自己，二是再搞好群眾關係，以乾自強，以坤容物，合起來幾乎撐起了中國人整個立身處世的人生觀，影響非常深遠。清華大學的校訓也依此而立：「自強不息，厚德載物。」

占例

問事占得不變的坤卦，以卦辭卦象判斷即可，一般來說，對策與乾卦相反，由於缺乏資源，實力不足，不宜積極主動，只能順勢用柔靜待時機，或借力使力以巧勁突破。

當然，維持好的群眾關係，不惹是生非很重要。「君子鬥志不鬥氣」，凡事包容，凡事忍耐。另外，坤卦也是十二消息卦之一，時當陰曆十月，占得坤卦，可能所問之事在該月份會有結果。

● 二〇〇一年六月初，陳水扁政權上台滿週年，兩岸關係緊張，我在台北社會大學新開的《易經》班教占，學員問：萬一沒搞好難免一戰，台灣民眾應如何應變？當時大家共同起念，合占一卦以為示範，就得出完全不變的坤卦。看來形勢比人強，只能被動因應，相當無奈。

《易經》經傳本為集體創作，從伏羲畫卦、文王演易到孔子作傳，歷經數千年的發展才集其大成。易占也可以援此群策群力的傳統，大家齊心合占，我就在授易課堂上實驗過很多次，卦象精確，效果甚佳。通常是我先算出下卦三爻以示範占法，然後換任意三位同學上來，繼續占出上卦三爻，以熟悉操作，合起來即成我們共同想問的答案。

● 商場的買收併購、弱肉強食屢見不鮮，叢林法則中，往往政權也會扮演一定角色，就算避嫌不直接介入，所謂不怕官只怕管，主管當局肯定有很大的影響力。二〇〇七年五月底，我到學生親戚家作客，正為銀行合併之事困擾。老闆急著想在次年三月台灣大選前搞定，以免政黨再輪替又逆轉翻盤。我受託一占，得出不變的坤卦，顯然企圖難成，自有資源不足，以民購官使不上力。後來事勢發展果如此占，不僅選前未遂，國民黨勝選後更戛戛其難，吞不下也吐不出，難受極了。

● 二〇〇四年三月十九日下午，陳水扁遭受槍擊的事件震動全台，也真正逆轉了隔天大選的結果，以一萬多票的領先獲得連任。由於全案疑竇重重，落敗的連宋陣營不服，提出訴訟，一爭當選無效，一爭選舉無效，打了近一年官司。九月底當選無效之訴庭辯終結前，占問藍營勝算，得出蒙卦初爻動，爻變為損卦，看來不妙。於是再問怎麼辦？得到不變的坤卦，幾乎沒辦法，只能忍耐接受。當時還問綠營的勝算以為校核，得出乾卦二、四、上爻動，宜變爻位落在上九「亢龍有悔」，而三爻齊變又成既濟卦。此占已見前述台獨能否成事之問，綠營執政優勢為乾，藍營在野劣勢為坤，以民控官難有勝算，綠營強硬到底為「亢龍」，官司確能成功為既濟，但長久仍轉未濟，四年後又因此政權既得復失，陳水扁也遭牢獄之災。既濟卦辭：「亨小利貞，初吉終亂。」

完全靈驗。當年十一月四日法院宣判，藍營敗訴，易占料事如神。

●二○○六年七月上旬，我給學生講三十六計與《易經》的關係，其中「遠交近攻」的占象為不變的坤卦。坤卦順勢用柔，「利西南得朋，乃與類行，東北喪朋，乃終有慶」。深刻周知地形地勢，做出最佳的戰略選擇。

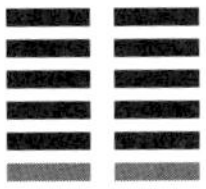

初六：履霜，堅冰至。

〈小象傳〉曰：履霜堅冰，陰始凝也；馴致其道，至堅冰也。

坤卦為陰曆十月卦，相應節氣為霜降經立冬至小雪，初爻即以霜降為象。秋冬之際，夜露凝結成霜，人們早起時一腳踏到霜上，踩個透心涼，這時就該警醒天候會愈來愈冷，終至地面凍結成冰，堅不可化，路道難行。換句話說，有什麼行程都得及早規劃，趕快完成，再晚就不能走了。「馴致其道」之馴，有因順之意，馴服猛獸不可操之過急，久了自然順從。坤為大地，履為腳踏實地，人生第一步就有凍土霜寒之感，立足真正不易。履也是易卦名，排序第十，卦爻以「履虎尾」為辭，可見艱險。離卦排序第三十，象徵人類文明，初爻爻辭亦稱：「履錯然，敬之无咎。」文明發展真得敬慎，不能走錯方向，否則會有毀滅性的浩劫降臨，如四爻所述：「突如其來如，焚如，死如，棄如。」

〈文言傳〉解釋此爻云：「積善之家，必有餘慶；積不善之家，必有餘殃。臣弒其君，子弒其父，非一朝一夕之故，其所由來者漸矣！由辯之不早辯也。易曰：履霜堅冰至。蓋言順也。」天寒地凍，積霜成冰，人生行事亦然。一家行善，日積月累，必創造許多福報為眾生共享；一家長期為惡，必造甚深罪業禍國殃民。殃字義深，中央為非作歹，周遭群眾倒楣，所謂「城門失火，殃及池魚」，人生在世，光自己好不行，別人造業你靠的太近也會遭殃。「臣弒君、子弒父」，政治社會風氣敗壞，也非一日形成，而是經過了一段漸漸變化的歷程。「冰凍三尺，非一日之寒」，錯在當初沒提早警覺認真防範，辯同辨，慎思明辨以防微杜漸很重要。

《老子》第六十三章稱：「圖難於其易，為大於其細。天下難事必作於易，天下大事必作於細。」六十四章亦稱：「其安易持，其未兆易謀，其脆易泮，其微易散，為之於未有，治之於未亂。合抱之木，生於毫末；九層之臺，起於累土；千里之行，始於足下。」其言懇切易懂，其意深穩厚重，正合坤卦初爻之理，人事必有惡化僵化之徵兆，及早除霜容易，破冰可就難了！

本段〈文言傳〉的解釋，被司馬遷引用於《史記・太史公自序》中，作為孔子深慮憂患發憤作《春秋》的原因：「春秋之中，弒君三十六，亡國五十二，諸侯奔走不得保其社稷者不可勝數。察其所以，皆失其本已。故易曰：失之毫釐，差以千里。故曰：臣弒君，子弒父，非一旦一夕之故也，其漸久矣。」天下大亂本於人性迷失，欲撥亂反正必須正本清源，恢復人性，故而坤初爻變為復卦（䷗），一元復始，萬象更新。失之毫釐差以千里之言，不見於今本《易經》，《易緯》中倒有之。其實，復卦初爻「不遠復，元吉」，上爻「迷復，有災眚」；无妄卦初爻「往吉」，上爻「行有眚」；噬嗑卦初爻「屨校滅趾，无咎」，上爻「何校滅耳，凶」。這三卦都有失之毫釐差以千里之義，易卦由初至上，本末終始的對照，往往發人深省。

依春秋史實來說，「子弒其父」跟「臣弒其君」是一回事，年輕的王子為爭大位才向老爸動手，權慾薰心致使倫常乖亂、泯滅人性，亂臣賊子深可憂懼，後世英明如唐太宗等皆不可免，可見餘殃深重。由此亦可知世及亂制之非，權力壟斷的不合理如不徹底打破，永遠解不了業障輪迴的格局。乾卦不以「飛龍在天」為尚，揭示「群龍无首」之義，〈彖傳〉結語宣稱：「首出庶物，萬國咸寧。」的確是看到了人世問題的關鍵。

占例

占卦遇坤初爻動，依爻辭爻象判斷行事即可。乾卦「潛龍勿用」，出頭良機未至，藏晦待時；坤卦「履霜堅冰」，不利惡兆已現，趕快思患預防。

● 一九九七年初，李登輝決定精省廢省，時任民選省長的宋楚瑜飽受衝擊，激憤之下請辭，政局掀起軒然大波。我一位學生當時占問宋的仕宦前途，得出坤卦初爻動，辭意顯豁，李宋情同父子的關係生變，若不能及時除霜，將來還會凍成堅冰不可化解。妙的是「履霜堅冰」剛好也是凍省之象，當時有阿諾・史瓦辛格演的電影名《急凍人》，媒體以此謔稱宋楚瑜的遭遇。《易經》家人卦之後為睽卦，情同父子可以反目成仇，國民黨鬧家變，導致二〇〇〇年大選失去政權。睽卦之後為蹇卦，分裂後大家都寸步難行，面對民進黨漁翁得利，又得尋求和解以抗衡。蹇卦之後為解卦，正是「歷盡劫波兄弟在，相逢一笑泯恩仇」，世事人情的發展莫不在易理、易象中。二〇〇四年連宋配國親合作競選，二〇〇九年李宋居然又見面晤談，政壇恩怨往往如是。

● 台灣政壇十多年前流行講德川家康，主張以德川為師，一九九八年十一月底我看過德川全集後，起念一占，問其建功立業的特色為何？結果得出坤卦初爻動，也是至柔克至剛。日本戰國時期群雄並起，互爭鋒芒，織田信長、豐臣秀吉都曾稱霸天下，盛極一時，最後不免敗亡。德川對這些梟雄謙卑服事，絕不正面起衝突，深通「利西南，不利東北」之道，稍有緊張立刻低調化解，遂成統一之功，而開創了幕府時代。東方民族特有這種堅韌的忍耐力，漢朝開國元勳的張良、韓信即然，遇黃石公拾鞋與胯下之辱的故事，膾炙人口。另外，春秋末吳越相爭，越王勾踐臥薪嘗膽、甚至親嘗夫差糞便事，更令人警醒。

六二：直方大，不習无不利。

〈小象傳〉曰：六二之動，直以方也；不習无不利，地道光也。

六二陰居陰位中正，為坤卦的正位，厚德載物的模範。乾為君，以上卦九五中正「飛龍在天」為主；坤為眾，以下卦六二「直方大」為主。本爻爻變為師卦（䷆），〈大象傳〉稱：「君子以容民畜眾。」亦有坤卦厚德包容的精神，〈彖傳〉則稱：「師，眾也；貞，正也。能以眾正，可以王矣！」以為因，能以眾正即能因順眾人本具之正，善加呵護誘導，可成王道天下。此理在乾卦〈彖傳〉已說的很清楚：「乾道變化，各正性命，保合太和，乃利貞。」坤卦六二的中正品質，以及包容萬物的美德，確能具體實現天道。

「直方大」三字，言簡而義豐。《論語・雍也篇》記子曰：「人之生也直。」人性出於自然，本皆相近樸直，受後天種種習氣汙染才偏離愈遠。〈衛靈公篇〉亦稱：「斯民也，三代之所以直道而行也。」坤為廣土眾民，以直稱之，肯定先天本性的真實自然，不假偽飾雕琢。大指乾道，易例陽大陰小、陽實陰虛。方為方法、規矩，作動詞解，即中規中矩地仿效學習。「直方大」，講的是陰從陽、地法天、坤效乾。坤陰秉其柔順含容之性，學習乾陽之道，正合卦辭所稱「利牝馬之貞」，故而下稱「不習无不利」。本性樸直，不受習氣污染，無有不利，為地道之光。〈小象傳〉稱六二之動，正是〈文言傳〉所稱的「坤至柔而動也剛」；直以方，則為「至靜而德方」。坤陰由靜轉動，展現極大的行動能量，可以發揚善性，動員群眾。

《老子》第二十五章稱：「人法地，地法天，天法道，道法自然。」坤六二「直方大」，就是人法地，地法天，向自然之道學習。天圓地方之方，切勿誤解為幾何形狀，其實講的是哲理運用。《大戴禮記．曾子天圓》中有記述：「單居離問於曾子曰：天圓而地方者，誠有之乎……曾子曰：天之所生上首，地之所生下首，上首之謂圓，下首之謂方。如誠天圓而地方，則是四角之不掩也。參嘗聞之夫子曰：天道曰圓，地道曰方。」諸天星體週轉運行，圓融無礙，地球模擬仿效也是圓形運轉，地圓地動之說，中國古已有之，不可厚誣古人的智慧。〈繫辭上傳〉第五章稱：「成象之謂乾，效法之謂坤。」成象即天圓，效法即地方。第十一章稱：「蓍之德圓而神，卦之德方以知……神以知來，知以藏往。」蓍草分合運轉如乾，可占筮探測未來，易卦已有確定內容如坤，隨時提供檢索。方為後起仿效之意，例如現代跨國企業自創品牌為天圓，搞仿造或代工生產者就是地方了！擅於跟進學習也是優點，坤陰資源有限，不必強做自己做不來的事。

〈文言傳〉解釋此爻云：「直其正也，方其義也。君子敬以直內，義以方外，敬義立而德不孤。直方大，不習无不利，則不疑其所行也。」六二陰居陰位中正，樸直自然為其正當的秉性，效法乾陽理所應為。君子敬慎持守，以正直內心，認真向外學習，以發展事業，內敬外義都確立後，一定會有很好的群眾關係。所謂「德不孤，必有鄰」，依理順勢為其所應為，既有自信，也贏得別人的信任。

坤卦有母性慈愛的本質，女人結婚生子後母性自然流露，完全不需事前學習，《大學》談治國齊家有云：「如保赤子，心誠求之，雖不中，不遠矣！未有學養子而後嫁者也。」六二爻辭所稱「不習无不利」，合於女性為母則強之理，一般善良百姓未必受高等教育，言行卻自然合於天理，反而是知識分子心術壞的不少。禪宗六祖惠能大字不識，頓悟自性成佛，尤其發人深省。

占例

- 二〇一〇年二月中，我和幾位學生去拜晤老師，他雖已高齡一百零五歲，精神氣勢仍矍鑠健旺，批評時事指點江山，罵起人來淋漓痛快，連講幾個小時不見疲累。照說他還能繼續給學生上課，薪傳中華文化，但為收養數十年的義子勸止。我入師門近四十載，承教深重，心中也有感慨。老師說他還想再活五年，多看看中國與世局的發展，若天能假年，豈不是一百一十歲的老神仙了？回家凝神一占，得出坤卦二爻動，爻變為師卦。看來老師秉「直方大」的正氣，沒有嗜欲習染，還真能活過曠古高齡。師卦卦辭稱：「貞，丈人吉，无咎。」好一個丈人吉！好一位大智明師！衷心祝老師身心康泰，松鶴延年。
  結果事與願違，次年三月二十日清晨，老師仙逝。我才發現占象中的師卦為坎宮歸魂之卦，而坤也可解釋成歸陰入土，遇坤之師，感情用事的我，沒讀出箇中信息。
- 二〇一〇年十月上旬，我在復健時兩手得空，心念一動占問伏羲、文王、周公及孔子在《易經》

集體創作上的貢獻，以驗證傳統所稱的「四聖真經」之說。周文王的部分得出坤卦六二爻動，有師卦之象。文王仁善，「直方大，不習无不利」，堪稱地道之光。羑里城拘囚演易，以生命體驗啟發無數後人，德不孤必有鄰，成萬世之師，能以眾正，可以王矣！

六三：含章可貞，或從王事，无成有終。

〈小象傳〉曰：含章可貞，以時發也；或從王事，知光大也。

三爻為人屈居下位，必須懂得忍耐，以免當下遭凶。含字意深，口中含物，既不吐出也不吞下，就讓它慢慢化掉。人生遭遇橫逆屈辱，含辛茹苦默默承受，絕不當下反彈，也不憤恨強吞，完全不給對方繼續挑釁的藉口。《詩經・大雅烝民》有云：「柔亦不茹，剛亦不吐。」坤六三陰居陽位，心中自有光明章法，卻含藏不露，等恰當時機才發出，以這種謙卑低調的方式從政，不求主導有成，卻能得善終。爻變為謙卦（䷎），卦辭稱：「亨。君子有終。」這種智慧既能自保無咎，又可將心中的主張最後發揚光大，確實值得修煉。〈象傳〉中所稱：「含弘光大，品物咸亨。」即指此爻而言。章字與可貞二字，涵蘊亦深，往後我們還會常碰到，多加體會，人生行事會穩健的多。

〈文言傳〉稱：「陰雖有美，含之，以從王事，弗敢成也。地道也，妻道也，臣道也，地道无成而代有終也。」以美解釋章字，內在有美而含蓄不發，從政懂得謹守本分不僭越，可代乾道行事而獲善終，這是一般作幕僚或部屬應有的規範。「地道、妻道、臣道」三句，拖沓累贅，很像是早先的注解混入本文，反映了舊時代人閉鎖的觀念，有違易傳開闊豁達的風格，可視為衍文而刪除。

刪掉後文氣更順，義理亦通。

占例

●二〇一〇年三月初，我多年前教過的一位學生偕夫婿從新加坡來台省親，約我餐敘。她先生已從外商公司的高幹退休，離開北京，選擇了入籍新加坡終老，但兩人仍想周遊世界，預計每五年選一國家長住，習其語文，通其風俗，並與當地人民深交往來。這樣的想法很吸引人，但是瞬息萬變的國際形勢會讓他們遂其所願嗎？於是，我當下便占了好幾卦，試問一些重要的國家或地區未來五年的運勢，其中美國即得出坤卦三爻動，爻變為謙。

金融風暴後，老美債務沉重，國力大衰，號令全球已有困難。乾卦「時乘六龍以御天」行不通，可能改用坤卦陰柔藉力的策略來周旋，例如大打以美元優勢為主的貨幣戰爭，逼含人民幣在內的亞洲貨幣升值，將美國的問題轉成全世界的問題等等。「含章可貞」，其中章法謀略不可不防，若不慎上套，等美國恢復元氣以時發，新興國家就得吃虧了！

●台灣有興趣學中醫的人很多，未必走學院科班養成的路子，不少民間拜師或自學成功者，這種現象可能也是中醫所獨有，值得省思玩味。譚傑中便是其中之一，日文編譯出身卻走上了熱愛中醫之路，教學研究獨樹一幟。二〇〇九年十月中出版厚厚一部《經方本草助讀》，還標明只是第一冊，其中第一篇為〈調陰陽：古醫家與古道家的性教育〉，已先以抽印本行世，一時洛陽紙貴，很多人趨之若鶩。食色性也，飲食男女，人之大欲存焉，真說得一點沒錯，我看完後占其論述有道理否，得出坤卦六三動，爻變為謙。

「一陰一陽」之謂道，陰陽合德，而剛柔有體，《易經》可是調理陰陽的大師，回答這種問題精準俐落。坤卦講究順勢用柔，深根入土後再開枝展葉，三爻為行人道之位，須懂得含蓄斂忍的工夫，等時機成熟之際才洶湧勃發，如此才能兼顧到陰陽雙方的動態平衡，從而產生最和諧美滿的結果。謙卦〈大象傳〉稱：「君子以裒多益寡，稱物平施。」裒為引聚，陽施陰受，稱心如意，真是不亦快哉！坤卦〈彖傳〉稱：「含弘光大，品物咸亨。」陰陽互動順暢，自然孕育優質的新生命。

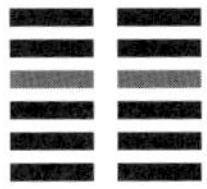

六四：括囊，无咎无譽。

〈小象傳〉曰：括囊无咎，慎不害也。

六四陰居陰位，處執政高位，很懂得高處不勝寒的道理，極度收斂，謹言慎行，以免遭政治迫害。括是固結不解，將布袋口用繩子紮緊，不漏一點風，以求無咎，由於不求表現，當然也得不到稱譽。所謂「名滿天下，謗亦隨之」，有譽就會有咎，無譽反能無咎。算數的加減乘除四則運算，括號內的項目自成體系，處理完了再與括號外的合併計算，括弧提供了保護內在的功能。六四接近權力核心，不審慎自保不行。乾卦九四「或躍在淵，進无咎」，還有些躍躍欲試，坤卦六四資源不足，只能守口如瓶，諱莫如深，愈低調愈好，這是用剛與用柔的不同。〈繫辭傳〉稱：「四多懼，近也。」「躍淵」與「括囊」，其懼一也，其行不同。「躍淵」冒險有墜毀之虞，「括囊」靜默周嚴無礙，確保安全之後，俟機再出手，還有可能獲利，進而囊括一切呢？本爻變為豫卦（䷏），卦辭稱：「利建侯行師。」預測、預備、豫樂，早在料算之中，正所謂錦囊妙計是也。

〈文言傳〉稱：「天地變化，草木蕃；天地閉，賢人隱。易曰：括囊，无咎无譽。蓋言謹也。」「天地閉，賢人隱」是括囊之時，一旦出手，就是「天地變化，草木蕃」了！依此來看，組織中高層互動真得當心，做老闆的，面對不吭聲的高幹需有戒心，反之亦然，都得防範變生不測。括囊型的人像熱水瓶，外冷內熱悶騷，切勿看走了眼。坤六三「含章可貞」，還有謙和共存之象；六四「括囊无咎」，預謀出擊，就是死生勝負了！這也是三含四括、多凶多懼的不同，不可不知。三爻還是專業層面的考量居多，四爻則涉及政治敏感鬥爭，害人之心不可有，防人之心不可無啊！

占例

占卦若遇此爻動，宜變爻位恰好落在六四，爻變成豫卦，以本爻爻辭斷占，並參考豫卦的卦辭卦象，好好體會由靜默不言轉成奮發行動之意涵。

● 二〇〇四年三月十九日，陳水扁遭槍擊事件激盪人心，原先幾乎一路領先的連宋陣營也慌了手腳，深怕選局逆轉。當夜我的電話不斷，不少朋友及學生問訊，我自己也有些浮躁不安寧。一夜胡亂睡過，清晨起來七點多，最後凝神一占，問陳水扁真能連任嗎？得出坤卦六四宜變成豫卦，卦辭稱：「利建侯行師。」看來確實可能因此乾坤一擊而得利，由坤卦的敗部復活。坤為廣土眾民，豫為群情奮發激昂，順勢用柔打悲情牌，以及早準備好的錦囊妙計（苦肉計）翻盤取勝，囊括了大位大權。豫卦〈彖傳〉末歎稱：「豫之時義大矣哉！」發動時機精準到位，不差分毫，政治鬥爭的算計令人嘆為觀止。果然，二十日當天投票結果，陳以極微票數險勝。

●鬼神之説自古有之，有人鐵齒不信，有人言之鑿鑿，但唸經消業、超度亡魂之事卻相當風行，到底有沒有效呢？二〇一〇年九月底，我一堂講佛經以印證易理的課中，學員談起此事，乾脆一占，得出坤卦六四爻變成豫。看來有效，從靜默不言到開口唸經，豫卦〈大象傳〉稱：「雷出地奮，豫。先王以作樂崇德，殷薦之上帝，以配祖考。」經韻悠揚，讚頌天地神明，也慰撫了已逝的先人。謙、豫兩卦相綜一體，皆通天地人鬼神，〈繫辭下傳〉第七章稱：「謙以制禮。」制禮作樂，和氣流通，神人皆安。

●二〇一二年人類文明或遭浩劫的傳聞，使人心不安。二〇〇七年十月初，我為一位父母雙亡、繼承龐大財富家業的學生，籌謀其理財策略，順便也占問自己在二〇一二以前應如何理財？結果得出坤卦六四爻變，恰成豫卦。「括囊，无咎无譽，慎不害。」既然預測到世界經濟可能動盪，就得思患豫防，一切小心為上，不求大成，也無過咎，將袋口束緊，別亂揮霍投資。二〇〇八年九月中旬，金融風暴爆發，證實卦象的預警正確。

六五：黃裳，元吉。

〈小象傳〉曰：黃裳元吉，文在中也。

六五為坤卦君位，坤為廣土眾民，寓有人民為君、民眾作主之意。《孟子．盡心篇》宣稱：「民為貴，社稷次之，君為輕。」黃為中道尊貴之色，裳為下衣，不稱黃衣而稱「黃裳」，貴在下民不在上君。衣裳只以腰帶分上下，實為一體，沒有人民群眾的支持，哪有統治階層的存在？既然如此，只要有志有才，人民為何不可上而為君？漢高祖劉邦、明太祖朱元璋開國稱帝之前，都是一介平民，而後父以傳子、兄以傳弟，又走上了家天下的老路。乾卦〈彖傳〉末稱：「首出庶物，萬國咸寧。」確是合乎天道的主張。坤卦秉承天道，六五再申黃裳民貴之義，理勢完全一致。最高權力的來源一旦合理解決，自然化解掉許多爭權奪利之私，初爻「履霜堅冰」之戒也有了圓善回應，故稱「元吉」。乾為君，稱孤道寡，六爻爻辭無一吉字；坤為民，六五稱「元吉」，真是發人深省啊！

文在中的解釋也極好，六五居上卦之中，尚文治不尚武功，包容含弘之德昭著。文也是剛柔交錯、陰陽和合之義，敦親睦鄰，經緯天地。此爻變為比卦（䷇），其〈大象傳〉稱：「先王以建萬國，親諸侯。」隋末唐初的大儒王通，號文中子，門下弟子人才輩出，傳說魏徵、房玄齡、李靖等都曾從學。不論是否有據，其教學重點為治平實理實務則無疑，正合黃裳之義。〈文言傳〉發揮此爻義理：「君子黃中通理，正位居體，美在其中，而暢於四支，發於事業，美之至也。」乾卦九五「飛龍在天」，是雄才大略的積極領導，需有九二「見龍在田」的良才輔佐配合，紅花綠葉，相得益彰。坤卦六五「黃裳元吉」，則無為而治，合理授權部屬賣力發揮，除了關鍵督責外，儘量少干預。《論語．為政篇》子曰：「為政以德，譬如北辰，居其所而眾星拱之。」〈衛靈公篇〉亦稱：「無為而治者，其舜也與？夫何為哉？恭己正南面而已矣！」領導人掌握大政方向，是全身中樞的金頭腦，各級部屬如股肱四肢，通力執行合作。上下一體，政令通暢，事業一定興盛發達。這種柔性管理，能激勵部屬全員參與，促成群策群力，徹底運用到組織整體的能量，非常值得讚美與虛心學習。

《易經》六十四卦，九五、六五各半，分別代表剛性和柔性領導的風格。一般來說，六五的管理績效較佳，例如幾個專講管理的卦都是六五：臨卦（䷒）君臨天下，其實是「群臨天下」，特重開放自由，六五爻辭且稱：「知臨，大君之宜，吉。」鼎卦（䷱）調和鼎鼐，治大國若烹小鮮，六五爻辭稱：「黃耳金鉉，利貞。」正是〈大象傳〉所稱：「君子以正位凝命。」大有卦（䷍）全民共和，講信修睦，六五爻辭稱：「厥孚交如，威如，吉。」這些都是坤卦六五「黃裳精神」的發揮，值得有志之士參考。當然，何時該用九五強勢管理，何時需用六五寬容授權，並無絕對優劣，仍得視環境與對象而定。〈繫辭下傳〉第八章稱：「不可為典要，唯變所適。」研易用易者切勿執著拘泥。

黃為中色，七彩色光中不偏紅偏紫，非極暖非極寒。離卦（䷝）取象於日，六二日正當中，爻辭亦稱：「黃離，元吉。」以五行論，黃也是中央土的顏色，黃土高原、黃河流域、黃帝子孫，中華民族尚黃，有其文化意涵。黃裳本寓民為貴之義，歷代皇朝卻以黃袍加身為帝王專利，限制其他臣民著正黃色禮服，反成君權獨尊了！

金庸武俠小說風靡華人世界，《射鵰英雄傳》中，北丐洪七公的絕學降龍十八掌至大至剛，威猛無匹，一些招式名稱即取材於乾卦六爻；而五大高手爭奪的秘笈「九陰真經」作者名黃裳，則源於坤卦君位的六五。黃裳是宮中太監，深入道藏而作此經，道家尚柔，以柔克剛，經名九陰恰恰合適。那麼「九陽真經」的作者是否該叫飛龍或群龍了？

易道最高的境界還是剛柔互濟、陰陽平衡，有關領導統御之道，還是〈繫辭下傳〉次章說的圓融：「黃帝堯舜垂衣裳而天下治，蓋取諸乾坤。」前面討論乾元用九時，已經說的很清楚。

占例

占卦若遇此爻動，以六五爻辭斷占，並參考爻變為比卦的卦象卦辭，一般都相當正面，尊榮華貴，運勢甚佳。

● 二〇〇〇年三月，台灣舉行跨世紀大選，連戰、宋楚瑜、陳水扁三人角逐大位，連宋藍營分裂，扁綠營漁翁得利。有學生選前占測阿扁的勝算，即得出坤卦六五動，爻變為比卦。那時他劣跡未見，不少台灣民眾對他還寄予厚望，所謂三級貧戶出身，勤苦奮鬥彷彿傳奇，黃裳為人民當家做主，亦有此意。三人競爭比較中，他以三十萬票領先取勝，當選後酬庸分封職位，歷經師卦勞師動眾的選戰，正是比卦封建諸侯之象。

● 二〇一〇年三月初，我的一些台商學生宴席間談大陸政情，有所謂接班未定之說，與其瞎猜，不如占測，先問一位積極表現的大諸侯前景，為不變的困卦，遂打消妄議。再問習近平如何，即得坤卦六五爻動，下屆共和國的領導人是誰，已很清楚，不必再道聽塗說了。當年十月政情明朗公佈，果然不出意料。

● 佛經中有三身之說：清淨法身、圓滿報身及千百億化身。二〇一〇年四月底的易佛課堂上，分占其象，以促進理解。圓滿報身為坤卦六五爻動，「黃裳元吉，文在中」，眾生勤修成佛，意境甚美，令人嚮往讚嘆。

䷁

上六：龍戰于野，其血玄黃。

〈小象傳〉曰：龍戰于野，其道窮也。

上六為坤陰之極，陰極轉陽，出現乾龍之象。野則為黃土地的坤卦之象，「龍戰于野」，豈非陰陽失和乾坤大戰？爻變為剝卦（䷖），刀兵流血，不利有攸往，故云「其道窮」。天玄地黃，陰陽對立衝突兩敗俱傷，故稱「其血玄黃」。坤陰資源與實力不足，

本應「守牝馬之貞，西南得朋」，與乾陽互補合作則兩利，此爻卻爭先迷途，「東北喪朋」惡鬥成兩傷，可謂不智之至。

玄色為黑中帶赤，正是夜空星羅棋布之狀，那些亙古發光的星辰離我們太遙遠，如今還存不存在都未可知，充滿了詭譎神秘，玄也是高深莫測之意。探討宇宙生命來源及本質的形而上學稱玄學，《老子》一書中稱玄字特多，第六章稱：「玄牝之門，是謂天地根，緜緜若存，用之不勤。」第十章稱：「滌除玄覽，能無疵乎……生而不有，為而不恃，長而不宰，是謂玄德。」第十五章稱：「古之善為道者，微妙玄通，深不可識。」第五十六章稱：「和其光，同其塵，是謂玄同。」第六十五章稱：「常知稽式，是謂玄德。玄德深矣遠矣，與物反矣，然後乃至大順。」開宗明義的首章即宣稱：「此兩者同出而異名，同謂之玄，玄之又玄，眾妙之門。」想了解中國道家思想的精髓，天玄的玄字得多加參究。

中國蒙學的讀物《千字文》，一開始即言：「天地玄黃，宇宙洪荒。」肯定是受了坤卦上六爻的影響。〈說卦傳〉稱：「震為雷，為龍，為玄黃……為長子。」震長子為乾父坤母交合所生，玄

黃血戰，其實也象徵兩性激烈的床事。爻變陰剝陽，損耗太甚，所以坤卦此爻之後為屯卦（䷂），萬物始生。雲雨和諧固是陰陽交合的正道，其血玄黃，豈不也是初試雲雨必經之境？此爻一動，純陰之身始破，剝（䷖）極而復，可以繁衍後代新生命了！

〈文言傳〉發揮此爻含意，稱：「陰疑於陽必戰，為其嫌於无陽也，故稱龍焉，猶未離其類也，故稱血焉。夫玄黃者，天地之雜也，天玄而地黃。」陰陽相疑，互生嫌隙，遂起爭戰。乾陽認定坤陰自行其事，目無尊主，故以強龍介入干涉；坤陰判斷失誤，以為可以擺脫乾陽獨立自主，其實根本就沒離開其掌握。陰陽相合稱「類」，陰陽相傷為「血」，國際間大國稱霸主宰控制小國，亦復如是。

乾卦申明天理天道，〈彖傳〉稱：「雲行雨施，品物流形……萬國咸寧。」明顯主張一切眾生、萬事萬物和平相處。坤卦提醒現實的地形地勢，上六爻以血戰結束。往下的屯卦萬物始生，〈彖傳〉稱：「雷雨之動滿盈，天造草昧，宜建侯而不寧。」雖有雲雨和平之望，卻需積極備戰，以防衝突，生命的處境動盪不安寧。排序第八的比卦，緊接在爭戰的師卦之後，其卦辭稱：「不寧方來，後夫凶。」大家忙於鞏固邦誼，穿梭往來，深怕再起干戈。排序五十八的兌卦（䷹），重視面對和談，九四爻辭稱：「商兌未寧，介疾有喜。」商量討論，苦心周旋，希冀達成協議。最後的既濟、未濟兩卦，九三、九四還有征伐鬼方的大戰，可說自坤上六龍戰以後，即永無寧日。《易經》廣衍陰陽互動，以「雨」象徵和平相處，以「血」代表爭戰衝突，人生在世依理順勢，儘量避免流血，爭取下雨為宜。

周代之時，諸侯稱國，大夫可擁有采邑。邑的城牆內住民為國人，身分地位較高；城外為郊，郊外為野，野人居於荒僻之處，生計艱難，地位較低。「龍戰于野」顯示社會矛盾嚴重，上下相爭，坤為民眾，本爻實有人民戰爭之意。六五「黃裳元吉」，標榜民為貴，主張人民做主，為人民服務。若民權不受尊重，就有可能揭竿起義，而成改朝換代的玄黃血戰。如此我們便可深切體悟坤卦所寓的微言大義：初六履霜之戒，〈文言傳〉稱：「臣弒其君，子弒其父，非一朝一夕之故，其所由來者漸矣，由辯之不早辯也。」中國古代堯舜禪讓，天下為公，夏禹王之後父死子繼，變為家天下，造成後世不斷流血爭奪政權，正是「積不善之家必有餘殃」。禍國殃民之甚，起於一念之私，一旦開了惡例，積重難返，成不可破之堅冰矣！孟子時代，還有人批判：「自禹而德衰，不傳於賢而傳於子」，可謂公道自在人心。由此更知乾卦〈彖傳〉末的結語多麼嚴正：「首出庶物，萬國咸寧。」最高權力的來源不正，萬國都不會安寧。

「陰疑於陽必戰」，疑則生礙，彼此互動的氣氛僵硬凝固，許多虛擬不存在的事也會生出是非。「疑、礙、凝、擬」四字同一偏旁，意亦相通。乾卦九四或躍在淵，〈文言傳〉稱：「或之者，疑之也。」伴君如伴虎，與九五「飛龍在天」關係緊張。坤卦初六「履霜」，〈小象傳〉稱：「陰始凝也。」空氣開始冰凍，得小心提防。六二「直方大」，〈文言傳〉稱：「不疑其所行也。」廣獲人緣由於無猜疑心，故為地道之光，「不習无不利」。乾主坤從，坤陰不宜僭越做主，機關裡部屬寫簽呈往往用「擬」如何如何，若主管批准則寫「如擬」，表示擬還不算數，得如擬後才變成定案的事實。「陰疑於陽」，即陰擬於陽，擅自作主，成兩頭大了，當然嫌於無陽而起紛爭。虛擬非真，漢初韓信向劉邦要求做假齊王，以安定齊地，劉邦震怒，被張良踩腳提醒，改稱要就做真王。按後來的歷史發展，韓信此舉僭越，已給自己種下殺身之機，一時獲認真王，其實還是假王啊！坤卦的智慧就在順勢用柔，可長保平安，一旦強爭硬鬥，必然不得善終。

軍事用語「野戰」，應該也是源出於此，以別於城市內進行的巷戰。郊野地廣人稀，都邑地窄人稠而精英薈萃，兩者的對比，在需、訟、同人、困、井等卦中還會出現，所謂城鄉差距問題、鄉村包圍城市策略等，可於其中得到不少啟示。

占例

●二〇〇六年下半年起，陳水扁貪贓枉法的劣跡逐一顯現，台灣民眾興起倒扁的紅衫軍狂潮，但陳掌握執政優勢，民眾自我設限，也莫奈他何。年底又有直轄市的選舉，十二月初，我占紅衫軍何去何從？得出坤卦上六爻動，爻變成剝卦，「玄黃血戰，其道窮」，以紅衫軍組成民眾的溫和屬性來看，勢必不可能走到拚命的地步，那就只能撤退，不了了之。再問應該怎麼辦？果然得出遯卦三、五、上爻動，轉成豫卦，九五宜變。紅衫軍的領導人在那種形勢下，必須先退讓，為以後再出發做準備。一年半後陳下台，二年後貪瀆案發，入監候審。人生進退行止，仍得詳審形勢，不能輕舉妄動啊！

●我在台授易二十年，開始是應老友之邀，為他創辦的基金會上課，一路因緣際會，把路子走寬走開。後來社會形勢改變，他的經營陷入困境，財務方面捉襟見肘，但我還是配合到最後，實在沒辦法了，才終止合作關係。二〇〇三年中，已有難以為繼的徵兆，困擾之下，我占往後的配合機緣，得出坤卦上六爻動，有剝卦「不利有攸往」之象。好朋友當然不宜翻臉，時移勢轉，也到了「其道窮」之際，只能做此打算。

●我的一位學生有練武天賦，從名師習藝有得，出來開設太極拳道場，倒也辦的紅紅火火。一九九九年把我拖去學拳，剛開始還義務一對一指導，由於拳理易理大可相通，我初期也學的很來勁。二○○○年二月底，我自占功力進境，不料得出坤卦上六爻動，成剝卦，「不利有攸往」。太極拳尚柔，「龍戰于野」顯然違背了坤陰之道。果然，之後沒再下功夫精進，只剩下理論上的探討了！

用六：利永貞。

〈小象傳〉曰：用六永貞，以大終也。

用九用六是乾坤兩卦的結論，也是乾坤修行的最高境界。坤卦卦辭既稱「利牝馬之貞」，又稱「安貞吉」，故而結論再稱「利永貞」，期許坤道永遠固守其貞德，不稍悖反，必然可獲大利。乾陽大坤陰小，坤陰善於發揮柔順之德，最後會消化吸收乾陽的資源以為己用，而終成其大。乾元稱「大哉」，坤元稱「至哉」，陰陽和合、剛柔互濟之後，至大合一，渾融而無分別矣！《老子》第三十四章稱：「萬物歸焉而不為主，可名為大。以其終不自為大，故能成其大。」第六十三章亦稱：「是以聖人終不為大，故能成其大。」即為此意，中國道家思想可謂深諳坤道。

〈文言傳〉全沒提坤卦用六，六爻也只解釋一遍，不像乾卦前後解釋四遍，中間兩遍即揭示用九之意。乾卦是一切的基礎，多講詳細點好，坤卦談其特色即可，與乾相通的不必多言。至於何以不提用六，也頗耐人尋味，「利永貞」比較好懂，「群龍无首」可就得費辭說明了。

●依據自古相傳的筮法，若占到坤卦六爻全動，照講會變成乾卦，也有說以用六來斷的。其實以小始，以大終，正合遇坤變為乾之意，坤卦智慧發展到極致，可無中生有，積小成大。但實際占到坤六爻全變的機率太低，為十六分之一的六次方，即一千六百七十七萬七千二百一十六分之一，也是四千零九十六的平方分之一，相當於同一問題連占三次，皆出現完全一樣的結果。這是所有可能卦象中，出現機率最低的一個，歷史上也沒聽說有人占過，但我的學生中有人第一次開占，可能就占出了這樣的結果。二〇〇三年春，我在台灣工商建設研究會的易經班教占，台上實例示範時，台下一位女生自行其是，依法占問她赴大陸拓展業務的前途。據她事後自稱，得出坤卦六爻全動，所謂六六大順的稀罕卦型。我不相信，認為她初次習占不熟，可能有誤，當時我的老學生徐崇智一旁做助教，也說瞥見她水晶分堆時有些亂。徐已不幸於二〇〇六年八月十四日心臟病發過世，難有對證。這樁占卦的公案要如何定奪呢？以事後這些年的發展來看，那女生的成績可觀，真的有由坤變乾，以小始以大終的味道，但這種機率是可能的嗎？

我二〇〇七年七月中，還心血來潮，想覆核一下她是否占到「用六」。結果得出解卦（䷧）初、二、上爻動，貞悔相爭為噬嗑卦（䷔），解九二爻宜變為豫卦（䷏）。噬嗑為立法之象，解初「靜心澄慮」、解二「深探幽微」、解上「徹底解決」，豫卦預測準確無誤，整體看來，還真有可能讓她算到呢？二〇一〇年十一月中，事隔多年再試問一次，得出離卦（䷝）三、四、上爻動，貞悔相爭為復卦（䷗）。離為網絡、為光明，三、四爻雖有疲軟故障之象，上爻修補解救成功，搞定一切，復卦恢復正確操作，一元復始，萬象更新。這麼說來，她真的第一次就占到最稀罕的卦型。天下之大，無奇不有，這女生修佛修密多年，上師甚多，難道那天有天龍護法，一切天人阿修羅皆來助陣顯神通？

多爻變占例之探討

以上將坤卦卦辭及各爻的基本理論全介紹完，六爻單爻變的範例也舉了不少，下面討論一下坤卦多爻變的占例。

二爻變占例

二爻動，若其中一爻值宜變爻位，以該爻辭為主、另一爻爻辭為輔論占，若兩爻皆非值宜變，參考二爻爻辭以定奪。

●二〇〇四年初，我算台灣當年有無重大天災人禍，得出坤卦六二、上六爻動，六二恰值宜變爻位，單變為師卦，兩爻若齊變，則有蒙卦（䷃）之象。上六「龍戰于野，其血玄黃」，當然有凶險，但六二「不習无不利」，又值宜變之爻，正面的影響似乎很強，加加減減應能穩住局面，不至於有大礙。後來發展差不多就是這樣，陳水扁雖連任使政爭持續，台民沒有再受重大天災之苦。

●二〇〇九年六月中，兩岸關係自前一年解凍後，各方面皆大幅改進，經貿合作尤其熱絡，一時好事者竟然擬出Chiwan一詞，以描述可能出現的整合盛況。我占問這個概念對台灣的利弊，得出蹇卦三、上爻動，有觀卦之象，確有化敵為友且提振經濟之功，值得繼續冷靜觀察。再占對大陸的利弊，得到坤卦四、上爻動，有晉卦之象。六四「括囊，无咎无譽」，保持沉默靜觀，上六「龍戰于野」設法避免，晉卦如日東昇，「自昭明德」，兩岸關係仍有隱憂，不宜過分樂觀，順勢觀察，自立自強才是正途。

● 二〇〇二年八月初，陳水扁拋出所謂「一邊一國論」，統獨之爭再度在國內發酵，我問他的強硬試探能為其個人及民進黨得利否？得出坤卦三、四爻動，有小過卦象。「三多凶、四多懼」，皆屬人位，六三「含章可貞，以時發」，六四「括囊，无咎无譽」，待天地變化草木蕃，明顯為投石問路的試探，著眼於坤卦所代表的廣土眾民的選票。小過卦為小鳥練飛，不斷嘗試錯誤以求壯大成長，其卦辭稱：「可小事，不可大事。宜下不宜上。」顯然他自己也知道不能玩過頭，換句話說，在那種形勢下能得利也有限。我再占大陸可能的反應，為不變的屯卦，卦辭稱：「勿用，有攸往，利建侯。」會暗中做各種準備，但短期不會有大動作。其後勢發展，大體皆如是。

● 一九九四年九月中，我在出版公司的一位副總編盡心襄助多年，後來提辭，準備出去創業，我占其吉凶？得出坤卦三、上爻動，有艮卦（䷳）之象。六三含章待發，期望有終，但上六「龍戰于野，其血玄黃」，卻是不得善終。艮卦內外皆高山阻路，障礙重重，此去只怕辛苦不順，後來幾年確實如此。

● 二〇〇六年七月中旬，我給學生講三十六計與易經的關係，其中「空城計」的占象為坤卦初、四爻動，齊變則為震卦。坤卦空空如也，震則虛張聲勢。坤初六危機乍現，六四「括囊」不言，「慎不害也」，諱莫如深，令人難知虛實，達到威懾的效果。

●二〇一四年六月中，我問一罹癌親人的病情，為坤卦初、三爻動，齊變有明夷之象。初六「履霜」危機已現，明夷明入地中，為坎宮遊魂卦，看來凶多吉少。不到一年她即往生。

三爻變占例

一卦若三個爻動，三爻齊變成之卦，以本卦和之卦卦辭卦象合參論斷，若三爻中有一爻值宜變，該爻爻辭亦列重要參考。

●一九九八年十月底，我在出版公司的一位女同事苦於類風濕身疾，其時我正在跟學生習太極導引，就想對她是否有用，占得坤卦初、二、五爻齊動，初六值宜變，單爻變為復卦，貞悔相爭成節卦（䷻）。太極導引正是順勢用柔的功夫，由坤而復而節，女性因此修練身心康復，關節活絡疏通，顯然有其績效。節卦六爻體性，和人體直立身軀的六大關節之理相通，「踝、膝、胯、腰、椎、頸」，爻性爻位配合絕妙，一切恰到好處。初六「履霜」，陰寒之氣始凝，若放任不管將成堅冰難化；六二「不習无不利」，六五「黃裳元吉」，〈文言傳〉且稱：「正位居體，美在其中，而暢於四肢，發於事業，美之至也。」四肢關節暢通，不必再受類風濕纏身之苦，多好！雖然道理如此，她工作太忙卻無暇修習，只有作罷。

●二〇一六年十一月九日，我問當天美國總統大選川普勝算如何？為坤卦初、二、五爻動，貞悔相爭成節卦。坤為廣土眾民，六五君位動，「黃裳元吉」。節卦〈大象傳〉稱：「君子以制數度，議德行。」遇坤之節，換共和黨川普擬定新制號令四方，當為定局。當晚大選結果公佈，川普勝選。坤卦為陰曆十月卦，剛好也是陽曆十一月的選期。

● 二〇一一年三月上旬，我問卯兔年可有重大天災人禍？為坤卦二、三、四爻動，貞悔相爭成恒卦。坤為廣土眾民，恒則長期穩定，遇坤之恒，應該沒事。果然當年連颱風都沒有，真正是風調雨順，國泰民安。

● 二〇一〇年六月中旬，我與一位同門師兄有接觸，他學佛多年，而我當時正熱衷於以易證佛的探討，介紹我們認識的學生認為我們有緣，應多深入往來。我問真是這樣嗎？為坤卦上三爻全動，貞悔相爭成否卦。坤是發展群眾關係沒錯，否則是典型的天地不交，沒有往來，遇坤之否，往後確實如此。

● 二〇一六年九月上旬，同門之間有些意見不合的僵局難解，我想請一位師兄去緩和一下情勢，問能生效否？得出坤卦初、四、上爻動，齊變貞悔相爭為噬嗑卦。噬嗑劇烈鬥爭，坤柔包容恐難化解。坤初爻值宜變，「履霜堅冰至」，危機已現；四爻「括囊，慎不害」，又為噤口之象；上爻玄黃血戰，惡果浮現。凶象昭著，斷了此念。

● 二〇一七年二月初，我受邀參加孫子兵法學會的春酒宴，將星雲集，都是曾任院長、部長、總司令、校長的大咖，大家議起時政，卻充滿了無力感。宴後我得一占，為坤卦三、四、上爻動，貞悔相爭成旅卦。坤為民，乾主坤從，不居勢能奈何？旅卦正是失時、失勢、失位之義。坤六三「含章」、六四「括囊」、上六走極端則玄黃血戰，也只能徒呼負負了！

● 二〇一五年二月下旬，我們一家從英國與蘇格蘭旅遊歸來，我總結成果問占，為坤卦二、五、上爻動，貞悔相爭成渙卦。渙卦風行水上，「王假有廟，利涉大川。」遠涉重洋，英倫教堂巍峨壯麗。坤卦則為蒼莽大地，風土秀絕。坤卦六二「不習无不利」，六五「黃裳元吉」，搭配得好。

只是上六「其血玄黃」，此行確有意外的血光之災，內人在蘇格蘭高地不慎摔傷，當地醫療高明且不收費，很快痊癒，令人感念。

四爻變占例

一卦四爻齊變，已超過半數，多半會由本卦變成之卦，以之卦卦辭卦象為主斷占，若四爻中有一爻值宜變爻位，也參考該爻爻辭。

●二〇〇三年五月下旬，其時ＳＡＲＳ病毒肆虐流行，我的身體狀況也不大好，脊椎沾黏引起右臂痠麻，頗以為苦。因學生介紹，接受民間療法治療，同時也去西醫頸椎牽引復健，中西合璧不知奏效與否，遂問占得出坤卦初、二、三、四爻動，四爻齊變成大壯卦（䷡），六三爻值宜變，單爻變為謙卦。看來是會有效，坤卦還是順勢用柔，以化解陰寒之氣，依序初至四爻治療，變成四陽大壯卦，恢復身強體健，六三爻單變成謙，也是有善終的好卦。後來依此治療，果然康復。

3. 水雷屯（䷂）

屯卦是乾坤交合之後的第一卦，象徵生命初始，卦象上坎為水、下震為動，有水下生機初動之象。地球上的生命起源於海洋，三十五至四十億年前開始在水中繁衍，由簡而繁，終成大觀。婦女懷胎，羊水內蘊育生命成長，終至呱呱墜地，都是屯卦之象。屯為象形字，本意是「初生草穿地」。嫩草的根在地底下盤屈蜿蜒，凍土回暖後，俟機鑽破地面，昂然開出兩瓣綠葉，展現充沛難遏的生機。大家試種小盆草木，即可看到這樣的情景。

屯讀音諄，又唸豚，有同類生命群居聚落之意，如屯田、屯軍，皇姑屯、江東六十四屯，蓋住屋稱新邨等。〈雜卦傳〉稱：「屯，見而不失其居。」見即「見龍在田」之見，讀現；而為能，生命出現必尋依託，建立一個穩固居住的基地，以利爾後的生存發展。〈序卦傳〉稱：「有天地，然後萬物生焉，盈天地之間者唯萬物，故受之以屯。屯者，盈也；屯者，物之始生也。」乾為天，萬物資始，坤為地，萬物資生，屯為「天地交合後的萬物始生」。「盈」為生機飽滿，「唯萬物」的唯有特殊意，天地生萬物功效宏大，令人讚嘆。

屯卦卦辭：

元亨利貞。勿用，有攸往，利建侯。

乾坤兩卦卦辭皆有「元亨利貞」四德俱全，「屯」為乾坤所生，自然也有「元亨利貞」，所謂具體而微。初生幼苗體性尚弱，難以承受巨大風霜，故而暫時不能輕舉妄動，待成長壯大後再伸枝展葉、開花結果。「勿用」即同乾卦初爻「潛龍勿用」之意，短期以沉潛為尚，中長期仍得往前發展，故接著稱「有攸往」。古代經典沒有斷句標點，斷句不同，理解即異，本段卦辭有稱「勿用有攸往」的，意思是不要有所前往。此解肯定有誤，生命創生就是要往前發展壯盛，不會長期停滯，不然所為何來？先「勿用」，正是為了之後的「有攸往」做準備，就像乾卦初九「潛龍勿用」，出潛離隱後，九二即「見龍在田」，由地下升至地上行動。〈雜卦傳〉既稱屯「見而不失其居」，幼苗穿地而出，豈能長久勿用？

既然暫時不大舉行動，沉潛時期就得紮穩根基深遠佈局，「利建侯」三字，含蘊甚深，人生為學任事之精要盡在於此。侯為古代五等爵位之一，次於公爵，高於伯、子、男爵，周代初期大行封建廣立諸侯，以至後來聲威赫赫的春秋五霸戰國七雄，史蹟斑斑可考，膾炙人口。諸侯封於各地，為天子斥堠，治理封疆內的事務，定期向中央匯報，稱為述職，天子到地方視察稱為「巡狩」。秦漢以後廢除封建王國，改設郡縣由中央派員治理，以後的刺史、督撫乃至省長等方面大員，其實仍相當於諸侯分權治理的功能。任何組織肇建，必然根據職掌或地域的劃分以安排人事，設計其縱橫交織的權利義務關係，這就是建侯。屯卦無中生有，創業維艱，剛開始的企劃很重要，故稱「利建侯」。侯又通候，幼苗成長須偵測並適應周遭氣候的變化，組織發展也得了解外界環境所有訊息的變遷。舊曆中有所謂七十二候（左圖），五天為一候，如桃始華、獺祭魚、白露降、鴻雁來等，由這些物候的變化，決定一年中工作及生活起居的方式。現代的事業經營講究與時俱進，何止五天為一候，有時一夕數變，一天中都有五候，得隨時注意應變及資訊的蒐集匯整。

「建侯」的建字，為始無今有，開創而非承襲。屯為草莽新生，有膽有魄，敢衝敢闖，所謂初生之犢不畏虎，卦辭先強調「勿用」，再講「有攸往」，亦為此而發。來日方長，冒險不必急於一時，厚積實力為重。屯是《易經》第三卦，第八卦的比卦〈大象傳〉稱：「先王以建萬國，親諸侯。」第十六的豫卦卦辭稱：「利建侯行師。」第十八的蠱卦上九爻辭：「不事王侯，高尚其事。」第三十五的晉卦卦辭稱：「康侯用錫馬蕃庶，晝日三接。」建侯為人生行事所必須，有志之士當於此善用其心，而屯卦則為建侯之始。我在台的早期學生自組讀書會研易，有成立「建侯會」及「屯社」者，易道艱難，從清新幼苗起始，十年樹木百年樹人，或可大成。

〈彖〉曰：屯，剛柔始交而難生，動乎險中大亨貞。雷雨之動滿盈，天造草昧，宜建侯而不寧。

屯卦的〈彖傳〉寫的很有氣勢，洪荒初闢，生力無窮，像《聖經》的〈創世紀〉。太古時期東西方都有特大洪水肆虐的傳說，大水來自大雨，下震為雷為動、上坎為雨為險，「雷雨之動滿盈」，又呼應〈序卦傳〉稱屯為盈的意象。生命震動於坎險之中，奮鬥走出生存演化之路，故稱

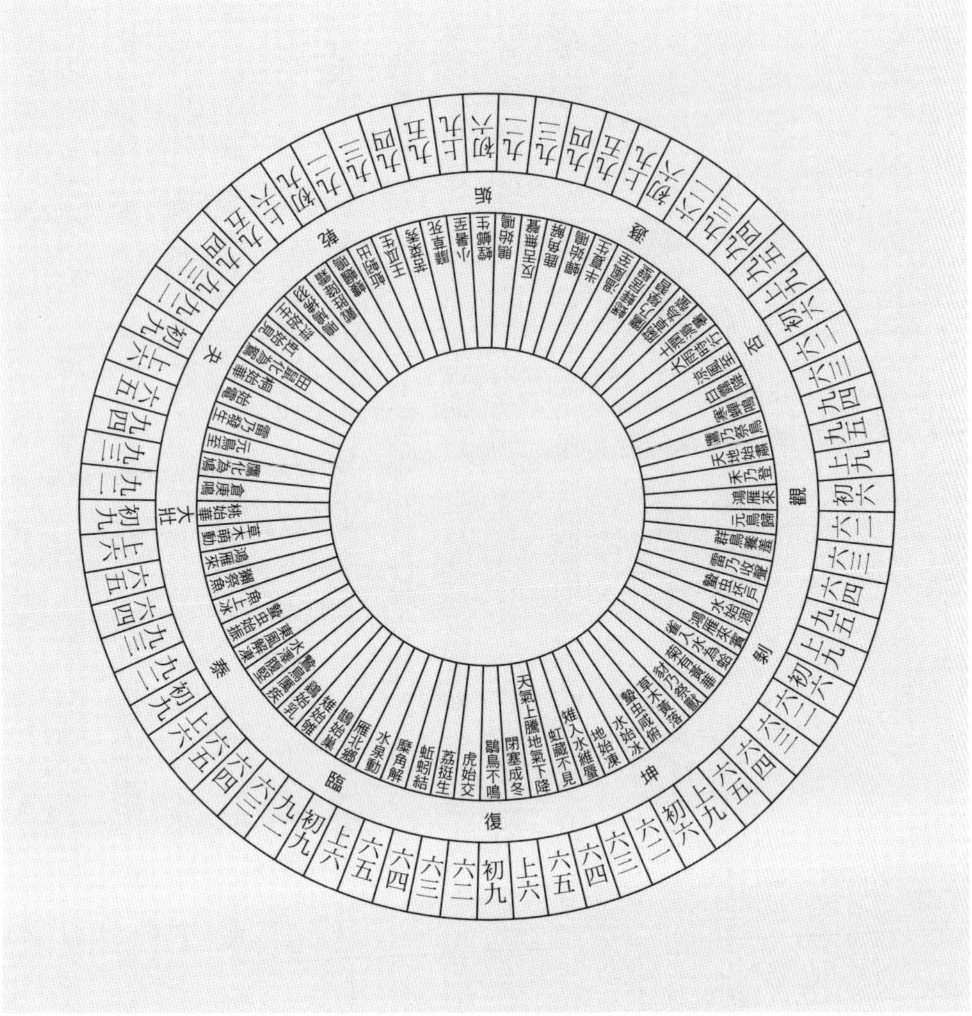

七十二候

「大亨貞」。坎險為難，源於乾剛坤柔始交，據〈說卦傳〉稱：「震一索而得男，故謂之長男……坎再索而得男，故謂之中男。」屯卦下震上坎，正有此象。屯卦二義：生也、難也，合起來就在形容新生之種種艱難。嬰兒呱呱墜地，生日稱母難日，中國過去所謂慶賀生辰，蘊含有對母親懷胎生育之苦之險的感念。佛教說人身難得，中國稱「勿忝爾所生」，既生而為人，當好自奮發努力，以報親恩天恩。《易經》有許多艱難的卦，如困、坎、蹇、否、剝、明夷、大過等，各有其產生原因及應對的辦法，而屯卦之難是最自然而與生俱來的，人人皆有，不面對也不行。

屯為新生天生，卦序第三，復為剝後再生人生，卦序二十四，從屯至復共廿二卦，便是天生物種演化至人類出現的歷程。以現代的宇宙學知識而論，乾坤開天闢地，約當一百三十七億年前宇宙創生，至四十六億年前太陽系含地球形成；屯為海洋下生命初生，約不到四十億年前；復為人類出現，則距今僅數百萬年前。離卦卦序三十，為上經最後一卦，代表人類文明光輝燦爛，永續不絕。由復至離的七個卦，顯示的即是生命由身而心而靈的精緻進化過程，卦序由誰編定不得而知，完全合乎現代科學的認知，真是令人驚嘆。

「天造草昧」，昧為昏昧不明，又有後接蒙卦之意，天造即非人造，一切出乎自然。周遭環境的考驗非常嚴酷，生命當此時節，宜加緊建侯，不得懈怠。〈彖傳〉沒有逐字逐句解釋卦辭，卻完全體現了草創新生的意境，讀來令人抖擻奮發。

〈象〉曰：雲雷屯，君子以經綸。

落雨前必出現雲，悶雷陣陣，蓄勢待發，正是屯卦之旨。上卦坎為水為雲，〈大象傳〉取雲象以修德，〈彖傳〉取雨水之象以追求成功。其實這也是兩傳釋經的不同特色。〈彖傳〉分析卦爻結構，闡明爻際主從關係，教人趨吉避凶，建立事功；〈大象傳〉不談吉凶悔吝，專尚法自然以修習德行，任何艱苦逆境皆不懷憂喪志。中國古德所稱三不朽：「太上有立德，其次有立功，其次有立言。」彖重立功，象尚立德，皆為人生奮鬥的重要目標。

經綸二字厚實有韻致，本為治絲之意，經為「理其緒而分之」，綸為「比其類而合之」，縱橫交織，一幅幅錦繡綢緞於焉誕生。經營事業建立組織亦然，「分工為經，合作為綸」，都做到位才有整體戰力。《中庸》云：「唯天下至誠，為能經綸天下之大經，立天下之大本，知天地之化育。」屯卦元亨利貞，本天地至誠至性，於創業維艱中立本開新，建侯經綸，以參贊天地之化育。經綸組織四字皆從糸字偏旁，以紡織衣物的緻密結構，況人事組織的網絡相連。中國很多學問智慧就從日常飲食中得來，如〈文言傳〉稱：「大哉乾乎！剛健中正純粹精也。」純亦從糸，粹、精則從米，人生飲食不易，行事艱難，何可掉以輕心？

占例

占得不變的屯卦，即以卦象卦辭論斷，一般來說，所問之事短期內不會太順利，可用資源也很有限，宜將眼光放遠，從長計議佈局。

● 二〇〇四年三月二十日台灣大選，陳水扁又以極微票數領先連任，三一九槍擊案疑雲未消，全台陷入對立不安的情境。民進黨的大老許信良反扁甚力，那時也替連宋站台，連宋選輸讓他衝擊甚大，一時間痛定思痛，有創設民主學校的想法，欲正本清源，改善台灣民主的風氣。七月下旬學校成立，我問對當年年底國會選舉在野陣營之助益，得出不變的屯卦。清新幼苗資源有限，不易短期奏效，現實政治還是實力為尚。果然，沒多久學校就無疾而終，更談不上對選舉有什麼實質的影響了。

● 一九九八年十月底，我占問習易二十三年的成績，得出不變的屯卦。幼苗清新，卻也充滿了草莽開創的志氣與力道，元亨利貞已具體而微，往後是利於建侯，更全面而深入地探索易學的各個領域及可能的運用。如前文乾卦部分所述，再過十一年，二〇〇九年秋，我占問同樣的問題，習易三十四年的成果已成為乾卦九三、九五爻動，日夜精勤而有「飛龍在天」之視野，且展現本身的風格與特色。十載精進，應該都是建侯之功。

● 一九九七年十月底，我占明代易學家來知德的易學史定位，得出不變的屯卦。這個評價的確精準到位，來氏花了二十九年沉潛的功夫所著《周易集註》一書，解析詳盡，非常適合初學按圖索驥，循序漸進地學習，有草創經綸之功。我們當年習易多由此入門，打下札實的根基。

● 二〇〇五年三月，我的一位女學生癌症過世，她罹癌多年狀況時好時壞，走得不算突然，但仍令師友們傷感。當時她的一位好朋友問她的「處境」，得出不變的屯卦，這應該是往生的意思，照佛教的講法會去順利投胎，一切從頭開始。巧的是她生前組織了屯社，讓習易的同學們切磋琢磨，這下也算是得其所哉。我跟屯社的學生們說，以後聚會時給她留個位子，芳魂飄渺，一定會回來探望大家，生死兩茫茫，是耶？非耶？

䷂

初九：磐桓，利居貞，利建侯。

〈小象傳〉曰：雖磐桓，志行正也；以貴下賤，大得民也。

屯卦初九陽居陽位為正，又為內卦震的主爻，正是動乎險中的生機所在，可視為全卦精神的代表。爻辭最後講「利建侯」，與卦辭全同，「利居貞」是利於固守正道，也通卦辭「利貞」及「勿用」之意。磐是堅硬穩固的巨石，桓是耐久可為棟樑的木材，以磐石打地基，以桓木架棟樑，是興工建房舍以利居住，故而稱利居貞。屯卦之前為坤卦，坤為土地民眾，人民有了地皮後蓋屋居住，合情合理。住屋須堅固耐用，不能偷工減料，精選建材慢慢施工，故而「磐桓」就有了流連不進之意，仍是短期勿用，中長期有所往。

屯卦屬草莽開創時期，需切實打穩基礎，並高瞻遠矚作好未來發展的規劃，雖然盤桓，想法跟作法都成竹在胸，故稱「志行正」。〈說卦傳〉稱：「帝出乎震……萬物出乎震。」初九為新生生命的主宰，貴重無比，卻沉潛於基層默默歷練，英才若能如是，必獲廣大民心支持，故稱「以貴下賤大得民」。孟子稱：「民為貴，社稷次之，君為輕。」屯初九為清新草民，亦含此意。乾卦〈彖傳〉稱：「首出庶物，萬國咸寧。」坤卦六五黃裳元吉，人民做主，皆為《易經》思想的微言大義，不可不知。《老子》第三十九章亦稱：「貴以賤為本，高以下為基。」《尚書・五子之歌》則稱：「民惟邦本，本固邦寧。」這是千古不易之理。本爻爻變，成比卦（䷇），其〈大象傳〉稱：「先王以建萬國，親諸侯。」當初周朝肇始封建諸侯，以鞏固滅商而有的天下，亦合屯卦「利建侯」之象。屯初九雖以自立自強為主，卻藉著建侯而展開與外界的接觸，乾以自強，坤以容物，潛龍勿用之後，繼之以見龍在田，人生行事本當如是。本身實力愈強，外界關係拓展愈順，弱國無外交，自古即有明訓。

屯卦創業維艱，台灣的經濟發展以中小企業為主，白手起家的創業者很多，政府的中小企業處每年輔導業者，有辦磐石獎以激勵創業精神，切合初爻意境。台灣很多高樓大廈完工，往往在樓前豎碑以誌紀念，碑文多為「磐基永固」四字，也是磐桓利居貞。

我高中就讀於台北建國中學，其校歌仍記得清楚：「東海東，玉山下，培新苗，吐綠芽，春風吹放自由花。為樑為棟，同支大廈，看我們重建燦爛的新中華……」新苗綠芽正是屯卦之象，樑棟支大廈豈非「盤桓利居貞」？振興中華、建設中華即是「利建侯」，易理真是放諸四海而皆準，處處可見其情性與智慧之光。

屯卦初九一爻切合全卦精神，稱為主爻或卦主。例如乾卦為君，主爻為九五「飛龍在天」，坤卦為民眾，主爻為六二「直方大，不習无不利」。三國時代王弼所著《周易略例・明彖》中有云：「夫少者，多之所貴也；寡者，眾之所宗也。一卦五陽而一陰，則一陰為之主矣；五陰而一陽，則一陽為之主矣。」姤卦初六為姤卦主爻，復卦初九為復卦卦主，表現全卦精神；而屯初九、震初九則為屯、震二卦卦主，可類推而得，通常在〈彖傳〉中會提出，習易者宜會心。

占例

占到屯卦初九爻動，以爻辭判斷即可，爻變為比卦亦列為參考，一般來說是事業肇始，當注意基層經營，佈署人脈。

- 一九九八年底，宋楚瑜遭致凍省衝擊後二年，參選二〇〇〇年大選的企圖心已很明顯，我遂占他一九九九年的政治運勢，得出屯卦初九爻動，爻變有比卦之象。省長卸任後沒有執政資源，必須善用過去的關係耕耘基層，深密佈署，以挑戰國民黨及民進黨中央至地方的執政優勢。由於過去全台走透透的勤政績效，以及遭致打壓的悲壯形象，會有很多民意聚攏支持他，〈小象傳〉稱：「以貴下賤，大得民也。」形容的可真切啊！
- 二〇〇九年十二月下旬，我受邀赴吉林長春授易，隆冬的東北氣候嚴寒，戶外攝氏零下二十幾度的低溫根本不能久待，就得鑽入暖氣內室。兩整天名為「極深研機：易經導論」的課程進行很順利，我早已熟極而流，面對政企學員的各種問題也都能從容解答。大易本為經世致用之學，趨吉避凶、進而開物成務，都能對人生提供高明精采的啟示。課程結束後，我在北京轉機返台時，占問此行績效，得出屯卦初九爻動，有比卦之象。首赴寒天凍土之地打基礎，而屯卦依卦氣圖示，正在陰曆十一月底十二月初，節令亦合，新苗破土而出，利居貞利建侯矣！
- 二〇〇三年底，我占問隔年台灣的政局，因為二〇〇四年三月有關係重大的選舉，由全年內政的象多少可看出些端倪，結果得出屯卦初九爻動，有比卦之象。之後又占問二〇〇四年泛綠陣營的氣運，也是屯卦初九爻動，成比卦，泛藍陣營則為不變的臨卦。這意味什麼呢？政局與綠營同象，都是充滿草莽氣息的打天下的屯卦初九，是指台局仍由民進黨主導？該黨雖已執政四年，還是喊打喊殺，衝撞體制的本色不改，朝不朝、野不野的，令人啼笑皆非。泛藍的臨卦儼然有君臨天下、回朝執政的氣勢，當時的民調差距確實如此。臨卦卦辭：「元亨利貞，至于八月有凶。」大好的形勢也可能逆轉成大壞，八月卦氣屬觀，臨觀二卦相綜一體，臨卦倒轉即成觀卦，這種難測的意外也令人忐忑不安。

三個月後，結局揭曉：三一九槍擊案一夕逆轉選情，藍營飲恨敗選，綠營在充滿爭議中繼續執政，而二〇〇四全年都有兩邊的基層群眾組織動員抗爭，真的是「宜建侯而不寧」！

●大都市的住屋問題愈趨嚴重，房價飆升至一屋難求的地步，各地政府無論如何遏抑都不見大效。二〇一〇年八月末，我問台北市住屋問題未來十年可紓解否？得出屯卦初九動，「磐桓，利居貞」，正是土地興工建屋之象。「屯者新生也、屯者難也」，新生一代的年輕人要購屋恐怕很困難，大趨勢不易扭轉。

●二〇一一年八月下旬，我偕家人赴希臘旅遊，參觀雅典衛城的巴特農神殿時，以手機電占遺跡的氣場，得出屯卦初九爻動，有比卦之象。「磐桓，利居貞，利建侯」，恰為草莽整地建屋之象，磐為神殿的堅石地基、桓為環繞的多力克式列柱，數千年來屹立不搖，向後世萬國煥發強烈的信息。比卦〈大象傳〉稱：「先王以建萬國，親諸侯。」比又屬坤宮的歸魂卦，看來始終都有古代英靈流連於此，比附著這棟人類文明史上的偉大殿堂。

●二〇一一年十一月中旬，我們學會在桃園縣宏碁集團的渴望園區辦秋研營，請了涂承恩醫師來講分子生物學，內容相當精采，我邊聽邊以手機占一些問題。其一為：DNA是甚麼？得出屯卦初九爻動，有比卦之象。屯為物之始生，初九為內震之主，生命基因。「磐桓」，更將雙螺旋纏繞的分子型態說出，「利居貞，利建侯」，由此接收外界的信息以發展生命。

●二〇一一年十月上旬，我讀佛經，記載彌勒佛待在兜率天內院弘法清修，等待未來成佛，覺得有趣，占問此為何境？得出屯卦初九爻動，有比卦之象。屯為新生佛種，元亨利貞四德俱全，短期勿用，長期有攸往。「磐桓，利居貞，利建侯」。「以貴下賤，大得民也」，兜率天的地位不高，未來佛儲備於此，方便接觸眾生啊！

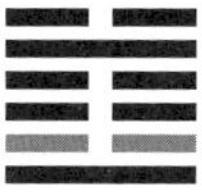

六二：屯如邅如，乘馬班如。匪寇婚媾，女子貞不字，十年乃字。

〈小象傳〉曰：六二之難，乘剛也；十年乃字，反常也。

六二陰居陰位處內卦之中，上與九五君位相應與，深具發展潛力，但值屯難開創時期，本身陰虛不能做主，得附從陽剛始能成事。九五中正相應與，配合雖佳，惜陷於上卦坎險之中，一時不能動彈；下乘初九鮮活有力，陰乘陽柔乘剛，關係不正，易例的爻際關係中每每象徵情慾蒙蔽理智，短期歡樂，長期卻沒好結果，所以也不宜盲從。徬徨猶疑中難定行止，不知唯誰馬首是瞻，遂有爻辭所述之象。

「屯、邅」都是進行困難的樣子，如為語尾副詞，爻辭中常用；班如即古代打完仗班師回朝之班，有排列成序、迴旋不進之意，「乘馬班如」亦顯示猶疑不前、難以抉擇的心態。六二似待嫁女子，夾處於九五及初九兩男之間，不知何去何從。九五為正應，陷於坎險中暫時不能結合；初九關係不正，所謂近水樓臺先得月，寂寞下易受誘惑而跟從，但長期難得善終。字為「女陰下有子」，即生育之象，古代女子嫁夫後蓄育子息，為終身大事，不可不審慎。為六二計，還是應該堅守正道，等候九五脫險後結為婚配，不可從權跟初九苟合，就是為此等候十年之久也無怨無悔。「字」也是許婚之意，訂婚稱為文定，雙方家長說定了就算數，女兒還小甚至指腹為婚，待長大後再結婚的例子很多，真的可能十年乃字。反常同返常，是回歸常道，六二雖一時心動於初九，最後仍恪守節操等待九五，意同坤卦〈彖傳〉所稱：「先迷失道，後順得常。」此爻爻變，成節卦（䷻），行事中節，沒有逾越正常的情理。

匪同非，「匪寇婚媾」是說決定婚姻大事切勿找錯對象，找到了賊寇身心反受摧殘。對六二來說，九五才是正當結婚生子的對象，必須耐心等待，不能屈從身邊的初九，而罹後災，長遠看初九其實是寇。當然，人際相處以和合為尚，為了保護自己免受傷害，除了堅持原則正確抉擇外，婉拒時也不必得罪人。人生苦短，我們要有所成就，交朋友還來不及，怎可隨便樹敵？初九對六二有情，亦非惡意敵意，善加化解就好，處理不當會給前途平添障礙。三百八十四爻中，還有兩處提到「匪寇婚媾」，一為賁卦六四，一為睽卦上九。賁卦（䷕）講述官場或職場歷練，六四居高位周旋，須明世故人情，廣結善緣，以免去職退休後冤仇上門。睽（䷥）為家人反目，激友成敵，尤須竭力化解恩怨，冤家宜解不宜結啊！

屯卦為人生初始，初爻「磐桓居貞」，儘量打好自己的實力基礎，爻變為比，便可接著對外交往；二爻「匪寇婚媾」，多交善友益友，避免損友或樹敵，爻變成節，這是處世的節度規範，人人皆須謹守。婚媾關係又可細分，媾是實質交合，婚是形式盟約。人生最佳伴侶是既婚且媾，名符其實，其次從權，亦有「不婚而媾」或「不媾而婚」者，或享實益，或圖虛名以壯聲勢。商場、官場乃至國際外交的縱橫捭闔之妙，善學者可於此用心。

爻辭描述時間長短，一般三年已經夠久，十年算是最長的了，除屯卦六二外，還有復卦上六及頤卦（䷚）六三兩處。「十年乃字」是正面勉勵，另兩處則是負面警告。復上六「迷復」，稱

「至于十年不克征」；頤六三「拂頤」，稱「十年勿用」，〈小象傳〉解釋：「道大悖也。」屯為新生，復為再生，頤為養生，全與身心性命有關，一步走對大有後望，一步走錯萬劫不復，人生在世，能不敬慎？

俗云十年磨一劍，滴水穿石，急功無法速成。「十年乃字」，闖蕩江湖十年，方有人可稱道的字號。古代中國人父母師長才稱其名，稱字是表示尊重，如劉備稱玄德、曹操稱孟德、諸葛亮稱孔明先生之類。

《禮記・曲禮上》：「男子二十冠而字，父前子名，君前臣名。女子許嫁，笄而字。」字的意義在此。十年乃字，男人事業有成，女子得配良緣。

占例

占到屯六二動，按爻辭占斷即可，由於恰值宜變爻位，爻變成節卦，其卦辭卦象亦須參考。

- 一九九八年十一月底，我在台灣各地的學生近百人眾，至北海岸金山活動中心會師研習，行前我占問：多年授易，所有學生資源能成大用否？結果得出屯卦六二爻變，成節卦。草莽開創略有根基，也粗具規範節度，但欲大用至少也得十年砥礪，而且良莠不齊，機緣聚散亦異，「匪寇婚媾」、「建侯經綸」即是正理。
- 二〇〇六年底，我一位企業界女強人的學生跟我說，她多年未見的男性舊識邀她去夏威夷一晤，她也不懼欲往，是有意追求？還是跟她所信奉的宗教設立道場有關？我占得屯卦六二爻變，成節卦。爻辭幾乎說明了一切，而以她豪爽的個性，「女子貞不字」是必然的，「匪寇婚媾」的應對拿捏，也不會有任何問題，去見識見識挺有趣。依卦序，節卦前為渙卦（䷺），也是傳道說法之義，建立道場也不無關聯，她求籤有云：「有個佳音在水邊。」水雷屯，「動乎險中大亨貞」，逕行前往便是，事後果如所料。

六三：即鹿无虞，惟入于林中。君子幾，不如舍，往吝。

〈小象傳〉曰：即鹿无虞，以從禽也；君子舍之，往吝窮也。

六三陰居陽位，不中不正，又當下卦震動之極，有急功躁動以致一無所得之象，爻變為既濟卦（䷾），正因追求成功而亂了方寸。屯卦草創以陽主陰從，六三為陰，和初九、九五兩陽爻既不承乘，亦無應與關係，無所依從下靠自己亂闖，當然無成。爻辭描述到山林中打獵，即是企圖接近，鹿有說是麓，即山腳下，六三、六四及九五共三個爻合為三劃的艮卦（䷳），艮為山，六三正當山腳下，故有此象。其實作鹿解亦無不可，人生追求功業本有逐鹿之喻。「虞」是打獵須帶的嚮導，古代管理山林川澤的官員稱「虞」，王族行獵時負責招呼打點一切庶務。虞字頭頂虎皮、下吳字為口大於天，張口大喊，正是混跡於獸群中發蹤指示之象。「无虞」說明了六三行事的窘境，不了解地形地物，沒人帶領，在全然陌生的領域裡盲目追逐，只有迷失於原始林中，空無所得。

幾同機，有智慧的君子面臨這種不利的情勢，當知機應變，毅然捨棄追逐的目標，以減少損失，若一意孤行蠻幹下去決不會有好結果。吝是路子愈走愈窄，文口曰吝，人做了錯誤選擇不甘認輸，還自我文飾，窮而不知變通，如何而可？舍是找地方休息舍止，也通捨棄之意。〈文言傳〉

稱乾卦九二：「見龍在田，時舍也。」龍騰事業小有根基，當安居地上之位穩紮穩打，不要冒進。《易經》主旨即在知機應變，有好機會立刻行動的人多，事情敗壞肯懸崖勒馬、認賠殺出的少，只想僥倖成功，不願承受失敗，是一般人性中極大的弱點。其實就算不賺不賠，粉飾帳面的損益平衡，依舊是自欺欺人，虛耗那麼多追求的時間不要錢嗎？當時若不做這個，另選較易成功的項目做，可能早就飛黃騰達。時兮時兮不再來，人生最昂貴的資源就是時間與抉擇，逝者如斯，稍縱即往，豈可掉以輕心？這就是經濟學上所謂的「機會成本」的概念，選擇機會是要成本的，選了次佳的都不能再選最佳的。一寸光陰一寸金，寸金難買寸光陰，易道所強調的無非時機時勢的正確掌握。「Timing is Everything！」切記切記！

虞字提醒人事先偵查佈署的重要，意通建侯與經綸，在《易經》經傳中凡四見。除屯六三外，中孚（䷼）初九稱「虞吉」、萃卦（䷬）〈大象傳〉稱「戒不虞」、〈繫辭上傳〉稱：「悔吝者，憂虞之象也。」人生相聚，建立誠信以避免悔吝，虞的功夫不可或缺。

六三逐鹿，〈小象傳〉稱：「以從禽也。」易中禽字為禽獸的總稱，並非單指飛禽，走獸也包括在內，為人行獵擒獲之意。人生行獵應掌握主動，不可陷於被動，從禽即被動不利，最好避免。

綜觀屯卦前三爻，以商場創業論：初九建立組織、派任內部人事，六二發展人脈網絡、對外建構合作與競爭的種種關係，若皆合宜得當，經營本業應有一定基礎及獲利。六三則須慎選投資項目，與本業無關的陌生領域儘量少介入，所謂隔行如隔山，除非找到熟悉該領域的專家負責經營，否則不碰為妙。

占例

占到屯卦六三爻動，參考爻辭的警示，別打沒把握的仗，別冒無意義的風險，審慎收手為宜。

●二〇〇八年九月全球金融風暴爆發後，很多跨國公司都受波及出問題，在台灣經營數十年的南山人壽，也面臨美國母公司AIG脱售的命運，中策博智集團爭取甚力，一時使南山的眾多員工跟客戶高度關注。二〇一〇年八月底，我一位在南山工作的高幹學生問占，審核時限將至，此交易得成否？結果得出屯卦六三動。看來是枉費心力，博智多半得中途放棄收購，果然沒多久，台灣官方審核不通過，此案破局，又成了其他群雄逐鹿的目標。

●二〇〇四年三月，台灣大選藍營選輸後，面對年底立法委員的選舉及四年後再爭政權的挑戰，很多人倡導國民黨與親民黨合併，以抗衡繼續執政的民進黨。二黨系出同源，只因二〇〇〇年大選前李登輝作梗，使連戰、宋楚瑜兩股勢力分裂，二〇〇三年雖以連宋配合作競選，仍存不少鬩牆之爭的矛盾，恪須痛定思痛全面整合。我受託於二〇〇四年六月底占問：立委選前國親能否合併？結果得出屯卦六三爻動，看來是不成，兩個落難的在野黨，貌離神也不合，迷失於原始林中，無法完成目標。其後的發展果如預期，沒有任何僥倖。

●二〇〇三年底，我依例占算次年台灣的政經形勢，也針對朝野政黨的一些指標的政治人物算其全年氣運，作為判斷政局的參考。當時民進黨所謂的四大天王中，蘇貞昌的運勢為屯卦六三爻動，看來不甚得意，所求難得。後來陳水扁連任，找他做總統府秘書長，既離開具有實權的台北縣長位子，又沒爭取到閣揆的寶座，基本上算是不利。

六四：乘馬班如，求婚媾，往吉，无不利。

〈小象傳〉曰：求而往，明也。

六四陰居陰位，明白順勢用柔之理，上承九五之君，下應初九之民，承乘應與關係皆佳，又居中央高層執政之位，在全卦中可謂得天獨厚，左右逢源。然而屯卦屬草莽開創之初，一切資源有限，不能兼顧下，還是得培元固本重視基層，六四畢竟處於上卦坎險之初，亟須結合初九內震的動能，以渡危難，只要穩住了民間基層，就等於幫了九五屯難之君的大忙。「乘馬班如」，意同六二的猶豫盤旋，但沒有六二屯如邅如之苦。六二夾處於初九之寇與九五婚媾之間，難定行止，六四與二者關係都好，只有婚媾沒有寇。稍事猶疑後，一旦看清大勢，立刻積極行動迎合初九，產生最好的結果，故稱「求婚媾，往吉无不利」。〈小象傳〉稱許「往求之明」，亂局中判斷可謂明智。本爻爻變，為隨卦，決定了追隨目標，就趕緊跟上，卦辭稱：「元亨利貞，无咎。」隨機應變，隨遇而安。

占例

占到本爻，以爻辭結合隨卦卦辭卦象論斷，基本上都是敦促人正確抉擇，立刻行動。

- 二〇〇八年九月金融風暴全面爆發，影響世界經濟嚴重。當年十一月初，我針對世界、中國大陸及台灣三地，未來五年的宏觀經濟情勢，從二〇〇九至二〇一三年共占了十五個卦，基本上都相當正確，值得與天下朋友們分享。其中二〇〇九年的世界經濟即為屯卦六四爻動，有隨卦之象。

〈雜卦傳〉稱：「隨，无故也。」金融風暴之後的世界經濟，已徹底和過去不同，各國政府不能再放任不管，且須強勢介入市場經濟的運作，以挽救岌岌可危的形勢，由國家甚至國際的信用來承擔虧空的債務。屯卦資源不足，初九基層「動乎險中」，民生困苦；六四為執政高層，秉承九五君命，責無旁貸須予救助，此即六四爻辭之意。另外，初九代表民生經濟的基本面，磐桓居貞，顯示住屋問題的重要性。美國的次級房貸和一些買空賣空的金融衍生商品，徹底腐蝕了真相，為亡羊補牢計，二〇〇九年全世界各地的政府都往基本面大幅修正。

●一九九七年九月底，我一位在IBM任協理的學生專案研究電腦千禧蟲，即所謂Y2K的重大問題，跟我常有聯繫。當時我占問：公元二〇〇〇年的資訊災難是否真會發生？得出屯卦六四爻動，有隨卦之象。屯卦資源不足，動乎險中，六四為各國執政高層，只要全力以赴，解決初爻基本面的問題，應可隨時應變而獲無咎。兩年多後的跨世紀之交，果然有驚無險，安渡難關。

䷂

九五：屯其膏，小貞吉，大貞凶。

〈小象傳〉曰：屯其膏，施未光也。

九五中正，居屯卦君位，民生艱困，本身亦陷於上卦坎險之中，可謂泥菩薩過江，難以濟眾。膏為肥肉脂肪，所謂：「爾俸爾祿，民脂民膏。」身為領袖不能為民造福，恩澤不施，故稱「施未光」。「屯其膏」的屯為動詞，資源有限必須量入為出審核分配，「貞者事之幹」，做小事尚可，做大事沒條件，故稱「小貞吉，大貞凶」。本爻變為復卦（䷗），好好培元固本，徐圖發展。乾卦為君，講領導統御之理，〈彖傳〉即稱：「雲行雨施，品物流形。」屯九五「施未光」，嚴重限制了領導的威信與活動力，困窘可知。

占例

占到屯卦九五爻動，以爻辭判斷即可，至於何謂小幹何謂大幹，當事者自己應有拿捏，反正資源有限，揮霍浪費不得。

●二〇〇九年六月下旬，當時國際要聞的焦點有二：一為北朝鮮的核危機，一為伊朗總統大選的爭議及暴力衝突。我在赴北京人民大學講經前夕都先算過，看來不必過分擔心，不會出大亂子，當前的世局經濟為重，大規模武力衝突的可能性太低，沒有人真正想打仗。有關伊朗大選後的危機，占得屯卦九五爻動，爻變為復卦。內賈德連任伊朗總統雖不合美國之意，為此雙方就幹起來也沒這道理。九五為君位，資源匱乏之下大幹必凶，復卦已暗示慢慢會恢復正常，往後幾月的發展果然如此。

●二〇〇七年九月中某天傍晚，我那位商場女強人的學生來找我，滿面悲悽，泫然涕泣。原來她從小養大的愛犬罹患癌症，獸醫診斷只有幾個月可活，想從易占中看看有無轉機。其實，該犬已十七、八歲，算是犬中高齡的「狗瑞」了！當時，我先為另一位女同學占斷職場去留事未畢，她在等候時，自己先占愛犬生死，得出不變的旅卦（䷷）。旅卦失時、失勢、失位、失居，任誰也知道那是什麼意思，顯然走完了塵世的旅程，要到另一個世界去了，這下她更顯悲情難抑。我幫她再占一次，得出渙卦（䷺）二、五、上共三陽爻全動，陽氣散盡，成歸陰入土的坤卦。坤當陰曆十月，大概只有兩月可活，和獸醫的診斷相同。

四天後，她不放棄又來找我，原來這幾天，她央求散在世界各地相識的上師加持協助，自己也發願吃全素，希望能為愛犬延壽續命，問我有效否？我占得屯卦九五爻動，有復卦之象。復不是會康復，而是可延壽一月，陰曆十一月前還是非走不可，生死有命，無法強求。屯九五爻辭已經講的很清楚：生命的膏火將油盡燈枯，小貞可吉，大貞則凶，別太貪戀想不開了！事後果然全如卦爻所示，屯可能也就是往生之意。

●二〇〇二年十月初，有朋友致贈養生藥品，為慎重起見，我有二占。一問我服用適宜否？二問我妻服用好不好？前占得坤卦六二動，「直方大，不習无不利」，應無習染之患；後占得屯卦九五動，「屯其膏，小貞吉，大貞凶」，似有疑慮。最後決定夫妻倆皆不服用了事。

䷂

上六：乘馬班如，泣血漣如。

〈小象傳〉曰：泣血漣如，何可長也？

上六為屯難之極，也是由屯入蒙之時。下乘九五之君，陰乘陽柔乘剛，象徵情慾蒙蔽理智關係不正，下與六三不應與。本身既無開創力，又無外界強力協助，遂有一事無成、自怨自艾的極度悲情之象。「乘馬班如」意同六二、六四，也是猶疑難定行止，全無婚媾配合的可能，遂泣淚長流，痛哭出血都沒有用，如此傷懷何能長久？「龍戰于野，其血玄黃」，陰陽相傷稱血，陰陽相合稱雨，長期蓄勢造雲未雨，反而流血，真是情何以堪？爻變成益卦（䷩），不益反損，再不然就得領會益卦〈大象傳〉的勸誡：「君子以見善則遷，有過則改。」趁早調整心態，化解執著為是。

屯卦六爻分論已畢，我們發現卦辭短期勿用、中長期有攸往的精神貫徹全局。草創時期應高瞻遠矚，做好大局規劃，不要太斤斤計較眼前的近利，反映在爻際互動上，就是「重承乘，輕應與」，「棄近利，圖遠功」。六二婉拒鄰近的初九，十年耐心等候九五；六四不承九五意旨，遠求初九之婚媾，皆為明證。經此抉擇安排後，初、四及二、五配成兩對，各有歸宿；六三、上六皆陰爻，無適當陽爻可依附追隨，一孤軍盲目奮鬥無成，一寂寞落單，抑鬱以終。

多爻變占例之探討

屯卦單爻變之占例已明，往下是二爻以上變化的占例，值得體會玩味。

二爻變占例

占到卦中兩個爻動，若其中一爻恰值宜變爻位，以該爻爻辭為主、另一爻爻辭為輔判斷；若皆不值宜變，則仍以本卦卦辭卦象為主，並參考兩爻爻辭為輔，同時也可參考兩爻齊變所成的卦象，以全方位掌握可能透顯的信息。

● 十多年來，每年年初除國事大局外，我也會占測自己當年的氣運，並另分兩項子題考較：一是謀食，一是謀道。二〇〇四年初，我依例算得當年的謀道志業為屯卦初、二爻動，兩爻齊變有坎卦（䷜）之象。初九「磐桓居貞建侯」，六二「乘馬班如，十年乃字」，坎卦〈大象傳〉稱：「水洊至，習坎。君子以常德行，習教事。」看來仍得耐心打好長期發展的基礎，接受一波未平、一波又起的憂患歷練。結果當年陳水扁僥倖勝選連任，我確實對台局失望灰心了一陣，也促使自己看得更遠更超脫些，卦象所示真切不虛。

● 一九九八年十月底，我為出版公司那位女同事患類風濕籌謀，太極導引應有效，可惜她忙無暇練。我遂算其爾後調護前景，得出屯卦初、五爻動，九五值宜變，單變成復卦，兩爻齊變為坤卦。水雷屯動乎險中，真的是風濕難行之象，初九「磐桓，利居貞」，九五當脊柱之位，「小貞吉，大貞凶」，需長期調養休復。坤卦純陰，有順勢用柔之意，總之不太樂觀，這種病症本來也差不多是這樣。

● 二〇一〇年十一月下旬，我們周易學會的秋季研習營在高雄澄清湖畔舉辦，邀請一位日本醫師講永續栽培的「秀明自然農法」，提到以愛心讚語能使水結晶美麗，若惡意臭罵則否。我在台下即占是否如是？由衷稱讚的卦象為屯初、五爻動，九五宜變成復卦，兩爻皆動有坤卦之象。「屯其膏」有坎水結晶之意，復卦〈彖傳〉贊曰：「復，其見天地之心乎？」坤卦厚德載物，愛心真有感應的奇效。惡意臭罵的卦象為不變的渙卦，渙散凝聚不起來，的確沒有結晶，真是妙哉！

● 二〇〇八年十一月初，我提前算台灣政局二〇〇九年的形勢，得出屯卦初、五爻動，九五宜變成復卦，兩爻皆動有坤卦之象。其時國民黨已勝選重新執政，兩岸關係解凍，但經濟仍乏起色。競選時的口號「馬上就會好」跳票，修正後的「馬上漸漸好」也還不明顯，事實上二〇〇九年還是台灣有史以來衰退幅度最大的經濟負成長，資源緊縮，民生困苦。屯卦九五居君位，正是當時馬英九的處境，膏澤不施，小幹可以，大有作為困難，須調整一段時日，才能恢復元氣。屯初九即民生多艱，須培元固本。坤卦之象表示陽氣喪失，得順勢含容以應付土地人民所遭逢的逆境。

〈説卦傳〉稱坤為牛，當年正值己丑牛年，須負重行遠、吃苦耐勞才行。

● 二〇〇一年十一月上旬，台灣政壇合縱連橫的動作不斷，由於執政的民進黨在立院席次有限，擬邀親民黨組聯合內閣，以分化藍營，結果遭拒。我問民進黨還找得到其他游離分子合作嗎？得出屯卦初、上爻動，有觀卦之象。以「磐桓建侯」始，可能以「泣血漣如」終，看來是不行，其後果然，台灣政局仍陷於朝野對抗的內耗空轉。

● 二〇一〇年十一月底，台灣舉辦行政重新區劃後的五都市長選舉，北藍南綠的形勢不變，三比二平盤。同時辦理的市議員選舉中，值得注意的，是陳水扁的兒子陳致中高票當選高雄市議員，顯示挺扁勢力的最後集結。陳水扁已定罪入監服刑，陳致中也有官司在身，繼續審理中，而且還有召妓尋歡的疑案。有天在課堂上因學生問起，前朝「王子」為何要去召妓，這是種什麼心理？當下用手機試占，得出屯卦二、三爻動，兩爻齊變有需卦之象。屯是幼苗，六二「匪寇婚媾」，君父陷於坎險之中，至少十年不得脫身，面臨乘剛之寇的誘惑，無法固守節操，遂行六三盲目狩獵迷失於林中之事。需卦講飲食宴樂，食色性之所需，人之大欲存焉，苦悶中為求紓解，冒險妄動，不是不可理解。

● 二〇〇一年十一月下旬，我占立委選後宋楚瑜回國民黨的可能性，得出屯卦四、五爻動，六四值宜變成隨卦，兩爻動又有震卦之象。九五「屯其膏」，資源不足，指在野的國民黨「施未光」，不能給宋多少東西；六四指宋，寧願求諸初九的民意，「以貴下賤，大得民」，自己搭建舞台，應該不會回去。其後發展確是如此，二〇〇四年搭配連戰競選失敗後，更是愈走愈遠。

● 一九九六年二月初，我在出版公司的一位同事在任時襄助情深義重，出去創業一年頗多不順，見面求占。當下算得屯卦四、五爻動，六四值宜變，單爻變成隨卦，兩爻齊變則有震卦之象。屯正是創業維艱之卦，九五君位是他，資源有限難以大幹，六四爻辭所示，建議他打好基礎為上，一時確難求速成。依據前述爻際關係的分析，四、五爻非真正配合的對象，初爻又未動，不容易震動出險。單爻變隨卦，需務實機動，與時變化；兩爻齊變成震卦，多連續動盪考驗，得戒慎恐懼小心行動。後來再幹幾年沒有大起色，他還是歇業另求轉換。屯卦一言以蔽之，講述的是「生之難」，建侯經綸決不容易。

- 一九九二年八月初，另一位副總編多年勤奮襄助，也曾出去創業，我卜其吉凶。結果得出屯卦初、上爻動，有觀卦之象。以「居貞建侯」始，可能以「泣血漣如」終。後來他辛苦一陣不順利，另尋轉換之途，雖然一直待在出版界，難有大成。當時他創業的社名為夸父，是否就意味了逐日不成呢？

- 二〇〇八年元月下旬，我有試著占測當年金價及油價的走勢，油價為屯卦二、五爻動，兩爻齊變有臨卦（䷒）之象。六二、九五正相應與，合作動乎險中，應是頗具開創動能的格局；臨卦君臨天下、無窮無疆，與屯卦都是元亨利貞全德之卦。石油為全球性的重要商品及戰略物資，亦合乎臨卦主導世界經貿情勢之義。然而，臨卦的活力並不穩定，卦辭稱：「元亨利貞，至于八月有凶。」八月意指觀卦，與臨卦一體相綜，臨卦卦象整個倒轉，即為觀卦之象，元亨利貞的活躍可能逆轉為八月之凶。臨卦強調自由開放，濫用自由至失控，反成災難，二〇〇八年九月十五日爆發的金融風暴即為顯例。

結果當年的油價呈現什麼走勢呢？七月中旬以前暴漲，以後暴跌，這種劇烈動盪、先揚後抑的詭異變動，完全跟九月中全面爆發的次貸風暴金融海嘯有關，真的發生了「八月有凶」的大逆轉。查卦氣圖，屯、臨二卦皆當陰曆十二月，也正好是我占卦的時間，氣勢飽滿。半年後逆轉，跟屯卦九五「屯其膏」應有關係，「小貞吉，大貞凶，施未光」，由六二下震之動，陷入了九五上坎之中。

● 二〇〇七年底，針對翌年的大選，一位綠營的朋友占民進黨能否勝選繼續執政，得出屯卦五、上爻動，兩爻齊變有頤卦之象。其時陳水扁的貪瀆行跡已敗露於國人之前，九五君位屯膏不施，大貞必凶，嚴重拖垮了民進黨的執政基礎，遂有上六「泣血漣如」的過氣之評。〈小象傳〉一句「何可長也」，應該就說明了一切。頤卦講述的為一生態，大選後政治生態會有所遷變，新陳代謝似不可免。二〇〇八年三月，謝長廷以懸殊差距敗選，全如卦象所示。

● 我從二〇〇二年五月起，至二〇〇八年十一月止，連續六回應邀參加大陸民進中央主辦的「中華傳統文化與現代化」研討會，藉此機會也認識了不少兩岸的朋友。北京社科院的某位女士一直有婚姻感情方面的困擾，也找我占看過幾次，仍難明快理亂。二〇〇六年十月在天水開會，彼此又碰到，她還是問的姻緣路，若乾脆放棄眼前對象，未來有否新的開展？得出屯卦五、上爻動，兩爻齊變有頤卦之象。爻辭明言「屯膏泣血施未光」，頤卦卦辭又稱「自求口實」，顯然難有新的機遇，錯過眼前姻緣，多半就得自食其力、孤寡終身了。二〇〇七年六月在重慶的會期中，再幫她看纏繞多年的情緣應如何處理？得出屯卦六四爻動，有隨卦之象。「乘馬班如，求婚媾，往吉无不利。」爻辭明確指示，沒有什麼好猶豫的了！

● 漢朝的易學家京房編有「分宮卦序」（下頁圖），分乾、坎、艮、震、巽、離、坤、兑八宮，每宮八卦，本卦依序爻變為一世至五世卦，然後是特殊變化的遊魂及歸魂卦，所謂鬼易云云。這應該和〈繫辭上傳〉第四章所稱有關：「原始反終，故知死生之說，精氣為物，遊魂為變，是故知鬼神之情狀。」一般講說占到這十六個卦，多與生死有關，或呈現動盪不穩定，根據我們多年的實占經驗，確有些道理。二〇一〇年八月我嘗試占問：遊魂歸魂之卦，真與生死有關嗎？得出屯卦三、五爻動，兩爻齊變，有明夷卦（䷣）之象。屯為剛柔始交後的新生命，明夷為明入地中的夕陽落日之象，剛好也是坎宮的遊魂卦，艱辛痛苦，黑暗無邊，象徵死亡甚切。屯九五「屯膏未光」，六三行獵「无虞，惟入于林中」，〈繫辭下傳〉第九章稱：「三與五，同功而異位。」兩爻似乎從不同的側面透顯出生死的無常與茫昧，令人思之惘然。

分宮卦序表

八宮／世魂	乾	震	坎	艮	坤	巽	離	兌
一世	姤	豫	節	賁	復	小畜	旅	困
二世	遯	解	屯	大畜	臨	家人	鼎	萃
三世	否	恒	既濟	損	泰	益	未濟	咸
四世	觀	升	革	睽	大壯	无妄	蒙	蹇
五世	剝	井	豐	履	夬	噬嗑	渙	謙
遊魂	晉	大過	明夷	中孚	需	頤	訟	小過
歸魂	大有	隨	師	漸	比	蠱	同人	歸妹

● 一九九八年四月底，我們的周易學會尚未創立，但台灣北中南三地的學生已經隔半年聚會研習一次，當時剛在高雄會師過，氣氛不錯，我占易門諸生資源應如何評估？得出屯卦四、上爻動，有无妄卦（䷘）之象。屯還是幼苗，六四求往初九築基雖明智，上六「泣血漣如」，轉入蒙昧亦有

可能，學生良莠不齊，心志各異，暫時別起妄想，也別輕舉妄動為宜。「屯」與「无妄」皆為四德俱全之卦，條件因緣未成熟，也是枉然。

●二〇一一年十一月下旬，我問自己的易學還能再創新境否？為屯卦初、四爻動，六四值宜變成隨卦，兩爻齊變則有萃卦（䷬）之象。「遇屯之隨之萃」，只要保持清新活力，隨機與時俱進，必能出類拔萃，再造新猷。屯卦初九根柢深厚，「磐桓，利居貞，利建侯」；六四「求婚媾，往吉，无不利」，隨時重視外界的時勢變動，以印證基本學理，進而發揚光大。

三爻變占例

占到一卦中三爻皆動，則三爻齊變後所成之卦，與原卦須合參，稱為「貞悔相爭」，有相持不下、非此即彼的拉鋸情勢，相當微妙。若其中一爻恰值宜變，該爻爻辭須加強注意，其他二爻亦列為次要參考。

●二〇〇四年九月中，我隨團赴成都及九寨溝遊覽多日，返程時脱隊，一人轉去貴陽訪賢，至明代王陽明曾隱居悟道的龍場驛待了一天一夜。我在台灣的同門師兄專程飛來與我會合，主人是在當地建了「陽明精舍」的儒家學者蔣慶。蔣慶畢業於西南政法學校，卻因折節讀書，以春秋公羊學的儒宗名世，二十多年前我就拜讀過他的成名作《公羊學引論》，不靠師承家法，而自學悟通微言大義，難能可貴，令人震驚。我隨毓老師學習中國經典，對春秋學極有興趣，也紮實下了幾年工夫，能藉此機緣向方家討教，自是樂意。當晚三人促膝長談，酣暢中起興占問：蔣慶的志業往後十年的發展如何？得出屯卦初、三、五爻動，貞悔相爭為謙卦（䷎）。

屯為草莽開創之局，「磐桓居貞」以建精舍，「即鹿山林」以追尋經綸治世的理想，在在切合龍場驛當地的自然與人文情景，可惜大道久違於當世，屯膏僅能「小貞吉，大貞則凶」。初九立基深厚，六三探索難成，九五資源有限，須假時日以脫困。六二雖未動，我們關心的卻正是「十年乃字」與否的問題，若六二亦動，則屯卦四爻齊變成升卦（䷭），志業可大有成長。六二沒動，貞悔相爭為謙卦，卦辭稱：「亨，君子有終。」當然也是與世無爭、圓善有終的好卦，其實也切合春秋倡導世界和平的理想，但推行王道、撥亂反正的實務，卻未見大行。別後經年，其志業發展確如卦象所預示，十年太短，君子但效潛龍立身行事，「遯世无悶，不見是而无悶」，開風氣之先以啟迪後人，已算功不唐捐。〈繫辭下傳〉第七章論憂患意識，又稱：「謙，德之柄也……謙，尊而光……謙以制禮。」蔣慶欲以春秋經世，正是制當世之禮，希望在典章制度上有所突破與貢獻，而謙卦宗旨在功成而不居。其字勿恤，名與字間的呼應有其深意，也和《易經》有關。晉卦六五〈小象傳〉稱：「失得勿恤，往有慶也。」升卦〈象傳〉稱：「用見大人，勿恤，有慶也；南征吉，志行也。」眾喜曰慶，為謀群眾福利，不擔心個人成敗得失，日出為晉，幼苗長成大樹為升，祝福他終遂所願。

● 新疆治理的問題為中國政府的大事，疆獨夾雜了宗教與種族的雙重矛盾，再加上外國勢力的覬覦干擾，不易處置圓融。二〇〇九年十月下旬，大陸六十週年國慶剛過，我占問新疆問題的未來發展與終極解決，得出屯卦初、四、五爻動，三爻齊變，與豫卦貞悔相爭。屯卦的草莽壯闊，正合新疆天山南北的風土景觀。初九為基層民眾，需鞏固安居，六四為政府高層，需盡心體察民意為民謀福，九五為君位，膏澤未施尚得加強。初爻〈小象傳〉稱：「以貴下賤，大得民也。」更是一切治理的總綱。豫卦卦辭：「利建侯行師。」有預防備戰之象，新疆為邊境重地，極富戰略價值，當然得重視國防建設，讓人想起以前王震帶領的生產建設兵團。豫卦〈大象傳〉稱：「雷出地奮，豫。先王以作樂崇德，殷薦之上帝，以配祖考。」既有宗教祭祀，又重視各民族的祖先崇拜，這些都是新疆的重要項目，王者治定制禮，功成作樂，教化不可或缺。屯卦新生，自清末左宗棠平定回亂後新疆設省，化民成俗意義深遠，卦辭亦稱利建侯。貞屯悔豫為記於《左傳》上的歷史名占，建侯經綸之術，「動乎險中大亨貞」，考驗著這一代的中華兒女。

●二〇〇六年底，我應邀在《聯合報》文化廣場開講全易的課程，這些年全球的報業都不景氣，平面媒體不斷裁員、整編仍不見效。我應該報資深員工之請，於二〇〇七年四月中占問報社未來三至五年的運勢，得出屯卦二、五、上爻動，其中六二爻恰值宜變，單變為節卦，貞悔相爭為損卦（䷨）。六二進展困難，猶疑徬徨，九五資源不足，左支右絀，施展不開，好在兩爻正相應與，若能堅守創業以來正派經營的原則，假以十年苦撐，還是可以脫險出頭。勿因近略遠，勿因小失大，節既有固守貞節之義，亦強調節約開銷用度，以度時難。雖然如此，上六爻動可不太妙，「泣血漣如，何可長」，提醒當局者切勿悲情用事淪落此境，由屯入蒙，蒙卦外阻內險、習染蒙昧，經營更困難且不復清新矣！三爻齊變成損，損失消耗極大，須效法損卦〈大象傳〉所稱：「君子以懲忿窒欲。」靠清明理性冷靜計算，斟酌損益以過關。

●二〇〇七年六月底，學生帶一位好友來我家拜訪，兩人為舊日同事，先離職的這位女士學經歷都不錯，近年來的事業及感情卻頗不順利。當時就問丁亥年謀職能否順遂，也就是半年內還找不找得到好工作。結果我幫她算出屯卦初、二、上爻動，六二值宜變爻位，單變為節卦，三爻齊變成渙卦（䷺），與屯卦貞悔相爭。初九表示有不錯的學養基礎，六二命途多舛，乘剛有難，若堅持高標準擇業，可能「十年乃字」，她問的是短短半年內，多半難成，上六動「泣血漣如」恐不可免。三爻齊變成渙卦，有緣工作為聚，無緣為散，渙散之象既見，謀職無望矣！後事果然如此。

●二〇一二年九月上旬，我一位任職醫院主任醫師的女學生跟我說，她針對婦產科某病患難產死亡的案例問占，為屯卦初、二、上爻動，六二值宜變為節，貞悔相爭成渙卦。屯為新生之難，初九為腹中胎兒，六二乘剛，不字正是難產不育；上六「泣血漣如，何可長」，因敗血感染母子皆亡。遇屯之渙，神魂飄散矣！占生死遇渙卦，一般皆不可救。

●二〇一〇年六月下旬，我的學生群中出了問題，彼此拉幫結派、互相詆毀之事時有所聞。學易尚通達大度，我自然痛心，聽法容易行法難，人性本有弱點，只能儘量調停處置。然而人生習氣業障深重，調化談何容易？處理過程中，不免重新審視幾位麻煩人物的真正心性，其中一位女同學的卦象為屯，初、五、上爻動，上六恰值宜變爻位，單變為益，三爻齊變成剝卦（䷖），與屯卦貞悔相爭。屯卦充滿草莽氣息，該女所言所行，確有江湖闖盪的大姊大風格，剝卦以陰剝陽，意圖不遂即易傷害他人，卦辭稱：「不利有攸往。」「遇屯之剝」，相處真要小心。初九根基深厚，上六一陰乘於九五君位之上，關係不正，糾葛不清，「泣血漣如」，陰陽相傷，尤其不妥。上六單變為益，欲益反損，若不正本清源，當由屯入蒙更難處理。卦象既明，往後一個月內我遂做了處置，也是紛爭形勢愈演愈烈所致。

人性人情複雜幽微，知人知面難知心，我們行於坎坷人間世，真得戒慎以對。易卦爻變所生的四千零九十六種變化類型，可相應於各式各樣的人品心性，藉占學易，藉易修行，知人論事有極大助益，讀者善體會之。不僅知人，更重要是能知己，徹底反省自己平日起心動念的思慮真相，懲忿窒欲，遷善改過，豈非甚佳？活用易占，可測心測謊，不是虛言。檢警斷案所用的測謊技術，看脈搏血壓及眼神等，其實有其限制，碰到大奸巨惡或受過專業訓練者，未必有效，而且受測者知道被探測可以反制。易占則不然，不在現場，隨時隨地皆可起占，又精確又防不勝防。易占藉心念啟動，捕捉判讀對方的心意流變。《詩經・小雅・巧言》有云：「他人有心，予忖度之。」有何難哉？〈繫辭上傳〉第十章讚嘆大易至精至變至神，稱：「易，无思也，无為也，寂然不動，感而遂通天下之故……夫易，聖人之所以極深而研幾也。唯深也，故能通天下之志；唯幾也，故能成天下之務；唯神也，故不疾而速，不行而至。」深悟易理並善加運用，確實可臻此境界。

● 二〇〇〇年九月下旬，有位學養俱佳的老友遲疑求占，原來是不期而遇的情劫難關，也沒什麼好說，當下問此情前景如何？得出屯卦初、五、上爻動，上六值宜變成益卦，貞悔相爭為剝卦。這是典型的情傷之象，上六陰乘陽不正，情欲用事，難得善終，「泣血漣如」何可久？九五「屯其膏」，嚴重受限，兩人聚少離多「施未光」，初九雖有深厚根基，亦難堪損耗，變成剝卦，以陰剝陽，「不利有攸往」，是為定局。後事發展果然如是，兩三年後鏡花水月一切成空，時也命也運也，屯難之情沒有僥倖。

● 一九九八年三月下旬，我的一位學生受舊識邀請，跳槽至其公司服務，不能自決，請我代謀，算其暫留現職不去如何？得出屯卦初、二、三爻動，六二值宜變成節卦，貞悔相爭為井卦（䷯）。六二受初九邀約，難定行止，若婉拒則須有「十年乃字」的心理準備，六三則勞而無功。井卦前為困卦（䷮），後為革卦（䷰），為困極求變、研發轉型之意。他聽了解析，還是離開現職赴任。這位學生可能命硬，職場生涯多變，他待過的公司不少，後來都營運困難甚至倒閉，正像項羽征戰「所過無不殘滅」，算得上是所謂的「企業殺手」或老闆剋星。

●一九九三年八月中，我接任出版公司總經理已一年多，各方面費心盡力提振績效，調整產銷結構，一時頗有中興氣象，自己也藉此磨練建侯經綸的本事。當時預占年底業績，得出屯卦三、四、五爻動，貞悔相爭為豐卦（䷶）。九五身陷坎險，資源不足，六三闖蕩勞而無功，好在六四明智識機，懂得培元固本，還有可能衝出豐功偉績。結果年底結算，那年創下有史以來最高績效，「遇屯之豐」，難能可貴也過癮之極，遂自掏腰包擺下大宴慶功。人生禍福相倚伏，不到半年，股爭政變，我被迫實質退休。豐卦之後為旅卦，失時失勢失位，又從此轉入人生另一階段的行程，正是「山重水複疑無路，柳暗花明又一村」。

四爻變占例

占卦遇四爻皆動，因為已過半數，直接四爻齊變成之卦，以之卦卦辭卦象論斷，若四爻中有一爻恰值宜變，該爻辭影響較大，多少亦須參考，了解一下由本卦變成之卦的原因及歷程。

●二〇〇三年三月中旬，美伊第二次戰爭爆發，其時ＳＡＲＳ病疫亦肆虐流行，天災人禍令人驚恐不安。我於四月初占問美國、中國大陸及台灣三地，往後三年與十年的經濟情勢，作為判斷國際大勢的參考。美國三年內的經濟情勢為屯卦初、二、五、上爻皆動，四爻齊變成蒙卦（䷃），剛好是屯的下一卦。屯蒙相綜一體，「遇屯之蒙」，可視為形勢呈現一八〇度的逆轉。屯卦「元亨利貞」，具體而微，資源雖嫌不足，草莽開創的生機勃然；蒙卦則不然，卦辭欠「元」，僅有「亨利貞」三字，卦象外艮阻、內坎險，蒙昧不知何去何從，必須努力啟蒙以求復元。屯卦初九根基雖然深厚，遇六二乘剛之難，可能歷經十年才走出困局，九五深陷險中，資源匱乏，難以施展，上六「泣血漣如，何可長」？老美窮兵黷武攻打伊拉克，既丟了形象，又嚴重損耗經濟，可謂咎由自取。

● 二〇一〇年九月上旬，中國和日本又在釣魚台海域起了主權衝突，日本當局扣押了撞船事件中的中國漁船船長待審，中國政府嚴正抗議，民間也掀起反日的浪潮，雙方劍拔弩張互不退讓。九月二十一日，我先占日本最後是否會退讓？得出不變的大有卦，同人、大有倡導世界大同，主張以談判協商解決國際紛爭，看來不可能起軍事衝突，必以和平落幕。然後我再問：中國在這回折衝中能否伸張國家意志？得出屯卦初、四、五、上爻動，四爻齊變成晉卦，六四恰值宜變爻位，單變為隨卦。屯卦「動乎險中大亨貞」，晉卦「明出地上」，旭日東昇。遇屯之晉，應可明智處理奮鬥出險，且對以太陽旗為標幟的日本國示威，折其銳氣。屯卦上卦三爻全動，表示中國政府高層嚴陣以待，初九爻動顯現民憤沸騰，難以遏抑，六四值宜變，不顧資源不足，體察民意，採取恰當行動周旋，可謂明智，單爻變為隨卦，隨順民意當機立斷，遂成事功。果然沒幾天，日本政府態度軟化放人，結束了這一回合的對峙。

● 屯卦六爻間的互動很有趣，徬徨抉擇，深微細膩，人生天地之間，功名事業與患難情懷每每如是，習易者好好揣摩，當有穎悟。卦中初九、九五兩個陽爻，牽動六二、六四兩個陰爻，共陷於多角關係的漩渦中，難以自拔，經歷一番天人交戰，終於說清楚講明白，使有情人皆成眷屬。其中心猿意馬之處，也屬患難人情，不必苛責過甚，也不見得非發展成悲劇，「泣血漣如」實不可取。爻辭中三提「乘馬班如」，「馬」指陽爻，乾為馬以喻心，三個陰爻以喻物。物從心主，始生萬物，結果六二、九五，六四、初九雙雙成配，上六情劫成空，六三全無依傍，「往吝窮」與「何可長」，也是相應的因果關係。既然毫無追求到手的希望，就應及早放棄，免貽將來泣血之苦。

古詩〈陌上桑〉所述使君有婦、羅敷有夫的故事，艷稱千古，其實以屯卦義理推證，可得正解。「秦氏有好女，自名為羅敷。」是為美貌動人的六二，遇初九調情試探。「使君從南來，五馬立踟躕……使君謝羅敷，寧可共載不？」還真是讓六二「屯如邅如，乘馬班如」。「使君自有婦，羅敷自有夫。」這不正是爻辭所稱「女子貞不字」嗎？溫柔婉約地拒絕了初九的熱烈追求。使君之婦為六四，羅敷之夫為九五，兩陰兩陽若齊動，四爻變成為解卦。屯卦「動乎險中」，解卦動而免乎險，鄉間草野的邂逅之情，由於六二的堅貞守節，圓滿和解，不生謗怨及遺憾，豈非甚美？這不是實際的占例，而是爻變易理的推論，卻也深中肯綮，論情入微，易象精準，令人讚嘆！

4. 山水蒙(䷃)

蒙卦為《易經》第四卦，與前一屯卦相綜。屯為初生草穿地之象，幼苗清新可愛，兩片嫩葉迎風招展；蒙則雜草叢生，障蔽視野，蒙昧無知，切需清理以恢復純淨。蒙字冡上長草，土堆中埋一死豬，竟有荒廢死亡之象，和屯卦的新生大異其趣。《莊子・齊物論》有稱：「方生方死，方死方生。」屯、蒙二卦一體相綜，亦含此意。蒙外卦艮阻、內卦坎險，有困於險阻中蒙昧難明之象，人生的無知或源於幼稚，或因情慾蒙蔽了理智。《三字經》開卷即稱：「人之初，性本善，性相近，習相遠，苟不教，性乃遷，教之道，貴以專。」講的正是由屯入蒙的變化過程，屯卦元亨利貞四德俱全，蒙卦卦辭只有亨利貞，元德已然不顯，習氣染污了原本的善性，必須重視啟蒙教育才能恢復。屯卦心志清新，蒙卦則「哀莫大於心死」；屯卦談先天生命，蒙卦則討論後天認知的問題。

《孟子・盡心篇》中有云：「山徑之蹊間，介然用之而成路，為間不用則茅塞之矣。今茅塞子之心矣！」山上小路大家常走便成了一條大路，一段時間沒人走，又有茅草生長塞住了路。人學習不中斷就走出路來，若一曝十寒，又茅塞其心，蒙昧無知矣！得到良師益友啟蒙，心中茅塞又能頓開，撥雲見日，得睹事理真相。

〈序卦傳〉稱：「物生必蒙，故受之以蒙。蒙者，蒙也，物之稚也。」人生而無知，必須透過學習瞭解自己和周遭的環境，小孩長大必受習氣染污，得重視人格教育以免變壞。過去中國社會稱開始讀書的小孩為蒙童，屯卦說生，蒙卦講教養，生了就得好好管教，這是一定的道理。屯卦若談創業惟艱，蒙卦即強調認識清楚本身資源與經營環境的重要，和屯卦利建侯之旨相通。

《老子》第四十八章稱：「為學日益，為道日損，損之又損，以至於無為，無為而無不為。」做學問是吸收積累知識，每天都應多懂些東西，修道則不然，每天都得減損自己不當的慾望，有朝一日修到清靜無為的境界後，沒有了情慾習氣的糾纏，理直氣壯，就什麼都能幹了！《易經》的損卦〈大象傳〉稱：「君子以懲忿窒欲。」益卦〈大象傳〉稱：「君子以見善則遷，有過則改。」中國古代的教育思想，除了教授知識外，更重視德行的培養薰陶，韓愈的〈師說〉宣稱：「師者，所以傳道、授業、解惑也。」又說：「聞道有先後，術業有專攻。」這些主張皆可於蒙卦中習知。

〈雜卦傳〉稱：「蒙，雜而著。」雜是千頭萬緒，混雜難理，著則是顯著光明，清楚易知。而是能夠，蒙卦講的就是對任何渾沌不明的事物都能認知清楚，經營事業上擅於打爛仗，所謂渾沌管理即是。

蒙卦卦辭：

亨。匪我求童蒙，童蒙求我。初筮告，再三瀆，瀆則不告，利貞。

蒙卦雖蒙昧無知，只要好好認真學習，必有搞通的一天。「亨者，嘉之會也……嘉會足以合禮。」嘉是雙喜，求知者與教授者真誠互動交流，教學相長，彼此都能獲益。學生對老師應該禮敬，中國社會最講究尊師重道。

匪同非，「童蒙」是一心向學的學生，相對於童蒙的「我」，便指負責教導的老師。「我」也是自我本性之意，儒家講良知，人人致良知皆可成聖成賢，皆可為堯舜，皆有士君子之行。乾卦高舉「群龍无首」為吉，正是此義。《中庸》開卷即稱：「天命之謂性，率性之謂道，修道之謂教。」人人回歸天性，順著天性行事就是道，修此自然之道就是教。佛教講眾生皆有真如佛性，禪宗更明言自性能生萬法，離心覓佛，了不可得。啟蒙就是復元，童蒙求我，以自性為師，必證菩提。「人能弘道，非道弘人。」人若不各正性命自強不息，當然難以了悟真我，所以說「非我求童蒙」。這個道理落實於世間師道，就是《禮記》講的：「禮有來學，不聞往教。」不是老師驕傲擺身段，而是學生必須真心求道，教了才有用，一昧好為人師逢人說教，肯定沒有效果。並且師傅領過門，修行在個人，教者再熱心也幫不上忙。

下面以占筮決疑來比喻師生間的互動，占者心誠求問，初次得出的卦象就是事情的真相，易占毫不保留地告訴他正確的答案。若占者主觀感情上不願面對，再而三地起占追問，這就顯示了心思不淨、深受瀆染，易占不會再告訴他，所出現的卦象品質每況愈下，根本就遠離事實，沒有認真參考的價值。這時，占者必須反省檢討，調整心思，正心誠意後再來問占，否則只是浪費時間。卦辭先言亨，末言利貞，元德不顯，先天的善性已消退蒙塵。當世研究特異功能發現，小孩天生具有某些特異秉賦者，若不勤加練習，七、八歲後會逐漸退化，自然生命由屯入蒙，似乎不可避免。

學生問老師問題也是一樣，心誠意正者，往往一點即透，情障深重的卻執迷不悟。《論語．述而篇》中記子曰：「不憤，不啟；不悱，不發；舉一隅，不以三隅反，則不復矣！」憤是「心求通而未得」，悱是「口欲言而未能」，老師好好啟發這種學生，使其豁然貫通，學生自己要懂得舉一反三，不能什麼都靠老師說盡。《禮記・學記》講的也很透徹：「善待問者如撞鐘，叩之以小者則小鳴，叩之以大者則大鳴，待其從容然後盡其聲。」餘音嫋嫋，餘韻無窮，讓學生有自運其思的空間。這都是非常重要的教學方法，「初筮告，瀆則不告」，學問學問，學必得善問，被問者亦得善答。易占易象易理，乃至最基本的卦爻，皆由問答而生。

「初筮告，再三瀆，瀆則不告」，這也是進行易占時的一條戒律，若不聽從就是感情蒙蔽理智，就是不敢面對事實的真相。習易用占者皆知，卻仍然常犯，可見人要跳脫我執情障有多難。占事者迷，旁觀者清，藉占學易，藉易修行，得不斷在這上面下克己的工夫。我有學生做過實驗，一晚上針對同一問題不斷占卦，最後一定會出現不變的蒙卦，換句話說，《易經》不耐煩了乾脆罵人，要你先利貞再說。

《禮記・少儀》：「不貳問。」又，〈曲禮上〉亦稱：「卜筮不過三。」皆為「再三瀆」之義。「童蒙求我，非我求童蒙」，求學問道之誠，古人極有風範。儒家程門立雪的故事膾炙人口，禪宗二祖慧可向初祖菩提達摩求教，自斷其臂，亦震人心弦。尊師旨在重道，在親近善知識以開發自性，在求得真我。

德國新浪漫主義文學家赫曼・赫塞為一九四六年諾貝爾文學獎得主，其晚年長篇鉅作《玻璃珠遊戲》中，提到主角跟中國隱士學習易占的經歷，老師占出不變的蒙卦，遂答應收他為徒。書中寫出蒙卦卦辭，且有對蓍草占卜的神奇演算過程的細膩描述，在在突顯出這位西方知識菁英對東方文明的好奇與讚嘆，看了很有意思。德國有不錯的漢學根柢，《易經》最早也是先有德文翻譯本，再轉譯成英文。德譯者為衛理賢，英文版的推薦序還是大心理學家榮格精心撰述，很值得一看。

〈彖〉曰：蒙，山下有險，險而止，蒙。蒙亨，以亨行時中也。匪我求童蒙，童蒙求我，志應也。初筮告，以剛中也；再三瀆，瀆則不告，瀆蒙也。蒙以養正，聖功也。

蒙卦上艮山下坎險，為「山下有險」之象，外艮阻內險陷，一時難以突破，故宜稍止，先弄清楚形勢再說，勿輕舉妄動。只要隨時依中道而行，終可找到出路而獲亨通。《中庸》稱：「君子而時中。」中道非一成不變，而是因時因地制宜，啟蒙亦得因材施教，才能使學生豁然貫通。學生主動虛心求教，老師認真教誨，彼此心志相應，方能收效。剛中指九二，陽剛有實居下卦之中，為最佳施教之位，初六陰承陽，依師求教，九二傾囊以授，稱「初筮告」。六三陰乘陽不正，非真心求教，九二不予回應，因為「再三瀆，瀆則不告」，這種關係已經褻瀆了蒙養的正道。正為「止於一」，人人都應找到適合自己發展的正路，終生專一地奮鬥，切勿三心二意而至一事無成，成聖成功皆因養正而來。何以啟蒙能養正？乾卦〈彖傳〉明言：「乾道變化，各正性命。」先天自有其正，後天教育才能因其正而培養之。

聖功二字連言，有其深意。聖指內聖明心見性的工夫，功指經世致用的外王事業，中國傳統的教育重視實踐，《大學》闡揚的三綱領、八條目，宗旨盡在於是。「明明德」是內聖，「親民」與「止於至善」為外王；「格物、致知、誠意、正心、修身」為內聖，「齊家、治國、平天下」為外王。作聖且成功立業，人生方臻圓滿。印度的國父甘地倡導不合作運動，成功爭取到脫離英帝國主義而獨立，享聖雄美譽，既稱聖又為雄，即聖功顯例。曾國藩克己復禮甚嚴，平定太平天國，建大功而為清代中興名臣，也是內聖外王的難得典範。《黃帝陰符經》有稱：「聖功生焉，神明出焉。」此為中篇〈富國安民演法章〉文句，可見其氣概精神。

〈象〉曰：山下出泉，蒙。君子以果行育德。

〈大象傳〉取象靈活，水雷屯坎水在上，稱「雲雷」，以顯示蓄勢待發；山水蒙坎水在下，稱「山下出泉」，教化的功能在開發眾人自性，把壓在大山下的泉水引出，使其噴湧不絕。「在山泉水清，出山泉水濁」，也是由屯入蒙的自然現象。出山流泉也不止一條，千流萬壑競奔人間，宋代楊萬里有詩〈桂源舖〉云：「萬山不許一溪奔……堂堂溪水出前村。」芸芸眾生各正性命，循量才適性的途徑去發展，果敢追求自己的人生目標，培育實踐的德行。《中庸》上稱：「萬物並育而不相害，道並行而不相悖。」人生啟蒙學習，自覺覺人，當如是也！

育字上為倒子之象，下月為女人身上的肉，實指婦女懷胎胎兒需頭下腳上，才易順利生產，若頭上腳下或打橫即難產，因為胎位不正。胎兒位正，尚須在母親產道中蟄伏十月，歷經磨難陣痛，才能呱呱墜地，教育、生育、養育、培育、化育皆含此意。世間處理艱難之事，每稱頭過身就過，放膽一試闖關亦然，果決行動希望有好的結果，努力修行期盼修成正果。屯為清新幼苗，蒙重去除雜草，賁卦花開燦爛，剝卦上爻碩果纍纍，復卦初爻種子落地新生。《易經》卦序所示，亦取象於植物生長至凋零的週期歷程。

占到不變的蒙卦，以卦辭卦象論斷即可，通常表示情勢不明朗，得摸索清楚後再行動，卦象外阻內險，對當事者呈現不利。

- 二〇〇四年六月下旬，其時充滿爭議的大選剛過，三一九槍擊案的疑雲仍籠罩台灣上空。陳水扁連任後，呼籲年底立委改選泛綠過半，以完全執政，當年各政黨亦喊出「立委減半」的口號，更突顯該次選舉的重要性。我占問民進黨的選情勝負，得出不變的蒙卦。十二月選舉結果，泛藍席次過半，掌握了議政優勢，扳回了一城，民進黨算是挫敗，未能如願。
- 二〇〇五年三月中，我們每月一次週末下午某工商團體的《易經》課畢，大家去其中一位女學員開的餐廳晚宴，觥籌交錯、慷慨議政，很是熱鬧。我應其所請，席中占該餐廳營運前景，得出不變的蒙卦。自然不太妙，後續發展也是如此，沒太久即歇業轉手。
- 二〇〇二年九月下旬，我剛由大陸遊歷十幾天返台，主要是帶十多位學生參加河南安陽的易學會議，提出多篇論文與大陸同道交流，再赴山東大學拜會周易研究中心的劉大鈞教授，最後到上海晤安陽結識的李定先生，餐敘而散。李定是復旦的博士，專研「畫前之易」很有心得，有志在上海推動易學研究，搞出所謂「海派」云云。我占其志業的發展如何？得出不變的蒙卦。看來外阻內險，沒有那麼容易走出來，往後幾年的發展確實如此，我們始終有聯繫，但他原先的想法離落實還有不小差距。二〇〇三年十一月中旬，我再帶幾位學生赴安陽開會，原來的主辦團體一分為二起內鬨，我們兩邊參加，人間處處有紛爭，學派組織亦未能免俗超脫。感慨之餘，占問今後與當地研易團體未來的交流發展，也是不變的蒙卦。外阻內險，情勢不明，人的情慾蒙蔽理智，導致難定行止，無所去從，果行育德談何容易？

● 二〇〇八年十一月初，金融風暴肆虐全球，我全盤推算台灣、大陸及世界往後五年的經濟情勢，其中二〇一二年的台灣經濟為不變的蒙卦，外阻內險，完全料中。

初六：發蒙，利用刑人，用脫桎梏。以往，吝。

〈小象傳〉曰：利用刑人，以正法也。

初六為蒙之初，陰虛無實，需訪明師以啟發其蒙昧。人之無知或受欲望蒙蔽，就像犯罪受刑之人一樣，心靈不得自在。桎梏為刑具，掙脫束縛即恢復行動自由，以喻啟蒙成功。若不思受教突破，戴著腳鐐手銬前行，一定行之不遠。吝為文口，文過飾非，不堪教化。本爻爻變為損卦（䷨），其〈大象傳〉稱：「君子以懲忿窒欲。」損極轉益，〈大象傳〉稱：「君子以見善則遷，有過則改。」啟蒙即是改過，改過便能復元。〈繫辭下傳〉第七章稱：「損，德之修也……損以遠害。」去除習氣業障，接受人生教化的正法。

以爻際關係來看，初六上承九二，正是〈彖傳〉中所讚揚的剛中施教的好老師，親聞教誨，應該善自珍惜，以滌除習染，日新又新。「刑人」之刑，亦通典型之型，九二以身作則，足為師範，利用型人，就是好好尊重運用這個師資，以陶鑄自己的人格情操。乾卦〈彖傳〉稱：「乾道變化，各正性命。」老師已正其性命，學生受過來人啟發，也會慢慢找到自己發展的正路，以未發之正，效法已發之正，即為〈小象傳〉所稱：「以正法也。」童蒙求我，宗旨正在於此。身教重於言教，一般知識德行的教授須得如此，那些練功習武的肢體操作，更重老師當場引領示範，隨時可獲糾正，少了這個臨場感，很難入門。爻辭末稱：「以往，吝。」初學乏人悉心指導，放牛吃草，盲修瞎練，多半不成。

《詩經・大雅・思齊》：「刑于寡妻，至于兄弟，以御于家邦。」能做妻子兄弟的表率，才可治理國家，齊家進而治國。《禮記・禮運》：「刑仁講讓，示民有常。」《論語・里仁篇》：「君子懷刑。」這些都是古代經典刑、型相通的顯例，不可不知。舊註有將蒙卦初六解釋成犯錯處罰嚴厲管教的，是誤解了「利用刑人」之意，和初六「發蒙」、九二「包蒙」的旨趣不合，扯成了上九「擊蒙」。上爻與初爻全不相涉，真是大錯特錯。初學無知並非罪惡，宜包容而非處罰，中國文化尚性善，也沒有西方宗教原罪的觀念，切要切要！

占例

占到蒙卦初六動，爻變為損卦，以初六爻辭及損卦卦旨論斷即可，找到好老師就獲開導，不認真求學，就解決不了問題，前途不妙。

- 二〇〇一年十二月上旬，民進黨立委選舉大勝，成為立院第一大黨，我問：陳水扁是否再無藉口，執政可有績效？占出蒙卦初六動，爻變有損卦之象。以其後的發展來看，執政跛扈無能，貪瀆利益薰心，不堪承教之甚，不僅未脱心靈桎梏，反而在二〇〇八年底卸任後，接受法律制裁，戴上了囚犯的桎梏。政海驚濤，慾令智昏，令人浩歎。
- 二〇〇四年九月底，藍營因三一九槍擊事件敗選不服興訟，其中當選無效之訴進行半年，辯論終結。終局前夕，問占藍營訴訟的勝算，得出蒙卦初六動，有損卦之象。再占綠營勝算，為乾卦二、四、上爻動，貞悔相爭為既濟卦，上九值宜變爻位，單變為夬卦。夬有攤牌決戰之意，〈繫辭下傳〉第二章又稱其有書契之象，「百官以治，萬民以察。」此例中應指法院最後的判決書。乾上九就是強硬到底，雖然可能亢龍有悔，三爻齊變所成的既濟卦，卻是成功搞定之意。兩相比較，藍營這場官司應該輸了！學生再問還能做什麼？得出不變的坤卦，什麼也不能做了，只有順勢用柔，忍耐包容。

更有啟發性的是綠營官司雖贏，往下的連番選舉都輸，二〇〇八年且失去執政地位。塞翁失馬，焉知非福？塞翁得馬，焉知非禍？既濟卦卦辭：「亨小利貞，初吉終亂。」幾乎預言了最後的結果。〈繫辭上傳〉第二章稱：「吉凶者，失得之象也。」不稱得失，暗示吉未必得，長期可能是失；凶未必失，以後說不定是得。而且一時的輸贏勝負未必屬實，只是個象，象由心轉，且隨時變化，不必那麼在意。《易經》強調的是超越吉凶的「无咎」，〈繫辭上傳〉第三章稱：「无咎者，善補過也。」〈下傳〉第十一章又稱：「懼以終始，其要无咎，此之謂易之道也。」趨吉避凶為人之常情，人生修行，尚得重視終始無咎。

● 二〇一一年元月下旬，大陸企業家陳光標來台高調行善，由於作風特殊，引發很多爭議。中國文化儒釋道三家思想，皆主張默默行善，才有真正功德，富人濟貧更需注意「不食嗟來食」的問題，這些都是人生至理，已成定論。陳光標無論用心如何，不可能挑戰這個大原則。我問此事對兩岸同胞有何啟示？得出蒙卦初六動，有損卦之象。發蒙表示確有啟發蒙昧之效，正可用此行善之例，解脫不少人心理的桎梏。有人送《金剛經》給陳光標，真正的菩薩行是「應無所住，行於布施」。陳態度很好，答應認真閱讀，並寫心得報告云云。

䷃ 九二：包蒙，吉。納婦吉，子克家。

〈小象傳〉曰：子克家，剛柔接也。

九二陽居陰位，剛而能柔，又居下卦或內卦坎險之中，深知下民內心蒙昧之苦，以本身真才實學包容教導，有教無類，循循善誘，自然為吉。蒙卦中陽爻實為師，陰爻虛為生，陽施陰受，師施生受的關係類似，故以夫婦況之。九二下乘初六、上與六五相應與，就像丈夫娶婦一般締結良緣，婚配生子，教養良好，長大又可繼承家業，光大門楣，故稱「納婦吉，子克家」。剛柔相接，陰陽和合，便能生生不息。《禮記・學記》引《尚書・兌命下》稱：「惟斅學半，念終始典於學。」斅為教，斅學各半，表示教學相長，教也是學習不可缺少的一部分。有認真教學經驗者皆知，很多東西必須上台教了之後，才真正理解。包納兩稱其吉，就是這個道理。學貴推陳出新，「子克家」，既表示後繼有人，也代表傳承的東西還能與時俱進地創新。

本爻爻變，成剝卦（䷖），九二與三、四、五爻又可重組成復卦（䷗），藏在本卦蒙之中，而九二恰當復卦初爻之位。剝極而復，既表示上乘的教學心法，又提醒新陳代謝、不斷創新的重要。佛門《心經》稱：「觀自在菩薩，行深般若波羅蜜多時，照見五蘊皆空，度一切苦厄。」想要開發自性的大智慧，必須剝除重重包裝的外在假象，以探究核心的生命真實。一旦掌握了一元復始的原創力，自然萬象更新。

孔子有教無類，門下弟子三千，形形色色，包羅萬象，萬世師表自然是包蒙的典範；佛門慈悲普渡眾生，一樣氣象萬千。道家宗師老子有言：「受國之垢，是謂社稷主；受國不祥，是為天下王。」又稱：「善者吾善之，不善者吾亦善之，德善。」這些無分別心的大氣度，都很值得我們希冀效法。

蒙卦九二剛柔接，遂有「子克家」；屯卦六二「匪寇婚媾，十年乃字」，女陰下有子。屯、蒙兩卦相綜一體，都對新生生命充滿了愛顧之情。

一九九七年四月下旬，我曾占問蒙九二的精確意涵，得出屯卦初、三、五爻動，貞悔相爭成謙卦（䷎）。屯為新生，謙亨有終，「包蒙納婦子克家」，後繼有人，教養有成是也！

占例

占到蒙卦九二動，爻變成剝，一般並非壞的意思，按爻辭做到必吉。剝極而復，破除迷障之後建立新局，寬容以待，不必猶豫。

● 二〇〇八年五月藍營重新執政，兩岸關係解凍，各方面交流加速，我於六月中占問：未來三至十年，在經貿交流、文化傳承、社會制度與軍事互信的展望。經貿方面的卦象為蒙卦九二爻動，應依爻辭及爻變論斷。「包蒙」即大幅開放，剛柔相接、互補交流，破除蒙昧不明的格局，剝極而復，萬象更新矣！看幾年來各行各業蜂湧的盛況，未來台灣政局無論如何變化，經貿大門一開，不可能再關上走回頭路了！

● 二〇〇六年六月中，其時陳水扁貪瀆之事爆發，施明德倡導的紅衫軍運動正如火如荼進行中，民情洶湧，不少意見領袖提出阿扁辭職、呂秀蓮繼任、再酌情特赦的建議，國民黨方面也表態可以支持。我在徐州路市長官邸的易經課分日夜兩班，正好教到大衍之數的占法，於是師生聯占。我一邊示範，一邊講解算出下卦三爻，再由三位同學上來分占出上卦三爻，《易經》本有集體創作的傳統，多年教占我們都這麼幹。結果，下午班問呂秀蓮可不可能繼任大位，得出蒙卦九二動，晚上班占陳水扁會不會被迫提前下台，得出不變的革卦。這下有意思了！革是改朝換代上下易位，包蒙納婦或能一新時局？後續數月的發展，陳據隅頑抗，呂畏首畏尾，猶疑不進，陳下呂上未成事實。宋儒張載說：「易為君子謀，不為小人謀。」自古所謂：「有是德，方應是占。」革卦「大人虎變」，「包蒙」器識弘大，陳呂非其人也，台局遂再亂兩年。

●二〇一一年元月上旬，我占問孫中山先生的歷史地位，得出蒙卦九二爻動，「包蒙、納婦、子克家」，博愛寬弘，天下為公，推翻帝制，民主啟蒙，占象精切。

●二〇一〇年八月中，我心血來潮占問：慈禧太后與榮祿確有一段私情麼？答案為蒙卦九二動，爻變為剝卦。「包蒙、納婦、子克家，剛柔接也」，乖乖！若易占所言不虛，兩人不僅有曖昧私情，還珠胎暗結有子嗣。台灣已故歷史小說作家高陽的《慈禧全傳》裡，就有大膽揣測的描寫，慈禧懷孕小產云云。剝卦為陰剝陽，復卦外坤內震，根本就是母親懷胎生子之象。這些宮闈秘聞，正史當然不會記載，是耶？非耶？

易占一般原是用於預測未來，本例則是求證過去的歷史公案，不確定的未來都能測算，早已確定，只是真相未明的過去，應該更容易才對。〈繫辭下傳〉第七章稱：「夫易，彰往而察來，而微顯闡幽。」彰顯既往隱微之事，說明其所以然，也是易理易象的功能，還可以幫我們洞察未來。〈說卦傳〉亦稱：「數往者順，知來者逆，是故易，逆數也。」易的重點是逆料未來，逆數知來與順數知往有關，順數還容易些，知來可真難。

六三：勿用取女。見金夫，不有躬，无攸利。

〈小象傳〉曰：勿用取女，行不順也。

六三陰居陽位，不中不正，又乘於九二陽剛之上，象徵情慾蒙蔽理智。對「包蒙」的九二來說，最好跟六三保持距離，以策安全，切不可娶她做老婆。因為六三心性不定，見到有才華、有實力的男人就會動心，就迷失了她自己，跟她牽扯不會有任何利益。六三行為總是不順於道，九二無論怎樣耐心包蒙都沒用。本爻爻變為蠱卦（䷑），《左傳》所謂：「風落山，女惑男。」九二深受蠱惑，小心敗壞事業學問的根基，對彼此都不好。以男女婚姻感情論，九二「包蒙」的納婦正配為六五「童蒙」，初六「發蒙」可視為「子克家」，關係皆正，六三則為外遇不倫，發展下去難有善果。姤卦講不期而遇的邂逅，五陽下一陰生，象徵顛覆體制的危機，卦辭即稱：「女壯，勿用取女。」星星之火足以燎原，還是早日剎車為妙。本爻所謂「金夫」，即指包蒙的九二而言。

由此來看，包蒙的教育方式也有極限，對六五、初六有效，對六三就無能為力，既然如此，不必浪費時間，轉用上九「擊蒙」嚴格管教，或能生效。這與屯卦六三盲目行獵，結果一無所得很像，不如及早放棄，尋求轉換。蒙卦六三「不有躬」，躬字是彎下身子鞠躬行禮，有謙卑自我反省之意。不有躬，即缺乏自省能力，慾望蒙蔽理智，無法開發自性，建樹自我，徹底違反童蒙求我的宗旨，學習不見績效。

蒙卦六爻爻辭多有蒙字的卦名，唯獨本爻不見蒙字，這是所謂的「不言之象」。六三其實蒙昧之甚，為何不見蒙字？蒙卦同時講教與學，六三不堪承教，難以啟蒙，不安蒙字以警惕之。佛教有「闡提不得成佛」的說法，與此意相近。

占例

占事遇蒙卦六三動，依爻辭占斷即可，若不警惕醒悟，爻變成蠱，事將敗壞。

● 一九九二年八月下旬，我負責經營的那家出版公司，母體聲名卓著，潛力雄厚，雖一時困頓，好好經營會慢慢恢復元氣，甚至大放異彩。多年來的問題，跟幾個子公司或所謂關係企業的拖累有關，早先合資創業時期，彼此融通尚可，成立股份有限公司之後，就得嚴守明算帳的財務分際，但實際操作起來，往往未必如此，這也是難搞之處。那時我針對一家關係企業占其前景，得出蒙卦六三動，爻變有蠱卦之象。「見金夫不有躬」，絕對是扶不起的阿斗，怎麼金援都難以自立，不能包蒙，只能擊蒙禦寇，否則會給拖垮，一起敗壞淪亡。後來十幾年的發展變化的確如此，易理易象明察秋毫，早就洞見虛實。

䷃

六四：困蒙，吝。

〈小象傳〉曰：困蒙之吝，獨遠實也。

六四陰居陰位，本身為正，惜外緣太差，和九二、上九有真才實學者距離都遠，未能受教，遂困於蒙昧無知之中不得啟發，路子愈走愈窄，做錯了都不知道。吝為文口，有文過飾非之意，六四身居中央執政的高位，器識如此，自然凡事不能成功，爻變成未濟卦（䷿），哀哉！

蒙卦四陰爻中，初、三、五爻與二陽實之爻都有承乘應與的關係，唯獨六四沒有，故稱「獨遠實」，這個解釋是方便初學理解，其實更有深意。獨為名詞，就是《中庸》、《大學》裡強調的「慎獨」之獨，代表個體生命深沉內在的獨特性，人人不同，啟蒙就是要把這個東西開發出來，人人依其特殊才性去發展。乾卦〈彖傳〉所稱：「乾道變化，各正性命。」蒙卦〈彖傳〉結語：「蒙以養正，聖功也。」皆為此意。慎獨心性之學相當精微淵深，一般舊註多有誤解，此處也難詳論，大致簡要來說：「在天曰命，在人曰性，在身曰心，在己曰獨。」「命、性、心、獨」是一個東西，所在之處不同而有異稱，《中庸》開宗明義一段，值得好好參悟：「天命之謂性，率性之謂道，修道之謂教。道也者，不可須臾離也，可離非道也。是故君子戒慎乎其所不睹，恐懼乎其所不聞，莫見乎隱，莫顯乎微，故君子慎其獨也。」往下不少卦爻經傳中還會出現慎獨的獨字，習易者宜用心體會，不可忽忽看過。

蒙卦六三「不有躬」，是無效的學習；六四「獨遠實」，為無緣的學習。六三須「擊蒙」，當頭棒喝以警愚頑；六四則得「童蒙求我」，移樽就教，以改善不利的情境，孟母三遷就是個好例子。啟蒙即復元，其實卦辭中「求我」、初六「法正」、六三「有躬」、六四「慎獨」，都是元德的表現。六三、六四為人位，三多凶、四多懼，學習的障礙叢生，做人做事能不慎乎？

占例

占事遇蒙卦六四動，依爻辭及爻變未濟卦象論斷，現況顯然不利，亟需調整與外界的關係，否則大事難成。

● 一九九七年十月，我雖不再管事，仍暫留在那家出版公司沉潛待機，教學、著述成了主業，內心深處也醞釀出一些更長遠的想法。受屯卦草創精神的啟示，自己名之曰「十年乃字」大計，預備每年以卦占檢驗努力的進度。一九九九年十月中，二年期滿，占出蒙卦六四爻動，有「未濟」之象。自己看看苦笑，嘆了口氣，一切還渾沌未開，前途猶多險阻，十年磨一劍，繼續加油吧！

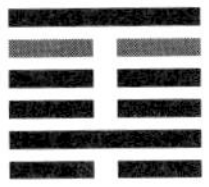

六五：童蒙，吉。

〈小象傳〉曰：童蒙之吉，順以巽也。

六五居蒙卦君位，上承上九「擊蒙」，下應九二「包蒙」，皆以「童蒙」的心態謙虛受教，和順低調，必能深入自得，而在領導統御上發揮成效。本爻爻變，為渙卦（䷺）。渙卦「風行水上」，繼兌卦之後，有說法散播天下四方之象。領導人虛心向學，上行下效，有助於真理大道的弘揚。漢武帝罷黜百家，獨尊儒術，對儒家思想躍居主流地位，當然有推波助瀾之功。

占例

占遇蒙卦六五動，依爻辭及渙卦卦象論斷，一般皆頗正面，但也得視問題而定。

● 二〇〇八年九月二十二日，其時金融風暴剛爆發一週，人心惶惶。我在富邦金控集團的易經課上，應大家要求，預占二〇〇九年美國金融風暴的後續發展，得出蒙卦六五動，爻變有渙卦之象。蒙卦外險內阻，不知何去何從，渙卦風吹水面，由切入點為圓心往四處擴散。六五身居君位，放下身段求教，為民生困苦尋求出路。「遇蒙之渙」，正是風暴肆虐，大家都不知如何是好的情景。解鈴還須繫鈴人，金融風暴主要由美國而起，新上任的美國總統責無旁貸，得去解決。其時正是大選進行地如火如荼之際，由此占也可間接判斷民主黨的歐巴馬應會當選，因為只有他才符合「童蒙」的形象，共和黨的麥凱恩已七十多歲，絕不可能是他。易占常常問一得二，全方位輻射出很多相關資訊，解讀時宜善加體會捕捉，免得漏失了有重大價值的信息。後來大選揭曉，歐巴馬當選，隔年確實也拚命想方設法解決金融風暴的問題。

● 金融風暴使美國經濟遭受重創，英國火燒連環船，負債比例更嚴重，新上任的年輕首相卡麥隆大事節縮政府預算，以求紓緩壓力。二〇一〇年十月中，我試占英國未來五年的國運，得出蒙卦六五動，爻變有渙卦之象。這裡的渙卦應指民心渙散的危局，大家蒙昧中不知如何是好，首相必須虛心探求問題真相與解法，又是「童蒙求我，順以巽也」。英美兩國領袖真是難兄難弟，一對童蒙拚命救火，都焦頭爛額啊！

● 一九九三年四月六日，我妻將臨盆生產，這是第二胎且是男孩，中間曾胎位斜橫不正，未成頭下腳上的「育」字情境，雖不算太嚴重，醫生還是決定剖腹生產，我擔心，下占順產否？得出蒙卦六五動，「童蒙吉，順以巽」，又和九二相應與，「包蒙、納婦、子克家」，應可放心無虞。四月八日果然順產，春日喜獲麟兒。

●二〇一一年四月下旬，《聯合報》文化基金會的邱執行長約我餐敘，談往後的配合事宜。台灣的經典普及志業有愈漸困難的趨勢，我順便問八月中第四屆易學班結業後，第五屆還開得成否？為蒙卦六五爻動，有渙卦之象。「童蒙吉，順以巽也」。遇蒙之渙，啟蒙教化可散播四方。九月下旬，我從歐洲遊覽且授易返台，第五屆新班開課，人氣鼎盛，多達七、八十人，學生素質也都還不錯。這可能與推廣手法有關，由報社記者採訪我在工商界的名人學生，他們以過來人的經驗大力推薦，有居高位而虛心向學的指標效應吧！

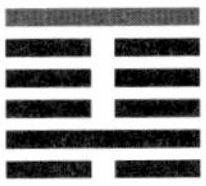

上九：擊蒙，不利為寇，利禦寇。

〈小象傳〉曰：利用禦寇，上下順也。

上九為蒙卦之終，對蒙昧已極的學生嚴厲斥責，當頭棒喝，希望能夠使其警醒回頭。禪宗點化生徒有所謂殺人劍，「擊蒙」是也，金剛怒目，振聾發聵；九二「包蒙」，爻變成剝卦，則是活人刀，菩薩低眉，大度含容。前述爻際關係已經闡明，六三頑劣包蒙無效，遂用「擊蒙」，六三行不順，痛打之後變成「上下順」，類似休克療法急救成功。上九剛烈嚴峻之極，不僅痛責六三，對六五之君亦不假辭色，直言不諱。六五陰承陽坦然受之，六三與之相應與，也可能接受。上九爻變，恰值宜變之位，而成師卦，確有強硬對治之象。然而，出師以正當防衛則可，挑釁侵略不宜，「禦寇有利，為寇不利」。擊蒙有其實施條件，不可輕易使用，因為殺傷性大，易有後遺症。同樣，嚴厲管教易傷到被擊者的自尊自信，必須慎之又慎。

占例

占事遇蒙卦上九動，恰值宜變，爻變成師卦，以爻辭及師卦卦辭卦象論斷，一般得使出殺手鐧，以重手法整治方能有效。現代兵法中所謂的積極防禦：「人不犯我，我不犯人；人若犯我，我必犯人。」與此類似。

● 二〇一〇年十二月中，已發生兩年的金融風暴並未消解，美國又以鄰為壑，大印美鈔輸出國際，其他國家紛紛抗議，並籌謀防範熱錢橫流。我試測二〇一一年的國際金融情勢，得出蒙卦上九爻變，成師卦。顯然就是貨幣戰爭的大肆攻防，大家迫於生計，不得不起而應戰。

● 二〇〇三年上半，SARS（非典型肺炎）病疫流行，亞洲受侵襲不輕，五月下旬，我算二〇〇四年後會否復發？得出蒙卦上九爻變，成師卦。勞師動眾，全民防範得當似可無事，後來果然如此。蒙卦外艮止，似封閉空間，易滋生內坎險蔓延。「擊蒙」禦寇之後，爻變為師，外卦成坤，成了開放空間，安全多矣！

● 二〇〇九年七月上旬，我所創立多年的易經學會頗有人事紛爭，我雖已不任理事長，不出手調解還是擺不平。雖暫時塵埃落定，卻也讓我心生警惕，對某位學生日後當如何占了卦。結果得出蒙卦上九爻變，成師卦。看來一昧「包蒙」無效，遲早還是得「擊蒙」，人的習氣太深，改變化解談何容易？不出一年，其事果然應驗，徒呼奈何？

●二〇一〇年二月底，我教課至復卦，其〈象傳〉稱：「復，其見天地之心乎？」遂動念占何謂「真心」？得出蒙卦上九爻變，成師卦。擊蒙雖嚴厲，卻是真心悲憫蒙昧之人的癡迷，回答的真好！啟蒙即復元，剝極而復，不痛下針砭，如何改過更生？本占既非預測，亦非溯往，而是觀念的探索，只要為一命題形式，皆可起占而得到滿意的答案。

●一九九三年七月中，其時我第一套論易的書完稿將出版，定名《易經與現代生活》，分三卷：決策易、生活易、經典易。自己敝帚自珍覺得不錯，習易多年，彷彿有所創獲，遂起興一占：此書問世，在易學史上有貢獻嗎？得出蒙卦上九爻變，成師卦，看來確有擊蒙摧陷廓清之功，對世道人心有補益。「師者眾也」，師卦〈彖傳〉稱：「能以眾正，可以王矣！」自建其正，然後引領眾生各正性命，就是王道。

●二〇一〇年十一月下旬，本書（劉君祖易斷全書）簡體字版的寫作在進行中，才完成頭幾卦，估計全書殺青會接近百萬字，肯定超過日人高島吞象所著《高島易斷》的七十萬字，我頗起雄心，想加緊趕工，作為自己六十生辰的紀念。高島之名有趣，蛇吞象貪吃難化，其書雖有功底，對易理精微仍然有隔，中華文化浩蕩淵深，通吃談何容易？那我習易近四十年，此書問世後的歷史地位如何？占出蒙卦上九爻變，成師卦。看來我治易的風格已定，就是「嚴正擊蒙」，期以自正眾正。其實遇事屢逢擊蒙之象，我並不意外，應是命數早定。坊間有《河洛理數》一書，號稱北宋邵康節所撰，又說與陳摶有關，由人的生辰八字可推出先後天氣運，我的先天本命為比卦六三，後天氣數即為蒙卦上九，後半生授易解易，教學相長，總是不脫剛正擊蒙的基本風格。命由前定，天網恢恢，疏而不漏，是耶？非耶？

●一九九六年五月中，我主要仍在老友主持的社會大學授易，其時他們興辦一個「未來領袖學院」，期望培訓出台灣各行各業的領袖人才，我也受邀為講師，且帶領一些學生特別指導。我當時有針對這個理念起占：「台灣未來領袖應具備之範型為何？」也是得出蒙卦上九爻變，成師卦。真正的領袖不可鄉愿，高瞻遠矚，針對時弊痛下針貶，啟發群眾的蒙昧並帶領他們走上正路。台灣當時族群矛盾嚴重，內外險阻重生，正是蒙昧難行之象，欲有光明未來，必須「擊蒙」。

●二〇〇一年六月中旬，我突發奇想，占問乾卦之前是什麼？這等於在問開天闢地以前的宇宙景觀，自古就是難解的問題。結果得出蒙卦上九爻變，成師卦，「擊蒙，不利為寇，利禦寇」。這是什麼意思呢？大霹靂之後宇宙創生，源於乾坤一擊鑿破渾沌？外卦艮阻一開，內卦坎水翻湧暢流，所謂「品物流形」就是這樣麼？還是易理對我當頭棒喝，這種問題不該問，未知生焉知死，未充分了解現行宇宙結構，不必奢談開闢以前是何物？

多爻變占例之探討

蒙卦六爻單爻變已分析完畢，往下探討多爻變的案例。

二爻變占例

占卦遇二爻動，若其中一爻恰值宜變，以該爻爻辭為主，另一爻爻辭為輔論斷，若皆不值宜變爻位，以本卦為主，兩爻齊變所成卦象為輔，並參考二爻爻辭論斷。蒙卦二爻動的案例，最常見的範型為九二、上九兩陽爻齊動，有坤卦之象。包蒙、擊蒙皆至，軟硬兼施，期收啟蒙之效。

- 一九九五年五月下旬，我占問蕭萬長往後仕途發展，即為蒙卦兩爻動，齊變有坤卦之象。他曾於稍前與幾位國民黨的政務官一起上過我一季的《易經》課，當時頗有接班主流的態勢，政治行情看漲。由卦象看來，包蒙、擊蒙兼至，可能鑿破渾沌不明的形勢，而有嶄新的前途出現。坤卦在一年中時當陰曆十月，蒙卦則當正月初，其時會有什麼變化呢？後來結果揭曉，他參加當年底立委選舉成功，遂辭去陸委會主委之職。兩年後的一九九七年中，又接任內閣閣揆，真的鑿破混沌，青雲直上。二〇〇〇年與連戰搭配，大選失敗；二〇〇八年再出山與馬英九搭檔，競選獲勝，圓了副手之夢。二〇〇九年中，驚傳他罹患肺腺癌，十月下旬，我占問他三年內病情可康復否，又得出蒙卦九二、上九兩爻動，有坤卦之象。此占再現，應為何意？蒙卦外阻內險，情勢不明，包蒙、擊蒙雙管齊下，有機會突破險阻而獲成功。往後三年，他都健康無虞。據說，蕭二〇〇〇年大選時，有特異人士說他「這次選不上」，二〇〇八年居然復出，搭配再選而獲成功。人生命數難言，塞翁失馬，焉知非福？塞翁得馬，又焉知非禍？
- 一九九六年十二月上旬，我問兩岸問題在未來十五至二十年內會否解決，得出蒙卦二、上爻動，有坤卦之象。雖然外阻內險，蒙昧難明，包蒙、擊蒙軟硬兼施之下，還是有突破混沌的可能。坤卦涉及廣土眾民的福祉，只能順勢用柔以對，急切莽撞不得，現在看來的確如此。
- 二〇一〇年三月初，我收到某大報歐洲特派員陳女士的電郵，代朋友主持的學會邀請赴德國慕尼黑授易。有機會出洋弘道當然樂意，但擔心翻譯水平的問題，易經太難，一般中國人都不易理解，老外透過翻譯更是難上加難。當時也回覆提出此點，對方說會設法解決，我隨即占問，得出蒙卦二、上爻動，有坤卦之象。又是包蒙、擊蒙兼至，越洋教學啟蒙復元有其因緣，且順勢用柔以待，應有出蒙之時。後來果然突破，當年九月赴德十餘日，幾場講易都頗成功。居中的翻譯很強，本身習漢學，曾到廈門大學留學，還娶了南京老婆，江澤民赴德訪問，他也是翻譯團的高手之一。我最後一場聲嘶力竭，有些投影片乾脆委他代講，也發揮的淋漓盡致。

●二〇〇七年初，我占往後一年台灣經濟情勢，得出蒙卦九二、六四爻動，宜變爻位在六四，單變成未濟卦，若兩爻齊動則有晉卦（䷢）之象。其時民進黨主政，兩岸關係緊張，陳水扁捱過紅衫軍街頭抗議的浪潮，變本加厲，往台獨鎖國的極端路線靠攏。隔年又逢大選，挑撥族群和諧的動作不斷，經濟自然不會好。六四為中央執政之位，困於蒙昧無知，格局窄氣勢小，做錯還文過飾非，使台灣經濟的核心特色出不來。「遠實」即虛，單爻變成未濟卦（䷿），不渡彼岸事功難成。九二「包蒙納婦」，為民間商界的活力煥發，政策保守中自謀出路，與大陸經貿交流，雖然民難與官鬥，兩爻齊動，仍有晉卦之象。晉為日出，向光明遠景前進，〈大象傳〉稱：「君子以自昭明德。」結果那年的政爭氛圍雖壞，最後結算經濟成長為百分之五．七，算是差強人意。巧的是當時預測二〇〇七年美國經濟，與台灣卦象全同。當時次級房貸問題讓美國政府手忙腳亂，種種泡沫現象確實「困蒙吝，獨遠實」，呈現未濟的力道不足之象。最後年終結算成長百分之二．一，美國民間包蒙的力道，似乎難脫困蒙的桎梏。

●二〇一〇年五月初，親人去醫院檢查身體，發現肺部有異常狀況，十分憂懼，我起占得出蒙卦初、上爻動，有臨卦之象。外阻內險，蔽塞生命之泉，確實不妙，但也得坦然面對，詢求正確的治療方式。為了擺脫桎梏，若有包蒙較和緩的治療最好，不得已也得接受擊蒙式的手術切除，「利禦寇」使上下通順。後來還是住院開刀，順利割除患部，預後也都無虞。

●二〇一〇年二月中旬，我們一家四口趁年假赴澳洲旅遊，在藍山景區旅館休憩時，我給全家未來可能的成就都算了卦。我妻的卦象為蒙，九二、六五爻動，齊變有觀卦（䷓）之象。包蒙、童蒙相應與皆吉，「納婦吉，子克家」剛柔接的真好。齊變所成觀卦之象，莫非觀音現身轉世？

●二〇一一年九月中，我在高雄旅次中占算：教書二十年，所有中外學生的資源評估？得出蒙卦三、上爻動，齊變有升卦（䷭）之象。啟蒙多年，學生還是習氣深重者多，六三「見金夫，不有躬」，「包蒙」無效，只能「擊蒙」，以期「上下順也」。「遇蒙之升」，嚴厲教導可能還有刺激成長的機會。占象所示，完全反映實情，「擊蒙」也是我的後天本命，隨著時移勢轉，包蒙的年運要過去了？

●二〇一二年十一月下旬，我有一名學生說她哥哥也喜歡讀易，自習能否有成？我占得蒙卦五、上爻動，有坎卦之象。由啟蒙而習坎，蒙大象稱「果行育德」，坎卦稱「常德行習教事」，大企業家實踐經驗不缺，能否謙虛受教則為關鍵。蒙卦六五「童蒙吉」、上九「擊蒙」，如能順受亦可有成。

三爻變占例

占到三爻變的卦象，本卦已至半數欲變，有可能三爻齊變成之卦，成拉鋸現象，稱貞悔相爭，得兩卦合參。若本卦三爻中有一爻恰值宜變，該爻爻辭亦須列為重要參考，其他爻辭為輔，以綜合判斷之。

●二〇〇〇年十一月初，我提前占算二〇〇一年的台灣經濟概況，得出蒙卦二、三、四爻動，九二值宜變，單變成剝卦，貞悔相爭成旅卦（䷷）。九二「包蒙、納婦、子克家」，代表民間企業積極對外開放交流，也願意與大陸互動，而走出外險內阻的蒙昧情勢；但六四官方「困蒙，吝」，多有限制；再加上民間也有六三見識短淺、炒短線、「不有躬」的拖累，遂成剝成旅，資源外流而致台灣本身的空洞化。剝卦岌岌可危，不利有攸往，旅卦失時、失勢、失位。二〇〇一年台灣經濟為負成長百分之二．一八，卦占完全應驗。

有趣的是，這和二〇〇七年台灣經濟遇蒙之晉的卦占很像，只多了六三爻亦動。這兩年的閣揆都是張俊雄，六四「困蒙，吝」的政策不變，當然束縛了民間的經濟活力，鎖國之害，真是既深且重啊！

●二〇〇二年十二月五日，我占兩天後的高雄市長選舉，國民黨候選人黃俊英的勝負如何？得出蒙卦二、三、四爻動，九二值宜變，單變成剝卦，貞悔相爭成旅卦。依前占例判斷，此象不妙，極可能落選。「包蒙」雖有地方實力，不敵「困蒙」，以及「見金夫不有躬」的雙重箝制，「遇蒙之旅」，失時失勢失位，大勢去矣！當時占民進黨候選人謝長廷勝算，得出漸卦初、四、五爻動，貞悔相爭成離卦，其〈大象傳〉稱：「明兩作，大人以繼明照于四方。」連任高雄市長，繼續光明不成問題。兩相對照，勝負見矣！兩天後揭曉，果然謝勝黃負。

●二〇〇四年九月二十八日，陳水扁連任後的爭議官司仍在進行，沙盤推演，當選無效之訴可能會輸，第二椿選舉無效之訴呢？占藍營為兌卦六三動，爻辭稱：「來兌，凶。」爻變成夬卦，又是勝負已決的書契之象，〈小象傳〉解釋：「位不當也。」民與官鬥合該如此。再問綠營勝算，得出蒙卦初、二、四爻動，九二值宜變，單變成剝卦，貞悔相爭為噬嗑卦。九二「包蒙納婦」的力道甚強，剛好又能照應初六「發蒙」，使其掙脱桎梏；六四雖「困蒙」，影響不大，似乎仍能勝出。之卦為噬嗑，卦辭稱：「亨，利用獄。」〈大象傳〉則稱：「先王以明罰飭法。」又是獄法鬥爭、弱肉強食之象。再與藍營占象比較，應是藍輸綠贏之局。兩相對立之占，有貞我悔彼之説，內卦為我方為貞，外卦指彼方為悔，因此蒙卦所動六四「困蒙」也可能就指藍營，自然敵不過綠營「發蒙」，得承「包蒙」照應之強勢。

● 一九九七年元月中，我自購的新居要內部裝潢，託學生介紹木工來承包，商議定之後，我還是占問就此動工如何？得出蒙卦二、五、上爻動，上九擊蒙宜變成師卦，貞悔相爭為比卦（䷇）。六五「童蒙，吉」，同時接受九二「包蒙」與上九「擊蒙」的教誨，相互照應合作，應該是極理想的啟蒙格局，遂敲定施工。後來也還順利，十多年來住得稱心自在，而且與陳姓包工相處不錯，爾後自己及親友大大小小的工程，也都由他承包，確是比卦互惠之象。當時頭案施工期間，還有個意外的插曲，最後鋪地板時，中午工人外出沒關門，回來發現居然被人惡意破壞，劃了長長的刻痕。他只能賠償重做，難道這是擊蒙未能禦寇所致？人心險惡無聊至此，也讓人搖頭喟嘆。

● 二〇一五年七月上旬，我有山東之行，約晤某企業家學生，他正好請益，問八月底前某檢定案能否過關？我看他憂心忡忡，現場占得蒙卦二、五、上爻動，上爻宜變成師卦，貞悔相爭成比卦。

君位「童蒙」兼受上下「擊蒙」與「包蒙」，又有比附合作之象，格局頗佳，應該沒問題，勸其寬心，後果順利過關。

●二〇一六年十月初，我台中老學生謝金勳開易經初級班，教占時以「兩岸五年內會否兵戎相見」為題，師生合占得蒙卦二、四、上爻動，貞悔相爭成豫卦。蒙卦上九為宜變爻位，單變成師卦，爻辭稱：「擊蒙，利禦寇，不利為寇。」豫卦為動員備戰，卦辭稱：「利建侯行師。」蒙為蒙昧不明，看不清楚真正外險內阻的情勢。遇蒙之豫，可能性不容低估。蒙九二「包蒙」寬容，六四「困蒙，吝。獨遠實也。」上九強烈擊蒙，爻序的演變讓人擔心。

●二〇一二年十月底，我們籌畫咸臨書院成立，與台灣周易文化研究會同址辦公，選定十一月五日午時揭牌，匾額專請擅書法的好友製作，也請了奉元幾位師兄弟來觀禮致辭。當時問一切安排妥當否？書院精神與日後的發展如何？得出蒙卦二、三、上爻動，上九宜變成師卦，貞悔相爭成謙卦。書院傳道啟蒙教化，以致謙和太平，當然精切。蒙卦六三「行不順」，包蒙不得則擊蒙以警愚頑，也真準確地勾勒出我的一向風格。

四爻變占例

占事遇卦中任意四爻動，以四爻齊變所成之卦的卦辭卦象為主判斷，若其中一爻值宜變，稍加重考慮其爻辭的影響。

●二〇一三年四月下旬，咸臨書院配合每年研習營編著的《夏學論集二：撥亂反正》剛出刊，我總結十八篇論文成績占卦，為履卦上九爻動，有兌卦之象。履上九爻辭稱：「視履考祥，其旋元吉。」小象稱：「元吉在上，大有慶也。」實行結果至為圓滿，爻變兑，又是朋友講習之意。高興之餘，又問下次主題，得出蒙卦初至四爻全動成離卦。啟蒙教化以至薪盡火傳，繼明四方，恰為當世要務。遂定題徵稿《夏學論集三：人文化成》。

五爻變占例

占卦遇五爻皆動，表示變數極多，本卦很不穩定，五爻齊變所成之卦的卦象、卦辭須參考，仔細揣摩其中變化的緣由。

● 一九九二年六月中，我任職之出版公司開始股權爭奪，大股東出任副董事長，我接任總經理，老闆雖是董事長，大半心力在處理他那幾家虧損累累的關係企業，這種詭異的分工形勢，令人不安。董事會後，我占問陳氏大股東的真正意向？得出蒙卦初、二、四、五、上爻動，五爻齊變成隨卦，九二包蒙值宜變，單變成剝卦。看來一切並未定調，隨時勢變化再做因應，當時可能包蒙寬容之意還稍重些。對股市作手來說，出版公司營利價值有限，當時他之所以介入，其實也是為了他哥哥在公司行銷部任職之故。人世頗多因緣際會，造化弄人之事，而今回顧，也沒什麼話好說。

5. 水天需（䷄）

需為全易第五卦，即經濟學上供需之需，與國計民生的基本需求有關。〈序卦傳〉稱：「物稚不可不養也，故受之以需。需者，飲食之道也。」民以食為天，生命成長、組織壯大都必須從外界攝取資源。「食色性也，飲食男女，人之大欲存焉」，國之大政首在養民溫飽，亦期內無怨女，外無曠夫。需卦前接屯、蒙，後為訟、師二卦。生命新生必先認知自己所需，才能走上正確發展的方向。外界資源有限，一旦供應不足，僧多粥少，必起紛爭；講法論理若還解決不了，就會訴諸暴力掠奪，甚至爆發戰爭。〈雜卦傳〉稱：「需，不進也；訟，不親也。」人際的爭鬥不和，皆源於需求擺不平，所以我們需要什麼，不宜立刻進取，因為別人可能也需要，而引發衝突。

嬰兒生下來就要吃喝，但青春期前怎麼會有男女的情慾需求呢？還是有！《老子》第五十五章稱：「含德之厚，比於赤子……骨弱筋柔而握固，未知牝牡之合而朘作，精之至也。」朘即男嬰的生殖器，不識男女之事卻會勃起，表示這是生命自然的需求，屯卦的元亨利貞四德俱全，所謂具體而微是也。人生在世，必須真誠面對，尋求合宜的解決之道。因此，需卦卦象爻象表面皆以飲食為重，其實「潛台詞」亦通男女之事。需字本為雨水下降，田中作物欣欣向榮，男女情愛交合，雲行雨施，品物流形，亦生生不息。

䷄

需卦卦辭：

有孚，光亨貞吉，利涉大川。

需卦卦象內乾行健，外坎險陷，為冒險犯難渡越大河之象。由於水深難測，不能貿然前進，須小心謹慎摸著石頭過河。孚字經傳多見，為大易極重要的觀念，本意是「爪下有子」，母鳥孵育小鳥之象，藉著體溫傳遞將堅硬的蛋殼孵化，充分透顯出禽類與生俱來的護雛之情。蒙卦的果行育德，育字為胎兒頭下腳上在母體中待產之象，由孚、育二字，可見一切卵生胎生的生命必具的親子之愛，不必懷疑，不學而能。《大學》所稱：「如保赤子……未有學養子而後嫁者也！」即為此意。孚字字義推而廣之，幼吾幼以及人之幼，各子其子可至不獨子其子，基督教講的信望愛庶幾近之。需卦繼屯、蒙之後，父母養育子女，政府照顧人民，必關愛備至，使其生計無憂，渡過人生種種險難。只要有孚在，必可光明亨通，固守正道而獲吉，由此岸安渡彼岸。

〈彖〉曰：需，須也，險在前也。剛健而不陷，其義不困窮矣！需，有孚，光亨貞吉，位乎天位，以正中也。利涉大川，往有功也。

「須」有耐心等待之意，因為成事必須有的條件尚不具備，時機還不成熟，卦象坎險在前，必需敬慎。好在內卦乾剛強健行，只要努力不懈，終會突破險難而獲成功，不困不陷不窮。九五位居飛龍在天的君位，為需卦之主，掌控諸爻生存發展所需的戰略資源，當然以逸待勞，坐享成功。

〈彖傳〉闡析卦爻結構，點明形勢，教人建功立業，凡提「往有功」者，多有坎險艮阻之象，表示人生必克服艱難險阻才能成功。九五即居上卦坎險之中，險之所在亦需之所在，深海探寶必冒極大風險，一旦得手即可獲益無窮。

〈象〉曰：雲上於天，需。君子以飲食宴樂。

水天需既有耐心等候之意，即稱「雲上於天」，水氣成雲尚未落雨，一切還未成事實，這和「雲雷屯」的取象類同。飲食宴樂皆為日常生活所需，任何情況下必須維持供應，無論我們有什麼長期奮鬥的目標，都得以平常心應對，該吃喝就吃喝，該放鬆宴樂就宴樂。政府施政亦當以民眾溫飽為首要，不宜輕言犧牲一代而謀未來世代的幸福，這是基本人權，不可隨便剝奪。春秋末句踐復國，倡導臥薪嚐膽，雪恥復仇，經三十年苦鬥才成功，稱霸之後又無像樣的文明建設，最後還是淪亡，可說犧牲了當時越國百姓的幸福，並沒有給他們帶來真正長遠的利益。政權間冤怨相報，何如發展經濟使民生樂利？世間宗教亦有倡導苦行，勸信徒不重今生修來生之論，其實皆有偏頗，「飲食宴樂」有何罪惡？面對解決、調節供需才是硬道理。究竟有無來生姑且勿論，把握今生才是真正的大智慧。〈大象傳〉重修德，當下即是，吃飯穿衣都是學問，都是人生修行的要項。

占例

占到不變的需卦，以卦辭卦象論斷即可，一般皆表示前有險難，不宜速行，須耐心周旋，作長期抗戰的打算。

●二〇〇一年十二月下旬，其時立委外遇緋聞事件層出不窮，我在電視台一個新聞議論的節目中列席，大家在談婦運團體推動「通姦除罪化」的議題，只有回教國家及台灣仍以法律定罪云云。台灣可不可能通姦除罪呢？我占出不變的需卦，看來短期絕不可能，民意仍堅定多數反對，為了選票影響，政黨都寧願不碰這個棘手的問題。果然，十年過去仍然如此，健行遇險，需不進也。

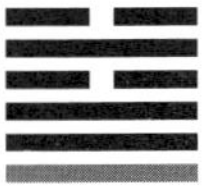

初九：需于郊，利用恒，无咎。

〈小象傳〉曰：需于郊，不犯難行也；利用恒无咎，未失常也。

初九為需卦之始，健行遇險，當然不宜輕進，只合強化基本面，作長久的準備。城池曰邑，邑外為郊，郊外稱野，郊野人煙稀少，事情也少，更不宜無端生事。所謂有事不怕事，沒事別找事，不要冒無謂的風險，好好過正常日子，就能無咎。爻變有井卦（䷯）之象，鑿井開發潛在資源，以備將來之用。井卦也重民生日用，古代民眾圍井而居，有井水處就有人家，市井小民最希望安居樂業，為政者應儘量體恤，為民謀福。

占例

占到需卦初爻動，依爻辭判斷即可，只宜靜養等候時機，不可輕舉妄動。

●二〇〇六年元月中，彼時任立委的學生請我吃飯，順便看看他往後一年的策運。他曾與一些政商界人士上過一年的易經課，民進黨執政後回大學教書，我們還時有往還。前不久才在扶輪社演講相遇，對我分析當時美中關係甚表認同，遂起意而有此餐聚。我算出需卦初九動，有井卦之象，看來這會是他蓄勢靜養的一年，沒有太多往外能做的事。他聽了還多少有些失望，這豈非太平淡了？兩年半後馬英九上台，該位學生高升，由無事而有事，忙得不可開交，人生行止動靜常常如此。

䷄

九二：需于沙，小有言，終吉，

〈小象傳〉曰：需于沙，衍在中也；雖小有言，以吉終也。

九二和初九不同，初九離外卦坎險甚遠，僻處郊野內陸故無事，九二則漸近於險，故有待於沙灘之象。沙字即為少水之意，地表沒有，地下卻有河水伏流滲透，故說「衍在中」。衍字即為「水之行」，彎彎曲曲地流動，最後還是入江入海。九二與九五相應，遲早需入海尋寶，既是風險也是機會，但尚非其時不宜輕動，不管遭遇什麼批評謾罵，都把定慢慢發展的大原則勿與計較，最後獲吉比較重要。本爻爻變，為既濟卦（䷾），正是「利涉大川，往有功也」。

九二居下卦乾陽之中，剛而能柔，行事合乎中道，懂得長期目標必須耐心周旋的重要。初九「利用恒」，有恆為成功之本，需卦至少強調信心、愛心、耐心、平常心，再加上恆心，才足以越過艱險而成事，故卦辭首重有孚，精神戰力特別重要，有孚即可「光亨貞吉，利涉大川」。衍字即易占大衍之數之衍，高山上之水順勢下流，遇阻礙即迂迴繞過，只要大方向立定，曲曲折折終會達到目的。易占亦然，就占者心中意念啟動，自然順勢推衍出正確的卦象爻象，人力人欲無法干預，所以蒙卦稱「初筮告，再三瀆，瀆則不告」，想得到正確的答案，切勿自欺欺人。瓜熟蒂落，水到渠成，黃河九曲終向東流，人生行事必須懂得衍字的智慧。

占例

占到需卦九二動，以爻辭為主，並參考既濟卦卦辭卦象論斷。當事者不要為言詞所激而亂了方寸，照既定的大方向做就是。

- 有學生占問達爾文的進化論正確否，即得出需卦九二動，爻變有既濟卦之象。看來該論大致正確，雖「小有言」遭致批評，如人可能由猿猴演變之類，整體來說仍是有其科學實證的根據。「衍在中」，物種自然的演化亦復如是，飲食與雌雄交配的基本需求主宰了一切。

- 二〇一〇年八月十四日，是學會首任執行長徐崇智往生四週年忌日，我依例占算他所謂的近況，得出需卦九二動，有既濟卦之象。因為前三年都似魂魄不安，我看了也是無奈嘆氣，這年卻有改善，雖「小有言」，已「衍在中」，安心等待過大河了！需卦在京房八宮卦序中，屬坤宮的遊魂卦，雖未最後安定，已然上路矣！易占真能斷陰事麼？〈繫辭上傳〉第四章怎麼說得那樣肯定：「原始反終，故知死生之說；精氣為物，遊魂為變，是故知鬼神之情狀。」

- 一九九九年四月下旬，我剛讀完王作榮的回憶錄《壯志未酬》，厚厚一鉅冊，他雖位極人臣擔任過院長高職，也曾與李登輝攪和過一陣，所謂愛憎情仇云云，由書名看，仍自認懷才不遇未建真正事功。我心中有感，占問此書對人的最大啟示為何？得出需卦九二動，有既濟卦之象。人皆追求成功，但需有中心思想，百折千迴不離其宗，再者九二為臣位，需九五之君互相利見大人，始能成事，屈居下風總是難以自主。「習成文武藝，貨與帝王家」，自古知識分子的悲哀在於此。現代社會劇變，必須從這裡勇敢跳脫出來，「獨立不懼，遯世无悶，樂則行之，憂則違之，確乎其不可拔，潛龍也！」

九三：需于泥，致寇至。

〈小象傳〉曰：需于泥，災在外也；自我致寇，敬慎不敗也。

九三陽居陽位，過剛不中，已逼近坎水岸邊，再無迴避餘地。河水深深滲入地面，泥濘不堪，人行其上難以立足，這時敵寇入侵只有捱打的份，必須小心防護以免失敗。明知水邊危險，逞強猛進造成泥足深陷，難以自拔，自找苦吃怪得誰來？大易所標榜的精神就是自我負責，好是自強不息，壞是自作孽不可活，沒有任何推諉之詞。「敬慎不敗」是易學主旨，兵法亦強調立於不敗之地，「先為不可勝，以待敵之可勝」，敬人敬天，敬事敬業敬敵，切勿怠忽。慎字為真心之意，人認真才會審慎，粗疏大意必致敗局。本爻爻變，為節卦（䷻），行事必須合宜中節，不可意氣用事。

「需于泥」的情景，應該是古代先民涉越黃河的經驗。我在一九九八年仲夏，率二十多位學生赴大陸作「易經溯源之旅」，曾於鄭州附近地段乘橡皮艇過黃河，船開至河灘中暫停，我們就在黏稠度極高的泥灘上玩耍，站不穩也絕對沉不下去，像小孩一樣樂了好久。人踏在那樣的泥灘上，若遭敵人攻擊，確無還手餘地，一定被打趴。

占例

●二〇一〇年九月初，我占問阿富汗遭美軍入侵多年後，其未來的形勢發展，得出需卦九三動，有節卦之象。「需于泥，致寇至」，講的可真切啊！美國入寇，雙方進行游擊對正規軍的殊死戰，都深陷泥沼中難以自拔，彼此若不節制，議定合宜公平的管理辦法，前途可謂茫茫，民生經濟困苦不堪。需、訟相綜，彼此的爭執是造成這種僵局的原因。

●一九九七年九月二十八日孔子誕辰，我在書房中設了座夫子牌位，引子女參拜至聖先師，算是入了學門。彼時女兒十三歲，兒子還不到五歲，說好暇時教他們讀經，還照相留影存證。立意雖佳，往後幾年卻未能貫徹，終致不了了之。當時有占前景，得出需卦九三動，「需于泥」，未能前進涉大川，子孫雖不愚，經書畢竟沒讀。

●本書簡體字版的創作起意於二〇〇九年北京友人敦促，希望在理論及實占例證上都超越日人高島吞象的《高島易斷》一書，這點自信我當然有，自己開占二十載，其時也累積了五、六千占例，運用不虞缺乏。二〇一〇年中開筆後，想拓寬占例的類型及個人不同的生活經驗，遂於學會網站上公開徵求卦例，若合適採用則可豐富此書的資訊，裨益天下四方的習易者。當時占效果如何？得出需卦九三動，有節卦之象。看來難以期望，原因很多而且不易突破，只是盡心而已。後來是有些學生繳卦例來，也有衡量採用的，為數相當有限。我是需要，別人供應不上啊！

●二〇〇三年二月中旬，我忽有感，占問自己當時的心性修為，得出需卦九三動，有節卦之象。說得真切！「自我致寇」，不能怪人，既然如此，只能好生調節，以求「敬慎不敗」。易占可測心象，與其測人不如測己，終日乾乾，朝有過夕改之，夕有過朝改之。

●二〇〇八年十月初，我正給學生講易與老莊的課，有占問老子思想的價值，得出需卦九三爻動，有節卦之象。人生從「童蒙」時起即因需起訟，為了滿足欲望爭奪不休，以致深陷泥沼難以自拔，老子講清靜無為，正是對症下藥，勸我們節制嗜欲，以保不敗。

六四：需于血，出自穴。

〈小象傳〉曰：需于血，順以聽也。

六四終於進入坎陷，爻變為夬卦（䷪），剛決柔，陰陽對決有兩敗俱傷的流血可能，這時必須發揮陰居陰位、順勢用柔的體性，冷靜下來觀聽形勢，低調以緩和一觸即發的衝突。穴為藏陰之所，以避免和陽剛強大者正面為敵。六四上承九五之君，以小事大，不宜硬幹，只宜和平共存。陰柔者從自家藏身之穴鑽出，是取禍之道，故而造成「需于血」的緊張情勢。六四下與初九相應與，基礎愈厚，愈能和九五周旋，這也是初九「利用恒」的道理。看的愈遠，及早準備，事變來時便可臨危不亂，從容應對。

占例

占事遇需卦六四動，以爻辭為主，同時參考爻變為夬卦之意論斷，一般皆呈現緊張關係，須和順小心應付，以免出事。

●一九九五年六月下旬，李登輝赴美，在母校康乃爾大學演講，講題為「民之所欲，常在我心」，觸怒了北京當局，造成後續台海緊張的試射導彈事件，美國為此還出動航空母艦調停。當時我占情勢，即為需卦六四爻動，爻變有夬卦之象。爻辭稱：「需于血，出自穴。」陰陽相傷有流血衝突可能，原因即在弱小一方鑽出防身洞穴，引發了強大一方的反彈。夬卦為剛決柔，有攤牌決戰的風險。〈小象傳〉稱：「順以聽也」，雙方都須節制低調處理，否則不堪設想。最後，還是和平化解危機。

●一九九四年春，影響兩岸關係的重大事故為千島湖慘案，當時李登輝即有激烈言詞批判大陸，我占為需卦九三爻動，爻變有節卦之象。爻辭稱：「需于泥，致寇至。」李罵對方為土匪，也引發負面效應，罵寇寇至，必須節制善後，敬慎以求不敗。時隔一年多，兩岸關係由需卦九三進一步惡化成六四，易理闡析事態變化，真是絲絲入扣啊！

䷄

九五：需于酒食，貞吉。

〈小象傳〉曰：酒食貞吉，以中正也。

九五中正居君位，掌控全卦生存發展所需的戰略資源，吃喝不完，只要固守住就吉，爻變為泰卦（䷊），挾此優勢與天下各方經貿往來，交流無礙，國泰民安。以兵法來講，此爻所居時位形勝第一，以逸待勞，往下四爻「需于郊、沙、泥、血」，辛苦勞頓不堪，九五則老神在在，坐著等候就吉。〈序卦傳〉稱需為「飲食之道」，〈大象傳〉又稱：「君子以飲食宴樂。」本爻則稱「酒食貞吉」，為需卦之主，可見食色為性之所需，必須健康面對。以食而論，本爻溫飽富實；以色而論，天地交泰，陰陽和合。

占例

占到需卦九五動，有泰卦之象，代表心想事會成，以爻辭與泰卦卦象卦辭判斷即可。

●二〇〇九年七月下旬，我準備開始講佛經，有學生問收費合適嗎？我一聽也有道理，就占問不收費合宜否？為需卦九五爻動，有泰卦之象。「需于酒食，貞吉」，「大往小來，吉亨」。當然好，但我並未採納，因我教的方式為以易證佛，並非傳教，自己也並不信佛，還是自行其是。

上六：入于穴，有不速之客三人來，敬之終吉。

〈小象傳〉曰：不速之客來，敬之終吉；雖不當位，未大失也。

上六為需卦之終，爻辭中獨不見需字，表示需求已獲滿足，終於入穴探寶，安渡彼岸。「不速之客三人」，指的就是在下乾卦三陽爻，上卦坎險為主，乾入坎中故稱「客來」。不速之客是不請自來，因為生存發展所需，非去不可；「不速」也是緩慢，因為確有風險，不敢躁進。既然來者是客，不能喧賓奪主，無法主導資源分配，故稱「不當位」；去的慢誤失時機，但總比不去強，故稱「未大失」。主人面對不速之客，也應該敬重招待，雙方相敬如賓，都能獲吉。三人成眾，群體行動比單打獨鬥強，入巽地可相互照應，也較易贏得主方的重視而不敢怠慢。

需卦九三「致寇至」，發展到上六主客相敬，真是難能可貴，化敵為友為大易思想的主脈，六四「需于血」算是歧出，最後「入于穴而獲終吉」。九二「小有言，終吉」，期待的也是這一刻，九三與上六相應與，需泥致寇之時，仍勿放棄和平解決的想望。「敬慎不敗，敬之終吉」，需卦之所以利涉大川，關鍵在一敬字，卦辭強調有孚，對人對事恆存敬意，為人生成功不二之法。《禮記・曲禮》稱：「毋不敬，儼若思。」宋儒講：「主敬立人極。」都是見道之語，絕非迂腐。

上六爻變為小畜卦（䷈），以小事大，更需用智慧爭取和平共存，絕對不宜鬥氣鬥力；同樣以大事小，以主待客需有愛心，讓客人有賓至如歸之感，這才是雙贏兩勝之局。

《論語・子路篇》記子曰：「無欲速，無見小利。欲速則不達，見小利則大事不成。」這個道理與需卦主旨全通，從初九「利用恒」，到上六「不速之客三人來」，人生長期奮鬥應以此為圭臬。

前面說需卦經傳言飲食，其實意象亦通男女，六四「出自穴」、上六「入于穴」，都有強烈的情色暗示。「利用恒」、「不速之客來」，則說明乾入坎中、陰陽交合宜慢不宜快，才會盡歡終吉。易象微妙精到，讀者需善領會。

占例

占到需卦上六動，有小畜之象，依爻辭論斷即可，表示等到最後終於有了結果，供需達到階段性的平衡。

●一九九七年中，台灣發生白曉燕命案等重大治安事件，時任政務委員的馬英九宣布辭官退隱，改去政大教書，也放棄一九九八年底的台北市長競選。這個動作震撼了當時政壇，我一位學生占問馬英九究竟在想什麼？得出需卦六四動，有夬卦之象。「需于血，出自穴」，夬有分決之意，羞與為伍不再從政，得罪了九五黨政高層，卻獲得了初九待治的民心，聲望大漲。一年後，各方敦請他出來代表國民黨競選市長，以防堵陳水扁連任。馬再三推辭後，於截止申請前夕召開記者會，宣布參選，真的是讓大家望眼欲穿等到最後。「不速之客三人來」，挾群眾支持復入于穴，返回執政黨。李登輝雖不滿也得接受，助選夜上舉起他的手，稱讚為所謂的「新台灣人」，呼籲選民支持他，結果也真的選上。從「出自穴」到「入于穴」，繞一圈後身價大漲，更為人所需要了！弔詭的是，陳水扁輸了市長，卻於二〇〇〇年三月贏得更重要的領導大位，民進黨首次執政，塞翁失馬得馬，真是焉知禍福？

●我這位占算馬英九仕途的學生浸淫易占多年，而且原先是用干支五行生剋之法，學了大衍之數的占法後，頗想結合二者論斷，實驗一段發現很難，「義理易」與「術數易」器識格局差異不小，還不如各行其是為佳。他十多年前曾在台北街頭開過占卜小店，營運不順利，某日生意極清淡，到晚憋不住自占：當天還會有顧客上門嗎？得出需卦上六動，有小畜之象。結果不多時，真的「有不速之客三人來」，讓他當天還有進帳，「敬之終吉」。

多爻變占例之探討

需卦單爻變的理論及實例已明，往下探討二爻以上動變的占例。

占卦遇二爻動，若其中一爻恰值宜變之位，以該爻爻辭為主，另一爻爻辭為輔論斷，也可參考雙爻齊變之後所成的卦象，儘量解讀所透顯出來的信息。

● 二〇〇八年元旦，我依例占問各方政經大形勢，其中中國大陸當年的宏觀經濟為需卦，初九、九五爻動，兩爻皆變有升卦之象。初九為民間基層，穩住民生經濟為首要，「需于郊」，更點出開發內需的重點在地廣人稀之處，也就是僻處內陸的大西部。近三十年的改革開放，讓一部分人先富起來，沿海的繁榮已經成型，雖尚未飽和，為發展均衡計，西部的大力開發勢不能免。「利用恒，无咎」，訂出長期目標全力以赴，可立於不敗之地。其時金融風暴雖未正式爆發，世界情勢已經告急吃緊，外銷風險增高，提振內需無比重要。九五居需卦君位，國家領導人得高瞻遠矚，大處佈局，貨幣戰爭開打，對經濟發展所必需的戰略資源須充分掌握，如石油、原物料、稀土礦藏等生產、貿易及儲備，都成竹在胸。近年來的交通建設延伸至西南、西北的鄰近國家，即窺出用心。如此兩下用力，遇需之升，必定可創高度成長。後來年終結算，二〇〇八年九月雖發生金融風暴，之前北京風光辦好奧運，經濟成長率仍高達百分之九．〇，卦象完全應驗。

● 二〇〇六年元旦，我占問中國大陸全年的經濟情勢，得出需卦初九、九三動，兩爻齊變有坎卦之象。初九「需于郊，利用恒」，開發西部的內需為早定之策；九三「需于泥，致寇至」，顯然面臨外貿、外資的一些壓力和威脅，如逼迫人民幣升值以及熱錢流竄之類，這時必須做好宏觀調控，以求「敬慎不敗」。當然戰略資源的佈署仍為要項，若因此引發國際緊張關係，也得耐心周旋化解。坎卦之象已明示有不低風險，須小心應付。後來年終結算，經濟成長率高達百分之一〇．七，上述的一些問題看來都還處理得不錯，算是精采過關。

● 二〇〇二年十二月初，我提前預占二〇〇三年台灣經濟情勢，得出需卦九三、上六動，齊變有中孚卦（䷼）之象。由於二〇〇一年台灣經濟很糟，結算後為負成長百分之二．一八；二〇〇二年稍好，恢復正成長百分之四．三。其時民進黨執政，兩岸經貿受節制，綁手綁腳不夠活脫，看來是反映在卦象中。「需于泥，致寇至」，政府敵我意識太強，好在民間企業彈性夠，自己會評估風險前進。上六「不速之客三人來，雖不當位，未大失」，年終結算成長百分之三．四，可謂差強人意。九三和上六相應與，努力突破禁制，化敵為友，兩爻齊變所成之中孚卦，講信修睦，合乎時中之道。

● 一九九五年三月初，我就占算過為台灣計，最佳的大陸政策為何？得出需卦九三、九五動，兩爻齊變有臨卦之象。九三「需于泥，致寇至」，是得「敬慎不敗」；九五「需于酒食」，卻是生存發展所必需，不去不行。三與五同功而異位，轉化敵我矛盾，建立分工合作的體制才有出路。臨卦正是自由開放，勇於面對，卦辭有元亨利貞，〈大象傳〉稱：「君子以教思无窮，容保民无疆。」不受疆域的限制阻隔，活力與創意無窮，這是大開大闔的格局與氣勢，千萬不宜封鎖自閉。

● 一九九五年十月中旬，我占了一系列攸關兩岸大局未來發展的卦，其中問中國大陸未來十年的走向，得出需卦九三、九五動，有臨卦之象。顯然會以經濟發展為重，不管遭遇什麼障礙或外敵的侵侮，一定敬慎化解，在臨卦自由開放的國際環境中，逐漸爭取資源主導的優勢。後來直至二〇〇五年十月，這十年的發展大致就是如此，易占預測大局的功力穩定精到，令人佩服。

● 二〇〇一年四月初，中美發生嚴重的海南撞機事件，繼一九九九年五月初中國駐南斯拉夫使館被炸後兩年，這事當然造成極大衝擊。我在當時富邦集團的課堂上大家談起，遂占問最後對台灣有何影響？得出需卦初、二爻動，兩爻齊變有蹇卦之象。需卦固然健行遇險，畢竟待在此岸事不干己，初九「利用恒，无咎」，不必冒險犯難；九二「小有言，終吉」，雖有蹇難難行之象，審慎低調即可。

● 二〇一一年二月中旬，我們周易學會的新任理事長鄧美玲跟我報告會務，很擔心經費不足，難以應付道場及人事的開銷。學會成立七年後才擁有自己的處所，當時也是一些熱心的同學慷慨捐助促成，草率退租似乎是走回頭路，至少暫時不宜。我占問如何解決？得出需卦初、二爻動，有蹇卦之象。學會發展確實有資金需求，蹇卦外坎險、內艮阻，難以行進，遇需之蹇，問題明確。解法呢？需初九「利用恒，无咎」，需有長遠規劃，九二「小有言，終吉」，把穩方向勿偏離。蹇卦為成員共同面對的難關，正好風雨同舟，合作渡險，〈象傳〉稱：「蹇之時用大矣哉！」主意拿定，理監事會中大家集思廣益，建立多項共識，分頭執行，半月後即有捐助及開成課的學費進帳，窘況紓解甚多。

● 一九九五年元月十三日，我受南部政界學生之託，代占台灣的南部科學園區定址，高雄路竹有無希望中選？其實審核結果已定，次日就將公佈，我占出需卦初、三爻動，齊變有坎卦之象。初九「需于郊」，九三「需于泥，致寇至」，看來是劣勢捱打的局面，坎陷難以出險，而且已無時間再奮鬥了！結果確實以懸殊比例輸給台南新市，後來雖然爭取作衛星園區，畢竟輸掉主導權。

●二〇一六年六月下旬，五二〇已過逾月，兩岸關係開始惡化。我問蔡英文將來的歷史定位，為需卦初、三爻動，齊變有坎卦之象。初爻本和平無事，可不犯災；三爻陷入泥沼「致寇至」，為台灣的生存發展帶來極大的風險。「自我致寇，敬慎不敗。」完全自找苦吃，怨不得人。坎稱習坎，對岸的領導人就姓習，可是遍歷艱險的強硬人物啊！《焦氏易林》遇需之坎，斷辭為：「鑿井求玉，非卞氏寶。名困身辱，勞無所得。」

●二〇一〇年八月初，台灣考試院的文官學院邀我講易，準備錄製十小時的光碟影帶，供學員網上學習之用，談完企劃之後，承辦聯絡的陳先生順便問我學院未來幾年的發展。我就在洽商的咖啡廳占出需卦三、五爻動，齊變有臨卦之象。九三「需于泥」，推動有阻滯，九五「需于酒食」，遠景跟資源視居君位的高層領導而定。三與五同功而異位，若領導能大力支持承辦，可有光明開闊的前途。

●二〇一一年八月上旬，宋楚瑜決定要參選，我一位學生擔心分掉泛藍的選票，傳簡訊予我問計。我占得需卦三、五爻動，齊變有臨卦之象。「需于泥，致寇至」，遭遇麻煩也是自找的，得敬慎以保不敗。九五中正居君位，「需于酒食，貞吉」，應該仍可排除障礙而獲連任。臨卦元亨利貞，君臨天下，為陰曆臘月的消息卦，恰當隔年元月十四日選期。我將斷占結果簡訊回傳，告其安心。果然馬獲連任，宋才得三十多萬票，敗事不足，反而可能促成泛藍團結而致勝！

●二〇〇二年三月初，老友經營的基金會陷入困境，積欠的束脩未付，又來訪提錄音光碟的新合作案。在家等候時，我還是問了一下如何應對為宜，得出需卦初、上爻動，齊變有巽卦（䷸）之象。初九「需于郊」，不輕易冒險，上六「有不速之客來，敬之終吉」。巽卦沉潛低調、靈活應變，當可剛健而不陷，其義不致於困窮。老友來時沒把握，見我態度如恆，也放下了心。後來仍繼續合作一段時日，實在難以為繼他才自己叫停，合作期間其實小心翼翼，彼此也沒什麼大損失。經營事業難免風險起伏，重要的還是有孚，信望為主，仍能光亨貞吉，利涉大川。

- 一九九七年六月中旬，我之前去拜見恩師幾次，頗欲在他老人家志業的深遠佈局中盡力，扮演一定的角色，卻不很清楚老師的看法，遂誠心一占：他究竟怎麼看我？得出需卦初、五爻動，齊變有升卦之象。九五「需于酒食，貞吉」，是中正居君位的老師；初九「需于郊，利用恒，无咎」，是還需要長期磨練的我。假以時日，機緣成熟或可擢升，升卦〈大象傳〉稱：「地中生木，君子以順德，積小以高大。」為學任事甄選人才，十年樹木百年樹人，不是虛語。屯卦六二爻辭所稱「十年乃字」，也是經驗之談。屯、需二卦居君位的九五，資源條件不同，一是屯膏施未光，一則酒食飽足靜待嘉賓。〈繫辭下傳〉第九章結語說的真透：「既有典常，苟非其人，道不虛行。」

- 一九九七年九月上旬，我有一占，問所謂「科學易」的研發前景，得出需卦二、五爻動，齊變有明夷之象。《易經》中許多卦爻象所含義理，符合現代科學的觀察與認識，這點令人驚豔及困惑，古代缺乏精密的探測儀器與系統知識，他們是如何得知呢？近代的易學研究，有不少學者在這個領域裡探討，但似乎不易獲致共識。需卦九五既動，表示確有遠景，待開發的資源很豐富，但可能需長期的努力才能達成；九二小有立言，未成其大，還得慢慢推衍。二爻齊變的明夷卦已顯示辛苦，前途黯淡未明，利艱貞以求突破。

- 易與中醫的關係如何？自古即有醫易相通之論：「醫者易也，意也。」又稱：「醫不可無易，易不可無醫，設能兼而有之，則易之變化出乎天，醫之運用由乎我。」唐朝的孫思邈甚至說：「不知易，不足以言太醫。」這些話應該沒錯，然而真正落實的很少，臨床操作不易。醫與易皆博大精深，搞通一門都很難，更別說兼而有之，不少號稱醫易會通的書，談的都很空泛膚淺，對卦爻底蘊的認識更是明顯不足。二〇〇九年十一月中，我們學會在台北縣烏來鄉辦秋季研習營，主題即「易經與養生」，邀了從我學易四年的樓中亮醫師專題演講，大家反應熱烈。我在作總結時，解析一占例：易與中醫的關聯為何？卦象為需卦初、五爻動，齊變有升卦之象。醫易相需，九五「需于酒食」，可開發的資源雄厚，初九「利用恒，无咎」，需長期努力方克有成。升卦前為萃卦（䷬），醫易皆中國出類拔萃的學問，若能取精用弘薈萃研究，當有高度發展的績效。

● 需卦上六〈小象傳〉稱：「雖不當位，未大失也。」上六陰居陰位，為何稱不當位？一九九七年十二月下旬，我以易占作理論探討：究竟何謂不當位？得出需卦二、四爻動，齊變有革卦（䷰）之象，九二值宜變爻位，單變有既濟卦之象。〈繫辭下傳〉第九章稱：「二與四，同功而異位。」九二和九五相應，六四則上承九五，皆為屈居人下的臣位，皆為九五之君服務，做不得主。所以當位指九五當權主導，九二、九四皆不當位，上六自然也是，和陰居陰位無關。易傳用語有其嚴謹處，習易者需多方參會。

● 佛教稱人生有八苦：生、老、病、死、愛別離、怨憎會、求不得、五陰熾盛。我於二〇一一年元月上旬，占問何謂「怨憎會」之苦？得出需卦四、五爻動，齊變有大壯卦（䷡）之象。六四上承九五，有「需于血」陰陽相傷之象，卻又如此接近，不相處也不行，真是冤家路窄偏聚頭，其苦難當。大壯卦陽氣壯盛，血氣方剛，容易與別人起衝突，經傳處處強調克制忍耐，以免一發不可收拾。六四、九五其實互相需要，又期待又怕受傷害，怨憎會之苦表現得淋漓盡致。二〇一〇年耶誕夜，我算友人過去一段極不愉快的婆媳關係，也是得出需卦四、五爻動，有大壯之象。久年媳婦熬成婆，做婆婆後不將心比心，又去欺壓自己媳婦，人情怨憎之會，可真是輪迴無盡。

●二〇〇九年九月上旬，我因學生談到宗教信仰的問題，乾脆問究竟有無上帝？得出需卦二、五爻動，有明夷卦之象。上帝因人之需要而生？卦辭似乎顯現端倪：「有孚，光亨貞吉，利涉大川。」人生飲食男女皆苦，企盼上帝賜福得渡彼岸？九五「需于酒食」為上帝之位，地天交泰可得；九二「需于沙，衍在中」而獲終吉，自古信眾皆篤信如此。不管上帝的定義如何，卦象給人的啟示很大。明夷為日落晦暗不明之象，卦辭稱：「利艱貞。」〈大象傳〉則云：「君子以蒞眾，用晦而明。」真正的信仰也不容易，最黑暗艱難的環境下仍能固守正道，不經一番痛苦淬煉，也見不到上帝。

●二〇一一年二月中，埃及發生大規模民眾運動，總統穆巴拉克被迫下台，政府改組，我問往後三至五年埃及人民能享受真正的自由民主嗎？得出需卦二、三爻動，有屯卦（䷂）之象。人民是有此需求，需卦九二「需于沙，衍在中」，還得循序漸進慢慢等待；九三「需于泥，致寇至」，多半陷入泥沼難以推進，可能還會因動亂而引起外國勢力的介入，必須敬慎以保不敗。屯卦動乎險中，為初生幼苗之象，前途多艱，來日方長啊！

三爻變占例

占到一卦三爻動，齊變所成之卦稱悔，本卦稱貞，為貞悔相爭、相持不下的微妙格局，以兩卦卦象卦辭合參。若本卦三動爻中一爻恰值宜變，表示影響較大，亦以該爻爻辭為主、另二爻爻辭為輔，結合論斷。

● 一九九五年六月中旬，李登輝訪美，回母校康乃爾大學發表演說，造成當時兩岸關係緊張，我當時占問對台灣的吉凶禍福，得出需卦二、四、五爻動，六四值宜變，單變成夬卦，貞悔相爭為豐卦。健行遇險「需于血」，有攤牌決戰之象，正合當時劍拔弩張的情勢。九二、六四皆與九五有關，九五「需于酒食」指北京當局，為化解緊張對立，六四必須「順以聽」取各方反應，改採低調以對。豐卦內離為明、外震為動，明以動才能致豐，豐卦也特重均勢的維持，康乃爾之行似乎破壞了態勢的均衡。當時李氏演講的主題為：「民之所欲，常在我心。」很多人以為出自中國經典，其實古經中並無此言，相近的倒有，見於《尚書・泰誓》：「民之所欲，天必從之。」

● 一九九八年六月下旬，兩岸關係仍陷低潮，我問二〇一〇年時兩岸問題解決與否？得出需卦初、二、五爻動，九五值宜變，單變成泰卦，貞悔相爭為謙卦。需卦很適合用以描述兩岸關係，內外互相需要，上卦坎水往下流，下卦乾陽向上行，隨著時勢變遷必然愈走愈近。需之所在亦險之所在，風險控管不當，可能成訟卦，甚至惡化成師卦兵戎相見。十多年前港片《笑傲江湖》主題曲〈滔滔兩岸潮〉，頗似需卦情勢，令人玩味不已。貞我悔彼，我在台灣算，內卦初九、九二指台灣動向，九五「需于酒食」指大陸當局。九五宜變為主變數，爻變成泰卦，有促進兩岸全面交流之意；初九「需于郊」、九二「需于沙，衍在中」，有其審慎考量。無論如何，貞悔相爭為謙卦，兼顧各方利益與立場，和平有終。整體來說是不錯的局面，二〇一〇年已過，ECFA即於當年簽訂，展開了兩岸更密切的經貿交流。

●二〇〇〇年十一月中旬，我占十年後臺灣的整體形勢，得出需卦下卦三爻全動，貞悔相爭成比卦。看來主要還是和兩岸關係攸關，「需于郊」、「需于沙」、「需于泥」，和大陸愈走愈近。大陸居上卦未變，台灣處下卦全變，由乾剛變坤柔，為了土地人民的生計需要，非得順勢調整不可。比卦為和解談判、互助合作之意，完全説中了二〇一〇年的兩岸形勢。又，以京房分宮卦序論，需為坤宮遊魂卦，比為坤宮歸魂卦，十年時間，由遊魂徬徨不定轉為歸魂有向，也顯示了大勢所趨，不可逆轉。

●二〇〇二年八月底，陳水扁提出一邊一國論，兩岸關係再現緊張，我問台灣經濟會不會遭執政者搞垮，百姓的苦日子還要過多久？得出需卦二、三、五爻動，九五值宜變，單變成泰卦，貞悔相爭為復卦。看來還不至於，九三雖「需于泥，致寇至」，九五「需于酒食」主導之勢未變，交泰往來仍為主流，復卦更明示有朝一日回復正常，台灣經濟仍有復甦之望。於今觀之，正是如此。

●一九九七年初，李登輝決定凍省廢省，時任台灣省長的宋楚瑜飽受衝擊，政壇掀起軒然大波，其時我占對台灣全民究竟是吉是凶？得出需卦二、四、上爻動，貞悔相爭為同人卦。需為人民生計，同人則涉及族群問題的處理，〈大象傳〉稱：「君子以類族辨物。」撤除一些疊床架屋的行政藩籬，由中央直接督導地方治理，有其一定的合理性，當然箇中李宋鬥爭及統獨矛盾的意涵，也不在話下。九二「需于沙，小有言終吉」；六四「需于血」，對立緊張，攤牌決戰；上六出穴復入於穴，「敬之終吉，雖不當位，未大失」。整體看來，政治人物高來高去的鬥爭是一回事，對一般常民的生活來説，不見得有太大的差別。

●二〇〇九年元旦，我依例占問自己未來一年「謀道」的發展？得出需卦初、二、四爻動，六四值宜變，單變成夬卦，貞悔相爭為咸卦（䷞）。需于血為何意？「利涉大川」應該指赴大陸講學，本也是早就訂定的長期目標，「需于郊」、「需于沙」的階段性推進已見績效，多年來參與兩岸各種學術研討會都累積了一定的成果。咸卦山澤通氣，和諧感應，〈大象傳〉稱：「君子以虛受人。」謀道論學，本應如是。

夬卦為陰曆三月，當年四月上旬應邀赴廈門大學演講，是對全校師生的「南強論壇」，在漳州校區及校本部各講一次，主題為「由易經看世界大勢與民族復興」，將近年來研究的心得做了番整理報告，結果相當成功。但很不幸的是隨行的一位鄭姓學生，與同學們赴鼓浪嶼遊覽時宿疾發作，送醫不治往生，深夜演講完，我趕赴醫院太平間探視，跟台灣趕來的遺孀致意，心中真是難過。「需于血」竟是指此而言麼？之後，強打精神仍率二十多位學生依原計畫赴江西旅行，三清山、龍虎山等道教勝景，因為前不多時才講完易與老莊道家思想的課程，讀萬卷書，行萬里路云云。

當年還真是跑了大陸多次，北京、長春、濟南，廣饒、惠民、濱州、臨沂等地，為政企人士講易與兵法，參加兩岸兵學會議及參訪等等，遇需之咸的格局大致如是。每年元月初作回顧與前瞻，合乎人性人情。英文 January 起名的來源，跟羅馬的兩面門神 Janus 有關，本來就是一面看過去、一面看未來的寓意。中國人也說一年之計在於春，大易則順數知往、逆數知來，人生定期的檢討很重要。

● 一九九八年十月中旬，我占問年底台北市長選舉陳水扁能否連任，得出需卦初、二、四爻動，貞悔相爭成咸卦，六四恰值宜變，單變有夬卦決戰之象。六四「需于血」，以小博大，陰陽相傷，似乎不大妙，有現任執政優勢還顯虛弱，難道最後階段才宣布參選的馬英九真是扁的剋星？結果確實如此，陳以不到八萬票的差距落選。

● 我的中醫學生樓中亮博士好學深思，從我習易四年，二〇〇八年十二月下旬研發所謂「元陽療法」，問其發展前景如何？得出需卦初、三、五爻動，九五值宜變，單變成泰卦，貞悔相爭為師卦。九五為坎中一陽，正有元陽之象，「需于酒食」成泰，開發得當，前景甚佳；初九「需于郊」，開始起步，九三「需于泥」，可能陷入難關，成敗與否，就看如何動員群眾打一場精采的勝仗。師卦〈彖傳〉稱：「能以眾正，可以王矣！」眾人身體內自有元陽正氣，培育調養得宜，都能身心康健少患疾病，扶陽抑陰，合乎醫理易理。

● 二〇一〇年八月下旬，我應邀赴北大國學培訓班講易前夕，占問授易二十載所累積的學生資源如何，得出需卦初、二、五爻動，九五值宜變，單變成泰卦，貞悔相爭為謙卦。看來算是功不唐捐，「需于酒食」位居中正，交泰往來無礙，「需于郊、需于沙」，也是長期堅持正道不輕妄所致。謙卦卦辭：「亨，君子有終。」圓善有終，令人感到安慰。

● 二〇一〇年十一月上旬，我快過五十八歲生日，心有所感，占問過去近一甲子的生命生活可有價值？得出需卦二、四、五爻動，六四值宜變，單變成夬卦，貞悔相爭為豐卦（䷶）。「需于酒食，貞吉」，表示過得還不錯，生活自在無虞，年輕時的志業也始終堅持，未有偏離遺忘；「需于沙，衍在中」，雖小有爭議，萬變不離其宗。當然，過程中「需于血」的慘烈衝突與教訓，也相伴相隨，必須不時突破化解。豐卦明以動，還累積了不少資源，雖談不上如日中天，總有一定的影響力。

有趣的是，我同時占問妻子過去五十六年的生活，也得出需卦，初、三、四爻動，六四值宜變，單變成夬卦，貞悔相爭為困卦（䷮）。「需于郊、需于泥、需于血」，又有困象，比我要辛苦得多。兩人都「需于血」，真是天造地設的患難夫妻。往者已矣，來者可追，需卦最後總是敬之終吉。

四爻變占例

占事遇一卦中四爻動，變數已過半，以本卦四爻齊變所成之卦辭卦象論斷，且參考本卦四爻爻辭變動的因由，若其中一爻恰值宜變，表示其影響力較大，亦多予參考重視。

● 一九九八年十月中，我受邀在富邦金控講易，占算開班前景，得出需卦初、二、三、五爻動，四爻齊變成坤卦，九三值宜變，單變為節卦。「需于郊、需于沙、需于泥」到「需于酒食」，中間會遭遇瓶頸，最後仍能持之以恆突破。其後果然如此，課程持續至今未輟，《易經》講了三遍，兼及《老子》、《孫子兵法》與佛經等，在繁忙的工商界算是難得的異數。中間兩三次確實也想中止，卻都延續下來，而最後男學員期滿畢業，全班清一色剩下女士，也應了齊變成坤之象。漢朝《焦氏易林》「遇需之坤」的斷辭為：「溫山松柏，常茂不落；鸞鳳所庇，得其歡樂。」描述的相當真切。

● 二〇一一年八月底，我偕家人赴希臘旅遊，至著名的邁錫尼遺跡觀賞，穿越獅子門，俯瞰斷垣殘壁，占其氣場，為需卦初、二、三、五爻動，齊變成坤卦，需九三值宜變成節卦。需屬坤宮遊魂卦，「需于郊、沙、泥」，而獲九五君位「需于酒食」之樂。阿格曼儂王生前威權赫赫，享盡榮華富貴，而今遊魂為變，俱往矣！

●易占可測人心性及概括的事業發展，一九九六年十一月下旬，我試占一位南部商界的學生所謂的「本命」，得出需卦初、二、三、上爻動，四爻齊變成觀卦（䷓），上六值宜變，單變成小畜卦。他原來從事房地產生意，景氣好時也紅紅火火過，變差時因應不及，負債不輕。難得的是始終鎮靜以對，合乎需卦「飲食宴樂」的精神，這十多年居然安然挺過來，在高雄當地一直維持相當的影響力。按上六爻辭所示，「不速之客三人來」，會有「未大失」的結果，應該還是「敬慎不敗」、「敬之終吉」的人生態度所致。

●二〇一〇年十一月，我們學會本來預訂要主辦一次國際易學研討會，主題為「文明浩劫與永續發展」，後來因種種事故，決定停辦，以後再說。四月上旬時內部激烈爭議，我於會上聽完各種意見，占問該當如何？得出需卦初、二、三、四爻動，四爻齊變成萃卦（䷬）。「需于郊、需于沙、需于泥」到「需于血」，已經多凶、多懼碰到難關，引發衝突，還是暫時中止不辦為宜。萃卦前為姤卦、後為升卦，以後機緣成熟，人文薈萃，再辦不遲，萃卦必須人才與錢財具備方能成事，不宜勉強。

●一九九三年九月上旬，任職那家出版公司的股爭出現新的變數，另一家財力雄厚的企業集團有意介入購股，在原老闆與大股東相持不下之際，欲撿便宜貨。無論如何，就當時經營層來講，不失為釜底抽薪的解套之法。我占問此事吉凶，得出需卦初、三、四、五爻動，四爻齊變成解卦（䷧）。「需于酒食」居君位，是有實力入主，「需于郊、需于泥、需于血」必然陷入難纏持久的較量鬥爭，除非真正有孚，不易利涉大川。解卦可能是解決問題，皆大歡喜，也可能是畏難怯進，不了了之。幾個月後形勢明朗，該集團放棄了接收的想法。需、訟二卦相綜，沒有訟的意願跟韌性，難以在需求上獲得滿足。

●二〇一六年十二月中旬，我赴廈門參與好幾項文教活動，還接受鳳凰網採訪，暢談與廈門多年結善緣之事，並論述國學發展的看法。訪前占得需卦初、二、五、上爻動，宜變在上爻，四爻齊變成艮卦。需卦卦辭：「有孚。光亨貞吉，利涉大川。」上六爻辭：「入于穴，有不速之客三人來，敬之終吉。」我的廈門緣如此，中華大地的國學發展亦如此。

五爻變占例

占卦遇卦中五爻皆動，以齊變後之卦的卦辭卦象為主，參考本卦五爻爻辭的變化因由論斷，若五爻中有一爻值宜變者，亦有稍重之影響。

●二〇一〇年四月下旬，我帶二十多位學生赴湖北春遊，武當山及長江三峽是遊覽重點，結果我到武漢第一晚就腰疾發作，不能行動，只能在旅館休憩五天，等他們遊覽回來會合返台。返台前夕占問：以後還適合常作按摩嗎？得出需卦初至五爻全動，齊變成豫卦（䷏），九五值宜變，單變為泰卦。看來我是很喜歡按摩鬆身，飲食宴樂，身心舒泰，但其中亦有風險須注意，「需于泥、需于血」，多凶多懼。豫卦有預測、預備及豫樂多義，雖然按摩當下享樂舒服，不可不思患預防。

二〇〇九年冬季學會開會議定鄂省（湖北）行時，我隨意一占順利與否？竟然得出不變的蹇卦（䷦），心想豈有此理，置之不顧，沒想半年後應在我身上，真的蹇了動彈不得，易占神機妙算，令人驚詫不已。

6.天水訟（䷅）

訟為全易第六卦，「言之於公」為訟，兩造相爭，公說公有理，婆說婆有理，只有找客觀的第三者主持公道，才能辨明是非，在法治社會就是各級法院的仲裁機構。需、訟兩卦一體相綜，有需就有訟，有訟必因需求擺不平。訟後為師，動口吵架還解決不了紛爭，接著就可能動手打架，或爆發勞師動眾的戰爭。

〈序卦傳〉稱：「飲食必有訟，故受之以訟；訟必有眾起，故受之以師。」一切自然而然，道理淺顯易懂，可人生爭端發展就是如此，誰也不能自外。易有易簡之義，〈繫辭上傳〉首章結語：「易簡而天下之理得矣！天下之理得，而成位乎其中矣！」智者必是化繁為簡，以簡御繁；愚者才化簡為繁，自尋煩惱。〈雜卦傳〉稱：「訟，不親也。」人際一起紛爭，關係肯定不會好。

䷅

訟卦卦辭：

有孚，窒惕中吉，終凶。利見大人，不利涉大川。

雖然發生爭議訴訟，必得有誠意溝通，以解決問題；現狀不好，希望將來會轉好，孚有信望愛之義，排難解紛時尤其重要。需、訟二卦皆重有孚，和平未到最後關頭，絕不輕言放棄。一旦訟惡化成師，就不再適合講誠信了！師卦經傳中絕對找不到孚字，因為兵不厭詐，對敵人有孚，等於對自己殘忍，實務上不可行。《孫子兵法・計篇第一》：「兵者，詭道也。」〈軍爭篇第七〉亦稱：「兵以詐立。」這是訟、師二卦根本的分野，不可不知。

既要解決紛爭，就得懂得忍耐，遏抑忿怒的情緒，不隨便發作，戒慎警惕衝突可能造成的惡果，永遠保持中道，不走極端，才能獲吉。如果爭吵到底一定凶，訟事其實沒有真正的贏家，敗訴不用說，勝訴也搞壞人際關係，後遺症嚴重。爭訟時利於見到主持公道的大人，不利於再冒險涉大川。

〈彖〉曰：訟，上剛下險，險而健，訟。訟，有孚，窒惕中吉，剛來而得中也；終凶，訟不可成也。利見大人，尚中正也；不利涉大川，入于淵也。

訟卦上卦乾剛，強硬欺壓，下卦坎險，迂迴應對，為爭訟之象；內懷險詐，外現強行，也是爭訟之象。「剛來而得中」是指九二，陽剛來居下卦坎險之中，上與九五領導的乾剛抗爭。以下抗上，以民鬥官，極為不利，必須以孚化解，儘量忍耐警惕，行中道而獲吉。「終凶」是指上九強硬爭奪，無論勝負皆凶，因為不可成訟，能和解就和解。想排難解紛需找到大人，因為雙方看中他處事的客觀公正，指的是九五既中且正，為訟卦君位，理應主持公道。爭奪如此厲害之時，當然不利於冒險過河，以免沉入險惡的深淵。

〈彖傳〉分析卦爻結構，一般皆會點出全卦的主爻，例如乾為九五「飛龍在天」、坤為六二

「直方大」、屯為初九「磐桓」、蒙為九二「包蒙」、需為九五「需于酒食」等。訟卦比較特殊，先提「剛來而得中」的九二，為最值得注意的主爻，然後提上九為反面教訓之例證，最後講九五中道仲裁之可貴，六爻中列舉了一半來說明訟卦之道。人生難免因需起訟，先作爭輸敗訴的心理準備，切勿懷憂喪志氣餒，一但勝訴，亦勿驕慢欺人，最好還是以公道化解糾紛。

《老子》七十九章稱：「和大怨，必有餘怨，安可以為善？是以聖人執左契，而不責於人。有德司契，無德司徹。天道無親，常與善人。」人生因爭結怨，就算和解，仍有嫌隙難以盡除，不如根本避免衝突，退讓吃點小虧都沒關係，不要一天到晚伺人之過苛責於人，天道大公無私，長遠總是福佑有善德善行之人。五十六章亦稱：「塞其兌，閉其門，挫其銳，解其紛，和其光，同其塵。」兌正是兌卦之兌，為情慾開竅之口，一切紛爭之由。做人最好閉口不言，節制情慾，收斂鋒芒，與群眾和合相處，才是根本止爭之道。

〈象〉曰：天與水違行，訟。君子以作事謀始。

訟卦上乾為天、剛健上行，下坎為水，順勢下流，剛好背道而馳，有漸行漸遠之勢，故稱「天與水違行」。舊註天道西轉、水往東流，固然和地球自轉由西向東有關，但世界河川也有西流入海的，難以放諸四海而皆準，不如直接從卦象解讀即可。人群易因需起爭訟，利益之交更可能關係生變，所謂「人無千日好，花無百日鮮」。智者最好一開始謀事就做應變的準備，以契約明定彼此的權利義務關係，將來便於解決紛爭。作事謀始很有兵法的意味，《孫子》首篇〈始計〉、次篇〈作戰〉、第三篇〈謀攻〉，訟後為師，人生多爭，不能不及早謀劃。

占例

遇事占到不變的訟卦，必有人事糾紛甚或官司訴訟，按卦辭卦象論斷即可。

● 二〇〇一年八月中旬，其時陳水扁執政績效不彰，與副手呂秀蓮的關係也不佳，呂心直口快說自己是深宮怨婦，難與機要，我遂占問兩人關係的前景如何？得出不變的訟卦。看來不易善了，「天與水違行」，所謂水蓮配的本質竟然如此。「嘉偶曰配，怨偶為仇。」應該正名為水蓮仇才是。

● 二〇〇六年底，台灣力霸集團總裁王又曾畏罪潛逃至美國，拋下一堆子女不顧，其子王令麟的東森媒體集團受影響亦遭司法嚴查，當時新聞鬧得很大，政商勾結的醜聞一一浮現。二〇〇七年初，我占問東森王令麟往後數年的運勢，得出不變的訟卦。其後果然如此，偵查終結後，初審皆予重判，法庭傳訊多達四百多人，王氏一門有滿門抄斬的慘象，以後要擺脫官非，難乎其難。

● 從二〇〇三年初起，我在台灣某工商團體開講《易經》，前些年都在一處有名的健身餐飲會館上課，負責人是一位女強人，有一段白手起家的傳奇。由於擴張過速，資金吃緊，營運日趨困難。二〇〇六年七月初，她請我至其處問占，我算她未來二年內的吉凶，得出不變的訟卦。其後發展也是如此，二〇〇七年底無預警倒閉，次年初遭起訴，二〇〇九年八月底初審判刑，官司纏身不得解脫。

䷅ 初六：不永所事，小有言，終吉。

〈小象傳〉曰：不永所事，訟不可長也；雖小有言，其辯明也。

初六為訟之初，已經和人有了口角衝突，當警醒控制情緒，說清楚就好了，切勿意氣用事而擴大紛爭，如此可避免終凶，轉獲終吉。爻變為履卦（䷉），〈繫辭下傳〉第七章稱：「履，和而至……履以和行。」心平氣和，腳踏實地去解決問題，做比說要重要。訟卦〈大象傳〉稱：「君子以作事謀始。」初爻即體現慎始的精神。需卦九二「小有言終吉」，訟卦初六亦稱「小有言終吉」，人生難免吵架捱罵，別太介意就是。

占例

占到訟卦初六動，恰值宜變成履卦，以爻辭行事即可趨吉避凶，別逞口舌之利，實際做事就好。

●二〇〇八年八月下旬，我一位跟隨七、八年的老學生建議，周易學會應該覓一道場上課、聚會、辦公，做長久發展的基地。之前多年居無定所，未於此措意，當然，財務負擔是主要考量。他在找我前，已經跟幾位同學商議過，多表反對，認為沒有必要。我當下一占，得出訟卦初六動，恰值宜變成履卦。看來不必繼續爭辯，直接去探勘執行即是。當晚以及次日上午，趕在我出國赴帛琉旅行前，去看了他中意的場址，方正合宜，就委他接洽房東進行議價。在帛琉度假時，再占先承租二年妥適否？得出不變的謙卦，謙和服務，圓善有終。原先他們商議時，占覓專用道場為不變的萃卦，精英會聚、人文薈萃，當然是美事，就是得花大錢，這也是不少同學主張審慎的原因。訟是爭執不下，謙是謙讓不爭，當機立斷化解爭議，學會道場延用至今都還順利。

九二：不克訟，歸而逋，其邑人三百戶，无眚。

〈小象傳〉曰：不克訟，歸逋竄也；自下訟上，患至掇也。

九二為訟卦主爻，上抗九五之君，理勢不如而落敗，以致深陷坎險之中，有被秋後算帳趕盡殺絕的危險，好在陽居陰位，剛而能柔，懂得忍耐以避凶。「逋」即逃竄，「而」即能，只要懂得歸字的妙意，即可從極端不利的敗局中逃脫，而且保留實力轉入地下流竄，延長戰線作游擊抗爭。九二本為強臣，有地方勢力封邑三百戶，本身逃過劫難，所有部屬子弟兵亦得保全。眚字經文常見，目中生翳看事不清，所以做事會錯，輕舉妄動而致災，「无眚」就表示通通沒災沒事。原先九二帶頭抗爭，以下訟上，以民鬥官，已經犯了意氣用事的毛病，落敗以後為求自保且照顧部屬，不能一錯再錯。掇為拾取之意，

禍患之至，完全是自己招來的，不能怪別人，這和需卦九三「自我致寇」一樣，泥足深陷後，必須敬慎以保不敗。那麼，「歸能逋」的歸字究竟何意？何以能夠敗而不潰，穩住陣腳以圖將來？

舊註有將歸字解為辭官返家歸故里的，如此則完全繳械待人宰割，可能被強敵追殺，再無奮起機會。固然人在屋簷下不得不低頭，但可留得青山在，不怕沒柴燒，「邑人三百戶」的老底必須保全，個人出處事小，對長期跟隨的幹部也不能撒手不管，一走了之。九二與九五在爭訟之前，可能

關係深厚，上下配合，也立過不少汗馬功勞，而今反目，若能低調示弱退讓，未必不能修補關係，回到過去的情況。就算實質已變，形式上維持暫時相安無事也好，爭取療傷止痛的時間，以重新深化佈局。九五雖勝訴，礙於昔日情面及公眾觀瞻，也不好追究到底，只要雙方一鬆勁兒，形勢就可能緩和。歸字的真意在此，就是儘可能回歸到爭吵以前的狀況，苟延殘喘，再作長久之計。

舉例來說，當年蔣經國猝逝，李登輝上台鞏固政權，得力於宋楚瑜處甚多，後因凍省事件鬧翻，宋請辭待命的大動作一出，李還是得虛情假意慰留一番，結果宋做滿任期才退，最後那兩年，就為跨世紀的大選佈局了。由於省長的地方資源仍在，流竄各地神出鬼沒，讓李、連的執政當局飽受威脅，兩千年的大位鷸蚌相爭，遂便宜了陳水扁漁翁得利，宋差一點反敗為勝成功。

再如海峽兩岸相爭，李、扁當政期間關係惡化，幾臨戰爭邊緣，台灣以小訟大，自然吃虧，不克訟之時，亦應吸收歸而逋的智慧，回歸九二共識，以圖修好，並保全二千三百萬人生命財產的安全。

不少人都有過訟卦九二的經歷，職場奮鬥多年，最後與老闆意見不合，是辭職求去還是暫留觀變？自己的親近部屬要不要安排出路？意氣用事拂袖而去容易，卻未必是最好的做法，「此處不留爺，自有留爺處」，那萬一大環境惡劣，處處不留爺呢？是不是被迫要爺爺家中住？《楚辭・漁父》中有歌云：「滄浪之水清兮，可以濯我纓；滄浪之水濁兮，可以濯我足。」環境水清之時用來洗帽帶，大家相待以禮，一但水變污濁，仍可用來洗腳，清水濁水都有用處，人必須有適應環境變遷的能力，太有潔癖難以成事。殷末伯夷、叔齊為「聖之清者」，不食周黍，餓死於首陽山中；殷初伊尹治亂皆進，輔佐商湯而有天下，為聖之任者；孔子無可無不可，一切視時之所宜而決定行止，被孟子譽為聖之時者，成萬世師表。訟卦九五若對九二無情，九二又何必愚忠有義？其實世道濁多清少，人生就是打爛仗，還不如暫留觀望，蓄勢再定行止。

訟卦卦辭「窒惕，中吉」，「窒」為至於穴中，在窒息難耐的洞穴中練達生存的本事，還能來去如風流竄不停，伺機出穴狙擊強敵，得手再鑽回穴中，這是典型的游擊戰法。越共重挫美軍、賓拉登策動恐怖攻擊，防不勝防，皆用此道。需卦有入穴、出穴之辭，訟卦言窒、言竄，穴為藏陰之所，以小博大、以弱擊強必須深諳此術。本爻爻變，為否卦（䷋），閉塞不通聲氣，天地不交，是很難受的情境。

占例

占事遇訟卦九二動，有否卦之象，以爻辭論斷，身處逆境險境，當發揮大智大勇以突破難關。

● 二〇〇二年四月下旬，宋楚瑜雄心不死，啟動所謂「南宋計畫」，欲跑遍南台灣了解民瘼，顯然還有問鼎二〇〇四年大選之志，我占此舉意義，得出訟卦九二動，有否卦之象。二〇〇〇年宋以三十萬票的差距飲恨落選，自組親民黨和國民黨劃清界線，就是想訴諸民意再舉再勵，也維續省府團隊的戰力不散。九二歸逋流竄，挾「邑人三百戶」打游擊，在否塞艱困之時力圖振興，其心志可謂昭然若揭。這種流竄就算不能稱王，也可積累籌碼尋求轉換，一年後連宋國親合作抗扁，二年後因三一九槍擊事件再度失利，否卦的陰影始終不散？

● 二〇〇九年九月初，我們在學會道場討論舉辦世界易經大會事宜，聽取相關人士的意見。有位老兄亢言滿滿，我卻總覺得虛浮不實，一邊開會，一邊就用手機速占其人心性，得出訟卦九二動，有否卦之象。「訟」是言辭爭議，就事論事就好，九二卻有坎險藏中不發之象；否卦上下不交，沒有真誠溝通，卦辭稱：「否之匪人，不利君子貞。」稍後再占確認，又得出明夷卦（䷣）上六動，單變有賁卦（䷕）之象。「明夷」是黯淡不明，所謂明夷之心難測，「賁」為文飾包裝，皆非真誠。不管是有意為之，還是不自知的習氣深重，相處都得當心。其後幾年看來，的確如此，易占透視人情，大有可觀。

六三：食舊德，貞厲，終吉。或從王事，无成。

〈小象傳〉曰：食舊德，從上吉也。

六三陰居陽位，不中不正，處下卦坎險之極，上與上九違行相爭，情勢非常不利。上九為訟之極，爭奪之心熾盛，決不退讓，雖與六三相應與，關係非淺，一但相爭毫不留情，出手打壓極為酷烈。六三爭不過敗下陣來，和九二一樣，也面臨善後的問題：怎麼避免上九追殺？所謂「量小非君子，無毒不丈夫」，這樣的顧慮絕非無稽，上九為免後患，有可能這麼做。「舊德」即指兩人過去互動的情誼，食即需卦「飲食宴樂」之食，就是日常生計，怎麼保住生存資源活下去？「食舊德」，明確告知存活的基礎就在訴諸往日情誼，放軟示弱，以爭取公眾同情，使上九礙於情面下不了手。如此便可固守住僅存的一點兒家底，苟延殘喘先活下去，其他以後再說。貞即坤卦「利牝馬之貞」的貞，順勢用柔，含容忍耐，這樣做雖然對，可絕不輕鬆，故稱「貞厲」。由於策略正確，可獲終吉，依〈彖傳〉所稱上九終凶，雖贏亦輸，六三隱忍轉危為安，雖輸亦贏。上九強勢壓人，樹敵過多，就算不直接栽在六三手裡，夜路走多了，遲早碰到鬼，也會有別人幫六三報仇。等到上九多行不義垮台那天，就算是六三贏得了最後的勝利！「或從王事，无成。」顯然脫胎於坤卦六三：「含章可貞，或從王事，无成有終。」居於從屬之位，退讓不爭取成功，贏得善終。「食舊德」的作法，和「含章可貞」相通，好漢不吃眼前虧，一忍天下無難事。剛輸之時，從上九可獲吉，硬抗則死無葬身之地。

占例

占事遇訟六三動，爻變有姤卦（䷫）之象，五陽下一陰生，等待新的機緣轉變，依食舊德的爻辭指示做即是。

● 二〇〇一年底，台灣政壇又掀起羶腥緋聞，涉及針孔攝影非法偷拍事由，曾任地方市長的某政界人士涉嫌被告，有人占該案對他未來仕途的影響，得出訟卦六三動，有姤卦之象。顯然捱打不利，危機浮現，且遭舊情人告發，正為「食舊德」之象，其後果真起訴候審，岌岌可危。半年後原告戲劇性地撤銷告訴，因她顧念舊情而獲脫身，應驗了「貞厲，終吉」。官司雖了，仕途卻也因之終止，王事即政治之事，「或從王事，无成」，已經說得很清楚。爻辭字字句句全都說中後事的發展，真是精確的可怕。

● 一九九二年十月中，我已真除那家出版公司的總經理，代理期間業務多已摸熟，真正引以為患的還是股爭，所有權的基本問題不解決，一旦有變，可能一切成空。當時占問：創業老闆究竟能否在財務上過關，得出訟卦六三爻動，有姤卦之象。「食舊德，貞厲，終吉」，爾後不知經歷多少險關，他總能靠舊關係頑強存活下來；「或從王事，无成」，然而逆境久了，畢竟不能成事，也是千真萬確，不服輸也不行。

☰☵

九四：不克訟，復即命，渝，安貞吉。

〈小象傳〉曰：復即命，渝安貞，不失也。

九四不是跟初六訟，而是上與九五訟，這還是領袖與高幹間恆存的微妙矛盾，又合作又互相戒慎防範的關係，乾卦九四「或躍在淵」的緊張於此又現。九四和初六相應與，九二乘於初六之上，都是憑藉民意支持而與九五抗爭。九五中正居君位，理勢俱優，所以九二、九四皆敗訴，爻辭稱不克訟。九二遠處下卦，天高皇帝遠鞭長莫及，低調臣服後，仍保持流竄的活力；九四得罪老闆，就在天子腳下插翼難飛，善後方法也不盡同。九二用「歸」，九四用「復」，復即剝極而復之復，關係大壞之後，回頭修好輸誠。即命之命，有君命及天命二意，即為靠近接受，即命就是認命服輸，繼續聽從九五的命令。「渝」本義為水變質，由清轉濁，屬質變而非量變，形勢比人強，被迫做極大幅度的轉向，然後安分守己，仍可獲吉。如此能屈能伸，即可保住既得利益不喪失。九二、九四皆陽居陰位，剛而能柔，雖敗而不潰，與九五鬥而不破，這是人生處訟之時的無上心法。

渝即「窮則變、變則通」，易道本尚知機應變，靈活變通甚為重要。除訟卦九四外，豫卦上六及隨卦初九爻辭亦稱渝，人生預料不到的事很多，必須懂得隨機應變。「安貞吉」與坤卦卦辭末所稱「安貞吉」全同，既然不克訟，就得順勢服輸，以弱事強。九二「歸而逋」，可以跑掉；九四被就近看管，跑不掉。人生爭鬥，所謂打得贏就打，打不贏就跑，跑不了就暫時示弱投降，不必太想不開。好死不如賴活著，人生還是儘可能活長些，什麼都看過經歷過，爭到頭來一場空的事多的很，慢慢是非輸贏之心也會淡了。短短數十寒暑，交朋友做點事都來不及，怎麼還隨便樹敵？屯卦六二人生剛起步，爻辭即稱「匪寇婚媾」，孟子主張「仁者無敵」，真正有愛心跟核心創造力的人沒有敵人，人生即便因需啟訟，無論勝負如何，事後儘可能化敵為友。需卦九三至上六已明其理，訟卦諸爻再申此義，習易者宜深刻體會。

占例

占事若遇訟卦九四動，恰值宜變成渙卦（䷺），渙為化散之意，恩仇俱泯，莫再執著繫念，依爻辭所言迅速調整即是。

● 一九九七年四月中，我讀升卦上六爻辭有費解處，看前人許多註解也嫌含混，乾脆占問其確切意義：「冥升，利於不息之貞。」究竟在說什麼？結果得出訟卦九四動，爻變成渙卦。冥升是升過了頭，遭遇重挫，成就轉壞轉空，爻變為蠱（䷑），其後接困卦。訟卦九四「不克訟」，也是慘敗後尋求轉圜，鬥而不破，敗而不潰。眼前雖輸，鬥志並沒瓦解，先求自保再等翻盤機會。冥升轉困，吸取失敗教訓，換一種方式繼續奮鬥，山窮水盡疑無路，柳暗花明又一村，永遠自強不息。依經解經，讓人豁然開朗，易理迴環互證之處甚多，習易者宜深心體會，當取之不盡用之不竭。

● 二〇一一年十月二日，中華奉元學會成立大會在台大附近舉行，我高票獲選為理事，此會是毓老師生前遺志，我坐在廳堂裡哀思默想，老師英靈今日可至現場？占出訟卦九四爻動，恰值宜變成渙卦。訟為離宮遊魂卦，精氣為物，遊魂為變，渙為離散，無定在無所不在。訟九四「不克訟，復即命，渝，安貞吉」。老師英靈歸天，充塞於天地之間，今日確實蒞臨現場，看弟子們怎樣傳承其志啊！

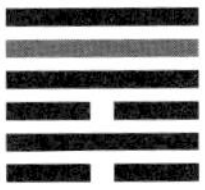

九五：訟元吉。

〈小象傳〉曰：訟元吉，以中正也。

九五中正居君位，以全卦論，為主持公道排難解紛的大人；以上下卦相訟論，與九二發生爭議；以高層共事鬥爭論，又和九四相訟。由於理勢俱優，爭訟必勝，調解糾紛也有深重影響，可說無往不利，故稱元吉。

孔子在魯國做過大司寇，對訟事在行，曾稱許子路「片言可以折獄」，聽一面之詞就可以判斷兩造的是非曲直。又稱：「聽訟，吾猶人也；必也，使無訟乎？」爭訟做出公正裁斷固然重要，最好是讓社會沒有爭訟，「訟不可成，訟不可長」，居君位應以此為最高職志，這兩段見於《論語・顏淵篇》。〈子張篇〉亦記曾子曰：「上失其道，民散久矣！如得其情，則哀矜而勿喜。」執法之人勿以明察自喜，對犯過者應體恤哀憐，仁心仁政還是正本清源之道。

占例

遇事占到訟卦九五動，依爻辭論斷。爻變有未濟卦（䷿）之象，未濟火在水上，也是各行其是不能合作，又有一波未平一波又起之意。

● 一九九六年三月下旬，我南部政治世家的學生競選國大代表，我占其勝算，得出訟卦九五動，顯然必勝，在競爭中脫穎而出。幾天後對方果然當選，也踏入了政壇。

● 一九九八年十月中旬，我在富邦集團開課，皆為高端精英，我事先都算了他們家業的前景，其中一位名門之後的卦象為訟卦九五爻動，有未濟之象。其後多年她家確有官司訟爭，一波未平一波又起，還有件事關先人聲譽的大案，她都勝訴過關。易占為何在我與她初見面時，就有這樣的洞察力？

● 二〇一〇年三月中，我有針對佛教西方三聖的修行境界占問，其中大勢至菩薩的卦象為訟九五爻動，有未濟之象。據《觀無量壽經》記載，大勢至菩薩以獨特的智慧之光遍照世間眾生，使其解脫血光刀兵之苦，得無上力，又以念佛圓通見長。爭訟處理不好，可能惡化成師卦的刀兵相向，九五誠心淨念化解爭端，善莫大焉。未濟卦上離光明智慧，下坎陷溺眾生，又有光明普照之象，意境皆合。

䷅

上九：或錫之鞶帶，終朝三褫之。

〈小象傳〉曰：以訟受服，亦不足敬也。

上九居訟之終，上卦乾剛之極，有強硬爭奪、纏訟到底之象。可能會爭贏，得到官位，穿戴上官袍大帶。由於不擇手段打壓對手，沒法贏得大家的尊敬，樹敵過多，以致隨時又被打下擂台，在短短上早朝的期間就可能失去權位。「褫」為脫掉衣服，法學術語褫奪公權由此而來。「鞶帶」為君王所賜與，亦可為君王所剝奪，爭權奪利，是非成敗往往轉頭即空。本爻爻變為困卦（䷮），依卦序其前為升卦，「升而不已必困」，何苦來哉？錫同賜，古代有九錫之禮，以示對大臣的恩寵。

《孟子・告子篇》有天爵人爵的說法，相當發人深省：「仁義忠信，樂善不倦，此天爵也；公卿大夫，此人爵也。古之人修其天爵，而人爵從之。今之人修其天爵以要人爵，既得人爵而棄其天爵，則惑之甚者也，終亦必亡而已矣！」鞶帶為人爵，若棄其天爵則不足敬，既得之必失之。或字同「或躍在淵」、「或從王事」之或，其實必然如此，怎麼發生不可事先預測。稍後一章又稱：「欲貴者人之同心也，人人有貴於己者，弗思耳！人之所貴者，非良貴也；趙孟之所貴，趙孟能賤之。」仁義忠信、良知良能，天爵自尊自貴；公卿大夫、部長院長，人爵求人賜與，可蒙擢昇可蒙罷黜，實無尊貴可言。趙孟是春秋時晉國大有勢力的貴族，能讓人做官使貴，也能讓人罷官使賤，各個時代都有趙孟，不必對之卑躬屈膝。

需、訟二卦多談人生得失，「需于郊」未失常，「入于穴」未大失，「復即命渝安貞」不失，「終朝三褫」得而復失，人生常常患得患失。〈繫辭上傳〉第三章稱：「吉凶者，失得之象也……无咎者，善補過也。」吉凶失得轉化無常，只是個象，未必屬實，不必過分介意，人生應該努力修為的還是補過無咎。需初九「无咎」、上六「終吉」；訟初六「小有言終吉」、九二「歸而逋无眚」、六三「食舊德終吉」、九四「渝安貞吉」，都是補過無咎之道。

前論需九三「敬慎不敗」、上六「敬之終吉」，主敬能化敵為友；訟上九的徹底失敗，就在不足敬。坤卦厚德載物，六二「不習无不利」，亦因自敬敬人，〈文言傳〉說的很清楚：「君子敬以直內，義以方外，敬義立而德不孤。」德不孤必有鄰，得道多助，失道寡助，這是一定的道理。

占例

占事遇訟卦上九動，爻變有困卦之象，依爻辭判斷即是，不宜強爭硬奪，就搶到了也不見得會長久。訟極還可能轉師，動口相罵惡化成動手互毆，絕非好事。

● 二〇〇二年四月下旬，美商惠普合併康柏電腦，何薇玲以消滅公司總經理出任董事長兼總經理，就像以前迪吉多被康柏併購時一樣出人意表。其時我學生的夫婿正是她的競爭對手，最後人事確定前，也占卦問自己能否勝出，得出訟卦上九爻動，有困卦之象。大家爭董座的鞶帶，戰情幾度變換，真的是一日一行情，最後他還是失之交臂，失望之餘去了北京，臨行前夫婦倆來看我，對易占之神準印象深刻。他幾年後在北京退休，移民新加坡長住，完全退出了職場爭逐，而獲勝的何薇玲任職數年後，也請辭離開惠普，人生競爭往往如是。

● 二〇一六年元月中，民進黨贏得大選，國會也取得壓倒多數，台灣又再一次政黨輪替。大老許信良斷言，從此民進黨執政二十年。這樣的論調其實在二〇〇〇年陳水扁上台時也曾出現，許的政治預測幾乎從沒準確過，這回終於站對邊，興奮之情可以理解，我問未來會這樣嗎？得出訟卦上九爻動，有困卦之象。這真是直接打臉了，且看爻辭：「或錫之鞶帶，終朝三褫之。」小象補一句：「以訟受服，亦不足敬也！」

多爻變占例之探討

訟卦各爻單變的理論及占例已介紹完畢，往下探討複雜得多的多爻變的類型。

二爻變占例

占卦遇兩爻動，若其中一爻恰值宜變，為主變數，依其爻辭論斷，另一爻為次要變數，輔助參考。兩爻若皆不值宜變，齊變所得卦象亦有一定意義。

● 一九九七年十月中旬，我做了迄今為止最長期的占測，面臨快要跨世紀交替，針對前後各一千年人類文明的發展，全方位地回顧與前瞻。其中對西方文明未來一千年的發展預測，卦象所示為訟卦九五、上九爻動，上九恰值宜變，單變成困卦，兩爻齊變為解卦（䷧）。西方文明崇尚競爭，與人爭與天爭，爭過了頭可能得而復失，且得不到普世的敬重，戡天役物造成生態破壞、資源耗竭，即為顯例；好在其文明底蘊中也有論理守法的公道精神，兩下拉扯較勁，因「訟」致「困」之局可能獲得紓解。

● 二〇〇五年初，兩岸關係惡劣，台灣的統獨爭議及族群矛盾也日益嚴重，我占問二〇〇八年前統獨問題可獲解決否？得出訟卦九五、上九爻動，上九值宜變，成困卦，兩爻皆動又有解卦之象。上九爭執甚烈，內耗受困，有進一步惡化成戰爭的危險，好在九五尚中正和平，仍有化干戈為玉帛的機會。二〇〇八年國民黨贏回政權，馬英九大力推動兩岸和解，居君位的大人一換，遇訟之解，脫離了困局。

●二〇〇五年元月中，我占謝長廷全年氣運，得出訟卦初六、九四爻動，兩爻皆變，有中孚卦之象。其時台灣朝野對峙嚴重，前一年的三一九槍擊案疑雲未消，泛藍陣營提出的當選無效、選舉無效訴訟雖敗，國內已陷統獨及族群分裂的難局。年底立委選舉，民進黨又大敗，陳水扁有換人組閣以穩定政局之思。訟九四為謝之位，與初六民意相應與，靈活調整身段，上承九五君命以安民，可獲安貞之吉。隔幾天，我再直接問謝能受命組閣否？得出不變的師卦，卦辭稱：「貞，丈人吉，无咎。」〈彖傳〉又稱：「能以眾正，可以王矣！」果然，二月初升任閣揆，主張政黨和解，合作共生。八月中桃園缺水嚴重，遭陳水扁當面斥責；十月高雄捷運弊案被調查，二次金改又與扁關係緊張；年底縣市長選舉民進黨再敗。一連串的「不克訟」，伴君如伴虎，謝終於撐不住，在二〇〇六年初辭職下台，任期未滿一年。訟初、四爻齊變所成的中孚卦，專講誠信對待，長扁之爭由來已久，互信也隨時而有變異，九四與九五爭，不可能有勝算。

●二〇〇三年四月底，其時SARS病疫流行，人心惶惶，航空、旅遊、餐飲業受創嚴重，我占問對當年台灣經濟的影響程度？得出訟卦初六、九五爻動，齊變有睽卦（䷥）之象。初六「不永所事，小有言終吉」，九五「訟元吉」。看來疫情不會持續太久，是有些負面影響，但整體傷害不大。當年結算，GDP正成長百分之三．四，比二〇〇二年低，卻還差強人意。當年初預測台灣經濟為需卦九三、上六爻動，有中孚卦之象，由「需于泥」轉至「不速之客來，敬之終吉。」前例已明，此處再得印證，「需于泥」原來是指年中SARS肆虐，而後轉危為安。

稍後，五月初在工商界的易經班上課時，又因學生詢問，再問大陸及台灣當年經濟受疫情影響之程度，得出不變的師卦。師為勞師動眾的組織戰，吉凶勝負就看誰的指揮動員能量強，結果當年大陸仍維持百分之十的高成長，強於台灣多矣！

●二〇〇六年九月下旬，我提前預占二〇〇七年台灣的政局，得出訟卦九四、上九爻動，上九值宜變成困卦，兩爻皆動則有坎卦之象。其時正當紅衫軍反扁運動的高潮，朝野兩黨結怨已深，次年又逢大選前一年，爭訟之局不可能善了。遇訟之坎，兼有困象，險陷於內鬥的困局中，難以掙脫，其後完全應驗。

●二〇〇三年十月下旬，我帶幾位學生參加河南安陽辦的易學研討會，住賓館中客旅寂寞，提前預占自己來年的氣運，得出訟卦九四、上九爻動，上九值宜變成困卦，兩爻變又有坎卦之象。「不克訟」得被迫調整，即便訟贏也不可長保，又是困又是坎的壞局，看了真是心中不好受。二〇〇四年陳水扁連任，台灣社會對立嚴重，就是不折不扣的爭訟之象，而我自己那一年真的也是人際關係有大變化與衝擊，年中還一下子消瘦五公斤，卦象完全應驗。

●二〇〇六年八月中，我的得意學生徐崇智心臟病發作猝逝，留下寡婦孤兒及學會執行長的重責待理，享年還不到四十歲，得聞噩耗當天，我在悲痛之餘仍占問往後當如何因應？得出訟卦九二、九四爻變，齊變有觀卦（䷓）之象。兩爻皆不克訟，人真的不能跟命爭，九五為上卦乾天所示天意，天地無親不仁，以萬物為芻狗，又能奈何？觀卦也是顯示天道之卦，人生在世外觀宇宙造化、內觀內心源泉，觀自在也觀世音，只能冷靜練達慈悲與智慧，以面對眾生諸苦。九四「復即命」，坦然認命接受，九二「歸而逋」，盡心照顧遺族，歸天入穴，逝者已矣，來者可追。學會志業仍得覓人承擔，受挫不退而轉，永遠精進不息。訟卦亦為離宮遊魂之卦，〈繫辭上傳〉第四章有云：「精氣為物，遊魂為變，是故知鬼神之情狀。」是耶？非耶？

●二○一一年八月底，我偕家人赴希臘旅遊至克里特島，參觀其地的歷史博物館，看到一具石棺外部雕有女性葬者生前的面容，是想讓世人永遠記得她的花容月貌吧？我就立於棺前占其氣場，為訟卦二、四爻動，有觀卦（䷓）之象。九二入穴，九四歸天，卻留形影供後人觀覽，訟為離宮遊魂卦，希望永續相傳。繫傳稱：「精氣為物，遊魂為變，是故知鬼神之情狀。」

●二○○五年十月下旬，我占問〈繫辭上傳〉第十一章的主旨，得出訟卦九二、九五爻動，齊變有晉卦（䷢）之象。九二隱於民間，沉潛避患；九五排難解紛，智慧光明。晉卦明出地上，如日東昇，〈大象傳〉稱：「君子以自昭明德。」遇訟之晉，在競相爭奪的人間世練達心智，開發自性以解民憂苦。「夫易，開物成務，冒天下之道，如斯而已者也！是故聖人以通天下之志，以定天下之業，以斷天下之疑……聖人以此洗心，退藏於密，吉凶與民同患……其孰能與於此哉？古之聰明睿智神武而不殺者夫？是以明於天之道，而察於民之故……。」繫傳此章的煌煌大義，易占顯示得可謂淋漓盡致。

二○○七年底，我依慣例占問我二○○八年的「謀道」策運，也得出遇訟之晉的卦象，給我的啟發很大，而其後一年實際的發展差不多就是這樣。

●二○○四年八月中，陳水扁一案中司法驗票部分似乎有些轉機，沙盤推演可能會有的變化，結果得出訟卦六三、九五爻變，齊變有鼎卦之象。貞我悔彼，上卦九五居君位，為已連任的陳水扁，下卦六三為在野抗告的藍陣營。九五「訟元吉」，六三「或從王事，无成。」民與官鬥註定贏不了，只能「食舊德」，以換未來終吉。鼎卦正是政權的象徵，選戰勝負已定，再難撼動矣！事後果驗，藍營沒有翻盤的機會。

距當時約五個月前，三一九槍擊案剛發生，藍營要求開箱驗票，陳水扁也同意配合修法，我占驗票結果，連戰可獲翻盤嗎?得出訟卦九二、九五爻動，齊變有晉卦之象。這與繫傳及謀道前例又不相同，藍綠相訟貞我悔彼，九五為掌權的陳水扁，九二為仰攻挑戰的連戰，「訟元吉」對上「不克訟」，藍營輸定了，其後果然。

● 二〇〇四年八月中旬，我妻子的高中同學來問事，其夫婿為中研院傑出的學者，不幸罹患多發性腦瘤，中西醫都不易治療。當天問中醫療效如何?得出訟卦九二、上九爻動，上九值宜變成困卦，兩爻齊變有萃卦（䷬）之象。九二「不克訟」，得歸元復本才能逃過劫難，上九就算一時治好，也極可能復發而奪去生命，知識菁英遭此疾困，令人惋惜。後來雖接受西醫開刀治療，仍病篤難醫而往生。訟卦為離宮遊魂之卦，身體病痛占到訟，「天與水違行」，一般都不太妙。

● 二〇一〇年十一月中，我赴江蘇常州講易，課程結束後遊歷當地景點，去了著名的淹城故邑，三城三池的特殊格局引人入勝，讓人想起泰卦上六的「城復于隍」，史事滄桑，空留憑弔。據說此城為延陵季札遁隱之處，吳王闔廬弒君奪權，謙讓為懷、講信修義的季子痛心疾首，築城自囚，終生不復入吳國。「淹」者留也，淹留在外以示劃清界限，此舉並非矯情自飾，而是爭風一開，後患有不可勝言者。坤卦初六「履霜堅冰至」，〈文言傳〉已經闡析得很清楚：「積不善之家必有餘殃，臣弒其君，子弒其父，非一朝一夕之故，其所由來者漸矣！由辯之不早辯也。」浸淫在懷古氛圍裡，我占問淹城真是季札之邑嗎?得出訟卦九二、上九爻動，上九值宜變成困卦，兩爻齊變又有萃卦之象。季子周遊列國，評政論樂皆臻上乘，乃教養深厚之人，萃卦人文薈聚出類拔萃，器局高遠者想法作法不同流俗。九二「不克訟」，歸隱自保，庇蔭「邑人三百戶，无眚」；上九強爭，「或錫之鞶帶，終朝三褫之。」吳國傳至夫差覆亡，即闔廬本身亦未得善終。

●二〇〇六年元月中，我受邀參加某電視台的時事評論節目，錄完影後，主持人跟來賓一起喝咖啡，談起同行競爭頗有憂慮，不知如何提振落後的收視率。我現場一占，得出訟卦六三、九四爻動，齊變有巽卦之象。六三「食舊德」、九四「復即命」，皆強爭不過屈居下風，巽卦低調順從，不宜堂堂之陣急攻，一切從長計議。競爭對手與其淵源匪淺，真的是舊德綿綿，分寸不好拿捏。一年多後，節目無太大起色停播。

●二〇〇〇年五月中旬，陳水扁即將就任台灣總統，我占問其日後氣運，得出訟卦六三、九四爻動，齊變有巽卦（䷸）之象。阿扁是律師出身，一向強勢與人爭訟，六三「食舊德」、九四「不克訟」，多凶多懼，卻都是敗訴退讓之象，當時也未明其故。《焦氏易林》遇訟之巽的斷詞為：「行觸大忌，與司命忤，執囚束係，拘制于吏。」八、九年後他任滿下台，因貪瀆罪證確鑿，入監服刑，還真的應驗，怎麼會這麼準？

●二〇一〇年十月下旬，我以易通佛的課正講到《心經》，針對經文中幾個精奧觀念占了卦。其中結論部分：「能除一切苦，真實不虛。」咒語真有這種神效麼？得出訟卦九四、九五爻動，齊變有蒙卦（䷃）之象。人生苦於爭訟，九五「訟元吉」，化解一切九四「不克訟」的痛苦，使人復歸天命，調整心態而獲安貞之吉。無上正等正覺啟人蒙昧，功德無量啊！

●二〇一二年元月十四日台灣大選，下午四點過後，我一位學生占算勝負：蔡英文為訟卦初、二爻動，九二值宜變成否卦，兩爻齊變則有无妄之象。九二「不克訟」，无妄沒有指望，顯然輸了！

馬英九則為大有初九爻動，有鼎卦之象。大有元亨，鼎為執掌政權，當然當選。果然，馬勝蔡近八十萬票而獲連任。

●二〇一六年十一月上旬，我預占明年兩岸關係，為訟二、三爻動，宜變之位在九二，單變為否卦，齊變有遯卦之象。蔡英文政府堅不承認九二共識，大陸一步不讓，「天與水違行」，貞我悔彼，下卦二、三爻代表台灣方面，屈居下風應對不易。上卦代表大陸，乾天巍然不動。九二「不克訟」，只能「歸而逋」，回歸九二共識，才能「邑人三百戶，无眚」。六三「食舊德」，才能「終吉」。一味孤行下去，只有遁退一途。事實上二〇一七年全年確然如此。

三爻變占例

占事遇卦中三爻動，齊變所成之卦，與本卦形同拉鋸，非此即彼或二者兼備，稱為貞悔相爭，情勢相當微妙。若本卦三爻中某爻恰值宜變，該爻爻辭須特別重視參考。

●二〇〇九年八月中，我配合自己要開的《易經》通佛經課程，針對佛家核心理論、幾部重要佛典，以及歷代高僧大德、當代重要佛教團體等，都有全面的占測分析，細品那些卦象所透顯的深刻信息，真是受惠良多。其中占問一著名佛教團體的志業發展，得出訟卦九二、九四、九五爻動，九五恰值宜變，貞悔相爭成剝卦（䷖）。該團體有國際聲譽，資源龐大雄厚，卻也難免引起紛爭，九二、九四皆有爭強之意，好在九五領導人還壓得住，設若哪天教主不在了，恐有亂象滋生。剝卦資源流失，岌岌可危，此項警示絕非虛言。再占領導人的修行境界，得出觀卦九五爻動，爻變也有剝卦之象，爻辭稱：「觀我生，君子无咎。」確實修得很好，似大慈大悲的觀音佛轉世，這就有意思了！其實自古宗派傳承常有此事，據《韓非子・顯學》所述：「孔、墨之後，儒分為八，墨離為三，取捨相反不同，而皆自謂真孔、墨，孔、墨不可復生，將誰使定世之學乎？」創教的祖師爺器識宏大，接續者修為境界不及，往往造成同儕不服或致分裂，繼往開來發揚光大談何容易？禪宗六祖惠能承受衣鉢，被長期嫉妒追殺的故事人所共知，廟裡廟外的酷烈爭奪有何兩樣？人間何處真有淨土？難怪有人說：教會是基督的罪人，秀才是孔子的罪人，和尚是釋迦的罪人。

●二〇一〇年八月中旬，台灣司法界醜聞頻傳，其中有位高等法院的資深法官有收藏骨董的雅好，卻長期招妓買春，事情爆發後輿論譁然。該法官何以致此？占得訟卦九二、六三、上九爻動，貞悔相爭為咸卦（䷞）。法官的專業就在處理訟事，九二、六三敗訴難受，上九勝訴亦非佳事，且成果未可長保。見多了人間世的種種悲歡浮沉，可能會轉而尋求人情的慰藉，即便是花錢買來的虛幻情慾也好。咸卦所演正是男女之情，卦辭稱：「亨利貞，取女吉。」〈彖傳〉末則喟歎：「觀其所感，而天地萬物之情可見矣！」人性人情的複雜幽深，每每難測難知，出人意表。

●二〇〇四年三月二十日台灣大選完，陳水扁以極微差距獲勝連任，由於三一九槍擊案疑義甚多，藍營不服提出訴訟，也有人主張有樣學樣，襲用民進黨全民公投的方式爭取連署重選，以爭回政權。我占問此舉何宜否，得出訟卦初六、九五、上九爻動，貞悔相爭為歸妹卦。顯然不行，歸妹為少女出嫁，感情衝動，選錯對象，而致一場空，卦辭稱：「征凶，无攸利。」訟卦九五為陳水扁，已據絕對優勢地位，上九打壓不會手軟，初六為基層民眾，「不永所事」，也不會有興趣陪著一直爭下去。此策艱難重重，實不可行，後來此議亦明確打消。

●二〇〇一年九月下旬，緊接著震驚世界的九一一恐怖攻擊後，台北也因秋颱發威淹大水成災，地下捷運忠孝東路段濁流滾滾，不能通車。馬英九時任台北市長，許多人擔心他的民望會受重創，我遂占問之，得出訟卦初六、六三、九五爻變，初六恰值宜變，成履卦，貞悔相爭為大有卦（䷍）。大有為祥和豐盛之象，卦辭稱「元亨」。九五尚中正能止訟，六三「食舊德，厲，終吉。」初六為基層民眾，「不永所事，小有言，終吉。」整體看來均不會強爭不放，對馬的民望影響有限。二〇〇四年連宋大選再度失敗，馬英九遂乘勢興起，成了二〇〇八年代表藍營競逐大位的唯一人選。

●二〇〇一年九月下旬，台灣失業率不斷攀升，經濟表現很差，我當時問往後會否更糟？得出訟卦九二、六三、九五爻動，貞悔相爭成旅卦（䷷）。旅卦失時失勢失位，就是大量失業漂泊無定之象。訟九五為當時執政的陳水扁，當然企圖解決，但六三「食舊德」吃老本，九二「歸而逋」力求自保，看來「邑人三百戶」的就業問題不小。次年初統計出來，二〇〇一年經濟負成長，失業率全年平均高達百分之四．五七，相當嚴重。失業就會影響社會穩定與祥和，「遇訟之旅」，何其糟糕！

●二〇一〇年元月底，我問往後一年台灣有重大天災否？得出訟卦九二、九五、上九爻動，九五恰值宜變，貞悔相爭為豫卦（䷏）。豫為組織動員，思患豫防，也有豫樂之象。訟為「天與水違行」，若有災也是水患，九五君位處理得當，應無大礙，可保「邑人三百戶，无眚」。由於二〇〇九年的八八水災衝垮了劉兆玄內閣，不少高官「終朝三褫之」，前事不忘後事之師，馬英九不敢再掉以輕心，應會上緊發條應對，不致八八危害之重矣！

● 一九九七年元旦，我依例問自己全年氣運，得出訟卦九二、九四、上九爻動，貞悔相爭成比卦（䷇）。其時我仍未離開那家出版公司，沉潛遠離一切紛爭，只做自己未來志業的部署。卦象看來還是把定這個策略：九二、九四位居人下，爭也無從爭起，「歸而逋」、「復即命」是唯一選擇，讓那些愛爭愛鬥的去火拚，反正也是「終朝三褫之」，都不會久長，事後發展確實如此。比卦為往外廣結善緣，〈大象傳〉稱：「先王以建萬國，親諸侯。」看了真是心領神會啊！

● 一九九八年六月底，我給學生講解劉劭的《人物志》，針對全書十二篇皆有占卦，其中〈流業第三〉的主旨為訟卦上三爻全動，九五值宜變為未濟，貞悔相爭成師卦（䷆）。該篇將各種人才分成十二類，而君德與此不同，為：「聰明平淡，總達眾才，而不以事自任。」訟卦九五中正元吉，正為此意；九四不及，上九過亢，皆需九五調合包容。「遇訟之師」，外乾剛轉為坤柔，領導人發揮了調合鼎鼐的智慧。

● 二〇一六年五二〇剛過，大陸對蔡英文不承認九二共識不滿，兩岸關係趨嚴酷。我問習近平有可能在其任內完成統一嗎？得出訟卦上三爻全動，貞悔相爭成師卦，確可能由動口爭訟到動手行師。訟九五為宜變之爻位。「訟元吉，以中正也。」習本人會有其處理大局的必要考量，不會輕啟戰端。九五爻變成未濟卦，兩岸雖不合，倒還未必大動刀兵。

● 二〇一六年十一月中，我預占二〇一七年台美關係，為訟卦初、二、上爻動，貞悔相爭成隨卦。蔡政府曾想藉美國勢力抗衡中國大陸，只得到上九「或錫之鞶帶，終朝三褫之」的結果。隨卦陷於被動因應，須隨時調整僵硬的對策。此占又靈驗。

占卦遇四爻皆動，以四爻齊變所成之卦的卦辭卦象為主判斷，並參考本卦四爻爻辭的變動因由，若其中一爻恰值宜變，該爻爻辭影響較大，多予注重。

●二〇〇四年三月大選後，藍營痛心疾首，想盡一切辦法挽回敗局，我乾脆占問：最後連戰能反敗為勝登大位否？得出訟卦九二、六三、九五、上九爻動，齊變成小過卦，上九恰值宜變，單變為困卦。小過卦辭稱：「可小事，不可大事……不宜上，宜下。」幾乎已明示沒有可能登大位，「國之大事在祀與戎」，祀是享有政權，戎是對外戰爭，不可大事即政權無望。朝野爭訟，民難與官鬥，九二與九五爭大位不克訟，六三被上九打得抬不起頭，全遭死死控制，當然無成。

●二〇〇四年十一月上旬，我的一位得意學生想離開工作多年的IBM，另尋發展，但卦象皆不甚佳。遂問若暫留台北IBM如何，得出訟卦九二、六三、九四、上九爻動，齊變成蹇卦（䷦），上九恰值宜變，單變為困卦。蹇卦外坎險內艮阻，困頓難行，九二、六三、九四皆不得志，無法勝出，上九即便升官也未必長久，如此形勢實無前景可言。他當然放棄此想，不過跳槽到同業幾年，仍如當初卦象所示並不佳，最後又離開，走了另一條生涯規劃的新路。

●二〇一〇年元月下旬，我占問老子的修行境界，得出訟卦初六、九二、六三、九五爻動，齊變成離卦（䷝），九二值宜變，單變有否卦之象。遇訟之離，老子主張化解天下一切的紛爭，使人類文明永續不絕。離卦〈大象傳〉稱：「明兩作，大人以繼明照于四方。」卦辭則稱：「利貞，亨。畜牝牛，吉。」坤卦為母，「利牝馬之貞」；離卦為中女，「畜牝牛吉」，坤本為牛，離卦將坤柔之德彰顯的淋漓盡致。道家順勢尚柔，盡得坤卦以柔克剛的大智慧。訟卦初六「不永所事」，九二「歸逋隱忍」，六三「食舊德，以從上」，逆來順受避免紛爭，正是老子一再稱許的「不爭之德」；九五尚中正，「訟元吉」，排難解紛，和光同塵。九二深晦韜隱，「窒惕，中吉」，為訟卦最難能之爻，本占恰值宜變，更凸顯老子的襟懷與心術。

●二〇一〇年四月初，我嘗試以易理通佛經的講座完成第一個階段，將概論與《金剛經》講完，未知實效如何，特別占了一卦，得出訟卦九二、九四、九五、上九爻動，齊變成坤卦。坤卦厚德載物，〈象傳〉稱：「含弘光大，品物咸亨。」包容萬有，化解衝突。訟卦九二、九四「不克訟」，復歸天命的自然法則皆無礙，上九強爭是非榮辱反而失正，所有的意見不合都在九五「訟元吉」下成就美事。天下大道異中求同，同中存異，一致百慮，殊途同歸，並行不悖，並育而不相害啊！

●二〇一二年底，我占算馬英九翌年（癸巳）執政氣運，為訟卦四陽爻全動成坤卦。當年他與立法院長王金平鬥爭，控王關說的官司皆輸，嚴重影響其威信，種下往後國民黨敗選根苗。二〇一二年大選連任時，他的氣運為不變的明夷卦，當年極艱困，二〇一三年為訟卦，正好是明夷的錯卦，霉運也會旁通啊！

●二〇一一年元月中旬，我高雄班學生的友人生病，其子拜託他代占病情，可否康復云云。他占出訟卦二、三、四、五爻動，齊變成艮卦（䷳）。「遇訟之艮」，大大不妙。訟為京房離宮遊魂之卦，卦辭稱：「……終凶……不利涉大川。」九二、九四與九五象徵的天命相爭，皆「不克訟」敗下陣來，六三含悲忍受亦然。九五、九二且有歸天入穴之象，看來病危而命在旦夕。艮卦為止，又為山，卦辭稱：「艮其背，不獲其身，行其庭，不見其人。」都是亡故而歸道山之意。果然，二月中其友即過世，身後尚留有兄弟及子女間財產爭端未解決，也是訟卦之象。

●二○一七年四月上旬，我的同門負責處理一件相當棘手的侵權事件，擬化敵為友謀求雙贏。此事干係甚大，我問吉凶，為訟卦初、二、三、上爻動，宜變爻位在二，四爻齊變成革卦。訟六二「不克訟」，單變為否卦，天地不交，後來確實對方避不見面，反而造成了後續一連串天翻地覆的變化。「革之時大矣哉！」大家都耗損嚴重。

五爻變占例

占到一卦五爻皆動，變數這麼多，以齊變所成之卦的卦象卦辭為主判斷吉凶，留心本卦所動五爻爻辭的變化情形，若其中一爻值宜變，影響稍大，略加重評估即是。

●二○一○年四月下旬，我率學生赴湖北旅遊，首日即腰疾發作，無法同行，無奈待在武漢旅館中休養生息多日，再和他們一道返台。那幾天只能看看書報電視，正好郎咸平提到中美匯率大戰人民幣被迫升值的問題，言詞激切，值得注意。當時先占中方應戰的結果，得出訟卦初、二、四、五、上爻皆動，齊變成復卦（䷗），九五值宜變，有未濟卦之象。訟當然是辯論爭議，下接師卦，勞師動眾不折不扣的貨幣戰爭。面對九五、上九美元優勢的強硬施壓，九二、九四皆「不克訟」，初六不欲擴大事端，「小有言」圖「終吉」。五爻齊變成復卦，剝極而復，萬象更新，也與九二「歸而逋」、九四「復即命」之旨趣相通，拉長戰線，轉入地下進行靈活的游擊戰，應為可行之策。

●一九九三年九月下旬，我仍任職那家出版公司的總經理兼總編輯，為救亡圖存進而振興業務計，乘著士氣旺盛的復甦之機，發動全年最後一季總攻勢，要求行銷部門衝出最高業績。當時心中其實無底，後占能達成目標否？得出訟卦初、二、三、五、上爻皆動，齊變成豐卦（䷶），無任何一爻值宜變。豐卦卦辭稱：「亨，王假之，勿憂，宜日中。」內離明、外震動，成如日中天的豐功偉業，似乎真有可能。全面協調不同行銷部門的責任承擔與分進合擊，故多爭訟之象，「訟元吉」則都能擺平。結果年底結算，真的創造了有史以來的最高績效，易占誠不我欺。妙的是「豐極轉旅」，次年四月我就在殘酷股爭中失勢，由此另開人生新途，而今思之，不勝慨歎矣！

7. 地水師（☷☵）

師為全易第七卦，前接訟卦，後為比卦，由口頭爭議發展成暴力衝突，打完後再談判協商，解決資源分配問題，重建人際互動的新秩序。〈序卦傳〉講的很清楚：「訟必有眾起，故受之以師。師者，眾也，眾必有所比，故受之以比。」一次世界大戰後有國際聯盟，二次大戰後有聯合國延續至今，皆為師後有比的顯例，比即比附結盟之意。

〈雜卦傳〉稱：「乾剛坤柔，比樂師憂。」宇宙間就是陽剛與陰柔兩種狀態，互補合作很快樂，對抗衝突起憂患。這個基本道理講在最前，再往下推演可能的變化發展，指示人離苦得樂、趨吉避凶之道。師、比二卦排在乾、坤之後，就像屯、蒙二卦在自然卦序的地位一樣，基本而重要，探討陰陽互動，必須了解師比。卦序先師後比，雜卦比在師前，也寓人文理想，陰陽和合還是正道，不得已才對立衝突。

師、比二卦相綜，實為一體兩面、同時俱有的關係。勞師動眾的軍事對抗，必與合縱連橫的外交結盟交相為用，談談打打，打打談談，以爭取政權集團的最高利益。沒有一定的武備，弱國根本不具談判資格，窮兵黷武既耗錢財，又不合天理人心，贏得戰爭也贏不了和平。當今美國以超強的軍力戰無不勝，征服阿富汗與伊拉克，多年不能撤兵，搞得負債如山，難以自拔，就是最貼切的例證。

《孫子兵法．謀攻篇》主張：「百戰百勝，非善之善者也；不戰而屈人之兵，善之善者也。故上兵伐謀，其次伐交，其次伐兵。」伐兵是師，伐交即比，外交談判優先於軍事戰爭，打仗永遠是最後不得已的辦法。戰國時期有縱橫家蘇秦、張儀，遊說諸侯，確實深刻影響當時的國際秩序；又有孫臏、龐涓等兵法家戰場爭雄，名垂史冊；據傳皆為鬼谷子一門的修學高徒，外交軍事關聯之密切亦於此可見。政壇及商場普遍存在既競爭又合作的關係，國際形勢亦然，這些都是師、比兩卦相綜一體的顯例。

師、比二卦皆含坤、坎的三劃卦。坤為廣土眾民，為國家主權所在，軍事外交因此而生，坎為流動的風險，沙場搏命與折衝樽俎皆險不可測。《孫子兵法．虛實篇》有云：「兵形象水，水之行避高而趨下，兵之勝避實而擊虛。水因地而制行，兵因敵而制勝，故兵無成勢，無恆形，能因敵變化而取勝者，謂之神。」冒險犯難，必須機變靈活，智計百出。從乾坤開天闢地以來，屯、蒙、需、訟、師、比六卦皆含坎卦，象徵人生風險無數，正是孟子所稱：「生於憂患。」

䷆ 師卦卦辭：

貞，丈人吉，无咎。

卦辭首言貞，「貞者正也」，戰爭必須師出有名，符合國際正義；「貞者固守也」，保國衛民有正當性，侵略他邦受質疑。各國統理軍事的部門稱國防部，沒有敢稱國攻部的，此即蒙卦上九爻辭之意：「擊蒙，不利為寇，利禦寇。」為誰而戰、為何而戰，是軍事行動首先待決要項。《孫子兵法‧計篇》開卷即稱：「兵者，國之大事也……一曰道……道者，令民與上同意也，故可與之死，可與之生而不畏危。」用現代體制講，國家出兵必須得到民意支持，國會通過授權方可。

孫子的兵之五事為「道天地將法」，合乎道以後，研判天時地利的自然形勢，就得委任稱職的將領統兵，條件為「智信仁勇嚴」，亦即師卦辭中所稱的丈人，老成持重，練達實務，可戰勝完成任務。吉後接無咎，表示成功而沒有任何後遺症，贏得戰爭，也能確保戰後和平，君將之間不起猜忌內鬨。吉凶是一時的得失，無咎則影響更深遠。

〈彖〉曰：師，眾也；貞，正也。能以眾正，可以王矣！剛中而應，行險而順，以此毒天下而民從之，吉又何咎矣！

勞師動眾必須善識群力，做最好的發揮運用，眾人本有其正，領導者懂得開發誘導，即可成其王業。九二陽剛居下卦坎險之中，上與六五之君相應與，正是統兵大將獲得委任之象。內坎外坤，故稱「行險而順」，兵法講究因順形勢靈活變通。戰爭使天下深受毒害，而民眾還願意配合跟從，顯然師出以正，又有大將深服人心的卓越領導，如此必然勝利成功，沒有任何過咎。

需、訟二卦卦辭皆重「有孚」，以誠意解決紛爭；師卦卦爻辭絕無孚字，因為兵不厭詐，生死相爭欺敵為上。《孫子兵法‧計篇》明示：「兵者，詭道也。」〈軍爭篇〉亦稱：「兵以詐立，以利動。」春秋時代宋襄公那套禮讓作戰的方式，在現實中全然不可行。

能以「眾正之正」從何而來？與「蒙以養正」之正相同，皆從乾彖「各正性命」發源，人人固有其正，開發成功即是王道。師卦主旨為戰爭，不稱「可以霸」而稱「可以王」，寓意深厚。師卦六爻全變為同人卦（䷌），同人、大有講的正是世界大同的王道理想，只要同樣是人，理應大家都有，人人皆有良知良能，皆致良知即成王道樂土。然而，若無實力空喊王道也沒用，卦序師、比在同人、大有之前，就是這個道理。有足以稱霸的實力而不稱霸，方為實現王道提供了保證，中國大陸很早就對外宣稱永不稱霸，這是中華文化所蘊育的深刻的睿智。

〈象〉曰：地中有水，師。君子以容民畜眾。

師卦上坤下坎，故為「地中有水」流動之象，隱密而機動正是兵法要義。軍隊成員即民眾，由徵兵或募兵而來，國家承平時期不需養太多常備兵員，讓他們在社會各行各業從事生產，戰時再動員組訓入伍，以免影響經濟建設。過去農業社會所推行的屯田制度，所謂「寓兵於農」，即是一種容畜的機制，今日社會多元，可隱藏戰力的機制就太多了。只要動員及復員的效率高，戰時民用轉軍用，戰後軍用轉民用，靈活切換自如，這是最經濟有效的方法。美國在二戰前的常備兵力相當有限，珍珠港偷襲事件後快速動員參戰，至大戰結束時，擴充近千萬之數，連ＩＢＭ都配合軍工生產，勝利後又快速復員。結果朝鮮戰爭一起，又有些手忙腳亂，這些歷史教訓頗值得後人參考。

依隱密且機動的原則來看，那些陸基固定的核子導彈不算可怕，核子潛艇與隱形戰機的殺傷力才深具威脅。人生任何一種戰力的配置，必須效法地中有水之象的啟示，以求效益的極大化。

占例

遇事占到不變的師卦，通常表示亟需動員戰鬥，一決勝負，按卦辭卦象論斷即可。

● 二〇〇二年初，我占問大陸全年的經濟前景，得出不變的師卦。其時，兩岸先後加入WTO，都面臨經貿與國際接軌的問題，台灣在這方面經驗不缺，大陸就需組織動員做好轉型調整。以卦象及事後的發展來看，這場戰役大獲全勝，全年取得了百分之八的高成長，在普世低迷下表現優異。

● 二〇〇四年初，我占問台灣全年的社會形勢，得出不變的師卦。藍綠陣營的劇烈對抗恐不能免，三二〇選後的訴訟及族群衝突波波相繼，卦象完全應驗。

● 二〇一〇年初，我依慣例占全年台灣的政局，得出不變的師卦，顯然就是組織動員的選戰，從年頭規模較小的選舉打到年底的五都大選，勝負互見，其後果然如此。

● 二〇〇九年三月下旬，我占問《易經證釋》、《中庸證釋》、《大學證釋》這類書如何恰當定位？得出不變的師卦，看了不覺莞爾。一貫道多傳此書修習，而其源流似乎與鸞教有關，用類似扶乩的方式，請古聖先賢魂魄親臨講解指導，雖涉玄虛，義理仍有可觀。師為眾，卦辭稱：「貞，丈人吉，无咎。」〈彖傳〉又稱：「能以眾正，可以王矣！」諸聖諸賢皆是千古同欽的丈人，勞師動眾把他們請來說法正義，有趣有趣！師卦又是坎宮的歸魂卦，大聖們皆已歸位，在天之靈仍教誨提攜後進。

䷆

初六：師出以律，否臧凶。

〈小象傳〉曰：師出以律，失律凶也。

初六為師卦初始，又當基層兵士之位，理應遵行九二的將令，紀律嚴明以參戰，若出師不以律，烏合之眾焉能取勝？律也有人心律動之意，萬眾一心，敵愾同仇，才有精強戰力。「否臧」二字相對反，臧為善，任事順利成功，否為不善，慘遭失敗。軍隊紀律至上，以服從命令為天職，若抗命失敗勿庸論，即便僥倖獲勝也不足取。壞了規矩，以後無法御眾，所以只要不守紀律，否臧皆凶，維持軍紀的重要，還超過了一時戰役的成敗。過去評議人好壞稱「臧否人物」，須客觀公正，嚴守知人論事的綱紀。孫子五事稱「道、天、地、將、法」，七計較量敵我雙方勝負，又問：「法令孰行？」本爻變為臨卦（䷒），居高臨下，務期寬嚴合度，有效治理。

占例

●二〇〇六年七月初，我推算自己當年第三季的策運，得出師卦初六爻動，有臨卦之象，當時並不確知其意，事後才恍然大悟。八月中，任學會執行長的學生徐崇智心臟病發猝逝，大家勞師動眾赴台中奔喪，悲痛悼念之餘想到此占。師卦為坎宮歸魂卦，臨卦卦辭：「元亨利貞，至于八月有凶。」大好開闊的形勢瞬間逆轉成凶，蒸蒸日上的會務，驟失推動主責之人，一切又得重新打理。更巧合的是徐生經營的公司即名「眾正」，正取師卦〈象傳〉之義：「能以眾正，可以王矣！」壯志未酬身先死，一語成讖矣！

䷆

九二：在師中吉，无咎。王三錫命。

〈小象傳〉曰：在師中吉，承天寵也；王三錫命，懷萬邦也。

九二為師卦主爻，正當統軍大將之位。下乘初六兵眾，上和六五之君應與，承受天子寵信，行於戰場坎險之中，剛而能柔，依時中之道而獲吉。吉後接無咎，與卦辭相同，戰勝而沒有任何後患，卦辭所稱丈人，即指九二而言。王指六五之君，三為多數，錫同賜，上對下發號施令稱錫命，君有任命大將之權，卻不宜干涉戰事指揮，「王三錫命」所為何來？「懷萬邦」三字說出了箇中奧妙，天子統馭天下萬邦，命將出征平亂，既關心戰爭勝負，又擔憂兵權在外尾大不掉，而有種種遙控掣肘之事，造成彼此關係緊張。所謂「將在外，君命有所不受」，政軍分際一旦不明，必然生亂致敗，這是自古為君為將者艱難戒慎之處。

《孫子兵法．謀攻篇》有云：「君之所以患于軍者三：不知軍之不可以進而謂之進，不知軍之不可以退而謂之退，是謂縻軍。不知三軍之事，而同三軍之政，則軍士惑矣；不知三軍之權，而同三軍之任，則軍士疑矣。三軍既惑且疑，則諸侯之亂至矣，是謂亂軍引勝……將能而君不御者勝。」言來鄭重其事，孫武為將，深知君心猜忌之害，既要彼此合作，醜話必須說在前頭。〈地形篇〉亦稱：「戰道必勝，主曰無戰，必戰可也；戰道不勝，主曰必戰，無戰可也。故進不求名，退不避罪，唯民是保，而利合于主，國之寶也。」兵須服從將令，將卻可因應事宜違抗君之亂命，根據自己的專業判斷行事，以爭取戰勝的國家利益，這種負責而非逢迎的將領，才是國家的珍寶。

當然，以政領軍是天經地義，軍事一定是為政治服務的，軍人不宜干政，由於槍桿子容易出政權，所以必須聽從文人政府的節制，以免生出動亂。孫子是說「君命有所不受」，不是一概不受，「將能而君不御者勝」也是有條件的，如果將不能呢？還不是仍得撤換！軍政之間的分際，簡單來說，政治決定該不該打以及打的範圍，至於怎麼打則尊重軍事專業，儘可能少干涉。自古功高震主取而代之，或兔死狗烹罷黜功臣之事，在所多有，事功中人確宜敬慎。二戰後，美國名將麥克阿瑟遭杜魯門總統撤換，其間是非分際即為顯例。

本爻爻變，為坤卦，為了廣土眾民的整體利益，統軍大將須順勢用柔，厚德載物。所謂唯民是保，所謂「容民畜眾」，這是將軍的天職。

占例

- 二〇〇六年元月下旬，我占問年底台北市長選舉藍營的勝算，得出師卦九二爻動。選戰大將出征，在師中吉承天寵，應該是必勝之局。十二月初，國民黨的郝龍斌果然贏了民進黨的謝長廷，當選台北市長。
- 一九九一年十月底，我任職的那家出版公司開始股爭，市場派的大股東強勢介入，希望創業的老闆退出經營實務，自去專心料理私人財務，總經理一職改由我接任。此事關係甚大，又涉及極敏感的人情互動，我考量頗久，最後占問：若同意出任，對公司群體吉凶？得出師卦九二爻動，有坤卦之象。臨危授命，「在師中吉，无咎」，對內對外都得敬慎，遂決定出任扛責。其後兩年半，確實問心無愧，將垂危的公司中道振興。

而後我的志業轉向弘揚易典，幾年後薄有聲名，聽一位老學生說，來上課前占過卦，探問我功底如何，是不是個好老師？結果得出師卦九二爻動，有坤卦之象。看來師卦「容民畜眾」，「丈人吉，无咎」，還真有良師之義。前引一貫道《易經證釋》占例，以扶乩方式請歷代先師講經云云，不也是說的師道嗎？「傳道、授業、解惑」，師卦九二足以當之。

●二〇一〇年七月底，我去看了引起紅火討論的電影《全面啟動》（*Inception*），談到心靈植入闖進他人夢境之事，覺得有趣，遂占問潛意識究竟為何？得出師卦九二動，有坤卦之象。「地中有水」潛行流動，外卦坤為群眾，內卦坎險，意識流轉深不可測，時而冒出地面，引發人際衝突。再占心靈植入是怎麼回事？得出訟卦六三動，有姤卦（䷫）不期而遇之象，「食舊德，貞厲」，現實生活中求不得苦，轉化到夢境中體現？最後問夢中有夢為何？得出不變的困卦，深陷於重重夢境之中難以自拔，「莊周夢蝶」之喻再次引人沉思。

䷆

六三：師或輿尸，凶。

〈小象傳〉曰：師或輿尸，大无功也。

六三陰居陽位，不中不正，乘於九二幹才之上，相處關係惡劣。「輿」為眾，「尸」為主，「輿尸」即眾人做主。軍隊赴戰一切唯將令是從，不可以另找人掣肘分權，七嘴八舌必誤戎機。輿尸有「民主」的意味，軍事特殊，組織訓練作戰不可以民主，即便是民主國家的軍隊，負責捍衛國家的民主制度，本身卻不能以民主決事。師下卦為坎，險惡萬端的戰場中，應由九二專權領導，六三乘於其上，有監軍之象，如此互相牽制應戰，必敗無疑。監軍由誰派出？當然是居君位的六五，其爻辭中即提到：「長子帥師，弟子輿尸，貞凶。」國君派任大將後，又密遣不懂軍事的親信去監控，親信弄權，搞得將士離心，無所適從，這是外行指導內行，必然得為猜忌之心付出慘重的代價。

「輿尸」也有解釋成戰敗屍橫遍野，需用大車去裝載屍體後送的，但此解不大合情理，戰爭非常殘酷，曝骨荒郊往往付之一炬。既然戰敗，生還者逃亡且不及，何來車運屍首之事？況且，六三「師或輿尸」這麼解釋，六五「弟子輿尸」辭意上就很難貫通。六三戰敗沒錯，根由卻在六五的任人不當。本爻爻變為升卦（䷭），乍看不錯，細究起來多有虛幻之象，三爻「升虛邑」、上爻「冥升」，可能執著表象最後一場空。任將不專、多方疑猜亦復如是。戰爭追求勝利成功，〈小象傳〉一句「大无功」，慨歎惋惜之至。

話說回來，三代乃至春秋時的戰爭，比較講究禮法，規模也不甚大，不像戰國後世殺人盈城盈野，以車拖運兵士遺體亦非絕不可能。本書論述蒙卦上九「擊蒙」時，提過《河洛理數》一書，將干支生剋與卦爻辭結合，由人的生辰八字判斷先後天命運，雖有宿命論色彩，推運往往奇中，不宜小覷。我幾年前因學生介紹，與一位著名的退休女藝人見面，交流西方星相與易占的生命論斷，彼此互斷對方的生命歷程，皆有精密神準之處。她過去數十年的生命經驗，幾乎是完全照本演出，《河洛理數》的推算中，可細至每一年的運勢。有一年她的情況很糟，去見另一位號稱有神通的女特異功能者，對方一眼看到她就說：「妳怎麼身後跟了那麼多冤親債主？」而她那一年的年運，就是走到師卦六三爻：「師或輿尸，凶。」一堆冤魂隨身糾纏，難怪心神不寧，做什麼事都包袱重重，不易成功。總之，占卦若遇此爻動，絕非好事，不調整不行。

「輿」本為車，為何有「眾」之意？《周禮‧考工記》稱：「周人上輿，故一器而工聚焉者車為多。」古代造車幾乎是當時各種工藝技術的綜合呈現，將眾多構件聚成車體，駛行於崎嶇不平的道路上，確實得有本事。輿論為眾人的公論，流通不息，當政者必須重視，亦由此取義。古代祭祀祖先，用活人代表死人，以其服裝扮祖先的形狀，坐著不言不動，接受祭拜，就叫尸。「尸位素餐」的成語，指當官主其位，卻吃白飯不做事。尸本是「代為做主」，監軍干涉將權指揮，不是越俎代庖為何？

清朝雍正皇帝與年羹堯的故事，也可為殷鑑。兩人淵源深厚，年羹堯蒙雍正重用為大將軍，駐軍在外征討時，雍正派一隊親信侍衛從軍，實則就近監控，結果還被年羹堯以下馬威收服。如此說來，監軍還不能只用單線，得多線設置以防離叛，螳螂捕蟬，黃雀在後，彼此勾心鬥角沒完沒了，這樣猜忌內防，還怎麼團結對外作戰？

占例

● 講了這麼多理論與史跡，還是談一則占例，一九九六年十二月中，我購置的新居交屋，找誰來室內設計頗花心思，當時一位學生有搞點風水，說幫我看看格局。我其實不愛此調，別人善意也不好拒絕，先占一下合宜不合宜？得出師卦六三爻動，恰值宜變成升卦。「師或輿尸，凶」，人多嘴雜，不專業的意見聽了徒亂人意，實在大可不必，自住自決即可。十多年來，一切都還康和平順。

六四：師左次，无咎。

〈小象傳〉曰：左次无咎，未失常也。

六四陰居陰位，又為執政高層，在師卦的軍戰場域中，當中央文官之位。為國家整體利益計，應同心協力支援大將前線作戰，所有後勤輜糧運補不得延誤。「次」為軍隊暫歇紮營，「左次」為接戰不利後，退守穩住陣腳，即「敗而不潰」之意。前方九二浴血苦戰，一場戰役的勝敗乃兵家常事，甚至可能是詐敗誘敵，後方負責接濟的六四切不可嫉功妒能，落井下石而苛責痛批。將相爭權不和，國家危矣！戰國時趙國廉頗與藺相如的故事，膾炙人口，為將相和的典範。〈繫辭下傳〉第九章稱：「二與四，同功而異位，其善不同。」將相分工合作，上報國君賞識之恩，下為百姓謀福，正是爻際承乘應與關係的活用。尤其戰時，和衷共濟更重要，「前方吃緊，後方緊吃」，必然自毀長城。清朝左宗棠遠征新疆時，曾國藩以其威望扛下後勤運補的重任，也是深識箇中利害的明智之舉。本爻爻變為解卦（䷧），其〈大象傳〉稱：「君子以赦過宥罪。」私人有任何過節，此時都得暫時放下，同心協力共度險難。

占例

● 一九九六年十二月上旬，我在那家出版公司沉潛已兩年大半，身邊曾並肩作戰的重要助手一一離去自謀生計。其中一位同事出去創業兩年，辛苦備嘗，卻未見成功，他來討占。我算其來年策運，得出師卦六四動，有解卦之象。看來仍然沒有勝算，穩住陣腳，敗而不潰就不錯了！他當然有些沮喪，其後卻真的應驗，而且乾脆放棄鏖戰，暫停營業另謀發展。

●二〇一〇年九月底，我在台北和北京友人餐敘。他太太從電視台退休後，從事投資事業，頗有斬獲，也很用心經營政商人脈，許多人看好她，未來會大發至百億人民幣的身價。酒酣耳熱之餘，難免還是以問卦助興，問她往後一年發展如何？為師卦六四爻動，有解卦之象。「師左次，无咎，未失常也」。勝敗乃兵家常事，一年後恐無所得。二〇一一年七月上旬，我們又在北京見面，她真的一件投資案也未成，連嘆易占怎麼這麼準？

六五：田有禽，利執言，无咎。長子帥師，弟子輿尸，貞凶。

〈小象傳〉曰：長子帥師，以中行也；弟子輿尸，使不當也。

六五為師卦君位，國家元首有依法對外宣戰媾和之權，九二大將亦為其所任命，疑人不信，信人不疑，對將權宜尊重少干涉。「長子帥師」指九二，和六三、六四恰成三劃震卦（☳）之象，震為長子，古代君王每每派任長子出征。弟子為其他公子，又派六三去軍營中分權監控九二，「貞者事之幹」，這麼做法實在不宜，必然戰敗致凶。九二「在師中吉，以中行」；六三「弟子輿尸，自啟禍咎」。〈繫辭下傳〉第九章稱：「三與五，同功而異位，三多凶，五多功，貴賤之等也。」六三當然是六五派去的細作，奉有六五的密令，也有密件呈報之權，這將帶給九二多大的壓力？既要與外敵作戰，還得防六三打小報告、六四扯後腿，以及最可怕的六五的猜忌不信任，為將之難，其若是哉？卦辭及九二爻辭所稱：「吉，无咎。」談何容易啊！

「田」是田獵，以喻打仗，「禽」為禽獸，為狩獵的對象，也代表作戰的敵人。「田有禽」是指師出有名，國土遭人侵略，必須奮起抗戰，以消滅禽獸不如的敵寇。「利執言」，利於擊敗並俘虜敵人，宣稱他們的罪狀，安排戰犯審判。所謂「仗義執言」，讓己方站穩道德及輿論的制高點，發動聖戰是不得已，是「至仁伐至不仁」的王者之戰。國家領導人若能做到這一點，可獲無咎。其實這還是戰爭是否合乎道義，以及民心或國際輿論支不支持的問題，卦辭首言貞，兵法稱「道者，令民與上同意」之謂。二戰時，美國初未參戰，待日本偷襲珍珠港後，民意沸騰才全力投入，「利禦寇，不利為寇」，保國衛民，理由正當。兩次海灣戰爭，第一次肇因為伊拉克入侵科威特，世界及聯合國普遍支持，第二次誣指伊拉克藏有大規模殺傷武器而入侵，雖戰勝卻不得人心，聯合國也並未授權，美國前總統布希即難辭其咎。

二〇〇三年美國侵略伊拉克時，將包括海珊總統等一干政要列為戰犯，印成撲克牌懸賞追拿，即透露顢頇霸權心態。將對方視為獵捕的禽獸而不當人看，這也是「田有禽，利執言」的宣傳策略。畢竟公道自在人心，以力服人，非心服也。師卦六五爻變，為坎卦（䷜），伴君如伴虎，霸心險不可測。

占例

● 一九九八年十月中，我讀劉劭《人物志》有感，占其〈英雄第八〉的主旨，得出師卦六五爻動，有坎卦之象。解的真切！該篇以「明能見機，膽能決之」為英，如漢張良可以為相；以「氣力過人，勇能行之，智足斷事」為雄，如韓信可以為將。將相皆「偏至之才」，為「人臣之任」，若劉邦則英雄兼備，有將將之大才，故能稱帝。師卦六五為人君之位，智勇雙全，有御將之能，完全合乎〈英雄篇〉的主旨。

●一九九七年七月上旬，我針對各家思想以易占定位，其中儒家思想為師卦六五爻動，有坎卦之象。儒家積極入世，領導群眾共趨王道，作之君，作之師。坎卦〈大象傳〉稱：「水洊至，習坎，君子以常德行，習教事。」人生在世，必遇患難，儒家教我們從中學習，養成堅強人格，奮進不息。師卦〈大象傳〉稱：「君子以容民畜眾。」〈象傳〉則稱：「能以眾正，可以王矣！」揭示儒家精神，非常精確到位。

䷆

上六：大君有命，開國承家，小人勿用。

〈小象傳〉曰：大君有命，以正功也；小人勿用，必亂邦也。

上六為師卦之終，和前五爻不同，爻辭中已無師字，表示戰爭已經結束，這是易辭的「不言之象」，需卦上六不言需、蒙卦六三不言蒙皆是。大君是戰勝國的君主，贏家出牌，開始分封諸侯，以圖建立戰後的和平新秩序。武王伐紂成功，刀兵入庫，論功行賞，大封天下，功大者開諸侯國，功小者承大夫家。武王死後，周公繼續封建大業，奠定了爾後八百多年的基業。周易於此取材，寫入爻辭，可謂順理成章。師卦之後為比卦，其〈大象傳〉稱：「先王以建萬國，親諸侯。」與師卦上六所言實為一事，《易經》卦卦接續，爻爻貫通，習易者熟悉之後，對天道人事的變化因果，肯定有所體悟。

然而戰勝封賞之時，人情最易犯錯，若有不當酬庸，任用小人，賞罰不明，會使將士離心，又埋下以後戰亂之機。本爻爻變，為蒙卦（䷃），或無知或私情蒙蔽公理，都是居上位者的大戒。一戰結束後，英、法等戰勝國議定歐洲秩序，對戰敗的德國過分苛刻，結果二十年後納粹復興德國，撕毀和約，又爆發二次世界大戰。美國二〇〇三年攻佔伊拉克全境，贏得戰爭卻贏不到和平，至今仍深陷泥沼，難以脫身，都是在師卦上爻的關鍵作為處出了問題。

中國古代的殷鑑也很多：劉邦滅秦滅楚，建立漢朝；「馬上得天下，不能馬上治天下」，分封功臣到最後，又一一斬盡殺絕，徒留遺憾。劉秀滅王莽，建立東漢，懂得宰相需用讀書人，尊奉打天下的雲台二十八將，卻另啟用秀才治國，也未殺功臣，處理得堪稱圓滿。宋朝趙匡胤因黃袍加身稱帝，為圖長治久安，以杯酒釋兵權化解同志反目的危機，厚待功臣而不給實權，給人不少啟示。明太祖朱元璋和劉邦一樣出身微賤，稱帝後，也同樣走了大殺功臣的老路。

會衝鋒陷陣的不一定會治國，現代企業中業績高手未必精通管理，不酬庸顯得無情無義，以國家或組織名器濫予，又會誤人誤國，如何是好？可以多給錢別給權，最好安排「錢多事少離家近」的虛職以養老。由師至比，時勢變遷，用人的標準亦宜調整，這是待人處事的大智慧。有功則賞、有過則罰，才能貫徹始終。若吝賞錯罰，以後戰事再起，如何要人賣命驅馳？師卦初六紀律嚴明，前提也在上六賞罰公允，這是互為因果的當然道理。六三稱「大无功」，上六稱「以正功」，兵戰建功立業，還是須以成敗論英雄。

占例

● 一九九七年十月底，我通讀多種易學著作，遂給前輩大家以占定位。其中民初奇人杭辛齋的《學易筆談》頗有特色，占得之卦為師卦上六爻動，有蒙卦之象。杭氏讀書甚多，據傳讀過七百多種古今易註，雖然自己沒有另寫一本註解，卻多予評點，極似戰後分封諸侯一般，述其源流，斷其優劣，作為啟蒙後學之用。比較特殊的是他也以易理為中心，論衡西方科技之定位，其志可嘉，其論述明顯有所不足，尚需後學者斟酌刊定。

多爻變占例之探討

師卦卦爻理論及單爻變占例已分析畢，往下探討更複雜的多爻變的情形。

二爻變占例

占卦遇二爻動，若其中一爻恰值宜變，為主變數，爻辭應加重看待，另一爻辭為次要變數，輔助參考。兩爻齊變所成之卦，有時亦須參看。

● 一九九四年十月下旬，我占問年底台灣省及直轄市長大選的勝負，民進黨為師卦九二、六三動，齊變有謙卦之象。九二實力很強，應可於激烈選戰中勝出；六三則弱不稱位，多半落選，且對九二造成干擾。謙卦亨通有終，整體來說還算不錯的局面。選舉結果是二負一勝：台灣省陳定南、高雄張俊雄皆以不到四成得票率敗選，陳水扁則以近四成四的得票率當選台北市長。

●二○○七年三月底，因為經常收到親友或學生致贈的善存類藥丸，不知該不該服用，遂問對在台華人體質合宜否？得出師卦九二、六三動，有謙卦之象。九二可以，六三「師或輿尸」太嚇人，且對九二不利，乾脆不服為妙。補藥補藥，藥補不如食補，不補何傷？

●二○○四年八月中旬，大選後的官司還在纏訟，我應藍營學生要求，再問當選無效之訴的後勢？得出師卦六四、上六動，齊變有未濟卦之象。六四「師左次」，多半敗戰，只求穩住陣腳敗而不潰，上六戰勝者分封，敗者無份。未濟也是此局不成之意，藍營命途多舛，應無勝算，其後果然。

●二○○六年八月上旬，我占問謝長廷台北市長選舉勝算及對其後續影響，因年初才從閣揆高位卸任，他的真正意圖應不止於此。結果得出師卦初六、九二動，齊變有復卦之象。九二深具實力，贏得初六選民支持，復卦為陰曆十一月的消息卦，正當十二月上旬的選期，又有「剝極而復、從頭再來」之意。年底選戰結束，謝以超過四成票落選，輸給國民黨的郝龍斌，但不久之後，謝即宣布參選二○○八年的大位，最後也得獲民進黨提名，果然是再接再厲，去而復返。

●二○一一年八月下旬，我偕家人赴希臘旅遊，參觀雅典國立考古博物館，其中展示距今三千六百多年前的麥錫尼文明器物，金戈鐵馬的刀兵氣息濃厚。阿加曼儂國王發動的特洛伊城之戰，名垂青史，哀艷動人。我占館內氣場，為師卦初、二爻動，有復卦（䷗）之象。勞師動眾，九二大將率領初六攻伐異邦，「師出以律」，「在師中吉」，好似古戰場重現，千載之下猶有殺伐之音。師卦屬坎宮歸魂卦，激戰雙方的英靈無論勝負，皆已安息。

●二○○九年四月中，我赴大陸演講及旅遊多日，曾為一位地方官問其仕途發展，得出師卦

九二、六五爻動，六五恰值宜變，單變成坎卦，兩爻齊變則有比卦（䷇）之象。比卦〈大象傳〉稱：「先王以建萬國，親諸侯。」確有封侯之象。師卦九二「在師中吉」，表現良好，關鍵在其長官六五如何認定，兩爻相應與，若無其他干擾，應該機會不小。二〇一一年五月上旬，他來台參訪旅遊，我的台商學生設宴款待，我也受邀參加，席間知其果然高升，卦象靈驗。

●二〇一〇年十一月下旬，我心血來潮問自己是否與《易經》夙世有緣？得出師卦二、五爻動，六五值宜變成坎卦，兩爻齊變有比卦之象。師九二「在師中吉，承天寵」，六五「長子帥師」，兩爻相應與，儼然有天命授與之象。作之君，作之師，以「容民畜眾」，以「建國親侯」。坎卦〈大象傳〉稱：「水洊至，習坎，君子以常德行，習教事。」人生必遇患難，天降大任於斯人，必苦其心志，使其在一波接一波的憂患中學習成長。比卦卦辭稱：「原筮，元永貞，无咎。」似乎更顯示易緣夙定，依《河洛理數》推算，我的先天即為比卦六三，後天轉蒙卦上九，由「原筮」轉「初筮告」的「擊蒙」生涯，真正說明了我的一生。再者，師、比二卦屬坎、坤二宮的歸魂卦，或是我幾世幾劫的安心立命之鄉？

●一九九三年三月上旬，一位好友離婚後復有情緣，交往一陣後，卻因使君有婦，對方還是終止了秘密往來，回歸正常的家庭生活。她傷痛欲絕，我占其情事前景，得出師卦六四、六五爻變，齊變有困卦（䷮）之象。遇師之困，這場情事還真戰況慘烈，困頓難以突圍。六四「師左次」，敗局已定，六五「長子帥師」，又「弟子輿尸」，三心二意搞不定，鴛夢難諧，只能求穩住陣腳、敗而不潰了。

●二〇〇七年九月上旬，我的一位連襟旅居海外多年後，考慮返台，復開診所重新執業，他本是相當成功的內科醫師，漂鳥還巢竟也近鄉情怯，請我占問順遂合宜否？得出師卦六三、上六爻動，齊變有蠱卦（䷑）之象。六三「師或輿尸，大无功」，三心兩意、眾人做主事難成；上六按勞酬庸、「小人勿用，必亂邦」。蠱卦繼承舊業，不圖改革，將致敗壞。遇師之蠱，整體看來不甚可行。他聽了分析後，也很猶豫，由於家庭因素變遷，二〇一〇年仍返台重操舊業，卻是與朋友合開診所，從籌劃起就紛爭多多，鬧得頗不愉快，最後還是拆夥自己幹。其實卦象已經明示，合夥生意難做，既然選了這條路子，當然得承受苦果。

● 一九九八年九月中，我因學生敦促開始學太極拳，操習期間對拳理與易理相通處頗感興味，花了不少時間研究，和這位練家子的學生走得很近。當時卻有另一位學生提醒我注意，卻又說不出個子丑寅卯，我遂占問教拳學生的心性如何，貞不貞？得出師卦九二、六四爻動，齊變有豫卦（䷏）之象。遇師之豫，師為實戰，豫為熱情備戰，合乎武人品色。師九二「在師中吉」，為大將之才，六四「左而能次」，遇敗可穩，將相和合，才兼文武。整體觀之，實在沒有什麼好擔心的。人際是非生剋本多，化繁為簡即是。其後十多年相處，大致也是如此。

三爻變占例

占卦遇三爻動，全局變數至半，本卦與三爻齊變所成之卦相持不下，稱為貞悔相爭，以兩卦卦辭卦象合參判斷。三爻中若有一爻恰值宜變，加重注意其爻辭所示信息。

● 二〇〇四年十月下旬，我占問當選無效之訴的結果，綠營勝算為師卦九二、六五、上六爻動，貞悔相爭成觀卦。九二、六五相應與，「承天寵」配上「利執言」，佔盡執政優勢，上六戰勝分封人事，更是得意洋洋，看來勝券在握。同時問藍營勝負，得出井卦九二動，單變有蹇卦之象。井卦之前為困卦，之後為革卦，受困想翻盤爭取上下易位，恐怕很難行得通。九二鑿井水量少，水位低，集水管還破漏不堪，〈小象傳〉稱：「无與也。」上無奧援，一語道破敗事之由。十幾天後揭曉，果然綠勝藍輸。

●二〇〇六年十一月下旬，一位高雄地區的地下電台經營者來訪，除了談談政情外，推薦他所獨創的某種耳針治療器有效，並當場贈我兩套結緣。其後，我占問是否該使用，得出師卦九二、六三、六五爻動，貞悔相爭成蹇卦，其中六三恰值宜變。遇師之蹇，六三又「師或輿尸，凶」，當然打退堂鼓，何必冒沒必要的風險？民間療法很多，個人體質不同確需審慎。

●二〇一一年三月二十日清晨，我的恩師毓老於家中坐化仙逝，當天下午台中一位學生聞訊來電，說他占得師卦初、二、上爻動，貞悔相爭成頤卦（䷚）。頤為巽宮遊魂卦、師為坎宮歸魂卦，遇頤之師，太老師魂歸道山矣！

8.水地比（䷇）

比為全易第八卦，為親比結盟之意，由字形即可看出。二匕並排擺在一起，同調同向，也有比較異同之意。古代科考稱「大比」，從莘莘學子中考校出高才，以為國家服務。師、比二卦相綜的關係已詳述於前，打仗不如談判，締結和約後，彼此的資源實力都能小有畜積，故比卦後為小畜卦（䷈）。〈序卦傳〉稱：「比必有所畜，故受之以小畜。」

比卦雖互助合作，盟友間還談不上推心置腹，甚至勾心鬥角暗中較量，基本上難脫師卦爭霸的習氣，只是換了另一種方式進行。俗話說：「表面上稱兄道弟，暗地裡各自算計……老鄉老鄉，背後打一槍！」彼此親善，有時是為了對付共同的敵人，一旦沒有了外敵，就會互相抗爭。統戰策略講拉攏次要敵人，以打擊主要敵人，朝秦暮楚，翻雲覆雨，更是國際外交的常態。通透說到底，沒有永遠的敵人，也沒有永遠的朋友。二戰時美、日兩國浴血仇殺，現在成了利害相依的盟邦；越戰美軍死傷慘重，如今又想拉攏以圍堵中國。今日中、美兩大國，所謂G2的關係不也是這樣？

《論語・為政篇》記子曰：「君子周而不比，小人比而不周。」比是朋比偏黨，彼此以利合；周是公心親眾，為道義之交。比卦爭心未泯屬霸道，六爻全變成大有卦（䷍），才是智周萬物而道濟天下的王道。比雖暫時同調，仍是兩個區劃分明的個體；大有則人人皆有良知良能，在大本上已一視同仁，不分彼此。

比卦卦辭：

吉。原筮，元永貞，无咎。不寧方來，後夫凶。

以合作取代對抗，總是好事，雙方都能獲吉。原筮之原，為追本溯源、探究根柢。〈繫辭上傳〉第四章稱：「原始反終，故知死生之說。」下傳第九章稱：「原始要終，以為質也。」用法與此相同。卜筮以決大事，「原筮」是藉由占筮以深入思考問題的本質。個人交朋友、企業找合作對象、國家對外建交，都得慎之又慎，擇交不當反受其害。「元永貞」三字便是考量的指標：交了之後能不能提升創造力，有大而新的開始？友誼能否維持長久？互動往來是否合於正道？若皆為正面，則可交往而無咎。《中庸》上稱：「所求乎朋友先施之。」交友要真誠主動釋出善意，不宜矜持傲慢，動輒拒人於千里之外。不要等到別人都熱誠交往後，自己落單覺得不安，才趕忙奔赴，如此沒有誠意，不願付出，一定難以為人接受而致凶。「永貞」是坤卦的德行，經文云：「用六，利永貞。」坤為廣土眾民，人生在世，應厚德載物，廣結善緣。

〈彖〉曰：比，吉也。比，輔也，下順從也。原筮元永貞无咎，以剛中也。不寧方來，上下應也；後夫凶，其道窮也。

比就是互相輔助，魚幫水水幫魚，大家都受惠獲吉。乾卦上九「亢龍有悔」，〈文言傳〉稱：「賢人在下位而无輔……窮之災也。」九五為全卦唯一陽爻，深具剛強實力，居上卦坎險之中，又為發號施令的大君之位，其下所有陰爻資源不足，必然爭相依附靠攏，聽命順從。下卦為坤，本是順勢用柔之象。陰陽互補，上下相應。唯有上六僻處邊緣，乘於九五之上，關係又不協調，看大家往來和樂，心裡著急才趕來，表態太慢，被拒而致凶。

蒙卦童蒙求師，卦辭稱「初筮告」；比卦交友，以友輔仁，卦辭稱「原筮元永貞」。人生求良師益友，必得慎重。全易六十四卦，只有蒙、比二卦稱筮，可見其意。

〈象〉曰：地上有水，比。先王以建萬國，親諸侯。

比卦上坎為水、下坤為地，為地上有水流動之象。師卦地中有水，軍事部署重隱密而機動；比卦親善外交，則以真誠坦率為上，一切問題儘量攤到談判桌上來解決。比繼師後，重建大戰後的新秩序，以求贏得戰爭也贏得和平。師卦上六爻辭已顯其意：「大君有命，開國承家，小人勿用。」比卦〈大象〉再稱：「先王以建萬國，親諸侯。」大君就是先王，為推翻舊朝、創建新朝的天下共主。周初的天子封建諸侯，君臨萬邦，周易〈大象傳〉尊稱先王，合情合理。

六十四卦的〈大象傳〉多稱君子以，共五十三卦；稱先王以的有七卦，除比卦外，還有豫、觀、噬嗑、復、无妄、渙等，都有特殊意涵。所謂古聖先王之道，微言大義傳之久遠，習易者勿輕忽看過。近代一戰後成立國際聯盟，二戰後創立聯合國，都以調解國際糾紛、確保世界和平為目的，不論其實效如何，立意還是正確的。由師卦上六與比卦大象看來，國家確實由武力造成，有其霸道的本質，一場大戰結束，有些國家滅亡遭吞併，有些國家新成立，這是古今中外的通例。民族與文化則不然，是長期自然而然形成，同人、大有二卦宣揚王道的基礎，與此有關。

由此也可看出《易經》卦序編排的嚴密，乾、坤開天闢地後，屯、蒙、需的卦爻辭所示，都是一片粗放荒涼的情景，「出自穴、入於穴」，還有很多人住在山洞裡。訟卦九二「邑人三百戶」，才有聚居的城市，師、比再組成國家。天火同人、火天大有，三劃的離卦最後出現，表示人類普徧懂得用火，進入熟食時代，精神文明亦隨之大興？

周朝封建之初，主要照顧同為姬姓的宗族，大家都是親戚，以為比較好說話，其實政權爭奪根本六親不認，幾代過後更是疏遠淡漠，諸侯國間就會起兼併戰爭。漢初為了酬庸安撫功臣，郡縣與封國並行，異姓諸王殺光，同姓諸國照樣叛亂，七王之亂昭昭可鑒。坤卦初六「履霜」之戒，〈文言傳〉說得很清楚：「積不善之家，必有餘殃，臣弒其君，子弒其父，非一朝一夕之故，其所由來者漸矣，由辯之不早辯也。」因此漢文帝時，賈誼上〈治安策〉，立主「眾建諸侯而少其力」，將封地封得愈多愈細愈好，每一個國家實力都有限，誰也不能出頭號召抗拒中央，天下即易長治久安。建萬國的道理在此，若只建幾個大國，等於鼓勵人叛亂自立的野心。師卦九二出師平亂，〈小象傳〉稱：「懷萬邦也。」放心不下，可謂其來有自。乾卦〈彖傳〉講領導統御，歸結為：「首出庶物，萬國咸寧。」維持國際和平，合乎人心想望，確需好生規劃。屯卦草莽開創，稱「利建侯」，比卦局面擴大，「建萬國、親諸侯」，《春秋左傳》：「屯固比入。」有志建立事功者，宜用心詳加研究。

占例

遇事占到不變的比卦，依卦辭卦象判斷即可，一般為吉，注意積極主動對外交往，別擔誤時機。

●二〇〇六年元月下旬，我占年底綠營高雄市長選舉的勝算，得出不變的比卦。縱橫捭闔，分封諸侯，大高雄為重要的政區，看來基本上有利，怎麼做會決定最後的結果。年底揭曉，民進黨的陳菊僅以一千多票險勝，藍營的黃俊英提訴抗告，又似重演二〇〇四年大選後的情景，但未能改變勝負已定的事實。

●二〇〇二年五月下旬時，我曾占問年底台北市長選舉，馬英九能否連任，也是得出不變的比卦。「比吉，元永貞，无咎」，結果以百分之六四．一的得票率，大勝民進黨的李應元。

●一九九五年十月中旬，我首次針對中國未來幾十年的發展做了一系列長期預測，之前先問一個基本問題：易卦可卜未來中國的走向嗎？得出不變的比卦。比是比較、比附、比喻，以卦爻來象徵實際可能的發展，應該行得通。卦辭稱：「比吉，原筮，元永貞，无咎。」占筮可抓住事勢的本質以分析探討，充滿創造性，且經得起時間流逝的考驗。

●二〇〇九年十月下旬，山東大學易學研究中心的林忠軍教授訪台，我邀他到我們學會跟大家談談，一邊聽他敘述，一邊算雙方未來的關係發展，得出不變的比卦。「原筮，元永貞，无咎。」顯然相當正面，其實本來已有互動，淵源不淺，爾後再加強聯繫即是。

●二〇〇二年五月初，有同學帶閨中密友至我家問事，先生外遇被她查知，氣憤之餘連問三卦。先問若不離婚，修好的前景？得出屯卦「初九」動，有比卦之象。「動乎險中」，力求培元固本，維持親比的夫妻關係，但得多注意老公的行蹤，爻辭不是提醒「利建侯」嗎？再問若離婚的前景，得出不變的比卦，就得看往外發展的如何，當然還得仔細挑選，也不能太慢太被動。最後問如果再婚能否美滿，得出歸妹卦（䷵）九四爻動，爻辭稱：「歸妹愆期，遲歸有時。」〈小象傳〉解釋：「愆期之志，有待而行也。」歸妹正是女人出嫁的終身大事，「愆期」為耽誤了適婚年齡，審慎選擇對象，仍可享受遲來的幸福。易占回答問題，真是明快合理，一點都不拖泥帶水。

● 二〇一〇年二月上旬，我問紫微斗數準確可信否？得出不變的比卦。顯然也是運用一套自洽的符號體系，根據輸入的生辰資料，推演人一生可能的種種發展。卦辭稱：「原筮，元永貞，无咎。」應有一定的道理，探討生命的本質也相當深入可觀。

● 二〇一〇年八月中旬，時值陰曆七月，我到台中上以易通佛之課，首先講的是消業力的《金剛經》，心血來潮一占：今晚有「匪人」來旁聽嗎？得出不變的比卦。比為坤宮的歸魂卦，的確有好兄弟來聽經，所謂「一切天人、阿修羅等」盡皆持誦，佛經所稱不是虛言？二〇一一年元月上旬，我白天復健時想起已往生的幾位師友，用手機試占他們而今安否？其中一位患癌去世的女學生卦象為不變的比，坤宮歸魂，應已安定。

● 一九九八年三月中，我開始所謂「大易兵法」的跨領域研究，針對孫子十三篇皆作占測，其中〈軍爭第七〉篇的主旨為不變的比卦。兵家必爭之地，比得是先佔為勝，比卦卦辭強調：「不寧方來，後夫凶。」〈軍爭篇〉也提到外交的重要：「不知諸侯之謀者，不能豫交。」篇末總結用兵之法：「歸師勿遏，圍師必闕，窮寇勿迫。」這與比卦九五爻辭所稱全同：「王用三驅，失前禽，邑人不誡，吉。」比之所在，亦險之所在，風險與利益並存，軍爭篇首段結語：「故軍爭為利，軍爭為危。」

䷇

初六：有孚比之，无咎。有孚盈缶，終來有他吉。

〈小象傳〉曰：比之初六，有他吉也。

初六為比卦初始，又處最基層的位置，和九五之君天壤懸隔，沒有任何現成的承乘或應與關係，只能靠一腔赤誠慢慢經營。缶為大腹小口的瓦器，樸質無華，有孚盈缶，象徵誠信十足，快要從瓦罐中滿溢出來。所謂「精誠所至，金石為開」，最終一定會感動對方，得到超乎預期的好處。本爻爻變，有屯卦之象，草莽而清新，「利居貞」，「利建侯」。

師卦爻無孚字，兵不厭詐；比卦一開始即尚誠信，外交以信義為本。二〇〇六年五月，陳水扁離台出訪，搞出「興揚之旅大迷航」，事後替其時負責外交的黃志芳辯護，說外交官有說謊的權利云云，後遭美國資深外交人員駁斥，聲稱完全違反專業信條，聞所未聞。若談判不重誠信，何必在合約內容字斟句酌？一旦失信，以後又如何通行於國際世界？

占例

● 一九九七年十月中，我沉潛自修已三年半，教過李登輝課後，倒是授易的邀約不斷，也出齊了第一大套全易解析的書，仍覺得志業茫茫。當初決定另闢新路，有屯卦六二「十年乃字」之思，遂占問終能圓夢否？得出比卦初六爻動，有屯卦之象。一切還在建侯初步，沒什麼好急的，真情實意全力以赴，「終來有他吉」。

●二〇〇九年五月上旬立夏時節，我的學生陳文輝請益，他創立經營多年的苗栗華陶窯想交棒給子女，問合宜否？陳自稱深綠，但跟藍綠政治人物都相處和諧，學易期間邊作癌後門診，精神毅力可佳。華陶窯在台頗負風雅之名，年初也曾招待我們師生一票人去過，園裡處處唐詩宋詞點綴，盡是中華文化景致，沒有半點統獨爭議的味道。我助其一占，得出比卦初六爻動，有屯卦之象。陳年事漸高，將半生心血傳予下一代，合乎「建國、親侯」之意，只要子女認真經營，終來應有他吉。「有孚盈缶」的缶字，尤其切題，陶瓦罐從窯裡燒出，傳播信念愛心與盼望，多麼清新可喜！

䷇

六二：比之自內，貞吉。

〈小象傳〉曰：比之自內，不自失也。

六二中正，居內卦坤廣土眾民之中，外和九五之君相應與，上下內外互補，戰略地位優越。既與強大的外邦交往，又不失去本身獨立自主的原則，外交者實為內政清明的延長，這樣固守正道必吉。本爻變，有坎卦（䷜）之象，九五雖強，居上卦坎險中心，比之所在亦險之所在，若依賴過甚，萬一翻臉即見危殆。九五為全卦之主，是全球性的強權；六二居下卦之主，為區域性的重要國家，發展潛力無限，犯不著被九五綁住而受制於人。孫中山的遺囑所稱：「聯合世界上以平等待我之民族，共同奮鬥。」確是立國的正道。今日中、美兩大國的關係微妙已極，亦須謹守本爻之義，方可大可久。

占例

● 一九九五年十月中旬，我給李登輝上易經課已一年多，外面有些傳聞偏離事實，我也懶得回應，但仍占問與他最佳的互動方式，得出比卦六二爻動，有坎卦之象。「比之自內，不自失也」，教書歸教書，仍堅守自己的原則分寸，保持一定的距離，以免困擾。其實，我一直都是這樣，占象只是再確認一次而已。

䷇

六三：比之匪人。

〈小象傳〉曰：比之匪人，不亦傷乎？

六三不中不正，和九五無承乘應與的關係，找不到適合交往的對象，就可能交上損友，未蒙其利反受其害。本爻變，成蹇卦（䷦），困頓難行皆由擇交不當。匪同非，交了不是人的朋友，豈不糟糕？

然而，爻辭並未明言吉凶，這點值得玩味。人海茫茫，升沉孰意？有時我們迫於形勢，必須和某些人階段性地合作，過關後再結束這段並非志同道合的關係。《孫子兵法・九地篇》有云：「吳人與越人相惡也，當其同舟而濟，其相救也，如左右手。」面對共同憂患時，多年世仇都能合作，這就擴大了人際交往的空間，為暫時甚至長久的和解提供了可能。蹇卦之後為解卦，兩卦相綜一體，「渡盡劫波兄弟在，相逢一笑泯恩仇」，豈不甚佳？因此，比之匪人未必凶，佛要降魔得先跟魔接觸，知彼知己，才能百戰不殆。經文寫的涵蘊甚深，〈小象傳〉直言：「不亦傷乎？」顯得輕率了！

依《河洛理數》一書批命之法，我的先天本命元堂即為比卦六三，「比之匪人」一輩子，總是會跟一些奇奇怪怪的人打交道，當時可能受傷受騙，日後回想起來，反而獲益不淺。陽爻九年、陰爻六年，依序將上半生比卦六爻走完，三十九歲以後轉入後半生。比卦六三爻變，成水山蹇卦（䷦），再上下卦對調，為山水蒙卦（䷃），後天本命元堂為上九「擊蒙」。我真的是四十歲後開始教書授易，而且風格峻厲。十五年後轉為九二「包蒙」，寬和包容得多，最後應止於六五「童蒙」，返璞歸真，大人者不失其赤子之心。比卦尋求益友不得，蒙卦因緣際會成為嚴師，原筮、初筮因果流轉，這輩子真的和大易結了不解之緣？

占例

●二〇〇七年九月下旬，針對危言聳聽的二〇一二文明浩劫的傳聞，我占問是否確有其事？得出巽卦（䷸）初、二、三、五爻齊變，成頤卦（䷚）。巽為風，頤為生態結構，風暴過後舊生態瓦解，新生態出現，這是什麼意思？當時靈光一現，追問是指金融風暴嗎？得出比卦六三爻變，恰值宜變之位，變成蹇卦。「比之匪人，不亦傷乎？」國際金融衍生性商品吸引人投資，一旦選錯標的，泡沫破碎後肯定血本無歸。今日世界透過匯率、利率的結合操作，早已萬國諸侯連成一片，骨牌一倒全倒，而且速度快的不得了。《河洛理數》有此爻之斷辭云：「蹇難先謀避，行舟風雨多，片帆撐巨浪，去計苦蹉跎。」斷得多切！二〇〇八年九月十五日，金融風暴全面爆發，世界經濟立陷困頓難行，G2、G8、G20會議不斷，正是蹇極求解之象。風雨同舟下，仇怨暫時放開，國際合作出現新的契機。我本來是占二〇一二，結果二〇〇八即出事，是上天提前警示，世人若不調整再來更大的災難嗎？

●一九九四年十二月上旬，台灣社會風靡於所謂前世今生的熱潮中，媒體推波助瀾，更是誇張奇詭。我一時有感，遂問：真有前世今生麼？得出比卦六三爻變，成蹇卦。「比之匪人，不亦傷乎？」探討前世輪迴，屬於非人的領域，於今生究竟何益？這輩子要做的事都忙不完了，還有閒工夫扯這些？〈小象傳〉批評甚為在理，人生盡其在我，當下即是。

話又說回來，比卦屬坤宮歸魂卦，廣土眾民皆有所歸，由人身歸於非人，也說得通。佛家六道輪迴之說若真，眾生可真是重重蹇難，需好好修持，才獲自在解脫。蹇卦〈大象傳〉稱：「君子以反身修德。」解卦〈大象傳〉則稱：「君子以赦過宥罪。」開示懇切，令人深思。

我接著又問：人的智慧能探測前世嗎？得出不變的謙卦，其〈象傳〉稱：「天道下濟而光明，地道卑而上行。天道虧盈而益謙，地道變盈而流謙，鬼神害盈而福謙，人道惡盈而好謙……君子之終也。」天道下濟乘願再來，地道上行修成正果，宇宙間一切有形無形的存在，天地人鬼神都福佑有謙德者。「豐滿招損，謙虛受益」，看來人面對這些難測難解的問題，保持謙虛的態度去探討，是可能有所獲的。

●二〇一〇年十一月下旬，我們學會在高雄辦秋季研習營，談起大陸近年出的兩本歷史小說，精采紛呈，煞是好看。我隨興一占：孫皓暉的《大秦帝國》為不變的鼎卦，當年明月的《明朝那些事兒》為比卦六三爻變，成蹇卦。鼎定中原，政權威重，秦代足以當之；人謀不臧，當海運大通之世，內鬥不休，種下國弱之因，明朝可為殷鑑。

六四：外比之，貞吉。

〈小象傳〉曰：外比於賢，以從上也。

六四陰居陰位得正，上承九五之君，占地利之便親比交往，固守正道獲吉。九五實力強大，六四交上奧援，一切配合行事即可，距離太近，關係不好不行。本爻變，有萃卦（䷬）之象，精英匯聚，可成大事。當今世界形勢，像美國與加拿大為鄰，邦誼和睦，形成北美貿易區的繁榮，即有此象。兩國幅員廣闊，邊界卻不駐重兵，外交處理得好，軍戰之費皆可節省，去過美加邊境的尼加拉大瀑布的人，應有所悟。

占例

● 一九九三年九月下旬，我苦心經營那家出版公司有成，但仍處於不時股爭的陰影中，前途充滿不確定性，遂占問：一年內能否完全主控營運？得出比卦六四爻動，有萃卦之象。六四表現再好，畢竟不居君位，只能外比於賢以從上，這是沒有辦法突破的基本限制。當時原老闆因財務關係流亡在外，大股東財力雄厚虎視眈眈，公司呈現奇詭的營運格局。當時我們笑稱：「只聽過無店鋪銷售，沒見過無老闆經營。」乾元用九、「群龍无首」只是理想，難以真正落實於利益爭奪的商場中。

其時，我剛寫完《易經與現代生活》的第一套書，是交由公司出還是自費出版頗費躊躇。自出交公司代銷的卦象，為比初六爻動。「比之无咎，終來有他吉」，遂敲定此案。以後來公司結束營運，之前支付版稅也不正常來看，當然是正確的抉擇，那套書一直長銷至今。

● 一九九四年五月上旬，最慘烈的股爭終於爆發，某夜我苦思對策，將周遭重要關係人都算了一遍，全局竟一無可信賴為奧援者，對人性人情又多了番深切的體悟。其中一位曾無端捲入、收不回債權的地方人士，我就占得比卦六三爻變，成為蹇卦。「比之匪人」，寸步難行，完全幫不上忙。短短半年多，連著三個比卦的占象，吉凶得失歷歷分明，人生處世擇交何等重要？

● 一九九六年底，我受邀至社會大學「未來領袖學院」演講，題目為「跨世紀的百年回顧與前瞻」。在耶誕節當天，算了一系列有意思的卦。其中回顧二十世紀中國的發展氣運，為比卦六四爻動，有萃卦之象。從西風東漸、列強入侵，清末救亡圖存起，中國力爭上游，謀求在現代的國際社會中站穩腳跟。以美為師、以俄為師，六四居位雖高，仍須仰仗大邦，這是不能不承認的事實。

九五：顯比。王用三驅，失前禽，邑人不誡，吉。

〈小象傳〉曰：顯比之吉，位正中也；舍逆取順，失前禽也；邑人不誡，上使中也。

九五中正居君位，為比卦主爻，眾陰爻爭相依附，地位顯赫，應大度寬容，不強人從己。來者固然不拒，去者絕對不追，一切聽憑別人自由選擇。本爻變為坤卦，「含弘光大，品物咸亨」。《禮記‧王制》稱：「天子不合圍。」古代王者圍獵，恪守三驅之禮，只許三面圍堵驅趕野獸，網開一面，讓其逃生，以示仁德。邑人為行獵的工作人員，不經告誡亦遵令行事，不會趕盡殺絕。師卦六五「田有禽，利執言」，比卦九五「失前禽，邑人不誡」。一捉一放，一嚴責一寬容，二者對人的態度完全相反。師卦六五以六三監控九二，使人不當；比九五「邑人不誡」，上使中，用人任事的風格也不同。

美國地大物博，國富民強，二戰前後已為天下大國，照理應依顯比之理與世和合，然而半世紀來的霸權作風，卻惹人反感，推其原因即「己之所欲，必施於人。」喜歡強將美式文化推行至全球各地，少了對各民族文化應有的尊重。中國自古的處世之道是「己所不欲，勿施於人。」大家認真想想，哪種態度較好，最沒有後遺症？

本爻意旨亦常用於兵法，轉為故示寬大、欲擒故縱的深沉策略。《孫子兵法‧軍爭篇》末稱：「歸師勿遏，圍師必闕，窮寇勿迫，此用兵之法也。」團團圍住，反而刺激敵人拚命，困獸猶鬥之下，還可能有所閃失，不如放他一條生路，使無纏鬥之志。真要剷除後患，也於他處設伏，在敵寇爭相逃亡之際，一擊必潰。正因如此，〈九地篇〉洞悉人情，就有了反制之法：「圍地，吾將塞其闕。」不上當，自己將缺口堵上，回頭如狼似虎地拚命搏殺。

占例

●二〇〇一年九月上旬，我占問年底台北縣長選舉蘇貞昌能否連任，得出比卦九五爻動，有坤卦之象。「顯比之吉」，應該勝券在握，結果亦然，蘇以過半數選票擊敗泛藍陣營推出的王建煊，獲得連任。

●二〇〇二年元月中旬，連宋分裂尚未整合，陳水扁執政權勢正盛，泛藍陣營士氣消沉，我占問時任台北市長的馬英九能否撐起後望？得出比卦九五爻動，有坤卦之象，確為眾望所歸，「顯比，吉」，大有後望焉。

●二〇〇四年六月中旬，大選訴訟還在進行，我占問司法驗票綠營的勝算，得出比卦九五爻動，顯然勝定，君位的優勢不因爭議而動搖。

●二〇一〇年七月上旬，我們學會內部人事紛擾不斷，習易之人一樣不能免於爭訟，我決定趁十月理監事改選時大幅調整，重新佈局。根據心中琢磨出的腹案，占問合宜否？得出比卦九五爻動，「舍逆取順，失前禽」，當獲「顯比之吉」。其後果然，建國親侯，氣象一新。

●二〇一〇年九月上旬，我問中醫聖典《黃帝內經》的成就，得出比卦九五爻動，有坤卦之象。中醫治病重視陰陽平衡，寬和順勢，不主強力消滅病源，比卦與師卦之不同亦在於此。君位動，顯然境界甚高。

●二〇一二年八月底，值中元祭祖時節，我們帶子女去父母家焚香祝禱，給列祖列宗行禮。災禍頻仍之年，祈祖靈護佑子孫，占得比卦九五爻動，有坤卦之象。顯比，英靈赫赫在上，寬厚包容愛顧，比為坤宮歸魂卦，雖隔人天陰陽，親比如常。《易林》之詞尤切：「麟子鳳雛，生長嘉國，和氣所居，康樂溫仁，邦多哲人。」

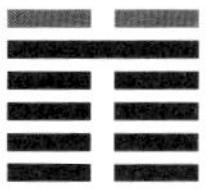

上六：比之无首，凶。

〈小象傳〉曰：比之无首，无所終也。

上六為比卦之終，以陰乘於九五陽剛之上，關係惡劣。一般組織中一些退休過氣的大老，自恃資深，對現任領導常指指點點，即為此爻意象。〈象傳〉所謂「後夫凶」，托大觀望的結果，成了孤家寡人，沒有好的下場。九五為全卦之首，跟最強而有力者搞不好，上六當然凶。本爻變，有觀卦（䷓）之象，正是觀望過度，錯過交往時機，遂為群眾所棄。乾卦用九稱「群龍无首，吉」，為至高境界；比卦上六「比之无首，凶」，現實爭奪中遭邊緣化而落敗。

如果說上六「後夫凶」，初六「有孚盈缶」即為先夫吉，人際交往貴積極，看準了就得盡快行動。結合初六、上六兩爻觀之，剛開始真誠交友，最後都可能翻臉破局，俗云：「人無千日好，花無百日鮮。」實在令人慨歎。上六和九五並觀，足以體現圍師必闕、欲擒故縱的深沉策略：九五先故示寬大，放開一條生路，至上六時，再設伏收拾敵人，使其「比之无首」遭凶。兩爻齊變，有剝卦（䷖）之象，刀兵奪祿，斬盡殺絕矣！比卦繼師卦之後，建國封侯，往往將滅掉的前朝後裔另擇地以存祭祀，殷封夏後於杞，周封殷後於宋，雖示仁德，亦寓集中監控之意。其實，紂子武庚受封不久即發動叛亂，由周公出兵平定。凡此歷史教訓，皆可為前車之鑑。

占例

● 二〇〇二年四月下旬，邀我最早出來講經的老友經營失利，積欠束脩未付，我等很久才發函去催也不回應，近三十年交情碰到嚴酷考驗。遂占爾後發展，得出比卦上六爻動，有觀卦之象。「比之无首，无所終也」，凶終隙末竟如是？其後雖又勉強再配合二年，終因形移勢轉，而斷了聯繫，思之難免遺憾。

● 二〇一二年八月中旬，我問同性戀是怎麼回事？為比卦上六爻動，有觀卦之象。「比之无首，凶。」陰陽關係不諧，又不願陷於孤立，遂有同志之事。下接小畜卦「密雲不雨」，在社會夾縫中生存，身心壓力不小。現代社會已日益開放寬容，同志已可結婚，但仍無法生育子女。

● 二〇一六年十一月中，我預占翌年蔡英文氣運，為比卦上六爻動，爻辭稱：「比之无首，凶。」〈小象〉稱：「无所終也。」顯然糟透，典型的後知後覺「後夫凶」。二〇一七年全年執政鬧哄哄，抗議群眾如影隨形衝撞，搞得如臨大敵。外交更是不斷失利，六月中，交誼百年的巴拿馬跟台灣斷交，受傷沉重。

多爻變占例之探討

比卦卦爻的基本理論及占例分析已畢，往下繼續探討更為複雜的多爻變的情形。

二爻變占例

占事遇卦中二爻動，若其中一爻恰值宜變，以該爻爻辭為主、另一爻為輔論斷，若皆不值宜變，以本卦為主，兩爻齊變所成之卦卦象亦可參考。

●二〇〇二年元旦，我依慣例問當年台灣經濟情勢，得出比卦初六、九五爻動，九五恰值宜變，成坤卦，兩爻齊變則有復卦（䷗）之象。在此前二年，台灣經濟表現很差，二〇〇一年且出現負成長。由占象看來，應可藉外貿拉動復甦成長，而且年底的兩個月更明顯。坤、復二卦皆為消息卦，時當陰曆十月及十一月。二〇〇二年初，兩岸幾乎同時加入WTO，經濟發展與國際正式接軌。台灣為比卦，須與萬國諸侯打交道，大陸則為不變的師卦，全面動員，打好對外開放的商戰。師、比二卦相綜一體，兩岸可真是難兄難弟啊！

然而，遇比之復要有好績效，仍需九五之君胸懷寬廣、開放兩岸經貿往來，可惜彼時陳水扁當政，嚴格限制台商赴大陸拓展，晶圓代工廠堅不放行，即為明證。「王用三驅」的開放程度不夠，自然復甦的力道也打了折扣，初六基層的民生經濟，談不上「終來有他吉」。雖然如此，當年年底兩個月的表現還是比較可觀。

●二〇〇五年六月下旬，由於七月中國民黨要改選黨主席，馬英九和王金平都參與競爭。我占問馬當選的勝算，得出比卦初六、九五爻動，九五恰值宜變，有坤及復卦之象。初六「有孚盈缶」，基層黨員熱誠支持；九五「顯比之吉」，領導中正當位，應可獲勝。七月選舉揭曉，馬英九果然以懸殊比數擊敗王金平而當選。

●二〇一〇年三月下旬，我受邀赴北京清華大學附設的培訓講座授易，短短半日的時間，以「易經的決策智慧：知機應變」為題，介紹基本理論以及經世致用的方法。匆匆兩日去來的行程結束，我以易占給自己打分數，得出比卦初六、九五爻動，九五恰值宜變。「顯比之吉」，「有孚盈缶，終來有他吉」，都相當正面。聽講的學員多為政企的高端人士，正確了解《易經》對他們確有裨益。

●二〇〇二年初，台灣政壇鬧極大緋聞，涉及針孔攝影偷拍等非法之事，女主角當然受創很深，所謂「千夫所指，無病而死」，往後如何再面對社會大眾是個難題。我占問她還有可能復出嗎？得出比卦初六、九五爻動，九五恰值宜變，有坤及復卦之象。「顯比三驅」，看得開也放得下；「有孚盈缶」，往外人際交往的熱誠不衰，又有順勢而復之象，應該會復出無疑。果然，不到半年她就復出，沒等到年底坤、復的兩個月份，和前例當年的台灣經濟不同。由此亦可知，即便同占同象，結果應驗的時間也會有所差異。大環境宏觀的問題涉及層面多，沒法說變就變，個人的取捨則一念之間即可敲定。

●二〇一〇年八月底，我赴北大的培訓機構授《易》，以「易經的第一堂課：極深研機，通志成務」為題，講一整天，最後留一個鐘頭給學員提問。有位學員顯然有所感悟，以紙條問中華文化向以儒釋道三教為主流，西風東漸之後，不為國人所重，何時又可振興？我占得比卦六二、九五爻動，九五恰值宜變，有坤卦及師卦之象。比是親近，九五「顯比」居君位主流，「王用三驅」包容性又夠，正是華夏文明大德敦化的氣勢；六二與之中正相應與，「比之自內」，沒有失去民族本位的立場。坤卦「含弘光大，品物咸亨」；師卦「容民畜眾」，〈彖傳〉則稱：「能以眾正，可以王矣！」綜合以觀，中華文化振興為大勢所趨，至於何時開花結果，就看朝野的領導人士如何用心推動了。

●二〇一一年初，我針對歷朝歷代的功過與時代特色有占測，其中蒙古人建立的元朝為比卦，

六二、九五爻動，九五恰值宜變，有坤卦及師卦之象。比卦為大封天下之象，蒙古人所建立的大帝國橫跨歐亞，全由勞師動眾的征伐而來。「遇比之師」，九五「顯比」，元朝功烈足以當之。六二「比之自內，不自失」，蒙古雖滅宋，融入漢文化有限，始終都堅持了一定的草原雄風，這點和清朝滿人徹底漢化不同。

《焦氏易林》遇比之師的斷辭為：「千歲之墟，大國所居，不見子都，城空無家。」幾乎在為元朝的殘酷殺伐作註腳，馬上得天下，畢竟不能馬上治天下，元朝百歲而亡。

● 二〇〇六年七月上旬，我給學生講三十六計與《易經》的關係，其中「隔岸觀火」為比卦二、五爻動，九五值宜變成坤，齊變則有師卦之象。遇比之師，合作中有競爭，二、五爻各據一方，遙遙相對，急難時未必伸出援手，這是人際關係中常見之事。

● 二〇〇四年底，我占來年台灣地區有無重大天災？得出比卦六三、九五爻動，九五恰值宜變，有坤卦及謙卦（䷎）之象。六三「比之匪人，不亦傷乎？」似乎有人力以外的因素造成傷害。九五「顯比」居君位，也是地上有水洶湧流動之象。謙卦亨通，君子有終，不管發生什麼最後應該勉強能有善終。結果二〇〇五年有五一二、六一二、七一六、八三〇，四次水災，四十一人不幸喪生，損失上百億台幣，確實不是風調雨順的太平年，但整體災情最後算是得獲控制。

● 二〇一一年五月下旬，我剛從鄂、湘兩地交流回台，翻看積存的報紙，在同一版上看到大陸的消息，都是國務院的政策宣示。一是承認長江下游的大旱可能與興建完成的三峽大壩有關，二是環保部勒令膠濟鐵路、津秦高鐵停建，因為環境評估不確實，有偷渡違法之嫌。三峽大壩施工前後爭議不斷，對生態環境的影響叵測；高鐵四縱四橫的自立建設奇蹟，更是民族的驕傲，監督不善，也可能成為貪腐的淵藪，以及環境生態的殺手。大陸當局能重視到均衡永續的發展，不重蹈西方列強過度開發以致遺害無窮的覆轍，值得肯定。我為此一占，未來十年的發展態勢如何？得出比卦三、五爻動，九五值宜變，單變成坤卦，兩爻齊變又有謙卦之象。

比卦以互助合作方式推動國家建設，六三「比之匪人」，會因人謀不臧而受挫傷，九五「顯比」開放，兼容並蓄，主導正確的大方向，遂有謙亨之終。謙為「言之兼」，任何政策實施，兼顧到人與天地自然及歷史文化的諧衡，〈大象傳〉稱：「君子以裒多益寡，稱物平施。」中國的和平崛起大業，可以審慎樂觀。

●一九九一年十二月上旬，我已經代理那家出版公司總經理一職，代總帶種，不知天高地厚與人心險惡，接任後盤算大局，得出比卦六二、上六爻動，齊變有渙卦（䷺）之象。「遇比之渙」，想合作聚眾，卻人心渙散，情勢相當險惡。六二「比之自內」，實力僅夠自保，上六「比之无首，凶，无所終也」，其實完全說對了最後的結果，渙散一場空。易占感應之靈，令人驚嘆。

●二〇〇三年七月下旬，我在企業界的一名學生來我家，談的是兒子就學之事。一個人年紀輕輕在美國唸軍校，各方面都讓人擔心，做爸爸的想把他帶回台灣來重讀高中，我們介紹在私立高中任職的朋友幫忙，並問如此就學合宜否？得出比卦初六、六二爻動，初六恰值宜變，有屯卦及節卦（䷻）之象。初六爻辭云：「有孚，比之无咎。有孚盈缶，終來有他吉。」六二「比之自內，不自失」。屯是幼苗成長，節為納入規範，應該合適無虞。其後果然順利畢業，沒有再讓父母掛心。

占事遇卦中三爻動，半數已不穩定，本卦與三爻齊變所成之卦須合參，稱貞悔相爭。三爻中若有一爻恰值宜變，影響較大，多予注意。

● 一九九八年十一月初，我剛看完《李光耀回憶錄》上集，用占卦方式探討其治國之法，得出比卦六二、六三、九五爻動，六三恰值宜變，單變成蹇卦，三爻齊變，貞悔相爭為升卦（䷭）。遇比之升，李光耀長於外交上的縱橫捭闔，靈活處理與各方勢力間的關係，造就新加坡高度成長的奇蹟。九五居君位有實力，在新加坡戰後爭取獨立建國的歷程中，相當於幾方面深刻影響的強大力量：英國、中國與馬來西亞。六二則為弱小的新加坡，與三方面周旋借力，卻始終維持獨立自主的原則。更值得注意的是六三「比之匪人」，懂得爭取階段性的聯盟，與志不同道不合的人合作對付共同的敵人，成功壯大後再拆夥分道揚鑣。本爻變成蹇卦，利用風雨同舟的患難情勢，放下彼此恩怨，相救如左右手，〈象傳〉末稱：「蹇之時用大矣哉！」一般國家建立需經戰爭，新加坡卻善用大國間的矛盾，和平獨立建國，這是李光耀高人一等之處。由此也驗證了「比之匪人」未必受傷，是吉是凶，視當事者的修為智慧而定。

● 一九九六年耶誕節當天，為了準備跨世紀百年回顧與前瞻的演講，我占了一系列中國國運的卦。前述回顧二十世紀的中國氣運為比卦六四爻動，有萃卦之象，救亡圖存須結好大邦，吸收先進知識，以謀迎頭趕上。接著算前瞻二十一世紀中國的發展氣運，得出比卦初六、六三、九五爻動，六三恰值宜變成蹇卦，三爻齊變，貞悔相爭為明夷卦（䷣）。今後的百年中國，國際外交仍是重中之重，由初六誠信交往，經六三「比之匪人」的合縱連橫，可壯大到九五顯比天下強國的地位。六三爻變成蹇卦，自然是必要的策略運用；九五自身強大後，確該實行「王用三驅」之道，不稱霸而稱王。明夷卦的〈大象傳〉稱：「君子以蒞眾，用晦而明。」君臨天下領導群眾，韜光養晦反能真正光明。

●二〇一〇年十一月下旬，我們學會在高雄辦秋季研習營，我一邊聽講一邊在思考中國文化的問題，有占問孔子晚年刪訂贊修六經的功績，得出比卦初六、六二、九五爻動，貞悔相爭為臨卦（䷒）。孔老夫子親比古典的華夏文明，又有自己與時俱進的創新理念。六二「比之自內，不自失」，九五「顯比」包容萬有，氣象萬千，初六「有孚盈缶，終來有他吉」，雖說「述而不作」，究實寓創於刪訂贊修，功績甚偉大。臨卦君臨天下，且開放自由，其〈大象傳〉稱：「君子以教思无窮，容保民无疆。」思想貴創新，繼往還要開來，發揚光大，無窮無疆。

●我的中醫學生樓中亮從我習易四年，好學深思，也執業多年，看診經驗豐富。二〇〇九年十一月中旬，我占他當時醫學專業的造詣如何？得出比卦六二、九五、上六爻動，三爻齊變貞悔相爭為蒙卦。六二「比之自內，不自失」，九五「顯比之吉，位中正」，他勇於往外求學習藝，六二、九五中正相應與，格局極佳。上六「比之无首，後夫凶」，親近善知識唯恐不及，確實有幾次欲往大陸親炙大師，因錯過時機而失之交臂。人生活到老學到老，蒙卦「童蒙求我，匪我求童蒙」，中亮足以當之。

●二〇一六年元月下旬，國民黨慘重敗選，何去何從眾所關注。洪秀柱仍決定競選黨主席，我問勝算，為比卦初、五、上爻動，貞悔相爭成頤卦。九五君位既動，「顯比」應可當選，建立百年政黨「自養養人」的頤養生態。年後三月下旬黨主席選舉，洪果獲當選。

9. 風天小畜（☴☰）

小畜為易序第九卦，前接比卦，後為履卦。比是人際國際的外交互動，雖相親近，還是兩個個體，規模有大有小，實力有強有弱，彼此間難免猜忌提防，因而造成沉悶難受的局面。為求突破，必須建立互信，訂出彼此往來的規範，使權利義務關係明確化，然後照章實行，這就是履。

〈序卦傳〉稱：「比必有所畜，故受之以小畜；物畜然後有禮，故受之以履。」合作雙方因為守望相助，彼此資源都會小有畜積，由於猜防不夠開放，畜積有限，難以大畜。資源多了，關係複雜，就需要訂出管理辦法。禮即人群互動的規範，不是空理論，而是得付諸實踐。「理、禮、履」三字音通義通，將人際相處的道理實行出來就是履。

〈雜卦傳〉稱：「小畜，寡也；履，不處也。」小畜積蓄資源有限，小國寡民得善於維生；履重敦篤實踐，不會待著沒事幹。

春秋戰國時代，大國小國林立，如何和平共處是大家關心的問題，儒道兩家皆有建言。《老子》第六十一章稱：「大國以下小國，則取小國；小國以下大國，則取大國。故或下以取，或下而取。大國不過欲兼畜人，小國不過欲入事人，夫兩者各得其所欲，大者宜為下。」大國小國都放低身段，和平共存其實最符合雙方利益。《孟子・梁惠王篇》有記載：「齊宣王問曰：交鄰國有道乎？孟子對曰：有。惟仁者為能以大事小……惟智者為能以小事大……以大事小者，樂天者也；以小事大者，畏天者也。樂天者保天下，畏天者保其國。」大國善待小國，樂天行仁保天下；小國善事大國，鬥智而不鬥力，敬畏天命保其國。今人喜歡講以小博大，選對支點運用槓桿，投入雖小，獲益甚多，博是賭博的博，絕不可誤讀成搏鬥的搏，那就成了硬拼送死。

《孟子》同篇又有「畜君何尤」的樂歌，臣子事君，不可逢迎其慾望，宜適當諫止，所謂「格君心之非」。臣小君大，伴君如伴虎，風險極高。履卦以「履虎尾」為喻，貓科動物最敏感的痛點就是尾巴，一腳踩上去有多危險？小畜、履兩卦相綜一體，也都在探討組織中上下相處的難題，值得用心玩味。

兩卦皆為一陰五陽之卦，和師、比一陽五陰恰恰相反。小畜六四、履六三夾處於眾陽爻之間，上壓下頂，十分難受，又分當四多懼、三多凶的人位，必須練達智慧，才能在夾縫中求生存。

䷈

小畜卦卦辭：

亨。密雲不雨，自我西郊。

小畜一陰五陽，陰陽的對比極不平衡，但仍有善加調理以獲致亨通的機會。上卦巽為風，下卦乾為天，天上風吹雲走，雲層累積很密很厚，卻不下雨，地上農田等待灌溉日久，推其原因應是風向不對。民間俗諺有云：「雲往東，一場空。」由大陸西部沙漠往東邊海洋吹的風，含水量不足，雲積再厚也不易下雨，若風向改變，由東邊海洋往內陸吹，濕度夠就會下雨。雲是看得見的表象，作不得準，風為幕後暗中推動的力量，其流動方向才是決定下不下雨的因素。世間人事亦多如此，滯悶不開的僵局常因高層政策風向而致，一旦轉向，往往迎刃而解。

〈彖〉曰：小畜，柔得位而上下應之，曰小畜。健而巽，剛中而志行，乃亨。密雲不雨，尚往也；自我西郊，施未行也。

小畜全卦的主爻為六四，陰居陰位，雖柔弱無實力，卻佔據全局要津。上承九五之君，下應初九之民，大可發揮居中斡旋的本事，既謀自保，又創造整體的和諧。內卦乾為健行，外卦巽為善觀風向，靈動深入，懂得配合掌權者九五的意圖行事，故能得志成功，而終獲亨通。剛中指九五，陽剛居上卦之中，六四只要搞好和九五的互動關係，則天下無事。尚未搞定以前，呈現密雲不雨的危疑情勢，抓準上方風向後，即可精準突破，轉危為安。乾卦〈彖傳〉稱：「雲行雨施，品物流形。」「密雲不雨」，當然施未行。「尚往」，則是鼓勵悶局中人要有耐心，根據既定的主意去化解周旋，終會有成功的一日。需卦健行遇險，最後利涉大川，「有不速之客三人來」；小畜卦健行遇風，最後也能既雨既處，和諧亨通。兩卦初至五爻完全相同，只有上爻陰陽略異，所以讀通需卦之所為，就會很快掌握小畜的道術。

〈象〉曰：風行天上，小畜。君子以懿文德。

風行於天之上，暗示尚未落實於地上，而下一卦履卦正是腳踏實地、付諸施行。由小畜的沉悶如何轉成履的明確，就是習易者要用心修煉之處。懿屬動詞，美善之意，拆開則為「壹次心」，壹是凝神專注，次即「師左次」之次，暫時安頓不動。人心紛擾不已，若能安靜凝慮則生智慧，處理事情圓融周到。文德不同於武備，是和平調解紛爭的修為，「懿文德」將之發揮到至高之境。懿通常專指女性陰柔之美，古代皇太后的旨意稱懿旨，小畜以小事大，以柔克剛，正需在坤德上多予講究。

《論語‧季氏篇》記子曰：「丘也聞有國有家者，不患寡而患不均，不患貧而患不安，蓋均無貧，和無寡，安無傾。夫如是，故遠人不服，則修文德以來之，既來之，則安之。」這段話說的光明壯闊，擲地有聲，影響也很深遠。易序從師、比、小畜、履、泰、否、同人、大有，至謙、豫等十個卦之精意，幾乎都涵括在內。師、比產生國家，已見前述，小畜稱「寡」，以小事大成功，彼此和平對待，資源交流互補，即不足為患，正是「和無寡」。任何時代的國際關係，都應以文德為上，才能真正保障世界和平。

占例

占事遇不變的小畜卦，以卦辭卦象論斷，一般多為沉悶之局，以小博大，不易突破。

● 十多年前，我與邱彰律師會晤，當場還有學者勞思光教授，他的著作《哲學論衡》我在學生時即讀過，其實談的是中國哲學史，對他的許多論述頗不苟同，純以西方哲學方法解析中國學問者，每有此弊。當年底的立委選舉，邱彰準備參選，由於沒有政黨提名，缺乏奧援，不知有無勝算。勞教授雖不信易占，他們老一代的幼時都背誦過《易經》，也會用金錢占卜。當下他占得不變的小畜卦，「密雲不雨，以小博大」，想在朝野兩大黨的夾縫中殺出一條路，只怕不容易。邱彰知名度甚高，拿了生化及法律的雙博士學位，從林雲習密宗，又寫了不少通俗的書，擁有不少粉絲，但從政又是另外一條路子，所謂「萬般不與政事同」。其後選舉果然失利，進入本世紀之後，還曾做過執政的民進黨不分區立委，又因事被開除職務，政途可謂相當不順。

● 一九九六年三月二十三日，台灣大選前夕，我問陳履安參選的勝負，得出也是不變的小畜卦。「密雲不雨，以小博大」，在幾組強勢的政黨候選人的夾縫中求生，不可能突圍成功。選舉揭曉，他才得一百多萬票，果然失敗。競選時有人勸他與林洋港合作對抗李登輝，他還說他都快選上了，勸退真是匪夷所思。的確是當局者迷、旁觀者清啊！

䷈

初九：復自道，何其咎，吉。

〈小象傳〉曰：復自道，其義吉也。

初九當小畜之初，又在組織最基層的位置，對沉悶的大局使不上力，此時最好的方式為埋頭做自己的事，基本面強化了，將來折衝樽俎也多些籌碼。何通負荷的荷，自己承擔時代及個人的苦悶，不必浪費時間心煩抱怨，可以獲吉。有些舊註解「何其咎」為「怎麼會有咎呢？」通固然通，於爻辭義例不合。何字在爻辭中皆為負荷承擔之意，如噬嗑卦上九：「何校滅耳，凶。」大畜卦上九：「何天之衢，亨。」隨卦九四：「有孚在道以明，何咎。」何為動詞用法，不是疑問句。經文創作時何、荷通用，寫傳文時才分開，如「何可長也」、「何可久也」之類。其實，兩義也是貫通的，就是因為別人看你負荷不了，才會提出質疑：這可以麼？承受得住嗎？一般人逢事則亂，幫不上忙還增添困擾，小畜初九沉靜以待，值得學習。本爻爻變，為巽卦（䷸），沉潛低調，才能深入了解情勢，慢慢尋求解決之道。

占例

●二〇〇五年初，我依例占測自己全年「謀道」的情勢，得出小畜卦初九爻動，有巽卦之象。陳水扁詭異連任的第二年，台灣陷入深重的朝野抗爭，國內的氛圍惡壞已極，真的是「密雲不雨，自我西郊」，政策的風向往不妥協、不和解飄移。既然使不上力，不如埋頭深造，承擔時代的悲苦，未來還可能獲吉。小畜強調修文德，巽卦〈大象傳〉則稱：「隨風巽，君子以申命行事。」深觀時代風尚，申張天命，力行人事，除此豈有他哉？

而今回顧，那一年在論學上成績斐然：先後參加山東大學在青島辦的易學與儒學會議、中國民主促進會在咸陽辦的傳統與現代化研討會、台南辦的易學與現代文明研討會等，完成〈大易君王論〉、〈易與和合思想〉、〈大象傳義理結構〉等多篇論文。真的是「復自道，其義吉也」。前述小畜與需卦類似，「復自道」義通「需于郊、利用恒」可獲無咎，往長遠看就不會灰心喪志，還可以幹得很歡喜。

䷈

九二：牽復，吉。

〈小象傳〉曰：牽復在中，亦不自失也。

九二居下卦之中，陽居陰位，剛而能柔，於沉悶的大局亦能含弘忍耐，與初九一樣埋頭作好自己的事，絕不失去自己應有的立場，如此也能獲吉。「牽復」的牽，受影響牽動，牽手合作，初九「復自道」，九二也復自道，故稱「牽復」。比卦六二〈小象傳〉稱：「比之自內，不自失也。」小畜九二稱「亦不自失」，都有獨立自主的精神。本爻變，有家人卦（䷤）之象，一家人親情緊密，牽手合作，影響大於個人孤軍奮鬥。

占例

● 二〇〇五年十二月下旬，我們全家本已決定寒假一同旅遊，既廣見聞又享天倫之樂，但兩邊老人家身體頻出狀況，歲末冬寒，又需子女就近照顧，我妻純孝，決定與兒子留守台灣。我占只剩二人同行合宜否？得出小畜九二爻動，有家人卦之象。「牽復吉」，手攜手出遊，可以獲吉。家人卦卦辭稱：「利女貞。」賢妻敬老顧家，愛女偕行天下，皆坤柔正道。事後證明此舉正確，玩也玩得盡興，家中的確發生事故，因為有人留守而打理無礙。

䷈

九三：輿脫輻，夫妻反目。

〈小象傳〉曰：夫妻反目，不能正室也。

九三過剛不中，處內卦乾陽之頂，六四一陰乘於其上，有情慾蒙蔽理智之象。輿是車子，輻是車輪邊緣向中心集聚的幅條。《老子》第十一章有云：「三十輻共一轂，當其無，有車之用。」車輪藉輻條輻輳於轂心，以帶動車體行進，人與人同心同德，就像車行於道路之上一樣平順。夫妻若不同心相愛，反目成仇，就像車子輻條脫落不能行進一般，家室內鬥即將解體。本爻動，恰值宜變之位，變成中孚卦（䷼），必須誠信溝通，以期破鏡重圓。易序家人卦之後為睽卦，睽即「夫妻反目」，睽之後為蹇卦，大家都寸步難行，與小畜九三的道理相通。

占例

●二〇〇四年十二月下旬，我的老同事找我敘舊，談到她的婚事不諧，先生有出軌情況，當下占他們未來卻是不變的泰卦，天地交泰，陰陽和合。既然未至絕境，遂代為籌謀，問她應該怎麼做？得出小畜九三爻動，恰值宜變成中孚卦。夫妻反目，大家都動不了，還是溝通忍讓，看看能不能靠「信望愛」渡過難關，至少不要太快放棄多年的婚姻。中孚卦為艮宮遊魂卦，〈大象傳〉稱：「君子以議獄緩死。」一事緩則圓，說不定還有寬恕解脫之道。其後迄今，倒是未聞他們有離婚之舉。

●二〇〇〇年初，我一位學生結束多年情緣，協議分手時，男方想將彼此共用的吉普車便宜賣給她，愛情雖已褪色，大紅的車子卻很拉風，遂自行占問合宜否？得出小畜九三爻變，成中孚卦。夫妻反目已成事實，好玩的是「輿脫輻」，車子不能行動，上路後當心抛錨出事。易占怎麼會連車子買賣，包括車況好壞的事都那麼清楚呢？她啼笑皆非之餘，打消了購車之想。

●二〇〇四年四月下旬，一位朋友找我，煩心她獨子求學事，在台學習狀況不佳，想安排到澳洲去唸高中，我幫她占得小畜卦九三爻變，值宜變成中孚卦。看來是不合適，夫妻反目，至親別離，

「輿脫輻」，行不得也，應該還先在父母的照顧下待一陣再說。又問當年內安排出國唸書合宜否，得出中孚卦九五爻動，有損卦（䷨）之象。爻辭云：「有孚攣如，无咎。」正是親情愛顧之意。〈大象傳〉稱：「君子以議獄緩死。」怎麼看都再緩一緩較佳。她聽了建言，先從加強照顧著手。

●二〇一〇年四月中旬，冰島沉睡兩百年的火山爆發，大量火山灰飄移至北歐各地，造成機場航班大亂，嚴重影響民生經濟。我占此天災的影響及意義，得出小畜卦九三爻動，值宜變成中孚卦。「風行天上，密雲不雨」，造成人心焦灼鬱悶，豈不正是火山灰四處散佈之象？「輿脫輻」，許多航班取消，空中交通大亂，人人行不得也。近年來全世界的天災人禍頻繁發生，和人心躁鬱不寧是否有關？中孚為合乎時中之道的信仰，遇小畜之中孚，講信修睦的人道關懷，可能才是終極解脫之路。

䷈

六四：有孚，血去惕出，无咎。

〈小象傳〉曰：有孚惕出，上合志也。

六四為全卦唯一陰爻，夾處於上下眾陽爻之間，下卦乾剛往上頂，上卦巽風吹拂不定，九五之君又強勢下壓，是很難生存的艱苦環境。然而小畜卦之精義亦在於此，六四為全卦主爻，上承九五、下應初九，挾「復自道」的基本功，以小事大與位據其上的九五周旋，若能建立互信，則可免於流血相爭的恐懼，而獲無咎。「上合志」一句，點出關鍵策略，弱小的一方勿與強大一方頂牛對抗，設法找出彼此資源互補可以合作的項目，有志一同奮鬥，和平雙贏是有可能的。俗話說：「事事不由東，累死也無功。」九五主導全局是東家，六四高幹輔弼不宜總唱反調，就算諫正君心之非，也得體察風向俟機進言。本爻爻變，有乾卦之象，若硬碰硬，以弱擊強，只有被徹底摧毀，全局歸於純陽，再無陰柔存身餘地。

本爻與需卦六四的情境相似，「需于血，出自穴」，煩惱多因強出頭，必須順以聽，才能化解陰陽相傷的危機。同樣，小畜九三「輿脫輻」亦似需卦九三「需于泥」，夫妻反目會致寇至，必需敬慎以保不敗。需卦「雲上於天」，小畜「風行天上」，宗旨皆在促成下雨和解，搞成玄黃血戰，就大錯特錯了！

占例

●二〇一五年九月初，我的同門師弟在大陸的生意遭挫折，不知年底能安度難關否？我占出小畜卦六四爻動，正是生存空間迫促之象、除非找到九五之奧援，否則不樂觀。結果的確如此，公司先歇業再謀轉進。

䷈

九五：有孚攣如，富以其鄰。

〈小象傳〉曰：有孚攣如，不獨富也。

九五中正居全卦君位，下乘六四，應展現仁者以大事小的胸襟氣度，與六四真誠交往，像攣生兄弟一般親密。易例「陽大陰小、陽實陰虛、陽富陰不富」，九五之富應與緊鄰的六四共享，充分交流，才是雙贏兩勝之策。不獨富的開示，讓人想起〈禮運大同篇〉所稱：「故人不獨親其親，不獨子其子，使老有所終，壯有所用，幼有所長，鰥寡孤獨廢疾者皆有所養，男有分，女有歸。」不分男女老少、健康殘疾，大家都各得其所，正是同人、大有二卦的境界。小畜六四、九五爻齊變，成大有卦（䷍），雙方誠信互動，戰禍消彌，世界和平。九五爻單變，為大畜卦（䷙），由小變大，卦辭稱：「利貞，不家食吉，利涉大川。」形勢開闊，大有發展空間，徹底擺脫夾縫中辛苦求生存的小畜之局。前述小畜「密雲不雨，以小事大」，須善用槓桿原理，尋求最佳的施力點，以獲得最大的效益。六四的支點即為九五，只要「上合志」，全局無虞；反之亦然，九五的支點即為六四，富利共享，便可化干戈為玉帛。

同樣，本爻所述義理和需卦九五相近，「需于酒食，貞吉」，擺好一桌豐盛菜餚，招待不速之客三人來分享，互敬互重終吉。化敵為友，所以小畜六四爻辭稱：「血去惕出，无咎。」

占例

● 二〇〇九年十一月上旬，我們周易學會成立八週年，我占問奮鬥八年的績效，得出小畜卦九五爻動，有大畜卦之象。從小而大畜積資源，由「密雲不雨」很沉悶的讀經形勢，拓展到對岸弘揚中華文化的初步境地，可稱小有所成。「有孚攣如，不獨富」，本是當初成立學會的初衷啊！

● 二〇一一年八月底，我偕家人赴希臘旅遊，至風光明媚的聖托里尼島，進一雅緻的天主教堂參觀週日禮拜儀式，占其地氣場，為小畜卦九五爻動，有大畜卦之象。「有孚攣如，富以其鄰」，提攜信徒「不家食吉，利涉大川」，氣勢很正。

䷈ 上九：既雨既處，尚德載。婦貞厲，月幾望，君子征凶。

〈小象傳〉曰：既雨既處，德積載也；君子征凶，有所疑也。

上九為小畜之終，辛苦斡旋到最後，終於避免衝突，雙方協議和平共處，這是眾人努力而成就的無量功德，值得尊尚。

載為車輛運輸，積德滿載，贏得象徵和平的甘霖普降，德即〈大象傳〉「懿文德」之德，「密雲不雨」成了「既雨既處」。九三「輿脫輻」，車子拋錨不能動；上九「尚德載」，象徵眾力眾意的車子又開始啟動，恢復運轉。九三「夫妻反目，不能正室」；上九也以夫婦關係取象，刻劃出配偶吵架後又和好的微妙情境。

「婦貞厲」，吵架後總是有些芥蒂，雖欲固守貞德，仍覺危厲不安。「月幾望」，月借日光，婦因夫顯，不能不低調收斂，望是滿月之時，光芒最盛，「幾望」則深自謙抑韜光養晦，以免再起衝突。君子即夫，「征凶」意指再恃強壓人則凶，柔弱一方既已退讓，也得見好就收，以維續來得不易的和解關係。反目自然是彼此猜疑，乾卦〈文言傳〉稱：「陰疑於陽必戰。」征戰又會流血，不合小畜修文德之旨，故凶。

其實，小畜卦六爻的歷程亦可以情色觀點去想，和需卦明談飲食暗喻男歡女愛一樣。久曠稱密雲不雨，甚至因此反目，夫妻沒有隔夜仇，床頭吵架床尾和，「有孚攣如」親密過後，「既雨既處」，就是暫歇時光。

上九爻變，有需卦之象，彼此仍有雲雨的欲求，只是暫時得休兵了！

占例

●二〇〇九年十月中，我受邀參加一場新興教派的法會，由一位年輕的印度修行者主講，學生出錢招待坐第一排。會期三天，我只參加其中一天，也很難專心，邊用手機占問：此法會的功德如何?得出小畜上九爻動，有需卦之象。密雲不雨，在夾縫中求生存，為現代人普遍的精神困境，確實需要類似法會的證道紓解。「既雨既處，德積載」，雖有功德，卻非究竟，難以落實為人生實踐，小畜之後為履卦，方見人生真章。

多爻變占例之探討

小畜卦各爻的基本理論及易占實例已介紹完畢，下面進入複雜的二至六爻變化實例之探討。

二爻變占例

占事遇卦中二爻動，若其中一爻恰值宜變，以該爻爻辭為主、另一爻爻辭為輔論斷。若皆不值宜變，以本卦為主、二爻齊變所成之卦為輔，同時參考爻辭所顯示之可能動向。

●二〇〇八年十一月初，我提前占問二〇〇九年的兩岸關係，得出小畜卦九五、上九爻動，九五恰值宜變成大畜卦，兩爻皆變則有泰卦之象。小畜「以小事大、以大事小」，正似兩岸互動的情境，九五「有孚攣如，富以其鄰」，大陸展現誠意與台灣密切交流，透過經貿富利共享，兩岸關係進入新的和解階段。由於過去多年對峙，仍存不少疑慮，雙方都小心翼翼低調行事，以免又生變故，而破壞了來得不易的和平。由小畜變大畜，「密雲不雨」轉成「不家食吉，利涉大川」，又有陰陽交泰之象，可確知交流必定暢旺，整體形勢是一片大好。由次年的發展驗證，預測完全精確。

● 二〇一六年五月中，我代表中華奉元學會去銘傳大學大陸研究中心拜訪楊開煌教授，採訪他對當時兩岸關係的看法，很受啟發。訪畢，問五二〇之後的兩岸關係如何？得出小畜卦三、上爻動，齊變有節卦之象。小畜正是「以小事大、以大事小」的格局，九三「輿脱輻，夫妻反目」，上九「婦貞厲，君子征凶。」由於民進黨政府拒不承認九二共識，雙方鬧僵，但仍有節制，不至立刻出事，後來的發展全如卦象所示。

● 二〇一〇年三月初，我針對一些國家或地區占算其未來五年的發展運勢，中國大陸為不變的豐卦，台灣則為小畜卦六四、九五爻動，雙變為大有卦之象。情勢如此明朗，大陸資源雄厚，如日中天，必成大國；台灣只要處理好兩岸關係，建立互信，充分溝通往來，亦同享安和樂利。

● 二〇〇八年八月二十日，北京中信證券的高層菁英訪台，我們在喜來登飯店餐敘，餐後應老董之請，算一算他們公司未來五年的發展氣運，得出小畜卦九五、上九爻動，九五恰值宜變，成大畜卦，兩爻齊變又有泰卦之象。中信證券成立較晚，發展急速，過去幾年的成長幅度非常驚人，由卦象看，到二〇一三年以前，形勢仍然大好。由小畜而大畜而泰，規模會日益攀升擴大，且國際化前景無限，關鍵即在小畜九五的爻辭：「有孚攣如，富以其鄰。」金融業的命脈就是誠信，

「有孚攣如」顯示誠信為普世接受，商譽卓著，財富自然源源而來。大畜卦辭稱：「不家食吉，利涉大川。」泰卦卦辭稱：「小往大來，吉，亨。」都顯示出遠大開闊的格局。幾年過去，確實繼續成長，在國際金融風暴後的發展仍不可限量。至於再往後的發展及事變，則不在預測的有效期限內。

● 一九九七年八月初，我占算愛因斯坦建構相對論的歷史定位，得出小畜卦九五、上九爻動，九五恰值宜變，成大畜卦，兩爻齊變又有泰卦之象。天時地位交泰，宇宙時空息息相關，正是相對論突破之處，由小畜「密雲不雨」轉成大畜的「不家食吉，利涉大川」，大大拓展了世人的視野。九五為君位，「有孚攣如」，偉大的信念將時空融合為一，確實貢獻卓越。上九「既雨既處，尚德載」，好像暗示相對論仍非究竟，雖然功德無量，只是暫時階段性的理論，仍有未能全面圓融之疑慮。有「泰」之象而畢竟非「泰」，「由小畜之泰」，依序還得經過履卦的務實驗證。相對論稍後出現的量子理論，都盛行於世，卻不能彼此完全貫通，愛因斯坦窮其一生也無法提出統一場論，可見一斑。

● 二〇一〇年十一月下旬，我問往後半世紀華夏文明復興的情事，得出小畜卦初九、九五爻動，九五恰值宜變，成大畜卦，兩爻齊變則有蠱卦（䷑）之象。蠱卦講究繼承祖業，又與時俱進，改革創新，以發揚光大。由「小畜」而「大畜」而「蠱」，主要是居君位者懂得提倡「有孚攣如」、眾生一體的王道思想，將這豐美的精神財富與天下人共享。初九「復自道」，表示基層民眾亦向傳統文化回歸，努力走自己的路。二〇一一年元月，北京天安門豎立起九米五高的孔子銅像，浩浩蕩蕩的文明復興之路，已在眼前展開，有志之士可以打理打理準備啟程了！

●二〇〇一年十月中旬，政局的討論焦點落在年底的立委改選上，民進黨已經執政，若再掌握國會優勢，藍營對抗將更吃力，我問選後民進黨會與台聯黨組聯合政府嗎？得出小畜卦初九、九三爻動，齊變有渙卦之象。初九「復自道」，各走各的路；九三「輿脱輻，夫妻反目」，很難真誠合作，所以有渙散離心離德之象，看來不成。選完民進黨大勝，成了國會第一大黨，仍然自組內閣主導台灣政局。

●二〇〇八年元月下旬，立委改選剛過，民進黨大敗，接著來的三月大選，看來謝長廷也很難選贏馬英九，我占全年民進黨的氣運如何？得出小畜卦初九、上九爻動，齊變有井卦之象。小畜密雲不雨，執政優勢喪失，陷入鬱悶低潮。初九「復自道，何其咎」，回歸基層重新做起，承擔敗局的咎責，奮鬥一年可「既雨既處」，初步恢復元氣。井卦前為困卦，後接革卦，正是困頓之後嘗試研發轉型之意，「山窮水盡疑無路，柳暗花明又一村」。後來蔡英文於五月二十日接任了黨主席，確實盤整走出了新局，難道上九爻辭中的「婦貞厲，月幾望」，就是指她而言？

●二〇一二年二月中旬，台灣出身的林書豪在美國NBA籃壇異軍突起，表現非凡，造成「林來瘋」的熱潮。我問他往後的發展前景如何？為小畜初、上爻動，有井卦（䷯）之象。「小畜」以小博大，在夾縫中求生存，密雲不雨的環境下，打開不錯的局面。初九「復自道，何其咎，吉」，林書豪的成功並非倖致，而是札實勤練基本功；上九「既雨既處，尚德載」，階段性突破值得稱揚，「月幾望，君子征凶」，前途仍未全部開朗，須低調行事。「遇小畜之井」，「井」為開發新潛能，以期脱困創新。後來的發展如占象所示，林受傷未參加紐約尼克隊的季後賽，養好傷勢後，尼克未與之續約，休斯頓火箭隊高薪挖角，到美中另尋發展。再往後又到湖人、黃蜂、籃網等，一直沒有更優越的表現。

●二○一六年十月中，成都嘉元書院一位女士想辭職，返回故鄉與先生相聚，免得往返奔波辛苦，又熱愛書院工作，請我代謀行止。我問返鄉如何？為小畜卦三、五爻動，齊變有損卦之象。小畜密雲不雨，九三「夫妻反目」堪憂，九五「有孚攣如」，團聚自佳。她返鄉後，仍負責微信群組的編撰工作，聰明穎慧，屢有佳構，返鄉對了！

三爻變占例

占事遇卦中三爻動，變數已至半，本卦呈現不穩定的拉鋸狀態，三爻齊變所成之卦，與本卦合參，稱為貞悔相爭。三爻中若有一爻恰值宜變，該爻爻辭加重考量。

●二○○一年五月初，中國時報招待我們幾位授課的老師赴上海及蘇州遊覽，在滬的最後一晚，大家去石庫門的新天地徜徉，喝咖啡，談是非。看上海的日新月異，我心中有感，起占問其十年後的風貌？得出小畜卦九三、九五、上九爻動，貞悔相爭成臨卦（䷒），上九恰值宜變，單變為需卦（䷄）。上海為長江口的龍吐珠，以小博大，吸納天下之財，十年工夫更精進成自由開放、君臨天下的國際大都會，發出璀璨耀眼的光芒。其中的發展歷程即便出現頓挫，最後也能克服突破，由九三「輿脫輻」至上九「德積載」可看出；九五「有孚攣如」，富利與天下共享，提供了信用保證，是成功的關鍵。臨卦的〈大象傳〉稱：「澤上有地，君子以教思无窮，容保民无疆。」創思無窮，沒有國界的疆域限制，日漸與國際接軌，發展不可限量。澤上有地，更寓上海之意，現今風華萬種的浦東，不就是澤上造地嗎？

〈序卦傳〉稱：「蠱者事也，有事而後可大，故受之以臨。臨者，大也，物大然後可觀，故受之以觀。」蠱卦講的是體制改革，改革成功後，進入一個自由開放的大時代，盛景可觀，即為臨卦。由小畜的小進至臨卦的大，從密雲不雨拓展至海闊天空，十年飛躍的成長正是迎頭趕上。小畜是第九卦，臨是第十九卦，只要關鍵的爻變發揮效力，就可一步到位，不必全走前人走過的路。

●二〇一〇年十月下旬，大陸觀光團在蘇花公路出事，遊覽車墜下山崖，遍尋多日不著。我占問陸胞的下落，得出小畜卦初九、九二、上九爻動，貞悔相爭為蹇卦（䷦），上九恰值宜變，有需卦之象。小畜「風行天上，密雲不雨」，既說明事發時颱風的惡劣天候，又道出大家鬱悶難受的心情；蹇卦山上有水，寸步難行，卦辭又稱「不利東北」，該處正當台灣東北部。小畜上九「既雨既處」，爻變為需，為坤宮遊魂卦，看來凶多吉少。初九「復自道」、九二「牽復」，恐怕整團人都一併歸天了！其後確實挖掘不到遺體，只能放棄救援。

同樣問題，另一占為臨卦初九動，爻變有師卦之象。臨為「澤上有地」，蘇花公路山崖下就是大海，初九表示陸胞都沉埋在地下澤中，爻辭稱「咸臨」，全部深陷其中。爻變成「地中有水」的師卦，還會流動漂移至大海，哀哉！師卦為坎宮歸魂，尤其不妙。

●二〇一〇年七月中旬，我給學生講《金剛經》，至〈離相寂滅分第十四〉，世尊念過去五百世作忍辱仙人，勤修忍辱波羅蜜云云，遂動念占問其修為境界如何？得出小畜卦初九、九二、九五爻動，貞悔相爭為艮卦（䷳）。小畜密雲不雨，窒悶難消；艮卦止欲修行，不動如山。「遇小畜之艮」，正是忍辱精進之象。初九「復自道，荷其咎」；九二「牽復在中，不自失」，都是克己復禮的基本功。九五「有孚攣如」，更是胸懷寬闊，大慈大悲，非常人所可企及。

●二〇一一年十月下旬，我剛由西藏旅遊返台，一出版社來函，有意再評估出版《易經繫辭傳詳解》一書。該書已於年初在大陸出了簡體版，由於較深入專業，原先也不期待在台出繁體版。我將書稿傳與主編，占得小畜卦下三爻全動，貞悔相爭成觀卦（䷓）。小畜密雲不雨，初九「復自道」、九二「牽復」，堅持走自己的路，九三「輿脱輻」，應該行不通，故成觀望之象。果然一個月後，對方誠懇致歉，表示沒把握普及讓一般讀者接受，只好割愛云云。《焦氏易林》遇小畜之觀：「駕駟逐狐，輪挂荊棘，車不結轍，公子無得。」對方白忙一陣，一無所得。

●二〇一六年九月底，我受邀參加遼寧營口奉元書院揭幕典禮及往後數日活動，廳堂全採徽式建築營造，主持者用心精細，推廣傳統文化令人感動。我算二〇一七年其志業發展，卻得出小畜卦初、三、上爻動，上九為宜變之位。三爻齊變，貞悔相爭成坎卦，有不低風險，〈大象傳〉稱：「君子以常德行，習教事。」文化志業本即難做，值得注意的是小畜九三有「輿脱輻，夫妻反目」之象，內部會有不和，結果真出問題，還好上九「既雨既處」，可以調解到一定程度，仍得注意往後的相處關係啊！

四爻變占例

占事遇卦中四爻動，變數已達三分之二，以四爻齊變所成之卦的卦辭卦象為主，並參考由本卦往之卦的變動因由，四爻中若其中一爻值宜變，影響較大，稍加重考量。

●一九九九年三月中，我仍幫任職ＩＢＭ協理的學生檢驗Ｙ２Ｋ的問題，距離跨世紀電腦千禧蟲是否肆虐的時限已近，各國家或地區的預防工作做得如何？中國大陸的部分，得出小畜卦九三、六四、九五、上九爻動，四爻齊變成歸妹卦（䷵），九五值宜變，單變有大畜卦之象。小畜密雲不雨，為全球疑慮緊張的悶局，歸妹之卦辭稱：「征凶，无攸利。」若不冷靜對待，小心出事。小畜九三「輿脱輻」，進程卡住，六四「血去惕出」、九五「有孚攣如」，高層全力合作化解危機，終至上九「既雨既處，尚德載」，恢復運轉。尤其九五君位影響甚大，爻變大畜，卦辭稱：「不家食吉，利涉大川。」整體來説，應可度過難關，至年底跨世紀後，果然沒事。

●二○○八年四月下旬，有椿涉及靈異的事，我的學生家中鬧了十多年的冤孽糾纏，總是驅之不散，喬遷新居在即，很想一了百了，處置乾淨。由卦象判斷，應為夙世感情的恩怨，有同學建議唸楞嚴咒以消惑業，我當下即占問合宜否？得出小畜卦九二、九三、九五、上九爻動，四爻齊變成復卦。「遇小畜之復」，由密雲不雨的沉鬱煩悶，變成剝盡來復，萬象更新，顯然唸楞嚴咒大大有效。九二「牽復」、九五「有孚攣如」，宿世情障淵源深厚，皆以大慈大悲感動化消；九三「夫妻反目」，應生嗔恨，也轉為「既雨既處」的寬恕諒解。《楞嚴經》開卷，即以阿難的情劫色戒現身説法，經中的楞嚴咒對症下藥，專破男女迷情，豈非大有道理？不數日，有學生給我送來楞嚴咒的光盤，我連同一本《楞嚴經》轉給那位同學，她每日認真讀誦，喬遷至今，一切已安然無事。

●二○一○年七月初，我讀佛經，經上強調世間因果律恆存，所以説法不言斷滅相，反對小乘耽空、惡取空，覺得很有感應。遂易占其理，得出小畜卦初、二、三、五爻動，四爻齊變成剝卦（䷖）。宇宙人生的奧秘難解，就像小畜的「密雲不雨」，不易勘透，剝卦層層剝除外覆的假相，剝盡來復，始透顯出核心的真相。小畜卦初九「復自道」、九二「牽復」，真相必然相關連動，九三「輿脱輻」，以為因果脱節，其實九五「有孚攣如，富以其鄰」，整體仍息息相關。有因必有果，種瓜得瓜，種豆得豆，萬象皆空，因果不空啊！

●二〇〇六年底台北市長選舉，我的學生邱雲斌推算三組人馬誰能當選：宋楚瑜為不變的大過卦，謝長廷為不變的兑卦，郝龍斌為小畜卦初、二、三、五爻動，四爻齊變為剝卦。「大過」為非常之舉，宋兩度競逐大位皆飲恨，二〇〇五年又與陳水扁會面和解，搞得灰頭土臉，已大失民心，不甘老驥伏櫪，試圖再出，可謂不智之至，必敗無疑。果然以極低票數慘敗，退出政壇。謝長廷以前閣揆之尊，代表民進黨參選，聲勢不差，兑卦「亨利貞」，有狂熱擁護之象。「小畜之剝」，剝卦自然不利，但仍應注重小畜本卦四爻依次變動的情形來判斷：初九「復自道吉」，九二「牽復吉」，根基不淺；九三「輿脱輻」，過程中雖有不順，九五「有孚攣如」，為主導全局的君位，應該最後會脱穎而出當選。果然，是役郝龍斌以約五成四的得票率當選，贏了謝長廷。

●二〇〇九年八月上旬，我為十月赴山東廣饒參加國際兵法會議做準備，寫論文時，回顧自己多年的兵學研究，一直嘗試建構所謂的「大易兵法」，究竟績效如何？占出小畜卦二、三、五、上爻動，四爻齊變成復卦。由密雲不雨的悶局，突破至返本開新，發展不可限量，令人欣慰。小畜九五「不獨富」，大易的智慧可與兵法相印證，成就更高深的境界。九二「牽復吉」，已經明示可作關聯研究；九三「輿脱輻」，雖過程中遭遇難關；上九「尚德載，既雨既處」，突破不成問題。

●二〇一一年二月下旬，我的連襟與友人合開的同人診所拆夥，決心改成自己獨資經營，診所名稱是否要改呢？如沿用「同人」舊稱，為不變的師卦，剛好是同人卦的錯卦，易起衝突不合適。如以自己姓名冠於診所之前，則為小畜卦初、三、五、上爻動，齊變成師卦，雖然仍有戰鬥之象，看小畜本卦諸爻的變化，差強人意。初九「復自道吉」，回頭走自己的路；九三「輿脫輻，夫妻反目」，顯示與友人拆夥之事；九五「有孚攣如，富以其鄰」，招牌響亮生意會好；上九「既雨既處」，進入新的階段平衡，一切從新開始。改名後，果然情勢不錯。

●二〇一二年十一月中旬，我的學生請益，她先生與另一家集團結怨，還可能有官非，怎樣處理為宜？我算出小畜卦初、二、三、上爻動，齊變成比卦。小畜密雲不雨，九三夫妻反目，仍得儘量化解而非對抗。卦序比在小畜之先，「遇小畜之比」，也有顧念舊情之意。後勢發展大致如期，冤家宜解不宜結啊！

五爻變占例

占事遇一卦中五爻皆動，以五爻齊變所成之卦的卦象卦辭論斷，儘量揣摩本卦變為之卦的因由，若其中一爻值宜變，稍微多加注意。

●二〇一〇年十一月二十七日，台灣舉行五都大選，下午四點後陸續開票，我在連襟新購屋中看電視播報，順手以手機占測勝負。有關新北市部分，國民黨候選人朱立倫的勝算為小畜卦，二、三、四、五、上爻動，五爻齊變成震卦，上九值宜變為需卦。〈說卦傳〉稱：「帝出乎震。」震卦講述政權保衛戰，正是百里侯之象，卦辭稱：「亨，震來虩虩，笑言啞啞，震驚百里，不喪匕鬯。」虩虩為戒慎恐懼的樣子，匕鬯是主持宗廟祭祀時拿的木瓢及香酒，作為政權的象徵。全句是說有驚無險，沒有喪失政權。小畜的密雲不雨，代表選情渾沌不明，二至上爻的連續發展，終於「既雨既處」，讓支持藍營的群眾鬆了一口氣，「尚德載」，感謝上天功德無量啊！晚上選舉結果，朱立倫只以十一萬票、百分之五．二得票率的領先，險勝民進黨的蔡英文，立刻應驗了占象。

●二〇一七年三月中，我們咸臨書院辦茶藝講座，請了一位女學生來主講，相當生動精采。我也參加聽課，一邊默算陸羽《茶經》所臻境界，為小畜初、二、四、五、上爻皆動，宜變為上九，五爻齊變成小過卦。小畜〈大象傳〉稱：「君子以懿文德。」由「密雲不雨」逐步到「有孚攣如」、「既雨既處，尚德載」，啟發世人消愁解悶，養氣致和，善莫大焉。

●二〇一七年四月中旬，東北亞情勢緊張，很多人擔心爆發新韓戰，我占得小畜卦五個陽爻全動成坤卦，剛猛之氣化盡，考慮廣土眾民安危與現實形勢，應該沒事。小畜九二值宜變，爻辭稱：「牽復吉。」單爻變為家人卦，確定互相牽制，沒人敢輕啟戰端。稍前之占則為坤卦三、四爻動，齊變有小過之象。坤卦順勢用柔，六三「含章」、六四「括囊」，均蓄勢不發。小過卦辭：「可小事，不可大事。」兵者國之大事，肯定不會開戰，其後果然。

●二〇一四年年底，大塊出版公司郝明義先生有意出版我的易經著作繁體字版，我占問合作企劃如何？為小畜卦初至五爻全動，齊變成晉卦。由「密雲不雨」至「日出東方」，小畜九五「有孚攣如，富以其鄰」，富利共享，前景不錯，遂開展合作關係，正所謂「大塊假我以文章」是也！

占事遇六爻全變，即變成本卦的錯卦，以其卦象卦辭論斷，好好體會為何產生這麼巨大的變化？應如何應對？

●二〇〇四年秋，我到台中上課，老學生藉此機會相聚，其中一位作有機茶生意的到上海佈局已久，卻還在無止境的燒錢，想撤回又有些不捨。當時另一位老同學現場幫他一占，前途為小畜卦六爻全動，變成其錯卦的豫卦（䷏）。大家對這樣稀罕的卦例嘖嘖稱奇，看來密雲不雨的悶局還得熬一段時間，把六個爻都經歷完了，「既雨既處」之後，便可進入紅火的回收期。豫卦卦辭稱：「利建侯行師。」利於積極奮鬥行動，根據對未來形勢的預測，做好周全的預備，將可獲得豫樂的豐碩結果。其後數年的發展真是如此，現在悶局已然突破，開始賺錢回收。

10.天澤履(䷉)

履為全易第十卦，前接小畜，後開泰卦之局，由密雲不雨而至天地交泰，中間必須經過腳踏實地的奮鬥階段，這就是履。〈序卦傳〉稱：「物畜然後有禮，故受之以履。履而泰然後安，故受之以泰。」泰山腳下的泰安縣由此得名，台灣政治名人陳履安更直接從此取名，皆有國泰民安之意。〈雜卦傳〉稱：「履，不處也。」處是停頓休息，不處則幹個不停，毫無懈怠。過去沒有公職在身的人稱處士，往往對時事橫加批評，所謂「處士橫議」。服公職者則受官箴規範，不能亂講話，人生做事的經歷稱履歷，機關組織用人須看履歷表，由你做過些什麼來安排職務。履字由尸、復二字組成，尸即師卦六三「師或輿尸」的尸，尸位素餐的尸，為作主之意。履即「主於復」，人生行道以克己復禮為主，發揮良知良能，事業奮鬥需培養本身核心的競爭力，才易脫穎而出。

〈繫辭下傳〉第七章稱：「作易者，其有憂患乎！是故履，德之基也……履，和而至……履以和行。」這是有名的憂患九卦，專談身處亂世砥礪修為的九種德行，而以腳踏實地的履卦居首，為一切的根基。人生立身行事以和為貴，與人和睦相處才易達成奮鬥目標。履卦承小畜而來，「既雨既處」之後，更進一步制定規範維持和平，以開創太平盛世。既雨既處為鬆口氣的暫歇，「履，不處也」，接著又要往前邁步了！

《論語・學而篇》記載有若論禮：「禮之用，和為貴，先王之道斯為美，小大由之。有所不行，知和而和，不以禮節之，亦不可行也。」履即依禮而行，發而皆中節，完全發揮了禮制的大用，大人物小人物、大國小國都應遵守，這是很美的先王之道。與人和合並非沒有原則，不可和稀泥搞鄉愿。

䷉

履卦卦辭：

虎尾，不咥人，亨。

履卦很特殊，卦名與卦辭內容連成一氣，沒有分開。卦名當動詞用，直接作用於虎尾的受詞上，表示不履則已，履一定是踩老虎尾巴那樣具有高風險。貓科動物的尾巴為其敏感的痛點，胡亂踩下去，必遭大口反噬，若觸其痛點還夷然無事，必有一套搔到癢處的以柔克剛的功夫，以此周旋處事，可獲亨通。《詩經・小旻》上稱：「戰戰兢兢，如臨深淵，如履薄冰。」臨卦「澤上有地」，由地上俯瞰如臨深淵；履卦「履虎尾」，如履寒冬薄薄結凍的澤面，用力大了即失足而萬劫不復。履卦教我們的就是心平氣和，履險如夷。咥字音碟，口至為咥，非常形象。小畜卦辭先言亨，再稱現狀密雲不雨；履卦後言亨，得馴服猛虎，不遭虎吻才成。

卦名卦辭連成一氣的，還有「否之匪人」、「同人于野」、「艮其背」三卦，都有其深意，值得細細玩味。

《韓非子・說難》中講遊說君主之難，伴君如伴虎，又有「批龍鱗」之喻：「夫龍之為蟲也，柔可狎而騎也，然其喉下有逆鱗徑尺，若人有嬰之者則必殺人。人主亦有逆鱗，說者能無嬰人主之逆鱗則幾矣！」龍虎都喻君王，乾卦〈文言傳〉稱：「雲從龍，風從虎。」世間追隨領袖者必得小心翼翼，「履虎尾、批龍鱗」，一旦觸犯忌諱，不僅事功不成，下場將非常慘烈。

〈彖〉曰：履，柔履剛也，說而應乎乾，是以履虎尾，不咥人，亨。剛中正，履帝位而不疚，光明也。

履卦下兌為少女屬柔，上乾為老父屬剛，是為以「柔履剛」之象。兌為說、為悅，少女以言語取悅於君父，所謂伸手不打笑臉人，老父疼愛女兒，絕不會苛酷虐待。這就是踩老虎尾巴，不被咬死反而亨通的道理。全卦中唯一陰爻即六三，也是下卦兌的開口，情感湧現之處，「柔履剛」說而應乎乾，主要即指六三而言。剛中正是指居上卦之中的九五，履行全卦君位的職責，懂得為組織謀取最大的福利，光明磊落，心裡不會愧疚。九五爻變，上卦乾變為離卦，人行天道而有光明之象。小畜〈彖傳〉先稱六四，再提九五；履卦〈彖傳〉先稱六三，再提九五，皆突顯全局的關鍵。一陰一陽的互動和諧，全局無咎，若只有片面的善意，則不濟事。

〈象〉曰：上天下澤，履。君子以辨上下，定民志。

履上卦乾為天，下卦兌為澤，上天下澤懸隔甚遠，必須明其分際。任何組織中都有上下，各有各應履行的職責，以及權利義務關係，彼此均宜遵守。家庭有倫理，企業有企業倫理，政治有政治倫理，若能分辨清楚，民心即可安定。小畜密雲不雨，陰陽小大之間的對應關係很模糊，人心苦悶不安；履卦則上下定分，一切都明確化，大家好分頭做事。

占例

占事遇不變的履卦，以卦辭卦象判斷即可。

● 二〇〇一年八月下旬，陳水扁已執政一年多，台灣經濟直線下滑，朝野惡鬥，兩岸凶險。我提前占問二〇〇二年連戰全年的運勢，得出不變的履卦。接任敗選之後的國民黨主席，勵精圖治，希望履險如夷，安定民心。〈彖傳〉稱：「履帝位而不疚，光明也。」看來應可穩住藍營陣腳，且爭取與親民黨和解合作的機會，事後果驗。

● 二〇〇九年七月初，其時李登輝與交惡多年的宋楚瑜恢復見面，似乎恩仇俱泯，我心有所感，占問兩人會晤的意義，得出不變的履卦。「和而至，履以和行」，爭鬥紛擾多年，終於以和為貴收場。無論如何，李是宋的長官，宋去李處拜會也合情合理。

● 二〇〇〇年七月中，我讀易傳與《中庸》有感，認真問：誠究竟是什麼？得出不變的履卦。「誠者，天之道也；誠之者，人之道也。」履卦所述，實即人依天理而行事，誠信不在空口講，而在實際做。

䷉

初九：素履，往无咎。

〈小象傳〉曰：素履之往，獨行願也。

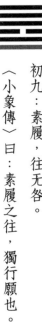

初九為任事之初，當組織基層之位，應保持本色務實地幹，如此往前奮鬥，可獲無咎。人生立下志願，即好生培養自己核心的競爭力，量才適性，全力以赴。蒙卦六四〈小象傳〉稱：「困蒙之吝，獨遠實也。」此處言：「素履之往，獨行願也。」獨字皆為名詞，即《大學》、《中庸》等經典中所強調的「慎獨」之獨，為人立身行事的切要功夫。本爻變為訟卦，不必與人爭口舌之利，埋頭幹自己的事為正經。

二〇〇〇年八月下旬，我隨學生的太極導引參訪團赴大陸一遊，至安徽黃山腳下的西遞村、宏村參觀民居時，看到某戶門楣上雕著「履道含和」四字，路邊攤買一竹筒，上刻「獨為遠志」。中華文化的力量就是這樣深入滲透到民間，無所不在地發揮其影響啊！

占例

● 二〇〇二年元旦，我依例作全年之占，問自己一年的謀道之計，得出履卦初九爻動，有訟卦之象。履卦正是敦篤行道，「素履往，无咎，獨行願」，別去沾惹人際是非。此占正合我意，多年潛修早已習慣，當年確實也這麼砥礪自己。

䷉

九二：履道坦坦，幽人貞吉。

〈小象傳〉曰：**幽人貞吉，中不自亂也。**

九二陽居陰位，剛而能柔，又當下卦之中，懂得中道行事。六三不中不正，乘於其上，有情慾蒙蔽理智之象。九二坦蕩行道，不受誘惑，自控非常嚴謹，固守正道而獲吉。本爻爻變為无妄卦，不妄想不妄動，遂無災患。

初九稱「獨」，九二言「中」，先慎獨後行中，完全合乎《中庸》所述義理：「君子戒慎乎其所不睹，恐懼乎其所不聞，莫見乎隱，莫顯乎微，故君子慎其獨也。喜怒哀樂之未發，謂之中，發而皆中節，謂之和。」履卦內兌，兌卦正是喜怒哀樂的人情，六三濫情，九二則謹守中道，發而中節，初九為地下之位，深藏韜隱稱獨。《中庸》向有「小易經」之稱，義理處處可與卦象爻象互證。

小畜初九「復自道」、九二「牽復在中」，兩爻連動的關係和此相似。履初九「素履」、九二「履道坦坦」，皆有連續堅持的精神。我自青年習易起，就對此爻意境傾心神往，二十多年前請老友龔鵬程教授寫了這八個字，裱好裝於座右，朝夕惕厲，勿怠勿忽。

我有一位深綠背景、號稱鐵桿台獨的老學生，在苗栗苑裡經營華陶窯園區，也曾招待全班師生赴景區一遊，習易時還在作癌症術後治療，人很熱情，學習精神也很可嘉。二〇〇九年二月初，春酒宴上他跟我說，園區入口處有一塊巨石矗立，是前年颱風後挪移來的，他想在石面上刻字，就是：「履道坦坦，幽人貞吉。」意境切題之至，我說大好。

占例

- 一九九九年六月中，我跟我的易經班學生張良維習太極導引已數月，練是練的很勤快，不知績效如何？遂占問之，得出履卦九二爻動，有无妄卦之象。履為「德之基，和而至，以和行」，太極拳講究的正是和合的境界，而我還在三月築基的階段，不能好高騖遠，專心勤練就是。太極拳練身講鬆腰柔胯，以人體的六大關節比擬一卦六爻，剛好對應踝、膝、胯、腰、椎、頸，履卦唯一陰爻六三正當胯的位置，小畜六四則為腰關節。「柔履剛」即柔胯，柔得位而上下應之即鬆腰，這是易理易象在身體上的應用，善加體會，妙用無窮。我剛練數月，境界只在履九二，連六三的胯位尚未鬆柔，當然來日方長。

● 二〇一六年初民進黨贏得大選，國民黨空前慘敗，曾被無情「換柱」的黨主席洪秀柱，如何自處與應變？有人希望我提供看法，我占得履卦九二爻動，就是爻辭所稱：「履道坦坦，幽人貞吉。」小象：「中不自亂也。」坦蕩心安，走自己認為正確的路。

䷉

六三：眇能視，跛能履，履虎尾，咥人凶。武人為于大君。

〈小象傳〉曰：眇能視，不足以有明也；跛能履，不足以與行也；咥人之凶，位不當也。武人為于大君，志剛也。

六三陰居陽位，不中不正，又當內卦兌之缺口，正是內心情慾宣洩之處，容易飛揚浮躁感情用事，強硬面對外卦乾剛，因而惹禍招災。眇是「少一目」的獨眼龍，雖仍能視物，卻看不清楚遠近；跛腳勉強還能走路，卻走不快；看不清又走不快，如此孱弱，還冒險去踩老虎尾巴，當然會被老虎回頭一口咬死。武人豪勇過人，卻未必有政治家盱衡全局的智慧，志氣剛強，欠缺實力也是枉然。我們在師卦中已經闡明君、將的分際，以及以政領軍的重要；履卦六三再強調「武人為于大君」的不適當，正是「辨上下定民志」，各明己職，不得混亂。本爻爻變，成乾卦，逞強的結果，陰柔滅亡，只剩陽剛。

前面〈彖傳〉中對六三「柔履剛」寄予厚望，做到了即可履虎尾而不遭虎吻，此處論爻卻正好相反，慘遭虎噬，這是什麼道理？〈彖傳〉採取整體宏觀，亦即以全卦的觀點看問題，爻辭則涉及實際個體操作，難免見樹不見林而犯錯。卦吉爻凶的例子很多，沒有什麼好奇怪的，習易就是訓練我們從各種觀點全方位看問題。

九四：履虎尾，愬愬終吉。

〈小象傳〉曰：愬愬終吉，志行也。

九四陽居陰位，剛而能柔，又居高層近君之位，典型的伴君如伴虎，必須戒慎恐懼，才能不出事而最終獲吉。本爻變，為中孚卦（䷼），必須取得九五的信任，才能得行其志。〈繫辭下傳〉第九章稱：「四多懼……三多凶。」履卦六三、九四堪稱典型，兩爻皆屬人位，又居承上啟下的中間管理階層，爻辭都稱「履虎尾」，做人難哪！

九五：夬履，貞厲。

〈小象傳〉曰：夬履貞厲，位正當也。

九五陽剛中正，為全卦君位，夬即夬卦的夬，為決策之意。最高領導人應履行的職責就是決策，再怎麼集思廣益，還是得由他拍板定案，並承擔成功或失敗的後果。這麼幹很不容易，可能得罪人，決策也充滿了不確定的風險。本爻爻變為睽卦（䷥），領導人註定孤獨寂寞，與任何人都難真正親近。以爻際關係來看，九四為身邊近臣，卻怕九五怕的要死，九二幽居遠處，不打交道，六三專擅蠢動，又老給九五找麻煩，哪有朋友可交心？領導者履行職責，大概只能如〈彖傳〉所言，「履帝位而不疚」，但求無愧於心了！

占例

- 二〇〇〇年五月上旬，我精讀〈繫辭傳〉，占問下傳第七章的主旨為何？得出履卦九五爻動，有睽卦之象。第七章正是論述作易者的憂患意識，並列舉了九卦來印證，且以履卦居首，稱履為「德之基」、「和而至」、「以和行」。聖人處亂世，決心領導群眾除憂患，定民志，開太平，真是回答的好啊！
- 一九九七年八月中，我細品十翼，給每篇易傳都以占卦定位，其中〈序卦傳〉的定位為履卦九五爻動，依爻辭〈小象傳〉論斷：「夬履貞厲，位正當也。」〈序卦傳〉解釋卦序，道出世間依次變化的因果緣由，教人正確決策，並根據自然法則做事，雖因篇幅所限，難以深論，已有提綱挈領之效。
- 一九九七年七月上旬，我問：「宇宙中除人類外，有高智慧生物存在嗎？」得出履卦九五爻動，有睽卦之象。〈雜卦傳〉稱：「睽，外也；家人，內也。」履卦又是上天下澤、差距懸殊之象，看來應有高智慧外星生命存在，與人類遠離睽違，等閒不容易遭遇。我接著又問：「存在何處？人類可能與之相遇嗎？」得出屯卦初九、九五爻動且值宜變，單變成復卦，雙變則有坤卦之象。九五居上卦坎陷之中，小象稱：「屯其膏，施未光也。」外星生命隱匿甚深，一般難以探知，剝極而復、開發自性而修練成功的人才能見到。《金剛經》上說：「如來有佛眼……爾所國土中所有眾生，若干種心，如來悉知。」復卦〈彖傳〉末贊稱：「復，其見天地之心乎？」〈繫辭下傳〉第七章又稱：「復，德之本也……復，小而辨於物……復以自知。」此占意蘊甚深，值得細細玩味。

●二〇一〇年五月中旬，我與一位頗負盛名的女作家初次見面，談得投契，她也不見外，坦然相告她的異國婚姻出了問題。分居兩年，夫婿已有新歡，提議離婚，她還想觀望，我用手機試占會不會離？得出履卦九五爻動，有睽卦之象。睽正是反目離異，九五「夬履貞厲」，男方似乎心思已決，就想這麼幹了！然後我算她未來三至十年的人生運勢，得出小畜卦三、五、上爻動，上九值宜變，有需卦之象，貞悔相爭成臨卦。小畜密雲不雨，沉鬱苦悶，九三夫妻反目，自然是指離婚，九五「有孚攣如」，代表又有新戀情？上九「既雨既處」，進入新的休養階段？

當年八月，雙方果然協議離婚，至於再往後幾年的發展，則留待觀察驗證。當然希望她能走出失婚的陰影，勇敢面對海闊天空的嶄新人生，三爻齊變的臨卦即有此情境，值得期待。

上九：視履考祥，其旋元吉。

〈小象傳〉曰：元吉在上，大有慶也。

上九為履卦之終，也居組織中退休大老之位，不再負責實務，由於經驗豐富，可提供在職的晚輩諮詢，或將自己的心得整理陳述，以傳記或回憶錄的方式留後人參考。祥為吉凶之兆，人回顧自己的一生，一路行來必有許多人事上應對周旋的關節，或成或敗，或艱澀或圓融，都有極大的啟發價值，若能真實評述，則可功德無量。《孟子‧盡心篇》稱：「動容周旋中禮者，盛德之至也。」古聖先王的嘉言懿行，足為後人典範，群經諸子讓人百讀不厭，道理即在於此。

履卦初九「素履，獨行願」；上九「視履，大有慶」。個人孜孜矻矻的修行，結果造就了大家都蒙受福報，人生進德修業，豈可不精敏以赴？《論語‧雍也篇》稱：「仁者己欲立而立人，己欲達而達人。」《孟子‧萬章篇》稱：「天之生此民也，使先知覺後知，使先覺覺後覺也。」大家皆有其獨，經前賢啟發都能開花見性，修成正果。《中庸》由「慎獨」談到「化育萬物」，《大學》由誠意正心談到治國平天下，都印證了履卦的道理。

上九爻變，為兌卦（䷹），兩口相對，朋友講習，學而時習，中心喜悅。履是「實際做」，兌是「高興說」，做完再說，才有說服力。此爻之後為泰卦，溝通交流無礙矣！

占例

●二○一○年九月中，我赴歐授易，得知前述女作家已經離婚，感情生活頗有猶疑徬徨，遂占測她的整個生命型態與心性，得出履卦上九爻動，有兌卦之象。「視履考祥，其旋元吉」，小說家的使命就是如此：充分體驗人生後，將各種不同階段的經歷轉化為創作，寫出來與大家分享。待將全程歷盡，方知如是因果，生老病死，悲歡離合，都是作品的素材啊！

●二〇〇一年十一月底，台灣立委選舉在即，其時我常上電視政論節目，針對選戰勝負都有占測。民進黨會不會成為第一大黨，變成完全執政？得出履卦上九爻動，有兌卦之象。「視履考祥，其旋元吉」，累積多年問政經驗，終於把路子走通，下接天地交泰之卦。果然，十二月初選舉揭曉，民進黨成長至八十七席，領先國民黨的六十八席，一躍而成為立院第一大黨。

●二〇〇五年元月二十日，美國總統布希勝選連任，訂於台灣時間當晚登基，傳聞會有人鬧場甚至謀刺，我遂占是否順利無虞？得出履卦上九爻動，有兌卦之象。〈繫辭下傳〉第七章：「履，德之基也。」登基履行元首職務，一切周旋無礙，行禮如儀，不會有任何狀況，其後果驗。

●二〇〇六年間，台灣紅衫軍反扁的運動如火如荼展開，我的學生邱雲斌當時占問：阿扁會否因此下台？得出履卦上九動，有兌卦之象。看來不會，一切難關都可周旋通過。其後果然，扁打死不退，硬是任滿才不光彩地下台。

●二〇一一年元月下旬，由於大陸當局在天安門廣場豎立了高九米五的孔子像，我認為深具意義，對中華文化在神州大地復興更具信心。當下算了一連串的卦，預測未來十年、二十年、三十年、四十至五十年，甚至一百、三百至一千年的前景，都相當正面。其中十年後的卦象為履卦上九爻動，有兌卦之象。「視履考祥，其旋元吉，大有慶」，認真實踐十年可入正軌，近臻通泰之境。

多爻變占例之探討

有關履卦六爻之基本詮釋已畢，往下再探討多爻齊變的更複雜的情形。

占事遇一卦中二爻動，若其中一爻恰值宜變，則以該爻爻辭為主、另一爻爻辭為輔論斷。若二爻皆未值宜變，則並列參考，二爻齊變所成卦象卦辭亦當留意。

● 一九九七年八月中旬，我針對十篇易傳以易占測其定位，〈小象傳〉為履卦二、上爻動，齊變有隨卦（䷐）之象。小象解釋爻辭，闡析爻際關係的互動，指示該情境下最恰當的作法，隨時隨地而採取行動。遇履之隨，即為此意。九二「履道坦坦」，不該妄動時不動；上九「其旋元吉」，總能將路子走通。

● 二〇〇八年三月十七日晚上，距台灣領導人大選只剩不到五天，我在《聯合報》的易經班上課，正好教「大衍之數」的占法。於是依慣例由我先示範，占出下卦三爻，再由三位學員占出上卦，問題自然是馬英九能否選上。結果得出履卦初、五爻動，九五恰值宜變，有睽卦之象，雙爻齊變則有歸妹卦之象。角逐大位而君位爻變，又是夬履正當之位，履行最高決策者的職責，〈彖傳〉稱：「剛中正，履帝位而不疚，光明也。」應該當選無虞。馬為人以清廉自持，在複雜的官場中不免落落寡合，也是「睽孤」之象。履卦初九動，「素履，往无咎」，樸素的風格倒能贏得多數基層民眾的支持。五天後結果揭曉，馬以懸殊比數大勝民進黨的謝長廷，贏回政權。

● 二〇〇九年底，我依慣例占問來年政經大勢，二〇一〇年的兩岸關係為履卦四、五爻動，九五君位恰值宜變，兩爻齊變，則有損卦之象。本書討論小畜卦二爻變的卦例時，曾舉二〇〇九年的兩岸關係為證，為小畜卦五、上爻動，九五宜變，有大畜及泰卦之象。時隔一年，由小畜推進一卦至履，密雲不雨的悶局突破，雙方進一步簽訂和約，加強各方面的交流，使互動關係更明確化，確為大勢所趨。履卦九五之君決心堅定，九四的談判代表敬慎執行，務期推動兩岸關係的良性發展。果然，二〇一〇年中，ＥＣＦＡ順利簽訂，又往前邁進一大步，令人欣慰。

●一九九九年七月中，李登輝發表兩國論後，再次引發兩岸危機，我的學生陳一雄時任大榮貨運總經理，占問後續發展會否一戰？為履卦三、五爻動，齊變為大有卦。貞我悔彼，六三「履虎尾，咥人凶」，台灣領導人不明形勢亂放話；九五「夬履，貞厲」，強烈回應警告，局面因此緊張。雖然如此，大有元亨，應該不致有事，後來果然沒進一步惡化。

●二〇〇八年初，我推算中國大陸全年的政局，得出履卦五、上爻動，九五恰值宜變，成睽卦，兩爻齊變有歸妹之象。最高領導決策精當，應對無虧，九五「位正當」，上九「大有慶」，在金融風暴動盪的亂局中，安然度過危機。「履而泰然後安」，應是不錯之局。而今回顧，事實俱在。

●一九九九年六月中，我跟學生習太極導引數月，自占進境，為履卦九二爻動，有无妄之象，已如前述。當月底，我又占問「學生師傅」張良維的功力境界，得出履卦五、上爻動，九五值宜變成睽，雙爻齊變，又有歸妹卦之象。「履以和行」，已至高深境界，「其旋元吉」，肢體屈伸迴旋自如，「履而泰然後安」，確實遠遠超過我的幽人苦練啊！

●二〇〇九年七月下旬，我開佛經課，以易理來參證，有位學生來質疑：講佛經不是都不收費的嗎？我一想好像有道理，遂占免費如何？得出需卦九五爻動，有泰卦之象。「需于酒食，貞吉」，滿足學生需求，法施功德無量，自然天地交泰。再問如果還是收費呢？得出履卦五、上爻動，九五值宜變成睽卦，兩爻齊變則有歸妹卦之象。九五「位正當」，上九「大有慶」，「履而泰然後安」，認真講授也能通泰。哈哈一笑，仍然決定收學生束脩。

●二〇一〇年八月中，我占問蔣經國的歷史地位，得出履卦四、上爻動，齊變有節卦之象。履卦介乎小畜和泰卦之間，由密雲不雨、夾縫中求生的艱難處境，發展至國泰民安，腳踏實地的功夫值得肯定。九四「履虎尾，愬愬終吉」，小心敬慎安保台灣；上九「視履考祥，其旋元吉」，關關難過關關過，總算周旋無虧。節卦為建立制度、行事有規範，〈彖傳〉稱：「節以制度，不傷財，不害民。」小蔣簡樸行政，展現親民風格，跟他父親的剛亢峻烈確實不同，晚年宣布解嚴，推動兩岸交流，也算打下今日的基礎。

●二〇〇〇年九月二十八日，適值至聖先師孔子兩千五百五十年誕辰，我心有感，自己教學也快十年，遂問今後當如何為人師？得出履卦四、上爻動，有節卦之象。「履主於復，復為德之本」，也是核心的原創力，當依大本而行，發揚繼往開來的精神。《論語‧為政篇》記子曰：「溫故而知新，可以為師矣！」〈學而篇〉亦記有若稱：「因不失其親，亦可宗也。」因是因襲繼承傳統，「親」通「新」，不失其新，還要隨時創新，如此方可為人宗師。節卦是以身作則、建立規範，以期上下共守。「遇履之節」，易象指示明確。九四「愬愬終吉」，上九「其旋元吉」，若能敬慎行道，終能致泰，說出來的話也才能服眾。而今又過十幾年，回顧自省，做不到做不好的地方還太多太多，說易容易行易難啦！

●二〇一一年二月中旬，我讀《維摩詰經‧不思議品》，經文記述維摩詰居士展現神通，將三萬二千菩薩及弟子眾安排入斗室落座，室中不覺侷促，周遭世界亦未變小，所謂「須彌納芥子中，無所增減」。除了佛經上的解釋外，我以易占探測其故，得出履卦初、二爻動，皆變有否卦（䷋）之象。否卦卦辭稱：「否之匪人，不利君子貞，大往小來。」匪人即非人，佛經中常稱人與非人，眾生無量，人以外的生靈甚多，凡人不見得都看得到。泰極否來，又是天旋地轉的乾坤大挪移之象。履卦初九「素履，往无咎」，九二「履道坦坦，幽人貞吉」，室中走道坦蕩寬敞，大家來來去去，一點也不妨礙。

驚詫之餘，我不免再問一次，得出不變的艮卦，其卦辭稱：「艮其背，不獲其身；行其庭，不見其人。无咎。」艮卦講止欲修行，修為夠了，無我相、無人相、無眾生相、無壽者相；修為不夠，業障重重，真的什麼也看不見啊！

● 二〇一〇年八月下旬，我占測一位學生在星象與八字上的修為，得出履卦初、二爻動，有否卦之象。否是天地不交、藝業未通。履初九、九二下了基本功，功夫尚淺，還沒超越六三任情妄動之關。看來還不行，有待繼續磨練。

● 二〇〇八年十一月初，金融風暴剛爆發不久，舉世深受影響，我針對未來五年台灣、大陸與世界的經濟情勢問占。其中二〇一一年大陸的經濟為履卦初、上爻動，齊變有困卦之象。遇履之困，腳踏實地的幹以突破困局。初九「素履，往无咎」，上九「視履考祥，其旋元吉」，周旋無虧。二〇一一年歐債問題嚴重，大陸年終結算仍成長百分之九．二，算是難能可貴。

● 二〇〇二年年底，我占問來年宋楚瑜的氣運，得出履卦初、上爻動，齊變有困卦（䷮）之象。宋的勤政是有名的，當省長時走遍台灣三百多個鄉鎮。初九「素履，往无咎」，年初起仍然勤跑基層，上九「其旋元吉」，到年終周旋無虧「大有慶」，應該不錯。但沒有執政之位，少了發揮的舞台，確實也有困頓之象。易卦六爻中，「初」為基層，「上」為退休大老，皆屬無位之處。二〇〇三為大選前一年，上半年代表國民、親民兩黨的連、宋結盟，搭檔競選大位，聲勢大振，直至年底不衰。宋的運勢從「獨行願」到「大有慶」，看來的確如此。

●二〇〇六年三月上旬，我一位不熟的同門師弟忽然與我熱切往來，又是計畫開課，又是展現複雜的人脈等等。我雖來者不拒，心裏仍覺不踏實，遂占其誠意如何？得出履卦初、三爻動，初九值宜變，成訟卦，兩爻齊變有姤卦之象。看來還是得小心應對，本色以待。果然其後許多事沒有下文，保持一定距離，確有必要。

三爻變占例

占事遇卦中三爻動，**變數剛好過半**，三爻齊變所成之卦，與本卦呈拉鋸形勢，稱為貞悔相爭，合參二卦卦辭卦象以論斷。若其中一爻值宜變之位，該爻爻辭影響較大，為主要變數，其他二爻為**次要變數，拿捏輕重以判斷之**。

●二〇一一年元月上旬，我的授業恩師召見我，談赴大陸開辦書院之事。毓老師時已高齡一百零六歲，思考問題判斷形勢仍一絲不亂，每天凌晨三時即起，照樣讀書寫作至七點吃早餐，完全體現了乾卦九三「朝乾夕惕」、自強不息的精神，讓我們這些老學生佩服的五體投地。當月下旬，我問往後與老師的緣分，得出履卦二、三、五爻動，六三值宜變成乾卦，三爻齊變，貞悔相爭則為離卦（䷝）。上卦九五「夬履貞厲，位正當」，當然是指老師；下卦九二「履道坦坦，幽人貞吉，中不自亂」，則是我一向的行事風格，六三若莽撞任事則位不當。離卦〈大象傳〉為：「明兩作，大人以繼明照于四方。」〈彖傳〉則稱：「重明以麗乎正，乃化成天下。」前明後明相繼，倒有薪盡火傳之意，只是「仰之彌高、鑽之彌堅，雖欲從之，末由也矣！」老師於兩個多月後過世，生前壯圖看來更難實現矣！

● 二〇〇七年十一月底，我受邀赴高雄、台南兩地的文化中心，分別就易經中的感情世界、教育思想、決策智慧與修行方法，對一般民眾演講。當時還各有占，其中問易經教育思想之特色，為履卦二、五、上爻動，上爻值宜變，成兌卦，貞悔相爭則成震卦（䷲）。履卦重「知行合一」，在敦篤實踐中發揮核心的創造力，九二幽貞守道，九五負責決斷，上九周旋無虧，功德圓滿。兌卦〈大象傳〉稱：「麗澤兌，君子以朋友講習。」學而時習，不亦悅乎？震卦中心有主宰，積極行動有活力，〈大象傳〉稱：「洊雷震，君子以恐懼修省。」這個占象精確豐富，真把大易的教育思想講得淋漓盡致。

● 一九九七年六月下旬，我再度思考「義理易」與「術數易」的關係，得出履卦二、四、上爻動，上爻值宜變，成兌卦，貞悔相爭則為屯卦（䷂）。履卦為實踐真理，在做事中發揮核心的創造力；屯卦動乎險中，為自然生命力的展現，以闖蕩江湖。遇履之屯，大易對人生實務大有幫助。九二坦蕩幽居，中不自亂，為義理易的本色；九四「履虎尾，愬愬終吉」，術數易教人小心翼翼，趨吉避凶。〈繫辭下傳〉第九章稱：「二與四，同功而異位，其善不同。二多譽，四多懼。」義理尚修德，受眾人稱譽；術數重謀算，戒慎恐懼以免凶咎。二者位份不同，若能術德兼修，體用皆備，或可致上九周旋無虧之吉。兌卦〈大象傳〉稱：「君子以朋友講習。」易學為理氣象數的綜合體系，義理術數大可切磋互證，相得益彰。屯卦〈大象傳〉稱：「君子以經綸。」人生行事，善用《易經》的智慧，建功立業可期。

●一九九五年三月中，《聯合報》的一位記者來電，探詢我給國民黨一些高層上課的事情，想揭露報導。我自一九九四年八月初給李登輝授課以來，已有不少無謂的困擾，其實所有這些政界人士的課，我都很低調，消息走漏，反而是他們愛說嘴。當時沒特別說什麼，還請該記者放棄報導，同時占得履卦下三爻全動，六三值宜變，成乾卦，貞悔相爭為遯卦（䷠）。「遇履之遯」，顯然避開為妙。履卦初九「素履獨行願」，九二「履道坦坦，幽人貞吉」，我一向如此特立獨行；六三縱情愛現，沒有任何好處。後來，還託關係找到報社總編輯吃飯，把事情壓了下來沒報導。

●二〇〇九年十一月底，我提前占測二〇一〇年的中美關係，得出履卦初、二、四爻動，貞悔相爭為觀卦。觀為冷靜觀察，務求掌握整體的形勢，「遇履之觀」，戰戰兢兢，如履薄冰，以求和平度過難關。初九「素履」，九二「幽貞」，埋頭做好國內建設，九四「愬愬終吉」，外與強權周旋，小心謹慎而獲吉。二〇一〇年兩大國之間的關係確實險惡，經濟上有逼人民幣升值，且大印美鈔輸出通膨的貨幣戰爭，軍事上藉南韓天安艦沉沒事件，在黃海大肆演習等等，結果都應對得宜，安然無事。

●二〇一〇年九月上旬，台灣廣告界名人孫大偉突然中風病倒，我許多企業界和傳播界的學生都很關心，當時占問三個月後的狀況如何？得出履卦二、四、上爻動，上九值宜變成兌卦，貞悔相爭為屯卦。占人的生死問題須注意，不能只看卦爻辭表面的吉凶，有時往生解脫是吉，苟延殘喘受盡折磨為凶。「履虎尾」有高風險，九二坦蕩面對，「幽人」為何意？九四戰戰兢兢，曾參臨死前也如此戒慎，上九回顧一生行事，「其旋元吉」指何而言？單爻變為兌卦，後天方位屬正西方；貞悔相爭的屯卦，更是呱呱墜地的新生命。整個卦象是不是往生西方、就此走完此生全程？

結果他只撐了兩個多月，便撒手人寰，真的應驗了占象。

●二〇〇五年九月下旬，我的新書《易經的第一堂課》在台灣出版，我問其行銷成績如何？得出履卦初、五、上爻動，上九值宜變成兌卦，貞悔相爭為解卦（䷧）。初九樸素、九五孤高，上九「其旋元吉，大有慶」，最後應該銷得不錯，爻變兌卦，也是樂觀之象。解卦〈彖傳〉稱：「往得眾也；其來復吉，乃得中也；有攸往夙吉，往有功也。天地解而雷雨作，雷雨作而百果草木皆甲坼。解之時大矣哉！」出書如時雨之降，澆灌讀者的心靈，為其艱苦人生的疑難解惑，應該會受到廣大的歡迎。書出後果然賣的很好，且一直長銷至今。

●二〇〇八年十月下旬，我在杭州開完學術會議後轉赴上海，處理延宕甚久的易書出版事宜。《易經與現代生活》簡體版超級不順，負責彙編出版的老兄一拖再拖，我已徹底失去耐心，當場談判面紅耳赤，立刻一占：如繼續信賴做下去會如何？得出履卦初、四、五爻動，貞悔相爭成蒙卦（䷃）。「履以和行，履和而至」，但蒙卦險阻多，情勢不明。當下仍做了和為貴的艱難決定，次日晚上，返台前再占：往下能順利出書否？得出履卦上爻動，有兌卦之象。「視履考祥，其旋元吉」，總算致泰。二〇〇九年四月，終於出書，難道是所謂好事多磨？

●二〇一二年十一月初，我的《劉君祖易斷全書》簡體字版近百萬字將出書，此書創作因緣由日人所著《高島易斷》引發，該書有一定水平，卻沒交代著占方法與斷占規律，且只有單爻變而無多爻變，肯定不周全，這些在我的書裡都有評述與補全。當時占高島吞象的易斷書成就如何？為履卦初、四、五爻動，貞悔相爭成蒙卦。「遇履之蒙」，顯然臻於不錯的境地，卻未完全通透，上九未動，沒能「其旋元吉，大有慶也」，故而啟蒙未竟全功。蒙卦卦辭：「初筮告，再三瀆，瀆則不告，利貞。」即與易占有密切關係。

●二〇一一年六月上旬，歐洲大腸桿菌疫病流行，一時找不到致病原，許多農產品的銷售遭受嚴重打擊，我因八、九月預定赴歐遊歷與講學，遂問疫情何時可有效控制？得出履卦初、二、上爻動，貞悔相爭成萃卦（䷬）。履上九值宜變為兌卦。「視履考祥，其旋元吉，大有慶也。」最後應該沒問題。初九「素履，往无咎」，九二「履道坦坦，幽人貞吉」，靜待虎尾之險塵埃落定就好。遇履之萃，仍可行腳天下，人文薈萃。履卦依卦氣圖屬陰曆六月中、萃卦為八月初，頂多再兩個多月可獲控制，事後果然如此。

●二〇一六年十二月初，我問二〇一七丁酉年我動念已久的武俠小說創作能否開筆？得出履卦二、三、上爻動，貞悔相爭成革卦。遇履之革，心動不如行動，積極創新。履九二安心前行，六三別犯急躁之毛病，終可獲上九履極通泰之亨。結果丁酉元月中赴海南旅遊，一路構思，大致確定書中人物與情節，定名《龍華洗心錄》，幾月後不斷閱讀資料，順利開筆，成了生活中的日課，大有療癒調劑之功。

四爻變占例

占事遇一卦中四爻動，變數已達三分之二，以四爻齊變所成之卦的卦辭卦象為主論斷，若其中一爻恰值宜變，亦須參考該爻爻辭。

●一九九七年七月上旬，我針對各家思想以易占定位，其中兵家思想為履卦初、二、三、五爻動，四爻齊變成旅卦（䷷），其中九五值宜變，單變為睽卦。「遇履之旅」，兵家所履行的職責就是行腳天下，居無定所。履虎尾，「履，和而至」，戰爭的風險極高，冒險犯難固然為兵家本色，和平解決紛爭才是追求的最高目標。《孫子兵法・謀攻第三》稱：「百戰百勝，非善之善者也；不戰而屈人之兵，善之善者也。」揭示的非常清楚。軍事為政治服務，軍人不宜干政，履卦六三遭虎噬之凶，即因「武人為于大君。」兵家謀定而後動，領兵作戰亦嚴戒莽撞行事。九五「夬履貞厲」，大將決策冷酷獨斷，不受感情左右，故有「睽孤」之象。孫武在〈火攻第十二〉中強調：「主不可以怒而興軍，將不可以慍而致戰，合於利而動，不合於利而止。怒可復喜，慍可復悅，亡國不可以復存，死者不可以復生。故明君慎之，良將警之，此安國全軍之道也。」軍政的領導者所負責任太大，絕對不宜感情用事。

●二〇一〇年八月下旬，大陸政治改革的呼籲再起，我遂有一連三占，預測改革績效。十年後為比卦六三爻變，成蹇卦。「比之匪人」，推動的人不對，以致窒礙難行。二十年後為升卦九三爻動，有師卦之象。「升虛邑」，追求理想似乎有所成長，徒具形式難以落實。三十年後呢？得出履卦二、三、五、上爻動，四爻齊變成豐卦。履九五值宜變，單變為睽卦。豐卦如日中天，為大國之象。外震動代表富國強兵，硬實力堅強，內離明象徵文化底蘊深厚，軟實力可觀，內外配合勻稱，遂成豐功偉業。履卦則是一步一腳印的實踐過程，由「履道坦坦」至「其旋元吉」，終於將路子走通。中間雖會有六三莽撞行事之凶，因九五君位決心堅定，而致成功。經濟改革三十年績效卓著，政治改革再花三十年，其實頗為合理。

●二〇一二年八月底，我一位女學生起占，問某授課老師言行怪異，彼此曾起爭執，對方究竟是何存心？為噬嗑卦（䷔）四、上爻動，上九值宜變為震，齊變則有復卦（䷗）之象。噬嗑為擇人而噬的鬥爭之意，上九爻辭：「何校滅耳，凶。」更是業障深重，絕對居心不良。她再問：以後不去上課，斷絕往來如何？為履卦初、三、四、上爻動，四爻齊變成井卦（䷯）。履卦卦辭及六三、九四爻辭皆言「履虎尾」，初九「素履獨行」，終至上九「其旋元吉」，避過危險而至安泰。井卦前為困（䷮），後接革卦（䷰），遭遇困難力圖轉型創新。「遇履之井」，不去上課是對的。

●二〇一〇年二月初，我針對台灣已逝、在世的幾位企業家算其經營風格，其中創辦宏碁電腦的施振榮為履卦，初、二、四、五爻動，四爻齊變成剝卦（䷖），履九四值宜變，有中孚卦之象。「遇履之剝」，腳踏實地苦幹，不斷遭遇摧毀似的打擊，仍堅強應對。初九「獨行願」、九二「中不自亂」、九五「夬履貞厲」，九四「履虎尾，愬愬終吉」，爻變中孚，始終維護信譽，以無比信心突破橫逆。〈小象傳〉稱：「志行也。」雖歷百折千磨，終行其志。

●二〇〇六年十月底，我問《論語》一書的價值定位？為履卦初、二、四、五爻動，九四值宜變成中孚，四爻齊變成剝卦。《論語》特重實踐，「素履獨行」、「履道坦坦」、「愬愬志行」，以至「夬履貞厲」，由內而外，由下而上，皆以行道為本。剝極而復，克己復禮，以實踐仁心仁德。

●二〇一〇年九月上旬，我又講完一回《孫子兵法》的課，當然仍與易理相印證，下了多年功夫，自信已有「大易兵法」體系建立的可能。課堂上有位黃姓女學生找我談，她自己在世新大學口語傳播系任教，著有《談判與協商》一書，很受歡迎。她聽易與兵法的課程，頗受啟發，當下便問：可否運用於談判溝通上，而有嶄新的突破？我以手機占得履卦初、二、四、上爻動，四爻齊變成比卦（䷇），九四值宜變，有中孚之象。比卦正是與人溝通交往、縱橫捭闔，中孚則需建立互信互賴。「遇履之比」，明確可運用無礙。履初九「獨行願」、九二「中不自亂」，為基本功紮實；九四「愬愬終吉」，小心謹慎應對周旋，終至上九「大有慶」。履卦之後為泰卦，彼此間達到充分的溝通與交流。

●二〇一〇年三月中，我跟佛經班學生講解《金剛經》，至「如來有五眼」段，經文云：「爾所國土中，所有眾生，若干種心，如來悉知。」以這種神通和易占的感應相比擬，遂問：「人在占卜時，究竟是與什麼在對話？」得出履卦初、二、四、上爻動，齊變成比卦，履九四值宜變，有中孚之象。比卦卦辭稱：「原筮，元永貞，无咎。」「遇履之比」，真心誠意按筮法操作，可出現如實反映情境的卦象，問占者心中所念，易占悉知。中孚為至誠相感，敬慎從事可獲終吉。初九「素履」、九二幽貞，淨心澄慮，終至上九「其旋元吉，大有慶」。履卦主於復而行，復見天地之心，履後為泰卦，天地交而萬物通，看來易占的對象還是宇宙間的核心真相啊！

●二〇〇九年十一月下旬，我以易占探問：「儒家所稱的六藝之學，又稱游於藝，藝字正確的意思究竟為何？」得出履卦初、二、四、上爻動，齊變成比卦，履九四值宜變，有中孚之象。比卦是與人群交往，履以行禮，和氣致祥。「遇履之比」，藝學必指人生實務之學，練達圓熟後可致通泰，國泰民安、天下太平，不是虛言。

《論語・述而篇》記子曰：「志於道，據於德，依於仁，游於藝。」履卦主於復，正是「志於道」，履為德之基，初九「素履」、九二「履道坦坦」，為「據於德」。九四敬慎應對，誠信待人，是「依於仁」；上九「其旋元吉，大有慶」，為「游於藝」。「禮、樂、射、御、書、數」，皆為古代知識分子必習技藝；《詩》、《書》、《禮》、《樂》、《易》、《春秋》則為證道行道的偉大經典，提供士人全方位的文化涵養。

● 二〇一六年十二月上旬，我受邀赴廈門篔簹書院開會，會畢，偕大陸學生唐德清出遊，到泉州清源山老子石雕像處參觀。造像雕於宋代，刀法線條柔而有力，生動自然，我是久聞其名，三十年前看過照片，心嚮往之，而今一見終償夙願。當下在雕像前凝神靜占其氣象，為履卦二、三、四、五爻動，齊變成賁卦，九五值宜變成睽卦。「遇履之賁」，履道重和柔，賁有文飾之美，又寓人文化成之意，〈彖傳〉稱「柔來而文剛」，真正表現出老子風神特色。

● 二〇一五年五月下旬，我問鴻海企業集團的未來發展如何？為履卦三、四、五、上爻動，宜變在君位六五，單變為睽卦，四爻齊變成泰卦。郭台銘雄才大略，行動力驚人，履卦九五「夬履貞厲」，負責重大決策。上九「其旋元吉，大有慶」，「由履而泰」，大通特通，不亦宜乎？目前郭已成為舉世聘僱員工最多的大老闆，光芒四射啊！

五爻變占例

占事遇卦中五爻動，以五爻齊變所成之卦的卦辭卦象為主，若其中一爻值宜變，稍加重考慮其爻辭即可。

● 二〇一五年二月上旬，中華奉元學會週日連三場會議與活動，首場邀得前閣揆江宜樺來演講，講題為：「論語思想與民主政治」。全天活動結束後，我問總成果如何？為履卦初至五爻全動，齊變成艮卦。履卦嘗試力行實踐，上爻卻未通達，艮卦表示重重阻礙不易突破，好切啊！

11. 地天泰(䷊)

泰卦為全易第十一卦，下接第十二的否卦，〈序卦傳〉稱：「履而泰然後安，故受之以泰。泰者，通也。物不可以終通，故受之以否。」依據真理大道行事，可履險如夷，而致國泰民安。天地交泰，人際充分溝通交流的盛景未必久長，可能一下就形勢逆轉，變成天地不通、人際否塞的局面。由此可見，俗話說否極泰來，顯然安慰人的意味居多，天地間的自然秩序應該是泰極否來。

泰卦之前十卦，由乾、坤開天闢地起，歷經屯、蒙、需、訟、師、比，皆含三劃的坎卦，表示內險外險不斷，然後是小畜的「密雲不雨」和「履虎尾」的履卦，可謂艱苦備嘗，總算創出了三陽開泰的盛景。結果偶一不慎，一下子就高速下滑，變成窒塞不通的否卦，持盈保泰竟然這麼困難？人生要建設一些東西費時經年，衰頹敗壞卻快的不得了！美國紐約的世貿大廈建成要多久？九一一恐怖攻擊卻讓它瞬間倒塌！

〈雜卦傳〉稱：「否泰，反其類也。」陰陽合為類，有觸類旁通、相反相成的意涵。易傳中的反字多有反省、反復及回歸基本面之意，遭遇困難時回頭深入思考，調整後再重新出發，往往絕處逢生。自然的卦序為泰極否來，人為的奮鬥若正確有力，未嘗不可旋乾轉坤，否極泰來。泰、否二卦不只相綜，同時也為六爻全變的相錯關係，稱為「相錯綜」。泰轉否或否變泰，都是瞬間的劇變，發生時一般都很難適應，所謂天翻地覆就是如此。兩卦關係太密切，除相錯綜外，還有「相交」的關係，泰卦上下卦對調成否，否卦內外卦交換成泰。所以兩卦必須整體理解，以全面掌握大形勢的各種變化。〈雜卦傳〉稱「否泰，反其類」，未言泰如何否如何，即有此涵意。

六十四卦中，相錯綜又相交的卦組還有「既濟、未濟」兩卦。相錯綜的則有「隨、蠱」與「漸、歸妹」兩組，都是關係密切之極，不宜分開研究。

泰、否相綜，為一體兩面、同時俱有的關係，立場不同的人，可能做出截然相反的解讀判斷。以經濟景氣循環而論，泰卦為景氣暢旺，民生富足，否卦是景氣低迷，民生凋蔽，情勢完全相反。以兩岸關係而論，泰卦為三通交流，和平互動，否卦是各行其是，不相往來。台灣民進黨執政期間，不少偏綠的獨派學者預測經濟與兩岸關係，常常失誤，就是受了主觀立場的限制，將「否」看成「泰」，將「泰」限制為「否」。泰、否相交，也象徵上下易位、朝野互換，看法迥異實無足怪。

泰字有「天一生水」之象，為陰曆一月的消息卦，節氣則約當立春、雨水之時，大地回春，生意盎然。否字有不口之象，人際深閉固拒，不溝通交流，時代黑暗抗議也無效，乾脆閉口不言。否卦為陰曆七月的消息卦，節氣約當立秋、處暑之時，中元節祭祖也在此時。若以西洋星象參照，泰約當水瓶座、否當獅子座，乾為金牛座、坤為天蠍座，該星座人的性情與相應的卦性也約略相當。

泰、否為三陰三陽之卦，全易中共有十組二十個單卦為三陰三陽，一般都很難，初習易者常常不得其門而入，須用心研究才能窺其堂奧。

䷊ 泰卦卦辭：

小往大來，吉亨。

易例陽大陰小，泰卦三陽乾天在下，三陰坤地在上，為小往大來之象。陽剛之氣清純上升，陰柔之氣渾濁下降，恰成對流互補，天地交泰，陰陽和合，雙方皆能受益而獲亨通。以國家對外貿易來說，流出的金額少，吸進的金額多，也是貨物出超賺錢之意，自然經濟繁榮。

〈彖〉曰：泰，小往大來，吉亨，則是天地交而萬物通也，上下交而其志同也。內陽而外陰，內健而外順，內君子而外小人。君子道長，小人道消也。

天地代表大環境，既然交流無礙，存在其中的萬物自然暢通運行，就像兩岸關係一旦開放，各行各業都會找對口的研商合作，也像組織內上下互動和諧，同心協力奮鬥。泰卦內乾陽外坤陰，內剛健外柔順，陽爻象徵君子、陰爻象徵小人，核心內都是君子主政，小人都被驅逐在外，當然國泰民安。三陽開泰，陽剛之氣勢猶未已，仍會增長成四陽大壯（䷡）、五陽夬（䷪），以至六陽乾，陽氣愈增長，陰氣相對愈消亡。

道士稱「道長」，不稱道消，表示修煉有進境。台灣的律師界也互稱同行為道長，可能是期勉打官司的功力精進，以扶持社會正義吧？

履卦〈大象傳〉稱：「上天下澤，履，君子以辨上下，定民志。」組織必須辨明上下，各自履行應負的職責，民心才安定。履之後為泰卦，再強調「上下交而其志同」，分工分職之後，更須通力合作，才會國泰民安。

〈象〉曰：天地交泰，后以財成天地之道，輔相天地之宜，以左右民。

后是地方諸侯，為先王所分封，治理境內政務，對中央共主負責。依卦序推演，比為第八卦，〈大象傳〉稱：「先王以建萬國，親諸侯。」泰為第十一卦，遂有諸侯治理之事。《說文解字》解釋后為「繼體君」，如此則有「後王」之意，先王制定規範，後王遵禮而行。不管是哪種解釋，后都比先王低一級，須依先王之法行事。全易中〈大象傳〉稱后的還有姤、復二卦，姤是危機處理，地方上的領導人必須及時處置，復為調養生息，先王立規矩，后王奉行。

諸侯治理地方，需花錢做好公共建設，打造民生富利的環境，從旁協助百姓安居樂業，如此便可吸引天下四方的民眾前來投效，王道政治的意義，就是萬民歸往，天下歸心。左右也有解釋為佐佑的，總而言之，都是盡心竭力照顧民眾福祉。財成也有寫作裁成的，裁決、裁斷，地方政府的施政考量務求合宜，適合當地民眾發展經濟。

占例

● 一九九七年十月中旬，我做了最長期的千年預測，占算二十一至三十一世紀人類文明的發展態勢，得出不變的泰卦。天下太平真正可期？天地交泰，是否也意味著人類與外星文明有接觸呢？

如此看來，目前雖有那麼多世界末日的預言，人類文明還是會永續下去，不會滅絕。其實，這也合乎大易的法則，離卦〈大象傳〉宣稱：「明兩作，離，大人以繼明照于四方。」

● 二〇一〇年元月底，我的學生溫泰鈞夫婦、林獻仁夫婦和我年度聚餐，照例餐後又是一系列占算，供他們經營事業參考。溫的父親是英業達副董溫世仁，富而好施，惜英年早逝，溫的母親幾年後也撒手人寰；林則是多年的老學生，在IBM任職時，因負責Y2K問題與我結緣，後來專門輔佐溫的基金會志業。那晚針對政經大勢與一些行業占測，其中二〇一〇年動漫產業為不變的泰卦。確實，那年該產業很紅火，尤其兩岸互動非常活絡，杭州也投資設立動漫專區，大事推動行業的興盛發展。

● 二〇一〇年二月下旬，時任台北縣長的周錫瑋宣布放棄競選連任，讓賢給聲勢較旺的朱立倫，並徹底裸退，不接受任何職位安排。周上任以來，民望偏低，欲振乏力，承受壓力甚大，終於做此決斷。我問他今後的人生如何？得出不變的泰卦。急流勇退，從此海闊天空矣！

● 二〇一〇年九月初，我跟學生講《六祖壇經》至〈頓漸品第八〉，北宗門人囑張行昌來刺殺六祖，惠能舒頸就之，連砍三刀都沒事，行昌懾服。我占問如何可能？得出不變的泰卦。履而泰然後安，天地交而萬物通，六祖已修到金剛不壞的圓順境界，難怪圓寂後肉身成聖，千餘年而不朽。《老子》第五十章亦稱：「蓋聞善攝生者，陸行不遇兕虎，入軍不被甲兵。兕無所投其角，虎無所措其爪，兵無所容其刃，夫何故？以其無死地。」聖賢境界，匪夷所思。

● 二〇〇五年四月初，我的老父親心肌梗塞送醫急救，住入加護病房。我忐忑不安，占問吉凶，得出不變的泰卦。「小往大來，吉，亨。」應該沒事，其後動手術裝支架治療，果然病癒出院。

●一九九九年十月下旬，我占測自己的「本命」，這回得出不變的泰卦。天地交泰，裁成輔相，內健外順，君子道長，面臨跨世紀之際，得此佳象，頗受鼓舞。大丈夫生於天地之間，讀聖賢書，當如是也！

●二〇一〇年十一月中，我受邀赴常州講易一日，教完大衍之數的筮法後，學員依囑上我們學會網站電占教學績效，得出不變的泰卦。「小往大來，吉亨」。顯然績效甚佳，大家都樂翻了！

●二〇一一年八月下旬，我在北京首屆的易經精英班結業，臨別座談贈言後，當堂一占研習八天四十八小時的績效，也得出不變的泰卦。天地交泰，溝通無礙，大家一陣如雷的掌聲，易占適時捧場，真是效果十足。

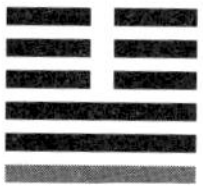

初九：拔茅茹，以其彙，征吉。

〈小象傳〉曰：拔茅征吉，志在外也。

初九為泰卦之始，又當廣大基層之位，正宜做好民生基礎建設以創造榮景。茅茹是茅草根，彙是類。拔茅草要連根拔除，由於各類茅草的根在地下相連結，拔這叢會牽扯到另一叢也鬆動，所以拔時要整體一起考量。「以其彙」的以字，有因、用、及之意，和「富以其鄰」的以一樣。拔茅草是為了整治土地，有拓荒以開發建設之象，修橋鋪路蓋房子，都得先除草，並徹底做好全盤規劃。大陸三十多年的經改成功，先從浦東、深圳等特區開始；台灣高科技園區的耀眼成績，也歷經了篳路藍縷的階段。征是積極行動，勇往直前闖蕩可獲吉。初九上與外卦的六四相應與，故稱「志在外」，志意高遠，雄心勃勃。本爻變成升卦（䷭），一旦抓準了興旺的時機，必定創造高度成長的積效。

台灣早期推動的十大建設造成繁榮，其中大部分屬交通建設，「想要富，先修路」為永恆不變的法則。大陸經改也是如此，高速公路、高速鐵路、海港建設、國際機場一一興建，串聯成四通八達的水陸空交通網絡，自然吸引人才、資金與各種專業技術進駐，基礎建設紮實完整，繁榮可期。孫中山先生建立民國，亦以交通建設為重，之前上書李鴻章，進言：「人盡其才，地盡其利，物盡其用，貨暢其流。」都是這個思考路數。包括供水供電及電訊網絡等公共建設，應屬政府的職責，有了便好立項招商，造成聚寶盆的效應。所以泰卦〈大象傳〉稱：「后以財成天地之道，輔相天地之宜，以左右民。」后便是地方政府的領導人，例如今日的上海市長、山東省長，若有相當的裁決權，彼此良性競爭，更能將經濟成長推至高峰。所以有人稱大陸的經改成功源於「諸侯經濟」，一波未平，一波又起，是很有道理的。

現代競爭理論中有所謂「產業群聚」（Clusters）的概念，將企業、供應商、相關產業和專業化機構集中於某一地理區位，應有盡有，相互支援聯繫，也是泰卦初九理念的實現。「拔茅茹」，得徹底佈建；「以其彙」，注意橫向的配套措施，系統規劃，成片開發。

占例

●二〇〇五年元月下旬，台灣立法院正副院長選舉，泛藍總席次過半，推出王金平搭配鍾榮吉的國親組合，勝算自然很大。我占其當選否，得出泰卦初九動，有升卦之象。「拔茅茹以其彙，征吉」，連類相動，一升俱升，肯定順利當選。另一組民進黨的候選人為柯建銘，得出不變的旅卦，失勢失時失位，當然選不上，事後果驗。

● 二〇〇二年元月中旬，我占問連戰當年的運勢，得出泰卦初九動，有升卦之象。二〇〇〇年敗選後，連戰接任國民黨主席，勵精圖治兩年，已走出陰影，聲望逐漸上升。二〇〇三年且與宋楚瑜和解結盟，合力一搏二〇〇四年的大選，確實遇「泰」之「升」。

九二：包荒，用馮河，不遐遺。朋亡，得尚于中行。

〈小象傳〉曰：包荒得尚于中行，以光大也。

九二居下卦之中，承續初九暢旺上升之勢，企圖更往上衝，遂擴大佈局以因應之。「包荒」即包容落後荒涼的地區，器量大；「馮河」為徒步渡河，用這種勇氣冒險犯難；遐是遠，「不遐遺」即眼光遠大，時時刻刻想到長遠的發展。做大事需有膽、有識、有量，智仁勇三達德具備，選定時機出手，又狠又準又穩。一旦決心已定，全力以赴追求成功。九二上與外卦的六五，也是全卦的君位相應與，內乾陽剛有實力，外坤陰虛待開發。上下內外互補為朋，奔波在外、浪跡天涯稱亡。「朋亡」即指九二志向遠大，奔赴六五處以開拓嶄新的前程。今日兩岸經貿交流日盛，遍佈大陸各地的台商即為此象。九二居下卦之中，六五居上卦之中，陰陽兩中相應行事，故稱「得尚于中行」。尚為崇尚期待，衷心嚮往，兩造密切交流合作，前途必然光明遠大。

馮音平，沒有任何舟船工具，徒步過河稱「馮河」。《論語・述而篇》記子曰：「暴虎馮河，死而無悔者，吾不與也；必也，臨事而懼，好謀而成者也。」徒手打虎、徒步過河皆勇氣非凡，但鬥力不如鬥智，而泰卦九二集智仁勇於一身，更是難能可貴。唯其難能，所以爻變有明夷卦之象。明夷為日落黑暗，須艱苦奮鬥才行，卦辭稱：「利艱貞。」若撐不過拓荒時期的種種辛苦，不僅無法光大，反而黯淡消殞，一事無成。若該遠行創業而畏縮不前，錯過大好時機，將來也會明夷，退出舞台。內卦乾所代表的本土市場已近飽和，外卦坤象徵廣土眾民無限的發展潛力。晚去不如早去，不去可能就成夕陽產業，坐以待斃，死路一條。

占例

- 二〇〇七年底，我依慣例占算來年天下大勢，其中二〇〇八年的台灣經濟為泰卦，九二爻動，有明夷之象。可泰可明夷，關鍵應在九二爻辭所稱的條件是否具備，看來與兩岸經貿及其他外貿有關。由於當年三月下旬台灣大選，民進黨持續執政，還是國民黨贏回政權，關係兩岸交流甚鉅。大致看來，似乎兩岸解凍的機會較大。

  結果馬英九真的贏了選戰，兩岸逐步加深交流，可是當年「九一五」爆發的國際金融風暴席捲一切，影響經貿更大，台灣仰賴貿易太深，遂受重創。年底結算，成長率由二〇〇七年的百分之五．七降至四．二，連帶也衍伸至二〇〇九年，造成負成長百分之一．八七。泰卦九二所需的條件闕如，遂變成了黑暗愁苦的明夷卦。

- 二〇〇四年三月初，正逢三二〇大選前十多天，我問連宋配的勝算，得出泰卦九二爻動，有明夷之象。九二「尚于中行」，當然是希望佔得六五君位，以重整山河，號令天下。可泰可明夷，這下累了！結果三一九發生疑雲重重的槍擊案，一夕逆轉領先的選情，沒有致「泰」，成了痛苦不堪的明夷之局。

●二〇〇五年元月二十日，美國總統小布希於台灣時間當晚就職登基，謠言甚多，我問了兩次是否順利無虞？前履卦上九動之占例，其實為第二占，第一占其實為泰卦九二動，有明夷之象。又是可泰可明夷，結果順利圓滿致「泰」，未成「明夷」。超級大國資源雄厚，致泰易；台灣的在野黨資源不足，變成明夷。

●一九九五年二月下旬，我在那家出版公司已失勢沉潛近一整年，好同事韓某欲離職創業，我代占其吉凶成敗，得出泰卦九二爻動，有明夷之象。又是兩可之局，結果他出去幾年，辛苦備嘗，基本上不算成功，還是自有資源不足啊！二〇〇二年十二月初，我自己也已毅然決然離開公司兩年，和他及另兩位同事約了餐敘。當晚酒意之下，為他們三位都算了往後十年的運勢，韓某竟然還是泰卦九二動，有「明夷」之象。十年已屆，他經常在兩岸跑來跑去，是有一業在身，通泰還談不上，「遇泰之明夷」，真是夙命？

●二〇一〇年十月底，我在赴台中授易的車程中，想起平生相識的一些親友，有自殺往生者，有終生為精神疾病所苦者，其原因究竟為何？以手機占其中一位至親長輩患病根由，先得萃卦，精英聚合為萃，其〈象傳〉稱：「觀其所聚，而天地萬物之情可見矣！」再得出泰卦九二爻動，有明夷之象。我當下心中恍然，她自許甚高，而天地交泰的夫婿確有些配不上，彼此之間也很難溝通，遂致此病。明夷卦大概是全《易》最痛苦的卦了，「明在地中」，滿懷傷心無處傾訴，只有咬牙堅忍。

九三：无平不陂，无往不復。艱貞无咎，勿恤其孚，于食有福。

〈小象傳〉曰：无往不復，天地際也。

九三過剛不中，已居下卦乾陽之極，往後便是上卦坤陰之始，天地交際之處，將有旋乾轉坤、天翻地覆的鉅變，必需靜慎以待，做好應變措施。陂是傾斜不平，「无平不陂」，天下好景不長，沒有任何平坦的情勢不變成傾斜險惡的；「无往不復」，所有過去的景觀還可能回頭再現。爻辭這八個字，在說明自然界週期性反覆的規律，日月星辰的環繞運轉、地球上寒來暑往的季節更迭，甚至人間世的興亡盛衰、禍福相倚等都是。既然如此，由富實入貧虛，由奢入儉難，當事者必須調整心態，準備過幾年苦日子。往下的艱困中若能固守正道，可獲無咎。恤為擔憂得心都出血，孚則是人立身行事必要的誠信，人若能及時調整，無論環境如何變化，都不會傷及根本，在謀食求生方面必有福報，毋庸疑慮。

「天地際」的景象，在地球上就是地平線、海平面的視野，極目望去以為平直，其實是大弧度的彎曲，人若能升至天空俯瞰，便了然真實情境。由於地球是圓的，理論上往前直走，有朝一日會繞回原處，故稱「无往不復」。同樣，人生事業因環境劇變將由盛轉衰之際，必須有高瞻遠矚、透視憂患的眼力，及早預作準備，才不會因得意忘形而一敗塗地。本爻變，為臨卦（䷒），成功興盛已至轉變的臨界點，居高臨下，當有如臨深淵的警懼心。臨卦卦辭稱：「元亨利貞，至于八月有凶。」八月為觀卦（䷓）的節氣，與臨卦相綜一體，卦象正好顛倒，表示大好形勢可能瞬間逆轉，什麼事都別做過頭，物極必反是永恆的自然規律。

天地際應不限於地球表面的視野，依據愛因斯坦的廣義相對論，整個宇宙有所謂時空曲率，如此，則泰卦九三爻辭所言的普適性就更可觀了！這種天地交的精微奧秘，幾千年前的作易者怎麼會知道呢？真是令人嘆服且困惑啊！

占例

●二〇〇〇年四月中旬，我全面整理〈繫辭傳〉，準備寫一本專論繫傳的書，針對全傳二十四章都逐一算過其主旨。其中上傳第九章論大衍之術的占法，卦象為泰卦九三爻動，有臨卦之象。九三為天地交際處，又當卦中人之正位，占法源於曆法，由人所發明，以模擬並探測天地之間的種種變化。「无平不陂，无往不復」的週期反覆，在曆法和占法中都是基本規律，教人參悟卦象後趨吉避凶，以爭取生活的最大利益。泰卦〈大象傳〉稱：「財成天地之道，輔相天地之宜，以左右民。」大衍占法正是裁成輔相之理。〈繫辭傳〉該章亦稱：「引而伸之，觸類而長之，天下之能事畢矣！」天下萬事萬理俱在周易，天下萬象森羅，盡顯於易占，確實不是虛言啊！

●二〇〇〇年三月台灣大選前十天，我的學生邱雲斌問宋楚瑜登大位的勝算，得出泰卦九三爻動，有臨卦之象。通泰的好運已經到頭，往後要開始走下坡了！宋的聲勢民望一直很高，一九九九年十二月九日興票案爆發後，便直線下降，陳水扁獲得漁人之利，民調差距已很接近。此占一出，恐怕不大妙，結果真的以三十萬票飲恨，與大位失之交臂。

䷊

六四：翩翩，不富以其鄰，不戒以孚。

〈小象傳〉曰：翩翩不富，皆失實也；不戒以孚，中心願也。

六四陰居陰位，下與初九相應與，對初九造成強烈的吸引力，天地交泰、男女交歡、市場投資皆如是。初九「征吉志在外」，即指六四而言。泰卦初、四爻齊動，有恒卦（䷟）之象，可見雙方情投意合，想結合成終生伴侶。然而，泰卦自六四起，已經由乾陽入坤陰、從天入地、盛極轉衰，百年好合的夢想未必成真。「翩翩」為鳥群齊飛向下之貌，或是蝴蝶鼓翅飛舞，上卦三陰爻地氣下降，與下卦三陽爻天氣上升相交，故有翩翩飛舞之象。陰陽互動熱切，風度翩翩，對異性有強烈的吸引力。易例陽富陰不富，小畜九五與六四相鄰，稱「富以其鄰」，泰卦六四與九三相鄰，稱「不富以其鄰」。陰承陽，富利共享；陰乘陽，連帶受累，故而從三至四，情勢急轉直下。以字仍為因、用、及之意，都有連動效應。

由六四、六五至上六，連續三個陰爻，幾乎將初九至九三所累積的陽氣消耗殆盡，故稱「皆失實」。然而異性相吸難以抗拒，強勢禁止也沒用，陰陽雙方還是願意誠心交流，故稱「不戒以孚，中心願」。本爻變，為四陽大壯卦（䷡），血氣方剛，少壯闖蕩之情，衝動難以遏抑。

泰卦六四本身陰虛，資源不足，亟欲吸引「初九」富實資源的投入，故擺出優美誘人的姿態，或開列優厚的條件。這些都可能有詐，無法真正兌現，雖「中心願」，不能不防「皆失實」啊！蝴蝶翩翩飛舞，美麗非凡，其生命卻不久長，而且是由醜陋的毛毛蟲蛻變而來，人面對這種短暫的美麗與死亡，最好冷靜以待，不要輕易投入，以免套牢跟著殉葬。混沌理論中有所謂「蝴蝶效應」，太平洋東岸洛杉磯一隻蝴蝶輕拍翅膀，可能造成西岸的上海下暴風雪。泰卦三陰三陽恰好平衡，六四爻變成四陽大壯，則超過平衡，可能牽扯全局產生雪崩式的劇烈變化，不可不慎。

二〇〇〇年三月台灣大選前夕，國民黨連戰、蕭萬長的競選招牌林立，訴求主題是台灣起飛，畫面就是蝴蝶翩翩飛舞的意象。當時我跟學生說，可能不是好預兆。大壯節氣在陰曆二月下旬，正是大選之時。結果連蕭配慘敗，民進黨陳水扁贏得政權，往後八年朝野不和、經濟不景、兩岸不通，泰象完全消失，成了不折不扣的否卦。「翩翩不富，以其鄰」，還真是不祥之象啊！

占例

- 二〇〇三年六月中旬，我預測下一年的大選勝負：連宋配為不變的小畜卦；陳水扁則為泰卦六四爻動，有大壯之象。小畜密雲不雨，以小博大，未必能突破悶局獲勝。泰卦六四翩翩誘人，「皆失實」一語，戳破其美麗的執政謊言，但初九的選民仍易受其蠱惑，心甘情願上當。大壯卦有「大兌」之象，讓群眾感情衝動，忘勞忘死，耍弄到了極點。依卦象來比較，陳水扁多半還可連任成功，九個多月後選舉揭曉，果然如此。
- 二〇一〇年九月底，我與北京友人在台北餐敘，他太太從事投資事業，積極結交政商人脈，問其中一位高官朋友的發展性如何？得出泰卦六四爻動，有大壯之象。天地交泰的互動往來是不錯，「翩翩不富，皆失實也」，卻須冷靜以對，未必篤實可靠。〈雜卦傳〉稱：「大壯則止。」還是一切小心為妙，切勿輕舉妄動。六四本即執政高官之位，常民與之往來，確得敬慎啊！

䷊

六五：帝乙歸妹，以祉元吉。

〈小象傳〉曰：以祉元吉，中以行願也。

六五為泰卦君位，下和九二相應與，兩爻齊動，有既濟成功之象。帝乙為商紂王的父親，為了安撫西伯姬昌，將女兒下嫁以為和親，稱「帝乙歸妹」。君臣聯姻，化解疑忌，共享福祉而獲元吉。泰卦〈彖傳〉稱：「上下交而其志同。」二、五分居上下卦之中，依時中之道以行弘願，陰陽和合為中，自是美事一樁。六五若是公主下嫁，九二則為招聘的駙馬，古代稱為「尚主」，攀龍附鳳，富貴利達，故九二爻辭稱：「得尚于中行。」六四為大臣之位，稱「中心願」；六五居君位，大權在握，心想即能事成，故稱「中以行願」。

古代消弭政爭或化解戰爭，常用和親策略，所謂政治聯姻純屬需要，未必有真實感情，本爻變為需卦（䷄），其意顯然可見。

占例

●二〇〇四年元月中旬，我占謝長廷全年運勢，得出泰卦六五爻動，有需卦之象。看來運勢很旺，需卦又有安心等待之意，別人需要你的時候就會大通特通。果然高雄市長續任一年後，二〇〇五年初接任閣揆，算是飛黃騰達。當時他還有名言：餐桌圓盤轉來轉去，也該輪到我了！平常不必伸長筷子去挾菜，轉到面前自然是我的。泰極否來，風水輪流轉，人生氣運本即如是。

䷊

上六：城復于隍，勿用師，自邑告命，貞吝。

〈小象傳〉曰：城復于隍，其命亂也。

上六為泰之終，泰極將近否來，前三陽爻所累積的資源，已經後三陰爻消耗盡，一切彷彿又回到了原點。隍是護城河，建城時所需土石，即就地取材，用同時挖掘的隍土傾置夯實，等隍溝挖好了，城牆也已建成。這應該是初九除草整地時所為，上六事業崩壞就像城防失守，崩坍的土石又回填隍溝中，好像一切都沒發生一樣，往事霸圖成空。人在這種時候應坦然面對失敗的事實，不要據隅頑抗，對守城的部屬及民眾明告大勢已去，不要再做無謂的犧牲。這樣做雖合於正道，天命不祐，生存之路已經變得很狹隘了！清末太平天國的南京城被攻陷，二戰時納粹德國的柏林失守，都是這樣的景象。本爻變，有大畜卦（䷙）之象，卦辭稱：「利貞，不家食吉，利涉大川。」從長遠看，城牆倒塌不見得一定是壞事，正好離開家國出門闖蕩，另建新猷。

六四「翩翩」色誘、六五「帝乙歸妹」，至上六「城復于隍」，恰似許多朝代傾城傾國、亡於女禍的史實。《詩大雅・瞻卬》：「哲夫成城，哲婦傾城。」即慨歎周幽王寵褒姒而亡國之事，夏桀寵妹喜、殷紂寵妲己、夫差寵西施，乃至希臘聯軍木馬屠城的故事皆然。由此也可知，和親政策縱然一時生效，往後仍難免大動刀兵。西漢末王昭君和番、清康熙嫁女於噶爾丹，最後仍得征戰，即為明證。斑斑史例中，大概只有唐代的文成公主嫁至西藏的結果不錯。

上六和九三相應與，訊息往來應暢通無阻，其慘烈結局在九三時即可預知，故而九三爻辭稱：「无平不陂，无往不復，艱貞无咎。」居高思危，早做調整，可免覆滅之危。

占例

●二〇〇五年六月中，我一位學生找我談，想離開待了很久的美商公司，趁自己五十歲生日時出來創業。新公司名稱都定了，叫「影音通」，他意氣風發地跟我大談具突破性的技術構想，認為大有可為。他做過總經理，對電訊這行業算是老鳥了，半百之齡創業很不容易，我占其前景卻無好卦，也坦白以告。其中一占為泰卦上六動，有大畜之象，「城復于隍」為明顯的挫敗，一切白忙回到原點，看來影音通要通不容易。雖然如此，他仍欲奮力一搏，先在本土電子大廠內受其贊助，以事業部型態經營，數年後還是不成，終告失敗而解散了創業團隊。二〇〇八年起，再受聘赴大陸崑山任職總經理，應了大畜卦辭所稱的「不家食吉，利涉大川」。易占的前景分析精準，泰極否來的形勢比人強，壯圖難以施展，奈何？

●二〇〇九年十月下旬，我預測年底縣市長選舉成績，重新執政的國民黨為泰卦上六爻動，有大畜之象。城防失守，泰極否來，看來不妙。果然花蓮、宜蘭二縣輸掉，而且總得票率只領先民進黨百分之三不到，執政出現危機。

多爻變占例之探討

泰卦全部卦爻辭的解析已畢，往下再以此為基礎，深入討論二爻變以上的情形。

二爻變占例

占事遇一卦中二爻動，若其中一爻恰值宜變，以該爻爻辭為主，另一爻爻辭為輔論占。若皆不值宜變，以本卦卦象為主，兩爻齊變所成卦象為輔判斷。

● 一九九六年十二月中，《自由時報》命運版的主編吳小姐向我約稿，希望每週寫一篇「易經札記」的專欄，探討易占預測的問題。因學生介紹，我在之前已寫過「時習易」的專欄一年，以易理論時事，後來還結集成書。這回專談易占，適不適合接呢？算出泰卦初、二爻動，齊變有謙卦（䷎）之象。「謙亨，君子有終」，功成身退而獲善終。泰卦自是通暢，初九征吉，九二光大，大有發揮空間。遂應允寫了一年多，一九九八年三月初，覺得差不多了，再問存續？得出泰卦九三爻動，有臨卦之象。「无平不陂，无往不復」，該是見好就收之時。接著新新聞出版社來洽談出書，遂順勢終止。半年後，結集成《憂患之書》出版，占象則為蒙卦二、上爻動，包蒙擊蒙兼至，對習易者啟蒙應有貢獻。

● 一九九五年七月底，曾任台灣財經大員的王昭明榮退，一些朋友辦晚宴給他致意，每人還要說一段話。我為此占問：王昭公服公職的貢獻如何？得出泰卦二、三爻動，齊變有復卦（䷗）之象。蔣經國當年推動台灣的十大建設，一些技術官僚盡心盡力，幫助很大，昭公算比較中後期投入的，正合泰卦九二、九三之象。復卦一元復始，萬象更新，「遇泰之復」，充分顯示了他對台灣經濟榮景的貢獻。

● 二〇一〇年七月初，我已應邀九月中旬赴德國講學，為期十一天，除三天兩場課程外，主辦單位招待赴奧地利遊覽，我想帶太太同去，問占得出泰卦初、四爻動，齊變有恒卦（䷟）之象。恒卦本即夫婦之道，「遇泰之恒」，天地交泰，夫唱婦隨。初九「志在外」，六四「不戒以孚，中心願」，多好！九月同行遊歐，既弘《易》利生，又飽覽山川美景，盡興而歸。

●二〇〇四年十月上旬，離十一月四日藍營提當選無效之訴宣判，只有一個月不到，我受託占問藍營勝算？得出泰卦初、三爻動，齊變有師卦之象。師為征戰，泰卦本應亨通，初九「征吉」，九三卻可能盛極轉衰。「遇泰之師」，令人忐忑不安，其後藍營果然敗訴。

●二〇〇七年底，我準備跟老學生開講《春秋公羊傳》，孔老夫子的微言大義精深奧妙，底蘊不足的，可不容易聽懂。當時針對春秋三傳都有問其價值和定位，《公羊傳》的占象為泰卦二、上爻動，齊變有賁卦（䷕）之象。賁卦〈彖傳〉稱：「觀乎天文以察時變，觀乎人文以化成天下。」泰卦的〈象傳〉則稱：「天地交泰，后以財成天地之道，輔相天地之宜，以左右民。」「遇泰之賁」，想藉人文教化以致天下太平。泰卦九二「包荒中行，以光大」，器局弘偉；上六「城復于隍，勿用師」，反對戰爭滅人之國。《春秋經》所記史事，弒君三十六、亡國五十二，天下昏亂，孔子悲天憫人，欲弘揚王道以撥亂反正。

●二〇〇九年九月上旬，我研讀兵書，占問黃石公《三略》的要旨，得出泰卦初、三爻動，齊變有師卦之象。一般兵書多論軍事戰略戰術，《三略》卻言及政略，重視國泰民安。泰卦初九代表基層民心，須裁成輔相以左右之；九三盛極轉衰，需居安思危，持盈保泰。師卦勞師動眾，講求兵略。「遇泰之師」，以政領軍，政略決定戰略，為《三略》一書的特色。

●二〇〇〇年元月下旬，我問時間的究竟意義為何？得出泰卦五、上爻動，齊變有小畜（䷈）之象。天地交泰，小往大來，萬物皆在時間中流通。六五舉行盛大的皇族婚禮，富麗堂皇；上六國破家亡，霸業轉頭成空。「逝者如斯，不舍晝夜，大浪淘沙，與時俱往」。小畜卦象為一陰夾處於上下五陽之間，在縫隙中辛苦求生，「密雲不雨」的窒悶如何化解為「既雨既處」？古人云

「光陰似白駒過隙」，倏忽即逝，難以捕捉，令人浩嘆！

●二〇一〇年十二月下旬，維基解密之事鬧得很大，一些大國籌議壓制，媒體界則幫腔捍衛新聞自由，所謂現代俠盜云云。我占問其出現的意義，得出不變的萃卦（䷬）。萃之前為姤、之後為升卦，將檯面下隱藏的事萃取報導，造成群情憤慨上升。又問以後會愈演愈烈嗎？得出泰卦三、上爻動，九三值宜變成臨卦，兩爻齊變則有損卦（䷨）之象。泰卦「天地交而萬物通」，所有信息自由流動，很難強勢限制。九三發展至高點，臨卦也是開放自由之意，太過頭了也不好，可能滅消成上六「其命亂」的結局。損卦上艮為止、下兌為說，〈大象傳〉稱：「君子以懲忿窒欲。」還是稍作節制為佳。

然而這種網站洩密仍然有其存在的根由，大多數人的命運由精英少數暗中決定，怎麼說都令人不安。我又占得需卦（䷄）二、三、四、五爻動，齊變成震卦（䷲）。「需于沙」、「需于泥」、「需于血」、「需于酒食」，一步步冒險探入核心；一旦發表，即天下震動矣！

●二〇〇一年十一月中，我研讀《黃帝陰符經》有感，占其主旨。得出泰卦三、上爻動，九三值宜變成臨卦，兩爻齊變則有損卦之象。該經全文才寥寥三、四百字，涵蘊卻很精深，自古即受習道人士的重視。開卷即稱：「觀天之道，執天之行，盡矣！」人生天地之間，如何善體天地變化之理，以運用於人事，本即泰卦之旨。「天發殺機，移星易宿；地發殺機，龍蛇起陸；人發殺機，天地反覆；天人合發，萬化定基。」由九三居高思危的預警，到上六「城復于隍」的毀滅，所揭示的正是形勢惡化的危機。損卦〈大象傳〉稱：「君子以懲忿窒欲。」事業敗亡多由於欲望過盛，經文往下亦強調調節克制的重要，可說占象完全體現了經旨。

●二〇一二年三月中旬，台灣某位女立委緋聞不斷，我占其個人魅力，為泰卦二、五爻動，齊變有既濟（䷾）之象。天地交泰，九二「包荒」，六五「歸妹」，陰陽和合如此，難怪顛倒眾生。

三爻變占例

占事遇一卦中三爻皆動，變數過半，呈現敏感的擺盪現象，三爻齊變所成之卦，與本卦卦象卦辭須合參，稱貞悔相爭。三爻中若一爻值宜變，亦須加重考量其爻辭，另二爻列參考。

●一九九一年十月下旬，我服務多年的那家出版公司掀起劇烈的股爭，市場派的大股東與創業的老闆相持不下，恐怖平衡中，要我出來擔綱經營。我問：若接任對公司前景如何？得出泰卦三、五、上爻動，貞悔相爭成中孚卦（䷼）。「天地交而萬物通，上下交而其志同，君子道長，小人道消」，會有一段興旺時期。由九三「艱貞无咎」、六五「以祉元吉」，到最後上六「其命亂」，還是不能免於敗亡。中孚卦誠信相護持，〈大象傳〉稱：「君子以議獄緩死。」可以苟延殘喘一陣，看大家表現再作最後判決。由事後的發展來看，確實如此，占象所示真是絲絲入扣。到了一九九三年五月上旬，同樣卦象又出現一次。這回是董事會後，有不少人想讓老闆徹底退場，免受其關係企業拖累，我問吉凶所得。「遇泰之中孚」，暢通於一時，盛極轉衰，仍然難得善終，這個企業體是受了詛咒了？

●一九九二年五月底，該公司召開董事會，處理股爭事宜。雙方代表會前互動後，我占往後吉凶，得出泰卦上卦三爻全動，貞悔相爭成乾卦，六四值宜變，單變有大壯之象。「翩翩不富，皆失實」，看來對方來者不善，說的未必算數。六五「帝乙歸妹」，政治聯姻難以久長；上六「城復于隍」，公司最後可能被玩倒，空留遺憾。上卦全變成乾卦，乾為君，公司的領導階層整個易主？既然雙方互信難以建立，前途可就凶多吉少。

●二〇〇一年六月中旬，我們在台北縣烏來溫泉辦研習營，浴後我占問：授易十年，所有學生資源如何評估？得出泰卦二、三、四爻動，貞悔相爭成震卦。震卦為積極行動，也有承接香火的接班之意；泰卦暢通志同，由九二「包荒」，經九三至六四，頗有富實轉貧虛之勢，應知所戒懼，以免走偏。

四爻變占例

占事遇一卦中四爻皆動，變數高達三分之二，以四爻齊變所成之卦的卦辭卦象斷占，並參考本卦諸爻的變動情勢，若其中一爻值宜變，加重考量其影響。

●二〇〇一年五月初，《中國時報》招待我們幾位上課的老師赴上海、蘇州一遊，同行一位著名的平面設計師霍女士問我：她遠離台北換個城市發展如何？得出泰卦初、二、三、上爻動，齊變成剝卦（䷖），上六值宜變，又有大畜之象。剝卦卦辭稱：「不利有攸往。」大畜卦辭雖稱：「不家食吉，利涉大川。」泰卦上六「城復于隍」，畢竟難以善終，泰卦下卦三爻就算扶搖直上，其勢恐不能長久。多年之後，我在台北餐廳碰到她，專業發展仍以台北為主。

●二〇一〇年六月初，我在一民間療法的道場接受復健，主其事者為天主教徒，除了制式的療程外，還推薦我們用他特製的長竹筒當枕頭，說有矯正姿勢、安和睡眠之效。望著竹筒上面刻的「平安喜樂」四字，我占問合宜否？得出泰卦初、二、三、五爻動，齊變成比卦（䷇）。「遇泰之比」，身心舒泰，長相親比，應該不錯。泰卦所動四個爻的爻辭都很正面，六五居君位，「以祉元吉」，正好相當於人身頸椎的位置，小往大來，上下通暢。採用後效果的確不錯，不僅家居必用，有時出國還帶去伴眠呢！

12. 天地否（䷋）

否卦在全易中排序第十二，緊接泰卦之後，人生好景不長、泰極否來的觀念，已於泰卦中說明。泰卦六爻的形勢發展，先三陽乾後三陰坤，登天落地，盛極轉衰。上六覆滅之後，又接否卦的三陰坤轉三陽乾，顯示情勢繼續惡化跌到谷底，再離地上天，衰極復甦，至上九爬回原點。泰極否來的十二爻所闡釋的變化，完全可以類似正弦函數的曲線圖來表示，不同的是泰九三的高點為時短暫，迅速下滑直落否六三的谷底，平躺在谷底的時間很漫長，若能熬過不崩潰，九四起會慢慢復甦，緩升至上九擺脫噩運。泰極否來的曲線很像經濟的景氣循環，也具備一定的週期性，對判斷總體環境變化及恰當因應極有幫助，值得習易者深思。

由此看來，人生真是苦多樂少，不如意事十之八九。累積十個卦的努力才致泰，由泰變否不過一卦工夫。在泰卦中，初至三爻運勢上升，忙於積極成長擴充，無暇享樂；四至上爻快速下滑，難挽頹勢。就像坐雲霄飛車一樣，狂瀉至否卦三爻的谷底，由奢入儉難，肯定苦不堪言。谷底漫長難熬，四爻起緩緩回升，還得小心翼翼，以防再度跌落。那麼，到底何時安樂呢？

當然，以上的分析屬循環漲落的常態，算基本的長U型復甦。若個人或組織體質健旺，否六三可能觸底即快速反彈上升，這是所謂的V型復甦；若體質太弱，應變又差，就此一蹶不振，成了L

型的消滅退場，像臨終病患的心電圖示一樣，照樣有此可能。泰否十二爻的爻辭，就是教導我們在大環境劇烈變動之時，各個階段的調整策略，尤其像泰初九、九三、否初六、六三、九四這幾個拐點，更須小心應對，一但判斷失誤，後果不堪設想。

〈序卦傳〉稱：「物不可以終否，故受之以同人。」否卦結束並非泰卦，而是進入同人卦的新天地。泰、否相綜相錯且相交，關係太密切。否卦會有那麼難過的處境，跟泰卦時的作為有關，所以否卦度過後，也不宜再回到泰卦，否則再一次泰極否來，任誰也受不了！同人（䷌）、大有（䷍）二卦闡揚世界大同的理想，超越種界國界，較泰卦的國泰民安意境更恢弘。泰卦〈大象傳〉稱：「后以財成天地之道，輔相天地之宜。」后是諸侯一國之君，有其地域限制，容易此盛彼衰；同人、大有就像今日世界的全球化，平台放大，淺碟子中大起大落的起伏也因而平復不少，較易達成動態的均衡。

䷋

否卦卦辭：

否之匪人，不利君子貞，大往小來。

否卦很特殊，卦名與卦辭連成一氣，六十四卦中，還有「履虎尾」、「同人于野」、「艮其背」三卦也是如此。匪同非，否之匪人的語法，與比六三「比之匪人」相似，表示否塞不通緣於人謀不臧。《尚書》中人與民的指稱不同，民是基層民眾，人則指上位為官者。否卦上乾三陽資源厚實，下坤三陰虛弱匱乏，有高層聚斂以致民不聊生之象，故稱「否之匪人」，意指做官的不是人，政治不清明。否字為不口，說話抗議都無效，乾脆保持沉默，人際缺乏溝通，封閉窒礙到極點。這種昏暗的環境下，不利於君子固守正道行事，愈正可能愈遭迫害。易例陽大陰小，大往小來，上卦乾天陽剛之氣清新往上，下卦坤地陰柔之氣混濁往下，互不交流，漸行漸遠。以國際貿易來說，流出的金額多，吸進的金額少，是所謂入超賠錢之象，經濟萎縮蕭條。

〈彖〉曰：否之匪人，不利君子貞，大往小來。則是天地不交而萬物不通也，上下不交而天下无邦也。內陰而外陽，內柔而外剛，內小人而外君子。小人道長，君子道消也。

否卦〈彖傳〉用詞與泰卦相類，而描述現象正好相反，讀者參看即知。天地大環境不順暢交流，其間的萬物自然也難互動交往；組織上下不溝通、朝野不合，政府管理無能，就等於沒有這個國家存在。「天下无邦」說得很沉痛，似乎各國皆然，否卦外強中虛，上富下貧，世道黑暗無比。內陰外陽，內柔外剛，內部小人當道，君子都被迫出外，小人之勢日盛，君子之道日消。

否卦節氣為陰曆七月，當中元祭祖時節，俗稱鬼月。否之匪人，也有鬼神之意。

〈象〉曰：天地不交，否。君子以儉德避難，不可榮以祿。

天地交泰，天地不交否，中國人習稱天在地前，「地天泰」一樣稱天地交泰。前述小畜卦時，曾以邱彰參選失敗為例，邱號稱有法律及生化的雙博士學位，開的律師事務所名「天地通」，很早即從事兩岸的法律服務。立意甚佳，生意卻不算好，還是其密宗師傅林雲取的名。天地為否卦，地天才是泰卦，難怪業務不佳，若改為地天通，可能生意興隆。邱的感情生活似乎也不順遂，真的是名字取錯了嗎？

否卦既然小人當道，卦辭又明言「不利君子貞」，處此之世，君子韜光養晦、低調行事似乎是唯一選擇。做官領取俸祿，若得展長才為民謀福，是光宗耀祖；否塞之世為官，只是隨波逐流，甚至助紂為虐，所以君子最好還是明哲保身，不要出來做官。

以上的做法為人情之常，不能說錯，但未免太消極，如果世道黑暗，君子就隱遁避難，誰來解決民眾倒懸之苦？全易六十四卦的〈大象傳〉強調修德，不論任何困頓處境，都積極奮發，沒有像否卦這麼灰頹的。例如，坎卦稱：「常德行，習教事。」困卦稱：「致命遂志。」大過卦稱：「獨立不懼，遯世无悶。」明夷卦稱：「君子以蒞眾，用晦而明。」剝卦稱：「上以厚下安宅。」相較於這些卦來說，否卦也未必最糟，為何提不出更好的建議？因此，我十多年前反覆思維，參考卦象爻象之理，改寫如下：「大人以承弊起新，與民除患。」大人為易中最高德位，否卦六二、九五爻辭皆稱大人，智慧修為遠高於一般君子。卦辭稱「不利君子貞」，大人卻可率領民眾突破否局，旋乾轉坤，恢復亨通。

泰卦〈大象傳〉稱「財成輔相」，否卦原〈大象傳〉稱「儉德避難，不可榮以祿」。以理財用人的策略而言，正好相反，當然也有其相錯綜且相交的道理。清末與慈禧太后關係曖昧的大臣榮祿，其名似取於此，竟不忌諱否卦？

占例

●二〇〇五年元月下旬，我問台灣全年的總運勢，得出不變的否卦。其時前一年三一九槍擊案的大選風波，已告塵埃落定，藍陣營所提選舉無效、當選無效之訴訟皆輸，陳水扁坐定了江山。可以想見朝野對峙嚴重、兩岸交流受阻、台灣經濟榮景難期，這都是典型的否卦之象，其後一年果驗。

●一九九六年年底，我占算了一系列二十一世紀可能發生的大事，其中問「民運」在中國大陸的發展，為不變的否卦，看來完全行不通。問民族主義的發展，卻得出不變的晉卦，為旭日東昇、愈來愈熱之象。回答的如此明確，令人深思。

●二〇一〇年十二月下旬，我占問一對夫妻朋友未有子嗣的真正原因，得出不變的否卦。天地不交而萬物不通，「否之匪人，不利君子貞」，男女生育得陰陽和合，否卦顯然不行。

初六：拔茅茹，以其彙。貞吉，亨。

〈小象傳〉曰：拔茅貞吉，志在君也。

初六為否之初，爻辭所述與泰初九近乎雷同，也是「拔茅茹，以其彙」，而結論的對策不同。泰初九為「征吉」，否初六則為「貞吉」，還加一個亨字。小象泰初為「志在外」，否初則為「志在君」。拔茅草需連根拔除，且注意盤根錯節連類相及的關係，泰重興利、否需除害，初始規劃時得系統考量，一次全部做好。泰卦形勢大好，立志往外發展，積極擴充進取則吉；否卦環境極差，及早節縮收斂，也能自保獲吉，獨得亨通。泰初九與外卦的六四相應與，稱「志在外」；否初六和九四本相應與，但值否卦上下不交之時，不能得力相助，唯有寄望九五「休否」之君救民於水火，故稱「志在君」。以否卦六爻所歷之時而論，否初見形勢不妙，知機應變，能透視到下滑谷底再復甦至五爻的關鍵時位，據此調整體質及經營方式，這種冷靜的智慧相當重要。

由泰、否初爻爻辭類同，亦可見大形勢精確判斷的不易。泰初之後急速往上，否初之後跌跌不休，而二者外觀景況類似，如何分辨？一旦誤判，後果嚴重，不是錯失良機，就是遭受重創。

否初六爻變，恰值宜變之位，成无妄卦（䷘）。前途沒有什麼希望，別存妄想，更勿輕舉妄動，以免招災。

占例

● 二〇〇三年九月上旬，台中的學生來電告知劉振志先生病危。劉老是我的忘年之交，為專研兵法的戰略學者，一九九九年台灣中部九二一大地震時，其住家被震毀，學生們在各方面都幫了些忙。他生性剛直耿介，治學嚴謹，我是透過他在報端發表的投書，而主動聯繫結交的，也邀他參加我們學會的活動，給學生上課。他之前動過一次大手術，那回應是復發，我占其病勢的吉凶，得出否卦初六爻動，恰值宜變成无妄卦。「天地不交，否之匪人，不利君子貞」。初六後勢急轉直下，生命的根基全部拔除鬆動，變成无妄，多半凶多吉少，沒有希望了！一週後，劉老過世。

● 一九九二年七月下旬，我已實際負責那家出版公司的經營，我自己是編輯出身，算是生產部門，對行銷業務比較陌生，遂刻意研究熟習。當時公司營收的主體為直銷部門，人員組訓及業績抽成的成本甚高，往往業績高利潤薄，甚至虧損。我接手前，入不敷出的問題已很嚴重，遂占問對策，得出否卦初六爻變，成无妄卦。「遇否之无妄」，顯然走勢下滑，不能寄望，必須調整精簡，全面整頓，以免後患難以收拾。後來，公司之所以有振興氣象，跟此基本判斷有關。直銷既然看淡，便大力發展店銷及郵購部門，兩年下來，業績與利潤的比例日趨合理。

六二：包承。小人吉，大人否亨。

〈小象傳〉曰：大人否亨，不亂群也。

六二中正，上與九五之君應與，本來不錯，但處於上下不交的否卦時運，得不到任何支助。泰否二卦強調大形勢的重要，個人或單一組織很難與之正面抗衡，所謂爻隨卦轉，六二素質雖好，否卦時運不濟，也無可奈何。易例陽濟助陰稱包，泰九二「包荒」、蒙九二「包蒙」皆然。否卦九五不助六二，包容照顧之意已失，反成包庇為非，故而六二君子只好忍耐承受，故稱「包承」。「小人吉」，可見時代黑暗，大人在這個階段也無法力挽狂瀾，只能堅持原則，不同流合污，身雖否，道卻亨。世間總是物以類聚，小人成群獲利得吉，大人自行其是，守道而獲內心世界的亨通。

本爻變，有訟卦（䷅）之象。社會分裂成對立相爭的兩極，小人群和大人水火不容，爭議不休。否卦由初六至六二，情勢顯然惡化甚多。

占例

●二〇〇八年三月十三日，台灣大選前九天，我問謝長廷勝算，得出否卦六二爻動，有訟卦之象。既否塞不通，又多爭訟，敗選之象昭著，果然大輸。

●二〇一六年十月下旬，學生林獻仁問日益惡化的兩岸關係還有和解可能否？為不變的困卦，看來很難。我另占一卦，得出否卦六二爻動，有訟卦之象。天地不交，否塞不通，爭執不斷，難矣哉！

六三：包羞。

〈小象傳〉曰：包羞，位不當也。

六三不中不正，已墜落入谷底的最糟狀況，環境一片黑暗，許多人熬不過現實的折磨，都放棄了理想和堅持，傷品敗德之事公行，也受包庇容忍。公權力不管，社會正義不得伸張，完全體現了〈彖傳〉所言的情境：「上下不交而天下无邦也……小人道長，君子道消也。」本爻變，為遯卦（䷠），面對這樣藏污納垢的環境，有良心的人往往徹底隱遁，〈大象傳〉所稱：「儉德避難，不可榮以祿。」便是如此。

六二「包承」，仍有訟象，大家激烈爭議；六三「包羞」，已成遯象，連抗議都沒了，這就是「哀莫大於心死」。否字為不口之意，上下不交，像狗吠火車一樣溝通無效，乾脆閉口不言。泰九三身處高峰，爻辭洋洋灑灑二十個字，可見意氣風發，精神飽滿。否六三深陷谷底，爻辭只有兩個字，消沉之甚，難以言宣，正所謂大悲無言，什麼也不用說了！

然而包羞之後，爻辭並未明言是吉是凶，令人玩味。唐朝詩人杜牧〈題烏江亭〉詠嘆楚霸王項羽：「勝敗兵家事不期，包羞忍辱是男兒，江東子弟多才俊，捲土重來未可知。」勝敗乃兵家常事，能忍過否六三「包羞」的處境，九四形勢好轉，或可重整旗鼓，再現輝煌，何必就此放棄，徹底斷了重生之路？比卦六三「比之匪人」，未必傷凶；「否之匪人」的六三「包羞」，動心忍性，對人的淬煉甚大，也未嘗不是好事。

占例

● 二〇一六年十月中，台灣政情動盪，統獨之爭愈演愈烈。我問獨派最後能成功嗎？為否卦六三爻動，〈小象傳〉稱：「包羞，位不當也。」爻變為遯卦，勢不可成，只有退閃一途。

䷋

九四：有命无咎，疇離祉。

〈小象傳〉曰：有命无咎，志行也。

九四起脫離下卦坤陰，進入上卦乾陽，由地升天，大環境顯著改善，有復甦的契機。泰極否來的歷程中，泰上九「自邑告命」，稱「其命亂」；而今否九四離陰還陽，稱「有命无咎」，可見形勢好轉，天命福祐可獲無咎，可行其志。疇為壽田，耕耘已久，飽歷憂患而能生存，又有類別之意。祉為福祉，離作動詞用，附麗相連，「疇離祉」即同類皆蒙受福祉，撐過蕭條否局的個人或組織有福了，往下再加把勁兒努力，應可東山再起。

本爻變，為觀卦（䷓），處此復甦再起的契機，必須集中心力冷靜觀察，準確行動。以一般經濟景氣循環而論，復甦之初，會有一些指標型產業帶頭起動，其他關聯性產業跟進紅火，所謂「一人得道，雞犬升天」，這種火車頭的效應即為觀測重點。泰否兩卦強調的是大形勢的變遷，一榮俱榮，一枯俱枯，處於大起大落的浪潮中，那些轉折點的時位，非得全神貫注不行。泰初九、否初六「拔茅茹以其彙」，泰六四「不富以其鄰」，都顯示整體連動的依存關係。同一範疇的產業可能分居供應鏈的上下游，可能配套支援，縱橫交織，息息相關，也是離卦的網絡相連之象，「疇離祉」的離字用的精確。人生必要在人際組織網絡中找到自己適當的定位，發展開拓四通八達的關係，無論環境怎麼變動，都找得到最佳應變的方式。

否卦六二「包承」、九四「疇離祉」，二與四同功而異位，皆為九五之君效力，為初六之民謀福，以救民於水深火熱之中。明末降臣洪承疇名字似與此有關，又有繼承《尚書》中「洪範九疇」之意，志在治國平天下，降清做貳臣，卻辜負了好名字。

占例

●二〇〇八年元月十日，我占測馬英九三月下旬能取大位否？得出否卦九四爻動，有觀卦之象。其時稍前，他的特支費官司剛過關，挾民意支持競逐大位，正是止跌回升之勢。有天命護佑，官司無咎，大志可行，他若選上，馬團隊跟著升天，共蒙福祉。七十多天後，果然大勝。

●二〇〇八年元旦，我依慣例算當年大事，美國經濟為否卦九四爻動，有觀卦之象。否卦當然不景氣，但九四「有命无咎」且志行，有機會復甦。觀卦為陰曆八月，結果當年九一五爆發席捲全球的金融風暴，美國經濟受重創，沒有復甦，卻應了否卦卦辭之象，也在觀卦月份遭遇慘烈的「八月之凶」。

●二〇一〇年二月上旬，老父心臟不適送醫急救，雖無大礙救回，也有家姊照顧，總有些不放心。當時我們一家已訂好赴澳洲旅遊的計畫，幾天後就得成行，當時占問如期出國是否合宜?得出否卦九四爻動，有觀卦之象。「遇否之觀」，雖遭否塞，仍可出國觀光，「有命无咎，疇離祉」，夫妻倆帶子女同遊，得享天倫之樂，老父之後也康復出院。

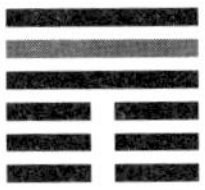

九五：休否，大人吉。其亡其亡，繫于苞桑。

〈小象傳〉曰：大人之吉，位正當也。

九五中正，處否卦君位，正應率領民眾推翻否局，至少也得休止緩和，以紓解民困。大人為易中最高德位，應可旋乾轉坤而獲吉。「休否」與「傾否」不同，只是暫時中止亂局，與民休養生息，仍得培元固本，以防再度衰頹。苞桑根深柢固，象徵民性的堅忍強韌，君民若能緊密團結，共渡國難，應可免於危亡。此處的「苞桑」之喻，和初六的「茅茹」相似；初六「志在君」，期待領導力挽狂瀾；九五「繫于苞桑」，團結民眾以維繫國家生存。

〈繫辭下傳〉第五章有稱：「子曰：危者，安其位者也；亡者，保其存者也；亂者，有其治者也。是故君子安而不忘危，存而不忘亡，治而不忘亂，是以身安而國家可保也。易曰：其亡其亡，繫于苞桑。」孔老夫子身處春秋亂世，見到太多的國家興亡，而有居安思危之慨：現在遭遇危難的曾經安於其位，已經滅亡的以為可以長存，陷入混亂的曾經治理的很好。這都是泰極否來的例證，安身保國不可不敬慎。隨時還可能滅亡啊！隨時還可能滅亡啊！一定要鞏固好根基。

本爻爻動，恰值宜變成晉卦（䷢），為光明日盛之象，遇否之晉，為大人旋乾轉坤之功。否六二時「小人吉，大人否亨」；九五時「大人吉」，形勢轉順矣！我將〈大象傳〉改寫成：「大人以承敝起新，與民除患。」即合此意。卦辭明言「不利君子貞」，爻辭不稱君子，而以大人和小人對比，與觀、剝、遯、大壯、解、革等卦不同，值得注意。君子只能避難，大人則可除患。包承包羞為「承敝」，疇離祉為「起新」，休否傾否則為「與民除患」。初六「志在君」，九五「繫于苞桑」，君民一體，和衷共濟以撥亂反正。

休字從人從木，人累了倚木休息，或徜徉於林間小徑，吸芬多精以調養精神，甚至抱著大樹運氣，據說都有休養生息的效果。否卦九五「休否」，復卦六二「休復」，大有卦〈大象傳〉稱：「遏惡揚善，順天休命。」皆除舊取新之意。人生行事不宜操勞過度，適時必得休息，以恢復元氣，走更長遠的路。

占例

● 二〇〇〇年三月十六日，台灣跨世紀大選前幾天，我占問宋楚瑜可得大位否？得出否卦九五爻動，恰值宜變成晉卦。否卦上下不交，「不可榮以祿」，九五君位動，若爻變成晉，雖不利仍能突破否局而當選。是否是晉，就看爻辭所提的但書條件是否成立了。「休否」須大人才吉，又得「繫于苞桑」，鞏固爭取民心為要。前此數月，宋被中興票券案打得很慘，原遙遙領先的民調下滑百分之十不止，應是出現否象的根由。

一九九八年底，我曾因南部一位商界的學生牽線，去過林口宋家，當時宋的氣勢極旺。占出否九五之象後，接到那位學生電話，代宋問吉凶。接話時我簡單告知卦情，轉囑八個字：「培元固本，重視基層。」幾天後結果揭曉，宋以三十萬票差距飲恨，陳水扁順勢上台，否卦沒變成晉卦，是因為宋夠不上「大人」的標準？

●二〇〇〇年五月十日，陳水扁即將就任，至少四年任期至二〇〇四年五月二十日，政黨輪替在台灣還是首次，各方面的影響不容低估。我占問：往後四年台灣的政經大勢如何？得出否卦九五爻動，恰值宜變成晉卦，又是兩可之局。是否是晉，就看居大位的陳水扁是否「大人」，以及能否緊繫民意施政了。結果台灣足足否了八年，朝野不合、兩岸不通、經濟不景，全為否卦上下不交、小人道長之象。顯然陳水扁絕非「大人」，貪污腐化，更嚴重背離民意，錯過了歷史難得的機遇。

●二〇〇六年元旦，我依慣例占測大勢，台灣政情部分選了幾位指標人物，其中宋楚瑜全年氣運為否卦九五爻動，恰值宜變成晉卦。卦象重現，形勢已非，宋二〇〇四年再度敗選後，與陳水扁搞所謂「誠信」的扁宋會，灰頭土臉告終，政治行情大跌。此占幾乎確定為「否」非「晉」，果然他雄心不死，又於年底強選台北市長，以極低票數慘敗，算是徹底退出了政壇。「遇否之晉」，不是大人不會吉，偏離民意基礎，走向消亡。

●二〇〇五年十一月初，宋的子弟兵周錫瑋代表泛藍陣營競選台北縣長，我占其勝算，為否卦九五爻動，恰值宜變成晉卦。我有多位學生是周的好友，聽到「可否可晉」的占斷，不免擔心掛懷。結果周大勝民進黨候選人羅文嘉，真的出否成晉，成了台灣最大縣的縣長，難道他反而是德位俱佳、智慧成熟的「大人」？看來「大人」也是比較級，對手羅文嘉年輕躁進，更非「大人」，所以周能過關獲勝？其然乎？豈其然乎？

●二〇一一年元旦，我依例占台灣全年的政經情勢，執政的國民黨氣運為否卦九五爻動，恰值宜變成晉卦。國民黨馬英九於二〇〇八年贏回政權後，執政的表現並不理想，幾場選舉也輸多贏少，民意支持下滑很多，出現否卦相當合宜。君位九五動，表示黨的氣運仍視馬主席的表現而定，是否是晉，就看馬能否通過「大人」的考驗。當年三月底大法官提名失誤，遭致民意強烈反彈一事，令人捏把冷汗！往後的發展也只差強人意。

●二〇〇八年七月下旬，我針對近代幾位美國總統占測其人其業，艾森豪為否卦九五爻動，恰值宜變成晉卦。艾氏為二戰歐洲聯軍總司令，結束了希特勒的法西斯政權，調和鼎鼐很有一套，戰後也獲民意支持選上總統，算是「休否，大人吉」，「遇否之晉」的卦象相當到位。

●二〇一一年五月下旬，我和幾位師兄弟赴鄂、湘參訪出遊，在武漢大學國學院、衡陽師範學院，及長沙嶽麓書院都有演講交流，收穫很多。最後一天返台前，趕著去湖南省博物館看馬王堆漢墓出土文物，我十年前來過一次，更早帛書等文物去台北展出時，也曾用心觀賞。這回再度佇足於利倉夫人辛追的遺體前，凝神動念問其「境遇」，得出否卦九五爻變，成晉卦。否之匪人，「晉」則為京房分宮中的乾宮遊魂卦，「遇否之晉」，從天地不交的地下墓穴中破土而出，展現兩千多年前的文明風華。晉卦上離下坤，為明出地上之象，真的驚動了全世界。否卦九五稱「休否」，長眠千載，可真是休息得夠久了！

上九：傾否，先否後喜。

〈小象傳〉曰：否終則傾，何可長也？

上九居否之終，下接同人卦，爻變則有萃卦（䷬）之象，由菁英領導民眾，群策群力推翻否亂之勢，結束了長期黑暗閉塞的局面。「休否」只是暫時穩定，「傾否」才確定掙脫泥沼，休、傾二字皆為立人偏旁，顯示都得靠人的積極努力。泰上六「城復于隍」，好像城牆自然而然傾倒，真有天命無常的況味。「泰城傾倒，國家覆滅；否城傾倒，萬眾歡騰」，二十多年前柏林圍牆倒塌的景觀即然。

泰卦上下交流無礙，上六傾城傾國的下場，可於九三躍居高峰時預知，故而立作調整應變。否卦上下不交，上九最後「傾否」的勝利，在六三的谷底時難以預知，故而漫漫難熬，連九四復甦的下一步都難以看清，這是「包羞」最苦之處。一切資訊不透明，造成了否卦藏污納垢的非人世界。

由泰極否來十二爻的變化，完全可繪出類似正弦曲線的圖形，可稱之為「泰否曲線」，泰九三的尖峰短暫，否六三的谷底漫長。我有個學生曾將近百年來世界知名的企業興亡繪成圖表，真的和泰否曲線相近，百年老店鳳毛麟角，基業長青談何容易？人生不如意事，確實十之八九。

欲理解泰極否來的變化，還可以男歡女愛的交合互動得知。泰為「上下交而其志同」，由泰初九升溫，至九三達高潮；六四「翩翩不富」，欲仙欲死，陽氣已消，一直狂瀉到否六三「包羞」的谷底，長期一蹶不振；九四才有起色，至上九「傾否」恢復正常。易爻象男女之形，近取諸身，處處揭示陰陽互動之理。

以上描述的曲線為基本型，其實還有很多變化型：如何創造連續高潮，以期長盛不衰？以開發暢銷產品為例，通常紅火一陣後會轉衰頹，任何單一商品有其壽命，不會永遠居高不下。如果不倚賴單一暢銷品，加強與時俱進的研發能力，待前一產品銷售下滑後，後一強打產品適時推出，造成一波未平一波又起的氣勢，如此其銷售總量就可能步步推高，長盛不衰。這稱為多泰曲線，悟通後可實際運用於很多方面。

中國大陸三十多年經改成功的奧秘，也與此多少相關。泰卦〈大象傳〉所稱，地方諸侯立項做好基礎建設，以吸引投資，創造繁榮，中央下放相當權力予地方自主，造成良性競爭，正是波

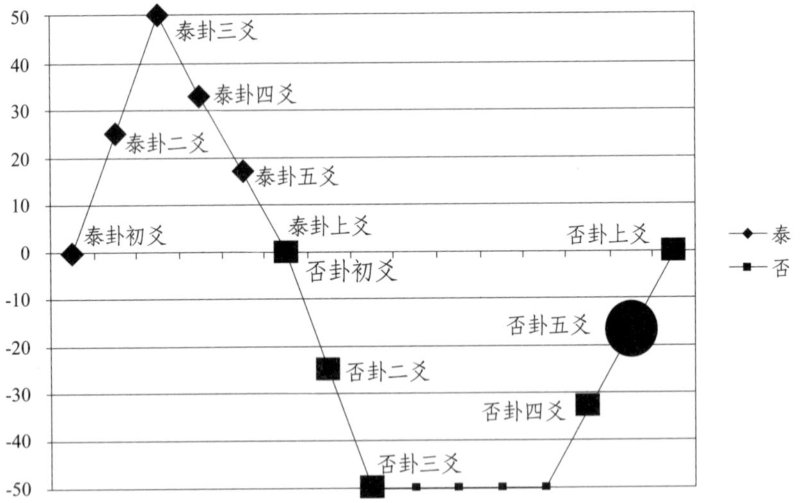

泰否曲線圖

波相繼的多泰效應。全國兩千多個縣都有實驗衝刺的機會，成功了大家爭相仿效，失敗了也不影響總體大局。所謂「諸侯經濟」，有其推陳出新的繁榮方程式，香港名經濟學家張五常新論《中國的經濟制度》，也明白揭示了這點。

以上泰否曲線為平面描述，事實上還可以展現為立體架構，如此將更瑰麗精采，有志者不妨由此深入推衍，或當有更新的發現。

占例

● 一九九四年四月上旬，我任職總經理的那家出版公司股爭熾烈，大戰風雨欲來，人為刀俎我為魚肉，忐忑不安下，我占問個人的吉凶？得出否卦上九爻動，有萃卦之象。集眾人之力傾否，勢所不能，倒是藉此互鬥因緣，抽身他投。否，下接同人卦，徹底了斷此間非人桎梏，從此海闊天空任遨遊矣！

多爻變占例之探討

否卦六爻的單一變化介紹畢，往下且看更複雜的多爻變的情形。

二爻變占例

占事遇一卦中二爻動，若其中一爻值宜變，為主變數，以該爻辭為主論斷，另一爻辭次要參考。若皆不值宜變，參考本卦卦象卦辭及二爻爻辭，還有兩爻齊變所成卦象，作綜合論斷。

●一九九〇年十一月底，我已代行出版公司總經理之職，問整體的經營情勢，得出否卦二、五爻動，齊變有未濟卦（䷿）之象。遇否之未濟，上下不交，任事難成，顯見艱困。六二小人成群，訟爭嚴重，九五無力調解，休否不易，完全顯示了當時惡劣的形勢。

●二〇〇九年十一月底，我回顧多年前這段經歷，給在那家出版公司任職的十二年，以占象總結，得出否卦四、上爻動，上九值宜變，單變成萃卦（䷬），兩爻齊變，則有比卦（䷇）之象。「遇否之萃之比」，人生因緣聚會，結盟合作一段，由九四的高層「疇離祉」，到上九「傾否」結束。下接同人于野，利涉大川，有道是：「莫愁前路無知己，天下誰人不識君。」

●二〇〇九年九月下旬，我問前蘇聯領導戈巴契夫的歷史地位，得出否卦四、上爻動，上九值宜變成萃卦，兩爻齊變，又有比卦之象。在那風雲動盪的時代，他以新思維發動改革，傾覆推倒了不合時宜的封閉體制，對世界開放交流，影響確實深遠，真正改變了二戰後長期冷戰的國際形勢。

●二〇一〇年二月上旬，老父身體不適送醫急救，我在病榻前默禱，以手機占問吉凶。得出否卦四、上爻動，上九值宜變成萃，兩爻齊變又有比卦之象。否卦很危險，九四「有命无咎」，已現復甦生機，上九「傾否」必然無虞。果然度過危險期，出院返家療養。

●二〇一〇年四月底，我率學生赴武漢旅遊，在辛亥革命首義紀念館的紅樓處參觀，起心動念一占：辛亥革命的歷史意義？得出否卦四、五爻動，有剝卦（䷖）之象。先烈們在漢水秋風中起義，一舉推翻了幾千年的君主專制，建立東亞第一個民主共和國，其功甚偉，不在話下。但卦中上九未動，其實並未真正「傾否」，國人帝制餘習甚深，所以民國建立後仍是戰亂頻仍，民不聊生，否中剝象應指此而言。

●二○○九年八月下旬，我看一篇專家談二○一二年前後全球磁變可能致災的文章，占問其論述準確否？得出否卦四、五爻動，有剝卦之象。「遇否之剝」，似乎不能掉以輕心。否卦天地不交，真有磁極變動、磁力線減弱不穩之象；剝卦五陰上剝一陽，岌岌可危，不利有攸往。當此危機，九五、九四的政府高層必須負起「休否」之責，為民謀福祉，但似乎「傾否」不易啊！

●二○一一年元月上旬，又有基督教團體發出世界末日的驚悚預言，說五月二十一日諾亞方舟滿劫七千年，剛好美國阿肯色州大量魚、鳥死亡，更是繪聲繪影。我占問此事虛實，得出否卦四、五爻動，有剝卦之象。「遇否之剝」，小心為上，九四「有命无咎」，九五「休否」，以常理判斷應該沒事。加問五二一安否？為訟卦（䷅）二、上爻動，上九值宜變成困卦（䷮），兩爻齊變，又有萃卦之象。遇訟之困之萃，並非佳象，上九強爭不宜，九二低調避難，可保邑人三百戶无眚。訟卦天與水違行，否卦天地不交，不管怎樣，人類面臨的自然環境似乎確定出了問題，天災頻仍，令人惴慄難安。二○一二已過，算是有驚無險，可世界還是一團亂局哪！

●二○一○年十月中，我再問二○一二是否有災眚？得出不變的屯卦（䷂）。資源匱乏，「剛柔始交而難生，動乎險中大亨貞」，多少有戒懼意。追問世界會有重大天災嗎？為否卦三、四爻動，六三值宜變成遯卦，兩爻動又有漸卦（䷴）之象。天地不交，否之匪人，六三「包羞」又是賢人遯藏的谷底，還真正不妙；九四「有命无咎」，群類復甦受福，漸漸恢復元氣。《焦氏易林》遇否之漸的斷語為：「春栗夏梨，少鮮稀有，斗千石萬，貴不可求。」糧食缺乏，價格飛漲，一副大鬧飢荒之象，真是這樣麼？二○一二已過多年，雖無浩劫，可始終動盪不安。

●二○一○年八月中，我提前預測二○一一年美國經濟，得出否卦五、上爻動，上九值宜變成萃卦，兩爻齊變又有豫卦（䷏）之象。金融風暴後美國首當其衝，經濟當然很慘，經兩三年調整，似乎有可能「休否、傾否」，而走出不景氣的谷底。萃卦集中精英資源，群策群力；豫卦「利建侯行師」，打組織戰。以美國國力及人才之盛，很有可能辦到。年底結算，GDP為十五．〇九兆美元，成長百分之一．七，是有逐漸復甦。

●二〇〇九年十月中旬，我在富邦金控上課已十一年，《易經》來來回回講了兩三遍，《老子》與《孫子兵法》也談了不少，當時開講劉劭的《人物志》幾次，發現她們興趣不大，遂問改講佛經如何？得出否卦初、四爻動，齊變有益卦（䷩）之象。否卦上下不交，初六已見端倪，若立刻叫停調整，九四可同類受福。益卦〈大象傳〉稱：「君子以見善則遷，有過則改。」改上佛經課，肯定大家獲益，幾年下來的確如此。

●二〇一五年二月中，我們一家四口要赴英旅遊十多天，出發當晚居然誤了航班，沮喪之餘立刻託旅行社熟人韓先生謀求補救，他神通廣大幫我們訂到了隔日的班機，只損失原訂旅舍一晚的費用而已。之前憂急如焚時，占得否卦三、上爻動，六三宜變成遯卦，正當心情谷底。兩爻齊變有咸卦之象。否上九爻辭：「傾否，先否後喜。」挽回憾局，非常明確。

當時另有一占，為履卦二、三、上爻動，貞悔相爭成革卦。宜變爻位在履六三，最險情境，上九「其旋元吉，大有慶也」，終於轉佳。革卦自然代表計畫變更，還好影響有限。

●二〇一五年三月上旬，慈濟功德會因財會帳目不清被公眾批判，我占證嚴上人若過世，慈濟的態勢如何？為否卦初、五爻動，有噬嗑卦象。創辦人一旦棄世，整個組織確有危機。否卦九五「休否，大人吉。其亡其亡，繫于苞桑。」噬嗑為劇烈鬥爭之象。

●二〇一六年四月底，我們去大陸繞太湖「三吳之旅」，有位同行的女生很憂心是否宿疾需開刀，我占得否卦五、上爻動，齊變有豫卦之象。否上九為宜變之位，單變成萃卦。由「休否」進而「傾否」，萃、豫都為佳象。身體健康出狀況稱「不豫」，豫自然沒問題。幾月後她去開刀治療，預後狀況很好。

三爻變占例

占事遇一卦中三爻動，變數已達一半，三爻齊變所成之卦，與本卦呈拔河拉鋸情勢，稱為貞悔相爭，以本卦及之卦的卦象卦辭合參論斷。若其中一爻值宜變，該爻爻辭加重考量。

●二〇一〇年八月下旬，我閱報得知英國大科學家霍金發表預言，說再過二百年地球將無法居住，人類應該未雨綢繆，開始規劃遷徙至外太空的事宜。我問其事可信否？得出否卦上卦三爻全動，貞悔相爭成坤卦，否九四值宜變，單變亦有觀卦之象。「否之匪人，天地不交」，真的得儉德避難？九四觀察天地變異之機，為求保命，及早安排民眾集體遷徙，以蒙受福祉。九五「休否」、上九「傾否」，終於轉進至嶄新天地去延續文明。坤卦「含弘光大」，「厚德載物」，也有順勢行動之意。大科學家的高瞻遠矚，宜認真對待。《焦氏易林》遇否之坤的斷詞稱：「天之所災，凶不可居；轉徙獲福，留止憂危。」怎麼說的那麼切！

●二〇〇八年元月下旬，我占問：年底美國總統大選，歐巴馬能有出頭天嗎？得出否卦二、四、五爻動，貞悔相爭成蒙卦（䷃），否卦九五值宜變，單變為晉卦。美國有種族歧視的傳統，黑人出頭不易為否，但其中三個爻的變化漸入佳境。六二「不亂群」，黑白對抗仍多；九四「疇離祉」，超脫成見有望；九五居君位，「休否，大人吉，位正當」。九五爻變成晉卦，如日東昇，得掌大位應有可能。蒙卦外阻內險，形勢尚不明朗。結果歐巴馬不僅贏得民主黨提名，且榮膺總統大位，通過了「大人方吉」的嚴峻考驗。

● 一九九九年元旦，我依例占算公私諸事。其時，已在易學教研上大有拓展，忙碌卻很充實。雖尚未正式離開那家出版公司，往事已看淡放開，但仍問了一下當年與該公司的機緣，得出不變的小過卦（䷽）。卦辭稱：「可小事，不可大事。飛鳥遺之音，不宜上，宜下。」確定無可作為。再問如何應對為佳？得出否卦初、三、上爻動，貞悔相爭成革卦（䷰）。否初六值宜變，單變則有无妄卦之象。否閉之局不值得再留戀，也無須再有妄想，經歷六三「包羞」後，應於年底徹底「傾否」而出。革卦「元亨利貞，去故取新」，再造新猷的時候到了！二〇〇〇年後全盤遷出，徹底結束了這段因緣。

● 一九九五年七月底，我雖退出經營年餘，公司股爭並未平復，我冷眼旁觀，占算自己的吉凶禍福。得出否卦三、四、五爻動，貞悔相爭成艮卦（䷳），九五值宜變，單變又有晉卦之象。算來算去都是否，艮卦也是重重阻礙，好在否中三個爻的變化漸趨好轉：六三「包羞」忍辱、九四「有命无咎」，九五「休否大人吉」，爻變晉卦，更是前景光明，其〈大象傳〉稱：「君子以自昭明德。」往後的發展全依此而行，易占真有天眼，明察秋毫。

● 二〇〇一年十月下旬，我快滿四十九歲生日，心有所感，占測自己的「本命」。得出否卦初、四、上爻動，貞悔相爭成屯卦（䷂）。依《河洛理數》的推演，我先天元堂為「比之匪人」，而此生似乎也得在「否之匪人」的環境裡歷練一遭，「傾否」後，獲得新生為「屯」，「動乎險中，大亨貞」。

●二〇〇三年七月中，我一位女學生肝癌復發，我占算她往後可有生機？得出否卦三、五、上爻動，貞悔相爭成小過卦（䷽）。九五值宜變，單變又有晉卦之象。「否之匪人」不妙，由「包羞」而「休否」至「傾否」，似乎又有生機。但問生死須注意遊魂為變的問題，晉卦為乾宮遊魂，小過為兌宮遊魂，就算這回康復，前途仍不太樂觀。果然，她於二〇〇五年三月往生，也只拖了不到兩年。

●二〇〇九年元月下旬，我們學會決議四月中赴江西旅遊，包括龍虎山、三清山等道教勝地，而且接著我在廈門大學的演講之後，寓教於樂，豈不快哉！當時我問此行順利否？得出否卦三、五、上爻動，貞悔相爭成小過卦。否九五值宜變，又有晉卦之象。否之匪人，不是好卦，小過更得謹小慎微，以防出事，為何會如此？結果四月八日在廈門準備南強論壇的演講時，傳來出遊鄭姓學生的噩耗，當天心疾發作往生。我仍撐著完成重要的演講，再去醫院探視致哀，可真是否卦六三「包羞」的心情。學生家屬趕至當地，由不去江西的同學招呼打理後事，我們仍依原訂計畫出遊，由「休否」而「傾否」，終於完成全程。

晉卦為乾宮遊魂，小過為兌宮遊魂，其〈大象傳〉稱：「喪過乎哀。」卦辭又稱：「飛鳥遺之音。」在在都有死亡的陰影啊！

●二〇一六年九月上旬，我介紹一位朋友去參觀台中某私人文物館，看看他們有無資金合作的可能。聽朋友說對方約他至大雪山商談，占得否卦初、三、五爻動，貞悔相爭成離卦。否卦宜變爻位在初六，單變為无妄卦。看來機會不大，初六已現頹勢，六三跌至谷底，九五為「休否」唯一生機，又得「大人」才吉。結果雙方不歡而散，離卦繼明之事未成。

四爻變占例

占事遇一卦中四爻動，變數已達三分之二，以四爻齊變所成之卦的卦辭卦象為主論斷，本卦四爻中若有一爻值宜變，稍加重考量。

● 一九九五年十月中，我問兩岸問題十年內能否解決？得出否卦二、三、五、上爻動，四爻齊變成恒卦。否六三值宜變，又有遯卦之象。否卦天地不交，六二「包承」、六三「包羞」，與九五「休否」、上九「傾否」皆不實際通聯。「包羞」且跌至谷底，爻變成遯，老死不相往來，確實反映了李登輝暮政到陳水扁當朝的兩岸關係。若以歷時變化來看，長期又有逐漸好轉的趨向。二〇〇八年初馬英九上台，推動和解，休否傾否，往下一卦同人邁進，兩岸同為中國人，沒理由不往來。四爻齊變成恒卦，正是長久而相對穩定之意，雷風動盪，立不易方。

● 二〇一〇年八月中，我在《聯合報》易經班的一位女學員告訴我，她的女兒長期不說話，讓她很擔心。她自己占未來前景，得出否卦三、四、五、上爻動，齊變成謙卦（䷎），否上九值宜變成萃卦。否為不口，包羞不言應該只是暫時，最後一定會恢復講話，「否終則傾，何可長也」？「謙亨，君子有終」，也明確顯示此意，日後果驗。

五爻變占例

占事遇一卦中五爻皆動，以齊變所成之卦的卦辭卦象判斷，若其中一爻值宜變，影響較大，稍加重考量。

●二〇〇八年九月中，金融風暴全面爆發，我的學生林獻仁推算台灣往後幾年的經濟情勢，二〇一〇年的卦象為否卦二、三、四、五、上爻動，五爻齊變成升卦（䷭）。否九五值宜變，單變為晉卦之象。「遇否之晉」，領導人帶頭「休否」有成；「遇否之升」，由跌落谷底再大幅翻升，非常戲劇性呈現高成長。結果年底結算，當年足足成長了百分之十多，為二十多年來最佳成績，當年中兩岸簽訂ECFA，加強經貿交流，應該也是主要原因。

●二〇〇〇年十月起，台灣經濟陷入大幅衰退，我一位高雄的老學生占算台灣傳統產業的前景，得出否卦初、二、四、五、上爻動，五爻齊變成明夷卦（䷣）。否九五值宜變，單變為晉卦。「遇否之明夷」，糟糕痛苦可知。然而否卦由初、二下滑，四、五、上卻有逐步回升之象，關鍵在於九五的經營者是否強韌，若能「休否」成功，可由「明夷」的日落轉為「晉」的日出。明夷卦辭：「利艱貞。」咬牙苦撐一段時期，必不可免。

13.天火同人（䷌）

同人為全易第十三卦，下接大有卦，兩卦相綜一體，揭示世界大同、國際和平的宗旨。同人之同，大有之大，合起來即稱大同。《禮記・禮運大同篇》稱：「老有所終，壯有所用，幼有所長，鰥寡孤獨廢疾者皆有所養，男有分，女有歸。」不分年齡、性別、健康及家庭狀況，都有社會最合宜的照顧，只要同樣是人，理應大家都有。人人都有也應有的是什麼？良知良能、自在佛性、平等尊嚴、天賦人權，孟子說的惻隱、羞惡、辭讓、是非之心，春秋太平世的「人人皆有士君子之行」，總之人同此心，心同此理，人人於此大處求同，即可和平共存，天下太平。

《易經》在先，《禮記》成書在後，孔子的大同思想源於同人、大有二卦，約百字的大同世界的描述，全可於卦爻中找到印證。

〈序卦傳〉稱：「物不可以終否，故受之以同人；與人同者，物必歸焉，故受之以大有。」否之非人，環境黑暗，人性沉淪，群策群力傾否後，回復人性光輝，建立全面和諧的人際關係。祥和社會一定吸引各種資源聚集，如百川匯海而成其大。泰極否來的大起大落，肇因於區域流通，同人大有則向全球開放，格局更廣闊無邊。

〈雜卦傳〉稱：「大有，眾也；同人，親也。」大有強調眾生平等，同人標榜人際親和。風天小畜稱寡，火天大有稱眾，不患寡而患不均，均無貧和無寡，大有既均且和，故稱眾。〈雜卦傳〉又稱：「親寡，旅也……訟，不親也。」異域漂泊，舉目少親；兩造爭訟，關係惡劣。天水為訟，天火為同人，親與不親，有其卦象卦理在。

同人六爻全變成師卦（䷆），勞師動眾，兵戈不息；大有六爻全變成比卦（䷇），強權外交，縱橫捭闔。師、比為國際爭霸，同人、大有為國際和平，正是霸道與王道之分，性質完全相反。師、比卦序第七第八，同人、大有為十三、十四，先霸而後王，也是文明發展的順序，沒有足以稱霸的實力，奢言王道便成迂腐。中國向有大同世界的王道理想，國力蒸蒸日上之時，宣稱永不稱霸，並非韜光養晦的策略，而有其深刻的文化根柢與歷史洞察。

䷌

同人卦卦辭：

同人于野，亨。利涉大川，利君子貞。

同人的卦名與卦辭連成一氣，將同人二字作動詞用，直接稱「同人于野」，與「履虎尾」、「否之匪人」、「艮其背」類似，強調全卦行動的重點。「否之匪人」已申明官箴不肅，當朝昏昧腐敗，「傾否」後同人的對象自然在野不在朝，所謂「禮失而求諸野」，民間還有許多值得開發結納的人士。坤卦上六「龍戰于野」，象徵世界大戰，遍地烽火；「同人于野」，顯現世界和平，連最荒僻的鄉野都一片祥和。古代國中稱邑，城外為郊，郊外為野，由邑至野代表往外推擴的歷程。只要世人同心同德，反對戰爭殺戮，終有一日能渡過彼岸，締造國際和平。否卦卦辭稱：「不利君子貞。」同人卦辭稱：「利君子貞。」時代風氣轉好，正人君子又可以固守正道而行了！

〈彖〉曰：同人，柔得位得中而應乎乾，曰同人。同人于野亨，利涉大川，乾行也。文明以健，中正而應，君子正也。唯君子為能通天下之志。

同人為一陰五陽之卦，唯一的陰爻六二為全卦之主，與上卦九五之君相應與，故稱「柔得位得中而應乎乾」。「曰同人」，有鄭重其事之意。小畜、大有之〈彖傳〉亦稱：「曰小畜」，「曰大有」。〈禮運大同篇〉最後稱：「是謂大同。」〈彖傳〉釋經，重結構分析，指出六爻間的主從關係，值得細品玩味。六二為下卦、內卦離明的中心，象徵民間或內心中的文明智慧，必須結合上卦、外卦乾剛的勇健行動，才能發揮效力，渡過重大險難，故稱「乾行也」。內文明、外剛健，六二、九五中正相應與，君子處於這麼好的大環境，當然應該依正道辦事。同人時離明在下，本身無權，必須說服掌權者接受並推行其理念，孔孟周遊列國為此，董仲舒透過漢武帝獨尊儒術亦然。大有卦時文明在上，掌權者本身即具無上智慧，直接付諸實踐，不必再假手於人。

知識分子有理想抱負，要說服天下人實行其道並不容易，必須從同理心出發，深探人性的共同基礎，依此建立共識，才能成功。天下眾生形形色色，人各有志，通天下之志談何容易？〈彖傳〉末的論斷，〈繫辭上傳〉第十章說的更清楚：「夫易，聖人之所以極深而研幾也。唯深也，故能通天下之志；唯幾也，故能成天下之務。」下最深的功夫研究事理的機微，號召天下志同道合者一起奮鬥合作，以成就偉大的事業，這才是《易經》的大用。世間一般怪力亂神、耽溺術數，只求個人趨吉避凶，絕非習易正道。

同人反戰，並非空言虛妄，而基於人性的本然。孟子見梁襄王後，出來跟人轉述襄王提問：「天下怎樣才能安定？」他回答：「定於一。」王又問：「孰能一之？」孟子再答：「不嗜殺人者能一之。」王再問：「孰能與之？」孟子最後答稱：「天下莫不與也！」「定於一」並非霸道的武力統一，而是王道的一統，人同此心，心同此理，都討厭殘酷的殺戮。若有王者能以和平方式解決國際紛爭，天下萬民皆願投奔和參與。「誠如是也，民歸之，猶水之就下，沛然誰能禦之？」所謂仁者無敵，孟子說的不是空話。唐朝李華著名的〈弔古戰場文〉有言：「蒼蒼蒸民，誰無父母？提攜捧負，畏其不壽。」天下父母心，費盡辛苦拉拔子女長大，誰真正願意他們戰死沙場？

〈象〉曰：天與火，同人。君子以類族辨物。

同人上乾卦為天，下離卦為火，稱天與火同人，表示自然天道與人類文明交融為一。與為「民胞物與」的與、「承乘應與」的與，真的是天下莫不與也！上卦乾陽之氣往上，下卦離火也往上燒，發展方向相同，和訟卦天與水違行正相反，所以「同人親，訟不親」。〈文言傳〉稱：「水流濕，火就燥……本乎天者親上，本乎地者親下，亦各從其類也。」離為日為火，本乎天，坎為陷為水本乎地，物以類聚，自然相親近。

乾卦先天方位在南，離卦後天方位在南，二卦算是先後天同位的關係。先天屬體，後天為用，天火體用合一，天道為體，人文為用，也是同人卦的意涵。八卦在序卦中最後出現的，就是三劃的離卦，顯示智慧與文明需演化甚久，才能誕生。

人類繁衍於大地之上，形成各各不同的民族，血統、語言文字、宗教信仰、生活習慣各異，互相交往極易起衝突。小焉者像台灣的族群矛盾，大焉者如基督徒和回教徒的宗教戰爭，給人類社會帶來了很多困擾和苦難。有志者欲推動世界和平，首先必須分門別類透徹研究各民族的風土人情，在理解尊重的基礎上善意互動，才有大同的可能。「類族辨物」也是個人或組織擴展人脈的基本功，所有交往的對象都必須有廣泛且深入的了解。

師、比二卦始有國家，國家是武力造就。同人、大有二卦論及民族文化，則為長期自然形成，根深柢固，影響更大。民族主義雖非究竟，感染力強不容忽視，也絕對無法繞過而奢談世界主義。

占例

● 二〇〇〇年四月下旬，我精讀〈繫辭傳〉，每一章都以易占算其主旨。上傳末章精粹之極，啟發我甚深，還因此寫過一篇闡發易象體例的長文〈明道若昧〉，就此終生嗜《易》，無怨無悔。當時占象為不變的同人卦，解的可真切！傳文稱：「形而上者謂之道，形而下者謂之器，化而裁之謂之變，推而行之謂之通，舉而措之天下之民謂之事業……神而明之，存乎其人。」處處強調「通天下之志、同人于野」的重要，人生在世，當積極團結奮鬥，為群眾謀福。

● 二〇〇一年九月底，宋楚瑜成立的親民黨聲勢頗盛，我占問該黨的屬性本質為何？得出不變的同人卦。繼民進黨上台否亂之後，「同人于野」，想統合在野勢力，以成就大有之盛況。黨名親民，取義於《大學》三綱領：「明明德、親民、止於至善」。又恰合於〈雜卦傳〉所稱「同人親也」之旨，用意不錯，卻不能發展久長。二〇〇四年宋再度敗選後，親民黨每況愈下，終至名存實亡。

●一九九五年十二月下旬，我在一媒體聚會場合遇到詹宏志，他是有名的出版企劃高手，正創辦電腦家庭雜誌《*PC home*》，順便問我成敗如何及經營策略。我占得不變的同人卦，「同人于野，通天下之志，類族辨物」，以精確掌握電腦族的需求，應可「利涉大川，利君子貞」。下卦離中虛，也是網路縱橫之象，切合電腦推廣的景觀。時隔多年，這份雜誌確實辦得不錯，擁有相當的影響力。

●二〇一〇年十二月初，我和妻子赴日本京都觀光，以慶祝結婚三十週年。在龍安寺方丈庭園靜觀白沙鋪地的枯山水，十五塊形狀各異的石頭分布各處，呈現空靈安靜的美感。我凝神冥想，然後以手機起占：眼前景物意境如何？得出不變的同人卦。「同人于野，亨。利涉大川，利君子貞。」一卦辭一語道盡石庭丰采，那些分布在白沙海中的孤立石島，像不像世界的八大文明區塊，遙遙屹立，又靈氣流通？

䷌

初九：同人于門，无咎。

〈小象傳〉曰：出門同人，又誰咎也？

初九為同人之初，先將自己門內的人際關係料理好，然後再出門交朋友，由內而外，次序井然，誰都不能說不對，可獲無咎。《大學》講「家齊而後國治，國治而後天下平」，道理與此相同。本爻爻變為遯卦（䷠），若門內之事不治，則無立足根基，何以向外開放？「同人于野」應勇敢面對，積極進取，不可隱遁逃避。

〈禮運大同篇〉末稱：「故外戶而不閉，是謂大同。」很多人以路不拾遺、夜不閉戶的治安良好來解釋，完全搞錯了意思，這句講的是國家對外門戶開放，和平互動交流，也就是「出門同人」。外戶閉則為鎖國，成了民至老死不相往來，非大同世界所尚。全篇以此句為大同定位作結，何等重要，哪裡只是在講小小的治安呢？

占例

● 二○○六年十二月四日，我占問郝龍斌台北市長選舉的勝算，得出同人卦初九爻動。「同人于門，无咎」，國民黨陣營支持沒問題；「出門同人，又誰咎？」還可以拉到些中間選票而擴大基盤。五天後結果揭曉，郝以百分之五三．八一的支持率當選，延續了泛藍台北都會的執政權。

䷌

六二：同人于宗，吝。

〈小象傳〉曰：同人于宗，吝道也。

六二為下卦離明中心，上與九五之君中正相應與，〈彖傳〉中極力稱許推重，為同人卦的主爻，照講應該很好。可是爻辭卻以拘礙小器的吝道稱之，認定發展有限，這是什麼道理？卦為大環境，有其宏觀設想，爻代表個體，落實起來總有私利考量。履卦六三亦為「柔履剛」的主爻，卦有期許，爻辭卻遭虎噬而大凶。同宗血緣關係密切，中心思想相近，難免聚內排外，六二和九五相應與，卻與其他陽爻不親，易起衝突爭奪。大同社會的理想為：「故人不獨親其親，不獨子其子。」六二「同人于宗」，獨親其親，獨子其子，老吾老不能以及人之老，幼吾幼不能以及人之幼，遂落入自私狹隘的吝道。

占例

●二〇〇八年五月下旬，蔡英文就任民進黨主席，聲勢看漲，其時民進黨大選新敗，士氣低迷，很多綠營的支持者對蔡頗有寄望。我一位深綠的朋友當時即占卦，問蔡角逐二〇一二大位可有勝算？得出同人卦六二爻動，恰值宜變之位，爻變成乾卦。乾為君，「同人于野」也是在野黨重新團結之象，但仍應以六二爻辭為主斷占。「同人于宗」，顯見蔡很難超越綠營支持者的格局，爭取不到以外足夠的選票，競逐大位恐怕不易。二〇一二年元月十四日選過，馬英九連任，蔡英文果然落選。

䷌

九三：伏戎于莽，升其高陵，三歲不興。

〈小象傳〉曰：伏戎于莽，敵剛也；三歲不興，安行也。

九三過剛不中，乘於唯一陰爻六二之上，佔地利之便，頗思與九五爭奪六二，明著幹不行，來暗的設伏偷襲。在野外莽林間埋伏重兵，準備九五經過時出其不意攻擊，為求萬全計，先攀爬上山陵高處瞭望敵情，發現九五實力堅強，無懈可擊，只有放棄圖謀，安分老實，三年內都不敢再挑釁興兵作戰。本爻動，恰值宜變成无妄卦（䷘），舉事一定沒有希望，不敢妄想妄動。

同人卦各爻多稱同人，九三爻辭則否，顯然沒有與人和合的想法，為圖私利而起殺機。〈禮運大同篇〉稱：「是故謀閉而不興，盜竊亂賊而不作。」正為此爻之象，「三歲不興」即謀閉而不興，據其非有為賊為盜，欺名盜世、大盜盜國皆是。「孔子作春秋而亂臣賊子懼」，「臣弒其君，子弒其父」，「積不善之家，必有餘殃」，都是盜竊之行啊！

占例

●二〇〇六年十一月十八日，台中市長胡志強夫人邵曉鈴隨夫婿赴高雄站台助選，返程經台南山區途中，遭遇重大車禍，不僅截肢，尚有性命之虞。其弟邵崇齡為知名易學家，探視姊姊時占問吉凶，得出同人卦九三爻變，成无妄卦。在野助陣為「同人于野」，卻不幸遇到藏於山林中的殺機，真是無妄之災。「三歲不興」，似乎指三年之久都不能康復行動。後來，台灣不分藍綠，許多人為其念禱祈福，居然起死回生，沒太久就下床站立行動。無妄涉及心念，用心真誠可致奇蹟，人的心力真正不可思議？

●二〇一〇年八月底，我占問年底的五都大選勝負。國民黨為不變的震卦，民進黨為同人卦九三爻變，成无妄卦。震卦談政權保衛，有驚無險而獲延續。「同人于野」，在野黨團結抗爭，卻遇無妄之災而未能得志，又得三、四年後再謀舉事。「伏戎于莽」指何而言呢？當年十一月二十六日大選前夕，連戰的長子連勝文赴永和站台助選，突遭槍擊重傷，二〇〇四年三一九兩顆子彈的陰影重現，也真的對選情產生了微妙的影響。民進黨總得票數雖高，仍未取得中北部的執政權，國民黨以三比二的平盤渡過危機。在我八月底一併算的卦象中，蔡英文選新北市為不變的无妄卦，高票落選；胡志強競選台中市長連任，為不變的同人卦，以極小差距險勝過關。二〇〇六年胡夫人邵曉鈴車禍，占象即為遇同人之无妄，一報還一報，其中真有因果嗎？

●二〇一七年元月下旬，驚聞台泥董事長辜成允在晶華酒店夜宴後不慎失足重傷，我占問還有救活機會否？為同人九三爻變成无妄卦。又是在茫茫人海中遭遇隱伏的凶險，无妄即無望，大大不妙。翌日，果然不幸往生。

九四：乘其墉，弗克攻，吉。

〈小象傳〉曰：乘其墉，義弗克也；其吉，則困而反則也。

九四陽居陰位，剛而能柔，夾處於相爭的九三、九五兩爻之間，想左右逢源、兩邊討好而得利。爻辭亦不言同人，騎乘在高高的城牆上觀望形勢，擁兵自重，正是典型的騎牆派。由於九五之君實力堅強，九三暗算不成知難而退，九四也沒便宜可撿，無法發動攻擊。這對九四其實是好，受困之後懂得回歸正道法則，反而獲吉。

《禮記・禮運》全篇簡述完大同理想後，接著談小康現狀以為對照：「大人世及以為禮，城郭溝池以為固。」君位傳於子弟，形成家天下的體制，擁兵自重以相攻伐，影響萬國不寧。這不正是同人九四的居心及行為嗎？本爻變，為家人卦（䷤），由同人的天下為公退縮為天下為家，私心自用，妨礙國際和平的建立。困而反則之則，實即「乾元用九，乃見天則」之則，群龍無首，眾生平等，容不得專權壟斷，惹是生非。

同人卦中九三、九四均屬人位，竟然皆不言同人，可見化私為公推行大同之難。

占例

● 一九九七年十月中旬，我問了一系列千年之後文明發展的問題，其中俄羅斯東正教文明的占象為同人卦九四爻動，有家人卦之象。俄國曾為人見人畏的世界強邦，冷戰結束後國力衰頹，似已無力主導世局，難道往後千年都是如此？「乘其墉，弗克攻」，在主要相爭的文明國家間自據一方，猶疑依違，以保障本身最大的利益？

䷌

九五：同人先號咷而後笑，大師克相遇。

〈小象傳〉曰：同人之先，以中直也；大師相遇，言相克也。

九五居同人卦君位，與六二中正相應與，卻遭九三設伏暗算、九四騎牆觀望，橫逆阻礙重重，好在實力堅強無匹，足以威懾反叛，而與六二相遇合。先號咷大哭，而後笑逐顏開，歷盡辛苦才如願以償。相遇為姤卦邂逅之意，以卦中涵卦的互卦理論來看，同人卦中本涵有兩個姤卦：二、三、四、五爻合成姤，二至上爻亦合成姤（䷫），其中六二都是一陰遇五陽的關鍵腳色。同人之先是略稱，「以中直」，是強調九五中道且正直，故能經得起磨難考驗終獲成功。本爻變，為離卦（䷝），繼續光明，大業不受影響。

由同人卦二至五爻的刀光劍影，可見推行大同的不易，沒有主導者強大武備作後盾，根本不可能成事。人類文明的發展態勢，一定是先霸而後王，必得有足以稱霸的實力而不稱霸，才能實現王道。

〈繫辭上傳〉第八章中稱：「同人先號咷而後笑。子曰：君子之道，或出或處，或默或語，二人同心，其利斷金，同心之言，其臭如蘭。」孔子選講同人九五，特別看重與六二情誼的堅定，雖時空隔閡及遭遇困阻，亦不改其志。交友之道貴默契相知，同心同德的力量，可斬斷世間一切堅剛的障礙，出自肺腑的言語，像蘭花般的芬芳，「義結金蘭」的成語由此而來。

占例

● 一九九七年八月中，我占問整部〈繫辭傳〉的價值定位，得出同人卦九五爻動，有離卦之象。遇同人之離，繫傳主旨在「通天下之志」，在文明永續光照四方，寄望後世大人君子實現天下為公的王道理想。

● 二〇〇四年十一月上旬，我赴大陸開會，在南京旅館裡預占二〇〇五年大陸經濟的情勢，得出同人卦九五爻動，有離卦之象。同人代表經貿全球化，離卦為網絡縱橫，繼續光明，看來會很不錯。同人九五高居主導的君位，雖會遭遇一些困阻，終因實力堅強，必可突破而獲成功。這裡的「大師克相遇」，非指動武，而係經貿戰及貨幣戰，人多勢眾，十三億人口代表強大的生產力與潛在的消費力，任誰也不敢輕忽以待。後來結算，二〇〇五年中國經濟成長率高達百分之十．一，傲視全球。

☰

上九：同人于郊，无悔。

〈小象傳〉曰：同人于郊，志未得也。

上九為同人之終，郊為城外人煙較少之處。由同人于門、于宗，終於從城內推廣到城外，但仍未及於更廣闊的曠野之地。換句話說，卦辭所希望的「同人于野」未盡全功，「通天下之志」沒能實現，故稱志未得；但畢竟已努力過，所以無怨無悔。這就是卦的全盤理想與爻的實際表現的差異，建立大同世界只能盡其在我，永遠也難百分之百完成。本爻爻變，為革卦（䷰），人革天命，已經充分展現人的意志和創造力，也確實帶來了周遭環境很大的改變。

舉例來說，歐洲在過去五百年間戰火不斷，人民痛苦不堪，經過多年的努力，成立統一貨幣的歐元區，就是「同人于郊」。歐洲一體化以後，內部不容易再發生生靈塗炭的戰爭，但歐洲以外仍可能衝突，「同人于野」還是辦不到。依此發想，亞洲有朝一日可能發行亞元嗎？全世界未來會出現「人元」嗎？「同人于郊」已經很不容易，「同人于野」更是遙遙無期啊！

占例

● 二〇〇八年九月中，金融風暴全面爆發，全球經濟皆受嚴重影響。我當時針對兩岸及世界經濟未來五年的情勢占了卦，其中二〇一二年世界經濟為同人上九爻動，有革卦之象。「同人于郊，志未得」，是說全球自由貿易已走到極致，將要窮則變了嗎？郊在邑外，未及於野，是說區域保護主義將盛行，區域與區域間則壁壘分明？

●二〇〇四年十二月上旬，距年底選舉無效之訴宣判只有三週多，我助友人占問：藍營可有勝算？得出同人卦上九爻動，有革卦之象。「同人于郊，志未得」，看來不成。但盡力爭取社會正義，美好的仗已經打過，也無怨無悔了。結果一如預期，官司雖輸，一年多後反貪腐的紅衫軍運動風起雲湧，三年多後民進黨敗選下台，然後陳水扁鋃鐺下獄，其中因果報應還是歷歷不爽。

多爻變占例之探討

同人全卦六爻的基本理論及實用占例已介紹完畢，往下再探討更複雜的二爻至六爻變的情形。

二爻變占例

占事遇一卦中二爻動，若其中一爻值宜變，為主變數，加重考量該爻爻辭。若皆不值宜變，參考本卦卦辭卦象，及二爻爻辭以判斷。二爻齊變所成之卦的卦象亦列參考。

●一九九七年七月上旬，我占問鄧小平的歷史地位，得出同人四、五爻動，九五值宜變成離卦，兩爻齊變又有賁卦之象。鄧大力推動中國經濟改革，勇敢向國際社會開放，正是「同人于野，利涉大川」。九五之君突破萬難，「先號咷而後笑」，使中華文明永續興旺，賁卦亦是人文化成之意。至於同人九四「乘墉弗克攻」，官僚階層保守小康心態，亦由於老鄧毅然推動改革開放，改弦更張，「困而反則獲吉」。同人卦中四、五爻的執政高層俱動，遂創下振興中華的不朽基業。

當年同時也推算了毛澤東的歷史定位，得出泰卦九二爻動，有明夷卦之象。相對於同人卦的全球化，泰卦重點在於國家富強康樂，九二「包荒，用馮河」，眼光遠大，氣勢雄偉，但也可能難以落實，反成明夷的艱苦晦暗。可泰可明夷，繫於時，繫於勢，繫於人。

● 二〇〇九年五月下旬，我針對一些當代重大事件有占，其中問一九五八年八二三金門砲戰的本質意義，得出同人卦初、五爻動，九五值宜變成離卦，兩爻齊變，又有旅卦之象。兩岸同是中國人，為何開戰？「先號咷而後笑，大師克相遇」，九五和六二相應與，為了維護「同人于宗」的民族認同，警告美國永遠分割兩岸的圖謀，砲擊四十四天後停戰，恢復和平對峙。初九「出門同人，无咎」，似乎也無意真打大打，主要還是因應當時的國際情勢而做的牽制考量。旅卦山上有火，一把火燒過就算了，〈大象傳〉稱：「明慎用刑而不留獄。」相當耐人尋味。

● 二〇一〇年十二月上旬，維基網路洩密事件鬧得很大，我問對中美兩大國的影響。中國為不變的明夷卦（䷣），「利艱貞」，韜光養晦以對。美國則為同人卦三、上爻動，齊變有隨卦（䷐）之象。同人卦天下文明，下離卦本有網絡縱橫之象，信息自由流通於國際間，很難強勢遏止。九三「伏戎于莽」，又「升其高陵」，挖掘深藏的真相並予曝光，大國中其暗算，亦難以有效處置。上九「同人于郊，志未得」，有些事情多少有所顧忌，不好公然推行了！隨卦內震，中心有主、外兌和悅溝通，暫時也只能聽之任之。

● 二〇〇六年元月下旬，我問當年底台北市長選舉，綠營的勝算如何？得出同人卦三、上爻動，齊變有隨卦之象。同人于野，民進黨後來推出前閣揆謝長廷參選，欲奪取台北市的執政權，九三「三歲不興」，上九「志未得」，看來必然敗選。年底選舉結果，謝雖得票不少，仍然輸給國民黨的郝龍斌。如前文所述，郝的勝算為同人初九爻動，「出門同人，无咎」，贏得了選舉。

●二〇一二年五月中，中國與菲律賓在南海黃岩島起主權爭議，我問雙方會發生軍事衝突嗎？為同人三、上爻動，齊變為隨卦。九三「伏戎於莽，升其高陵，三歲不興」，菲方企圖敵剛而勢弱；上九「同人于郊，志未得也」，大陸欲和平解決而未能。隨卦內震外兑，堅持主權，仍傾向以談判處理爭議。整體來看，對著硬幹的可能性不大。果然，雙方以休漁期為由各退一步，局面轉趨和緩。

●二〇〇一年九月上旬，台灣政局動盪，李登輝見縫插針，想促成台聯黨、民進黨合作，並吸收國民黨本土派的叛將以瓦解政敵。我當時占問其圖謀能成功嗎？得出同人卦四、上爻動，齊變有既濟卦之象。同人正是與各類人謀求合作，九四「乘墉」騎牆兩面光，上九「志未得」，應該不成。既濟卦本有成功之義，但同人兩爻的動向不佳，只反映了李老先生個人主觀的願望吧！其後的政局發展果然如是。

●二〇〇四年元月上旬，離台灣領導人大選只剩兩個多月，連宋的民調一直領先，陳水扁的策士邱益仁放話說：將繼續執行割喉競爭，要割到斷，且春節後還有絕招。我占問絕招為何？得出同人卦三、四爻動，齊變有益卦之象。同人九三「伏戎于莽」搞暗算，九四「乘墉」觀望撿便宜，多凶多懼，意圖人為扭轉敗局而獲益。結果事實證明，選舉前夕出了疑雲重重的三一九槍擊案，雖迄今未偵破，卻使人恍然大悟，原來如此！

●一九九五年中，我一位台中的學生剛進社會，為母親養老金被親舅舅騙去做生意又倒閉，苦惱不堪，好容易向債務人取得房產質押第三順位，占問能否取得款項？為同人初、四爻動，有漸卦

（䷴）之象。「同人親也」，貞我悔彼，初九「同人于門」，希望「无咎」；對方九四「乘其墉」，只求自利自保，全無親善之心，實不樂觀。兩年後親人對簿公堂，債務人宣告破產，一文錢也未取回。

●二〇一〇年五月底，大陸《醫行天下：拉筋拍打治百病》一書的作者蕭宏慈，來台參訪並推廣其民間中醫療法，掀起不小熱潮。我的學生邀我去聽蕭演講，會後一道用餐。蕭說內地不少高人用易卦看病，我占算他行醫志業往後二十年的發展，得出同人卦三、五爻動，九五值宜變成離卦，兩爻齊變，又有噬嗑卦之象。民間療法是醫政體系的在野派，「同人于野」欲通行天下，勢必招致打壓或暗算，九三「伏戎于莽」之事肯定很多。只要九五中直有料，「大師克相遇」，可「先號咷而後笑」，繼續光明發展。噬嗑卦講得正是優勝劣敗的鬥爭，所謂叢林法則，一切得靠真本事。二〇一一年四月蕭再度來台推廣其術，終於樹大招風，被醫管單位盯上，罰款且驅逐出境，甚至限制幾年內不得來台，打擊可謂不小。

我又算他所宣揚的拍打治病的療效，得出同人卦五、上爻動，九五值宜變成離卦，兩爻齊變，又有豐卦之象。拍打開始很痛，調傷出痧後氣暢血通舒服極了，真的是：「先號咷而後笑，大師克相遇。」離卦持續溫熱光明，豐卦內離明外震動，元氣充沛精神振奮，顯然療效甚佳；但豐卦為明以動，也要看準了才動手，某些患者並不適宜拍打，仍須小心施為，免生爭議。

最後，我還默默占測其人品性，行醫者仁心仁術很重要。卦象為小畜二、三、五爻動，貞悔相爭成頤卦。小畜密雲不雨，修煉文德，頤卦調養身心，有節有度。小畜九二「牽復吉」，九三「輿脫輻」，九五「有孚攣如，不獨富」，由自身克欲修行，進而化育眾生，心路歷程宛然可見。

二〇一七年中，他行醫出事，域外吃上官司，講起來不算意外啊！

●二〇一一年七月二十二日，挪威奧斯陸發生瘋狂殺人事件，兇手布雷維克以反伊斯蘭文化入侵為名，冷血屠戮七十多位白人同胞，被捕後堅不認錯，還受該國免除死刑的司法保障，真正豈有此理！我問該案發生後，三至五年的世景如何？為同人初、三爻動，齊變有否卦（䷋）之象。「同人于野，亨，利涉大川，利君子貞」，「君子以類族辨物。」方今全球化的時代，大家都希望出門同人，與各民族國家的人群交往；然而九三「伏戎于莽，升其高陵」，總有殺機隱藏於幽暗處，窺伺情勢想謀害人，根本防不勝防。「否之匪人，不利君子貞」，「君子以儉德避難」。依卦序否在同人之先，二卦情勢完全相反，由同人之否，文明呈現大倒退，天地不交，人性泯滅矣！九一一之後反恐十年，舉世投入無限的心力財力，結果西方自由社會的敵人不在外部的伊斯蘭，反而深藏於境內，合乎中國的太極思維：陽中有陰，陽極轉陰。種種弊端，太值得大家深刻反省了！

二〇一二年八月二十四日挪威法院裁定，兇手精神正常，判二十一年有期徒刑定讞。

三爻變占例

占事遇卦中三爻動，變數已半，以三爻齊變所成之卦的卦象卦辭，與本卦的卦象卦辭合參，稱貞悔相爭。若三爻中一爻值宜變，為主變數，其爻辭影響較大，其他兩爻為次變數，影響較小。

●二〇〇一年九月下旬，我針對大衍之數的筮法做深入探討，占問：大衍之數五十，與天地之數五十五之間，究竟是何關係？得出同人卦上卦三爻全變，貞悔相爭成明夷卦（䷣），同人上九值宜變，又有革卦之象。同人下卦離為人的文明，大衍筮法由人所發明，可通天下之志，隨占者心念而精確顯象；上卦乾為天地自然之理，一至十數字的總和必為五十五。同人變明夷，內卦離明不變，外卦由乾天變坤地，人與天的關係落實為與地的聯繫，「遇同人之明夷」，精妙顯示了天地人三才之道。同人上下內外本是先後天同位、體用合一的關係，上九爻變成革卦，更明示筮法為人的智慧創造，既依天理，又有化裁之功。革卦的〈大象傳〉稱治曆明時，卦序四十九，與排序五十的鼎卦相綜一體，鼎的〈大象傳〉稱「正位凝命」。革故鼎新，明時正位，大衍筮法本由曆法推演而生。〈繫辭上傳〉第九章專談筮法，即稱：「凡天地之數五十有五，此所以成變化而行鬼神也。大衍之數五十，其用四十有九，分而為二以象兩，掛一以象三，揲之以四以象四時，歸奇於扐以象閏，五歲再閏，故再扐而後掛。」

全易排序第五十五的為豐卦，其〈大象傳〉稱：「君子以折獄致刑。」正是依天理終極審判之義，用大衍之數占出本卦後，若有變爻，須用天地之數五十五減去六爻序數總和，以所得差數決定宜變爻位，做出最後占斷。《易經》經傳的理氣象數精微奧妙，值得深入鑽研。

●二〇〇三年間，我應邀到學生家聚餐，其中一位女生搞設計專業，是所謂在家上班的「舒活族」，感情生活一直不順，當時自己占未來五年可有突破，碰不碰得到 Mr. Right？得出同人卦初、四、上爻動，貞悔相爭成蹇卦（䷦），同人上九值宜變，有革卦之象。「遇同人之蹇」，顯然交往不順利，仍然運途多舛。同人上九「同人于郊」，好男人太少，「志未得」。初九「出門同人」，不是沒有努力；九四「乘墉、弗克攻」，就是找不到理想對象。整體情勢好比一句詩：「望盡千帆皆不是。」徒呼奈何？事後五年的感情發展，果然如此。

●一九九一年初，我在那家出版公司勞神苦戰，元旦假期占問公司前途如何？得出同人卦，初、四、上爻動，貞悔相爭成蹇卦，同人上九值宜變，有革卦之象。「遇同人之蹇」，風雨同舟，前途多艱。初九「同人于門」，安內攘外；九四在股爭中東挪西靠，無力自主；終至上九「同人于郊，志未得」，空留遺憾。後事發展，全如此占。

●二〇〇七年元旦，我依慣例占完政經大勢後，問自己當年各方面的發展。「謀食」為同人卦，三、五、上爻動，貞悔相爭成震卦（䷲）。同人上九值宜變，又有革卦之象。「遇同人之震」，積極往外開拓人脈，到處多跑跑，對工作生活有幫助。中間難免有些障礙不順，造成效果打折扣，例如九三「三歲不興」，上九「志未得」之類。由於九五實力俱在，應可克服難關，「先號咷而後笑」，謹守中直之道行事，就不用擔心。事實上，當年確實在教學研究方面，都有嶄新的際遇和突破，出版也由平面紙本進入立體光碟的展現形式，占象激勵鼓舞，誠不我欺。

當時，還有占算我全年赴大陸開展志業的策運，得出履卦（䷉）初、二、上爻動，貞悔相爭成萃卦（䷬）。履卦上九值宜變，又有兌卦（䷹）之象。遇履之萃，行萬里路，精英匯聚，兌卦為朋友講習，會面交流心得，不亦悅乎！履卦初九「素履无咎」，九二「履道坦坦、貞吉」，上九周旋無虧而獲元吉。由「獨行願」到「大有慶」，顯然績效不錯，值得期待。當年六月中赴重慶開會，談抗戰時期馬一浮的復性書院；八月中小三通去廈門，轉鄭州到安陽開會，發表以《易經》證解《四書》的論文，然後去山西遊覽，都體現了卦象的預示。

●二〇〇八年十月上旬，我上課匆忙，不慎遺失了厚厚一疊泰、否兩卦的卡片，上面密密麻麻寫滿了我多年的心得筆記，遍尋不著非常懊惱。無奈之下占問可有機會找回，得出同人卦，三、五、上爻動，貞悔相爭成震卦，上六值宜變，有革卦之象。九三「伏戎于莽」，暗示藏在深處，上九「志未得」，有可能找不到；好在九五保證「先號咷而後笑，大師克相遇」，應該失而復得。震卦卦辭稱：「亨。震來虩虩，笑言啞啞。震驚百里，不喪匕鬯。」經歷一翻波折震撼之後，度過危難，沒有喪失主權，深感慶幸而啞然失笑。幾天以後，我妻開車送我去上課途中，路口緊急剎車，車身一震，我在後座發現前面椅墊下似乎有東西，拽出來正是丟了好些天的卡片，還真如卦辭所言。

古代有所謂失物占，以易卦的理氣象數推斷遺失物品的下落，會斷的話也很實用。人一生難免丟失很多東西，能否復得也看機緣。

●二〇一〇年三月初，台灣的《經濟日報》邀我寫《易》與管理的專欄，過去幾年春節時，曾在他們副刊寫過幾次全年經濟預測，頗獲好評。我問接下專欄如何？得出同人卦初、三、四爻動，貞悔相爭成觀卦（䷓）。同人「類族辨物」，觀卦〈大象傳〉亦稱：「先王以省方觀民設教。」都強調看對象決定怎麼說、怎麼做，《易經》太深奧，深入淺出讓報紙讀者了解不易。初九「出門同人」，是可一試；九三「伏戎于莽」、九四「乘墉、弗克攻」，顯然存在很多障礙。結果兩週一篇，寫了不到半年停筆，還是受困，沒找到最適宜的表現方式。

●二〇〇二年十月中，我看到一些海外的分析報導，預言中國大陸十年內會有分裂動亂，充滿情緒性的字眼，遂占問真會如此嗎？得出同人卦初、五、上爻動，貞悔相爭成小過卦，上九值宜變，又有革卦之象。初九基層雖動，上九「志未得」，主要還是九五實力堅強穩住局面，「先號咷而後笑」。小過卦卦辭稱：「亨，利貞。可小事，不可大事……不宜上，宜下，大吉。」遇同人之小過，不會有事。

●二〇一二年元旦，我作一年之計，問中國大陸當年政局，為同人卦三、四、五爻動，貞悔相爭成頤卦。當年底領導換屆，年初重慶出事，東海至南海國疆不靖，經濟呈現下滑跡象，算是多事之秋。九三「伏戎于莽」、九四「乘墉、弗克攻」，內外憂患不少，還好九五「大師克相遇，先號咷而後笑」，可穩定度過難關，進入下一階段的頤卦的政局生態。後來發展，一如卦象所言。

●一九九三年七月下旬，我還在負責經營時，面對中小學參考書及教科書將開放民間編纂的情勢，概估約有二十六億台幣的市場總值，以我們公司在科普書方面累積的實力，能否部署投入呢？占象為同人卦初、四、五爻動，貞悔相爭成艮卦（䷳）。艮卦內外皆阻，障礙重重；同人初九出門、九四「乘墉、弗克攻」，應該很難挑戰已經卡位成功的同業九五，若貿然投入，多半遭大師壓制。後來我不管事後，老闆為求業績週轉，還是不顧一切投入，慘澹經營數年，勞而無功。

●二〇〇二年元月中旬，我上新聞政論節目，根據電視台設計的問題作答。其中預測財長顏慶章當年仕途，得出同人卦二、四、五爻動，貞悔相爭成大畜卦（䷙）。大畜卦辭稱：「利貞。不家食吉，利涉大川。」同人卦辭也稱「利涉大川」，看來大有外放任職的可能。同人六二、九五相應與，又深得領導人信任，九四「乘墉」欲阻礙而未能。果然十多天後，顏獲派駐WTO首任代表赴歐，很快應驗了卦象。

●二〇〇四年九月上旬，我即將赴九寨溝旅遊，約好回程時轉去貴陽，會晤春秋學者蔣慶，交流大易與春秋中的王道思想。行前問占：往後志業與蔣慶的機緣如何？得出同人卦的初、二、五爻動，貞悔相爭成鼎卦。「同人于野，志在大同；革故鼎新，春秋所尚」。同人六二和九五相應與，中心思想接近，初九「出門同人」，不亦宜乎？

●二〇一一年七月中旬，我赴北京授易，名為「神州大易首屆精英班」，隔週的週六週日上兩整天課，共上四次，約四十幾個小時，除了基本理氣象數外，僅能講解十幾個卦，算是正式開班的第一屆。第一回課畢後，學生及友人邀至當地的「神玉藝術館」參觀，該館玉器為民間人士蒐藏，都是價值連城的大型玉雕，清代皇室的居多，還有當年國民政府遷送故宮館藏的封箱。宴罷離館，大家都有疑問：這麼多國寶級的文物是怎麼蒐集來的？我在車中默默一占，得出同人初、二、五爻動，貞悔相爭成鼎卦（䷱）。鼎為國之重器，也是政權的象徵，同人顯示其超越國族的世界級的檔次與水平。關鍵在同人九五所稱的「大師克相遇」，清代至今經歷多少戰亂，政權幾度易手，這些國寶隨著征戰的勝負，也數易其主啊！改朝換代之際，逃遁與接收之間，必然有上下其手的弊端。所以另占一卦，直接出現不變的蠱卦（䷑），重寶蠱惑人心，箇中情事，什麼都可能啊！

●二〇一一年四月中旬，民進黨蔡英文與蘇貞昌競爭翌年大位的候選人，即將進行電話民調一決勝負。我占問蘇貞昌的勝算，為同人卦三、四、上爻動，貞悔相爭成屯卦，同人上九值宜變，單變又有革卦之象。民進黨派系林立，反蘇的勢力很多，謝長廷上回大選落敗，也與副手蘇貞昌結怨，明裡暗裡阻撓蘇勢坐大。同人九三「伏戎于莽」、九四「乘其墉」，皆不與蘇同心同德，正合此象；上九「同人于郊，志未得」，蘇遂飲恨落敗。革故鼎新，成了過氣的大老，讓位給年輕的蔡英文主領風騷。屯卦「動乎險中，資源匱乏」，自此與大位無緣矣！四月二十七日民調揭曉，蔡以一．三五的百分比險勝，蘇果然落敗。

●二〇一五年十月下旬，我問台灣立委選舉勝負，民進黨立委真能過半嗎？為同人初、三、五爻動，齊變貞悔相爭成晉卦。「遇同人之晉」，顯然大有斬獲。同人九三雖有阻礙，九五「大師克相遇」皆能克敵致勝。選舉結果出來，民進黨贏得六十八席，確定過半大勝。

四爻變占例

占事遇一卦中四爻皆動，變數達三分之二，以四爻齊變所成之卦的卦象卦辭判斷；若其中一爻值宜變，該爻爻辭加重考量。

●二〇〇三年底，大陸領導人胡錦濤召見各地台商會長，顯然著眼於次年的台灣大選，我遂占問二〇〇四年的兩岸關係會如何？得出同人卦初至四爻皆動，齊變成渙卦。遇同人之渙，兩岸同是中國人，卻離散而天各一方，甚至有愈行愈遠之象。其中原因可從同人四個爻的動向測知：初九「出門同人」，基層民眾並不反對兩岸交流；六二「同人于宗」，不少人民族認同深厚；九三「伏戎于莽」，九四「乘其墉」，執政的民進黨意圖切斷血濃於水的臍帶，至少是騎牆搖擺不定。因為二〇〇四為大選年，三月二十日後即見真章，這樣的卦象委實不妙。果然，陳水扁險勝連任，兩岸關係日趨惡劣。邱益仁在當年春節前曾放話，有反敗為勝的必殺絕招，前二爻變占例中已提過為同人三、四爻動，使民進黨獲益當選，可與此例一起參照。

●二〇〇八年六月初，跟我在音像出版品上合作大半年的高雄林女士再提計畫，預備在一年的〈繫辭傳〉課程結束後，花三年半的時間全解《易經》六十四卦，總時數多達三百三十小時。我樂於配合，企劃時以占定位並展望，得出同人卦二、三、四、上爻動，齊變成節卦（䷻）。節卦建立規範，其〈大象傳〉稱：「君子以制數度，議德行。」同人卦則稱：「君子以類族辨物。」遇同人之節，藉著這回詳細解易，將研習《易經》的正確法門說清楚。同人六二確立中心思想，雖遇九三、九四橫加阻隔，仍盡力做到上九「同人于郊」，以求無悔。

● 二〇〇二年六月上旬，執政的民進黨不斷拉高批評、打擊馬英九的調子，意圖在年底台北市長的選舉中使馬落選。我問對馬競選連任的影響，得出同人卦初、二、五、上爻動，四爻齊變成恒卦。同人九五值宜變，單變有離卦之象。恒卦〈大象傳〉稱：「雷風恒，君子以立不易方。」風吹雷打之下，仍然屹立不搖。離卦〈大象傳〉稱：「大人以繼明照于四方。」「遇同人之離之恒」，顯然民進黨無論如何出招，都動搖不了馬的群眾魅力。同人六二和九五相應與，不受離間分化，九五實力堅強，「先號咷而後笑，大師克相遇」。那時馬英九的政治行情如日中天，和現在完全不同，經得起對手的無情攻擊。

● 二〇一一年四月底，民進黨主席蔡英文贏得二〇一二年的候選代表權，將與國民黨的馬英九競逐大位。我占問勝負，蔡為不變的遯卦，馬為同人卦初、三、五、上爻動，齊變成豫卦。遯初、二爻為陰，地位虛浮，為退隱之象。遇同人之豫，與人和同，利建侯行師，熱情備戰獲勝。同人初九「出門同人」，爭取基層民眾支持；九三「伏戎于莽」，有人暗算阻撓；上九「同人于郊」，大老未必全力支持；九五為全卦君位，「先號咷而後笑，大師克相遇」，現任領導擁有執政優勢，突破困難而獲連任。看來，馬應可順利勝選。後果如是，馬勝蔡負。

● 二〇一六年九月中，由於早先我帶一位朋友去苗栗參觀某位奇人的藏傳文物館，看看他們有無資金上合作的可能，關心後續發展問占。結果得出同人卦二、三、四、五爻動，齊變成損卦，同人九五值宜變之位，單變成離卦。二、五爻受三、四爻隔斷破壞，能否相合，得看九五的實力與決心而定。結果沒成，「遇同人之損」，損耗時間心力，只增廣了些見聞。

五爻變占例

占事遇卦中五爻動，以五爻齊變所成之卦的卦辭卦象斷占，若其中一爻值宜變，稍為加重考量其爻辭即可。

●二〇一〇年元旦，我依例占問自己全年各方面的發展，在中國大陸的部分為同人卦，初、二、三、四、上爻動，齊變成坎卦（䷜）。同人上九值宜變，有革卦之象。坎卦〈大象傳〉稱：「水洊至，習坎。君子以常德行，習教事。」江湖闖蕩，一波未平一波又起，苦心志勞筋骨，以研習教化之事。同人五爻皆動，「同人于野，利涉大川」，期許能通天下之志。那年三月、八月兩赴北京授《易》，十一月去常州，四月赴武漢時尚且腰疾發作，寸步難行，在旅館中窩了五天休養，確實辛苦奔波，旅途勞頓。

●一九九〇年九月中，我任職的那家出版公司由台北市區遷往新店郊區，以降低成本、整合資源。我問遷徙的吉凶，得出同人卦中五個陽爻皆動，齊變成坤卦。同人于野，厚德載物，也是順應形勢不得不為之舉。坤卦「利西南得朋，乃與類行」，新店正在台北的西南方位，同人「類族辨物」，大家以類相聚，應該有番不錯的表現。而後的三年半，確實將士用命，上下同心同德，頗有反敗為勝的氣勢，可惜股爭的痼疾不可救藥，天之將亡，非戰之罪。

●二〇一〇年七月初，我的連襟由國外旅居返台，準備重操舊業，與老同學合開診所，問營業前景如何？我占得同人卦五陽爻全動，成坤卦。妙的是診所名稱就叫「同人」，希望彼此同心協力，共創佳績。坤卦時值陰曆十月，診所恰於那時開張，但合夥生意難做，不到四個月就拆夥，各行其是，彼此包容忍耐的氣度不夠，終歸成空。

● 一九九七年十月中旬，我問易占可探測的最高層次為何？得出同人卦五陽爻皆動，成坤卦。人同此心，心同此理，易占可通天下之志，但必須君子為之。坤卦為廣土眾民，又有順勢用柔之意，君子善用之，可有厚德載物之功。再問易占的最大限制為何？得出不變的訟卦（䷅）。訟外乾剛內坎險，險詐爭奪之事不宜用占。宋儒張載說：「易為君子謀，不為小人謀。」確實「占者有是德，方應是占」，不仁不義、作奸犯科之事，易占不做幫兇。《春秋左傳》昭公十二年記載，魯國季孫氏家臣南蒯將叛，占到坤六五「黃裳元吉」，子服惠伯澆他冷水：「吾嘗學此矣！忠信之事則可，不然，必敗……且夫易，不可以占險，將何事也？且可飾乎？……雖吉，未也！」其後南蒯果敗奔齊，孔子弟子宰予死於齊難。

六爻變占例

占事遇卦六爻全動，即以全變之錯卦的卦辭卦象論斷，一般發生的機率極低，約為五千分之一。

● 二〇〇九年四月中旬，我在美定居工作的小姨做電腦銷售，公司因其台灣背景，欲派她赴台佈建網路行銷的體系，她不想離開美國，問初期從旁協助，不擔綱主打如何？得出同人卦六爻全變，成師卦（䷆）。與公司同仁合作，打好這場商戰，師卦卦辭稱：「貞，丈人吉，无咎。」老成持重、練達實務者為丈人，讓別人領軍，基本上正確。

14. 火天大有（䷍）

大有卦在全易中排序第十四，繼同人之後，在謙卦之前，有其甚深意蘊。〈序卦傳〉稱：「與人同者物必歸焉，故受之以大有；有大者不可以盈，故受之以謙。」同人是前提，大有為結論，共同揭示世界大同的原理。大有的國際社會開放自由，和平均富，擁有太多資源的人容易驕盈自滿，故接著以謙德警惕。序卦這樣說，嫌太簡略，「有大」和「大有」也並不相同。

舊註大有為六五一陰居君位，號令且擁有五陽之象，陽大陰小，這是「有大」，絕無均平之意。「大有」為大家都有，五陽共享一陰才是正道，一陰為何？六五居上卦離明中心，像天上的太陽普照大地眾生，無偏無私，這才是大同世界的真諦。眾生平等之義，至謙卦更見完備，除了人際平等外，還擴及天地萬物一切眾生。以今日世界而論，同人大有保障了國際和平，謙卦再處理好人與天地自然的關係，化解了日益深重的生態危機。謙字為言之兼，教人任何主張應兼顧各方利益與感受，人若擴張過度肆意開發，必將破會自然生態的均衡而罹鉅災。《尚書・大禹謨》稱：「滿招損，謙受益，時乃天道。」古有明訓，今人必須念茲在茲，以謙德持世。

大有卦卦辭：

元亨。

大有卦辭只有「元亨」二字，表示生機勃勃，順暢亨通。全易卦辭最精簡的只有二字，除大有外，還有大壯利貞，至於鼎卦「元吉，亨」，吉字應為衍文歧出，還是元亨二字。火風鼎（䷱）與火天大有（䷍）只差初爻不同，結構極其類似。

〈彖〉曰：大有，柔得尊位，大中而上下應之，曰大有。其德剛健而文明，應乎天而時行，是以元亨。

大有和同人相綜，都是一陰五陽之卦，唯一陰爻必為全卦之主，表現出卦的特色。同人六二處下卦、內卦離明中心，〈彖傳〉稱「柔得位得中而應乎乾」，雖有理念智慧，尚需上卦九五之君信受，才能落實推行。大有六五處上卦、外卦離明中心，〈彖傳〉稱「柔得尊位，大中而上下應之」，君位本身即為大智者，既有崇高理念，直接付諸實踐，群眾也樂於跟從，且共同蒙享福利。同人利涉大川，須靠乾行；大有理勢俱備，應乎天理，與時俱行，可獲元亨。同人卦辭有「亨利貞」，獨不見元，與蒙卦相似，各民族文化之間易因感情用事而起衝突，故六爻多刀兵之象。大有卦辭出現「元亨」，超越族群偏見，訴諸天理，和平共存，六爻講信修睦，弭止戰禍。

〈象〉曰：火在天上，大有。君子以遏惡揚善，順天休命。

大有上離下乾，故有火在天上的日光普照之象。地球上的生物皆因太陽的光熱而能生存，所有的能源最終其實都是太陽能，石油蘊藏告罄後，未來的解決之道亦在乎此。天無私覆，日無私照，東西文化於此皆有認知。古希臘犬儒學派的第歐根尼在木桶中曬太陽，亞歷山大來拜望，他說：「走開！亞歷山大，別擋住我的陽光！」日光下一切平等，庶民可以傲視王侯，這有人權的意涵。中國則有《列子・楊朱篇》中野人獻曝的寓言，宋國的農夫冬天曬太陽很舒服，想推己及人，讓國君也享受箇中滋味，這是分享的愛心。這兩種大有的態度其實差異不小，人權也會引起衝突抗爭，推己及人的愛心則否。

日光普照下，善惡無所遁形，君子處此情勢當大公無私，遏止邪惡，發揚善性，才是順承美好的天命。「休命」的休為形容詞，與「休否」之休為動詞不同，但都有寬裕溫柔、休養生息之意，人依木而立或林中漫步，有益身心健康，出外曬曬太陽亦復如是。

同人時「類族辨物」，族群偏見甚重，所謂「非我同類，其心必異」，不容易彰顯真正的是非；大有已和平共存，天下為公，才就事論理，褒善抑惡。台灣在李登輝、陳水扁執政時期，以狹隘的本土意識挑撥族群矛盾，分藍綠不論黑白，公道是非不明，即為顯例。

《中庸》裡有一段記子曰：「舜其大知也與！好問而好察邇言，隱惡而揚善。」隱惡揚善必有問題，「而」是「能」，隱藏邪惡不追究，豈非包庇為非的鄉愿之行？如何能夠揚善？否卦「包承」、「包羞」的黑暗之世，「小人吉、大人否」的價值顛倒，豈能不「休否」、「傾否」？同人、大有即終結否運之後而開創的新天，焉有隱惡的道理？大有清明治世，洞燭奸宄，當然是毫不含糊的遏惡揚善？《春秋公羊傳》評判史事，撥亂反正，亦多稱「遏惡」。遏制邪惡，才能護善揚善，隱惡兩面討好太虛偽，也根本沒解決問題。

占例

●二〇一〇年九月初，我問中、美兩大國未來會不會難免一戰？得出不變的大有卦。看來是不會，國際現勢已不宜用軍事衝突解決，天災人禍頻仍，迫切須要更緊密的國際合作，軍隊用於救災最合適，脆弱的環境生態也經不起戰爭的嚴重破壞了！大國之間再有什麼利益矛盾，只能學習互相尊重，和平共存。

●一九九七年十月中旬，我因應社會大學演講專題之邀，作了一系列的千年文明之占，其中未來千年內能源問題有善解否？得出不變的大有卦。火在天上，看來終極解決仍得靠太陽能，取之不盡用之不竭。其實歸根究柢，所有能源包括石油，都是太陽能的某種形式，將來如何巧用「天火」，又不致污染大地，應有突破可能。

初九：无交害，匪咎。艱則无咎。

〈小象傳〉曰：大有初九，无交害也。

初九為大有之初，又當基層民眾之位，應體會和平共存之義，不要交相迫害，有什麼不痛快，也別動輒歸咎於人。做到這點並不容易，艱困中若堅持原則，全力以赴，則獲無咎。本爻爻變，為鼎卦（䷱），革故鼎新，滌除舊習，建設新社會。

墨子主張兼相愛，交相利，化私為公很不容易；大同由近及遠，從「无交害」開始，務實且近人情。

占例

●二〇〇七年二月中，有人問：當年的台北房市可投資嗎？我占得大有卦初九動，爻變有鼎卦之象。遇大有之鼎，卦辭皆為元亨，不好都不行。初九容或初期有艱困之象，守住即無咎，可享鼎卦紅火富貴之樂。這些年來台北首善之區的房價直線上漲，早投資當然就賺到了！

䷍

九二：大車以載，有攸往，无咎。

〈小象傳〉曰：大車以載，積中不敗也。

九二居下乾卦之中，與上離卦之中的六五之君相應與，正是剛健而文明、應乎天而時行，格局廣闊，配置極佳。大車為牛車，古代用以載貨，負重行遠輸運四方。大同社會中國際經貿往來必盛，處處可見商旅貨運絡繹不絕，互通有無，裨益民生。本爻爻變，成離卦（䷝），為網絡縱橫交織、連續流通之象，其〈大象傳〉稱：「大人以繼明照于四方。」前景光明無限，發展立於不敗之地。臻此盛況，非一朝一夕之功，九二居下卦之中，力行時中之道，日積月累所致。需卦九三〈小象傳〉稱「敬慎不敗」，大有九二〈小象傳〉稱「積中不敗」，完全合乎兵法之道：「善戰者立于不敗之地，而不失敵之敗也。」先求穩定，再謀發展。

占例

● 一九九八年九月中，我的學生張良維離開社會大學基金會，自設道場教太極導引，邀我任理事協助，同時也學拳，願意一對一教授。我占合宜否？得出大有卦九二爻動，有離卦之象。「大車以載，有攸往，无咎」，又稱「積中不敗」，離卦為連續光明，應該非常合適。我答應任事，也開始亦步亦趨學拳，前一、二年尚算勤奮，後來遭遇瓶頸怠惰下來，終於半途而廢。沒有積中，焉能不敗？缺乏繼明的毅力，當然也不會光照四方。大易經傳一般都有條件但書，做不到就不會有預期的結果。「有是德，方應是占。」確實如此。

䷍

九三：公用亨于天子，小人弗克。

〈小象傳〉曰：公用亨于天子，小人害也。

九三居下乾卦之極，過剛不中，要再往上往外發展，需放大格局，化私為公。公為古代五等爵位之首，比「利建侯」的侯位還高一級，侯為天子斥堠，善經營且情報靈通，公則一心為公，不存私意。天子為天下共主，四海同尊，亨同享，為敬事貢獻之意。〈文言傳〉稱：「亨者，嘉之會也。」公爵奉獻朝貢天子，互相以禮對待，為天下清平氣象。齊桓公尊王攘夷以成其霸業，《論語・八佾篇》記子曰：「君使臣以禮，臣事君以忠。」皆為此爻之意。但九三為過剛之位，若修為不夠的小人遇此爻時，可能私心用事，做不到奉公盡職，反成其害。爻動恰值宜變之位，變成睽卦（䷥）。家人反目為睽，猜忌分裂，鬥爭不息，全違大同之義。

〈禮運大同篇〉稱：「貨惡其棄於地也，不必藏於己；力惡其不出於身也，不必為己。」出錢出力，可以為己，不必每次都為自己，自養有餘，亦應養人，合乎人性人情之理。「不必」與「必不」不同，若稱必不藏於己，必不為己，則呈高調空談，大同世界訴諸同理心，務求實際可行。乾卦「元亨利貞」，不諱言利，但公利重於私利，〈文言傳〉稱：「利物足以和義。」又稱：「乾始能以美利利天下，不言所利，大矣哉！」大有九二貨暢其流，正是不棄於地，不藏於己；九三「公用亨于天子」，出錢出力，不必為己。

占例

●二〇一六年五月中，由於五二〇在即，很多人關注蔡英文上任發表談話對大陸政策的說辭，我占其後的兩岸關係如何？為大有卦九三爻動，恰值宜變成睽卦。「公用亨于天子」，心懷私念，錯過同人大有的亨通機會。「小人弗克」，兩岸關係和諧受害，家人反目成睽矣！《焦氏易林》遇大有之睽的斷辭有云：「四亂不安，東西為患。身止無功，不出國城。」一年多來的情勢發展，正是如此。

稍早在五月初，我占同樣問題，為乾卦三、上爻動，齊變有兌卦之象。乾為君，三、上爻皆過剛不中，兌為彼此表白，硬頂成為僵局。

九四：匪其彭，无咎。

〈小象傳〉曰：匪其彭无咎，明辨晢也。

九四陽居陰位，剛而能柔，已進入上卦離明之初，善體和平共存之義，行事低調溫和。匪同非，彭音邦，為狀聲詞，古代兵車上路所發出的巨大聲響稱彭。《詩經・小雅・出車》：「王命南仲，往城于方，出車彭彭，旂旐央央。」〈大雅・大明〉：「牧野洋洋，檀車煌煌，駟騵彭彭，維師尚父，時維鷹揚，涼彼武王，肆伐大商。」〈齊風・載驅〉：「汶水湯湯，行人彭彭，魯道有蕩，齊子翱翔。」非其彭，不要出動兵車，以免發生巨大聲響，實即弭兵反戰之意。九四居執政高位，下體初九基層民眾無交害的心思，與鄰國和睦相處，勿動干戈，這是最深刻明辨的智慧。本爻變，為大畜卦（䷙），卦辭稱：「利貞，不家食吉，利涉大川。」天下一家，世界大同，沒有擁兵自重、割據一方的想法，和同人九四正好相反，該爻爻變為家人卦。家食與不家食，小康與大同世的執政高層，意態完全不同。

占例

●二〇〇六年九月底，台灣電子大廠 BenQ 投資併購德國西門子失利，決定認賠殺出，損失金額高達四、五百億台幣。老闆李焜耀是我台大土木系大一時的同班同學，大二他轉電機系後，三十多年沒有聯繫。我占問此案中，其最大失誤為何？得出大有卦九四爻動，有大畜卦之象。大畜卦辭稱「不家食吉，利涉大川」；大有卦走向國際，推展全球化經營，李焜耀的雄心壯志正為此象。大有九四「匪其彭」，需溫和低調行事，才能無咎；「明辨晢」，進入外國異域文明經營，得各方面研究透徹。看來這都是李老闆沒做好的功課，雄才大略，霸氣淋漓，大有卦需要的卻是溫和親善，審慎低調。

●二〇〇三年八月下旬，我一位老友的訴訟官司即將定讞宣判，他辛苦經營文教基金會多年，卻落得財務受困，官非纏身，也令人感慨萬千。當時幫他算宣判結果，得出大有卦九四爻動，有大畜卦之象。「匪其彭，无咎」，低調面對可獲無咎；「明辨晢也」，反覆偵查，確實也其情可恕。大畜卦「不家食吉，利涉大川」，應可渡過這回劫難。幾天後宣判的結果，確實免了牢獄之災。

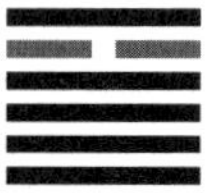

六五：厥孚交如，威如，吉。

〈小象傳〉曰：厥孚交如，信以發志也。威如之吉，易而无備也。

六五居全卦君位，光明照耀四方，正是柔得尊位而上下應之。厥為其，以其信愛之志與上下五陽相交，親近而不狎暱，仍有凜然不可侵犯的領導威儀。這種威儀出於坦蕩自然，不靠強勢逼壓，和同人九五「大師克相遇」相反，可見由同人至大有社會進化的軌跡。「易而无備」，人際、國際平易相處，不需花錢購置強大的軍備，這是多麼令人嚮往的境界。〈禮運大同篇〉開宗明義即稱：「大道之行也，天下為公。選賢與能，講信修睦。」大有六五上承上九，又是尊尚賢德之象。本爻爻變，成乾卦，元亨利貞四德俱全，人所建構的文明社會完全合乎天理。

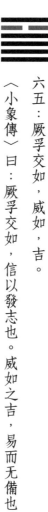

「選賢與能」的與字，通舉，讀音也唸舉，選、舉都是動詞，一般誤以為選賢者和能者，與成了連接詞，大錯！詞類也不合。賢與能的意義不同，賢者有德有智慧，宜掌大局領導，能者有專業技術，可任分科的實際職務。《孟子・公孫丑篇》有言：「尊賢使能，俊傑在位。」又稱：「賢者在位，能者在職。」賢德之人須服民心，選任之後，再授權他舉用能做專職的人，後世官與吏、政務與常務的區分類此。

經典錯讀、不求甚解的例子太多。「男有分，女有歸」也是一樣，很多解釋說：男人都有職分工作，女人都嫁到了好丈夫，社會的失業率及失婚率很低。如果這樣，大同社會就談不上性別平等，整體生產力也偏低。其實，「男有分」的分字，為「半」之意，如春分、秋分的分。《左傳》所謂「師喪分焉」，指兵力損失一半。大同社會強調男女平等，也重陰陽和合，男人再了不起，只算一半，必須女人那一半歸過來才完滿，才能生生不息。孟子勸齊宣王，以好色之心與民同之，使內無怨女，外無曠夫；毛澤東說婦女能頂半邊天，今世特重女權，標榜「女力」的生產及消費力，皆為此意。

上九：自天祐之，吉无不利。

〈小象傳〉曰：大有上吉，自天祐也。

上九為大有之終，大同理想已推至極境，完全體現了無私的天道。自助天助，承受福佑，吉无不利。本爻變，為大壯卦（䷡），其卦辭稱「利貞」，大有為「元亨」，合起來正是元亨利貞四德俱全。

〈繫辭上傳〉末章：「易曰：自天祐之，吉无不利。子曰：祐者助也，天之所助者順也，人之所助者信也。履信思乎順，又以尚賢也，是以自天祐之，吉无不利也。」上天會幫助的，是那些順天理行事的人，別人會幫助你，是因為你講誠信。一個人懂得實踐誠信，經常思考如何依天理做事，還崇尚尊重賢德之人，一定上蒙天祐，吉無不利。

大有上九爻辭這八個字，為天人合一的極高境界，孔子深受影響，大力宣揚，〈繫辭傳〉中屢見引述。上傳次章末稱：「君子居則觀其象而玩其辭，動則觀其變而玩其占，是以自天祐之，吉无不利。」下傳次章稱：「易窮則變，變則通，通則久，是以自天祐之，吉无不利。」學易習易有成，就能達到這種境界，享受這種福報。

「自天祐之」的自字大有深意，不宜僅作英文介係詞「from」自從來理解，而是「自強不息」的自。天助自助意義還淺，天非外在，自中根本就含蘊有天，小宇宙具體而微，充分反映大宇宙的全貌，修行的極境與天地合德，反身而誠，萬物皆備於我，完全不假外求。

占例

●二〇〇九年十月中旬，我問：西方宗教上帝創造世界，所謂人格神的說法可信否？得出大有卦上九爻動，有大壯卦之象。「自天祐之，吉无不利」，看來是沒有的事，萬物自生自長，沒有什麼外在超乎其上的造物主。

●二〇一〇年二月底，我快寫完《四書的第一堂課》書稿，對幾位仲尼弟子生命修為的境界，都有占測。其中子貢為大有卦上九爻動，有大壯卦之象。子貢經商致富，又有極強的外交能力，在當時的國際社會很受尊重，這都是大有元亨之象。「自天祐之，吉无不利」，他的運勢也比顏回、子路要順遂的多。孔子過世後，其他弟子守喪三年後離去，各謀生計，他獨自再廬墓三年，也是因為生活無虞啊！

多爻變占例之探討

大有卦六爻論述已畢，往下繼續分析更複雜的二至五爻變的情況。

二爻變占例

占事遇卦中二爻動，若其中一爻恰值宜變，以該爻爻辭為主、另一爻辭為輔論斷，亦可參考兩爻齊變所成卦象。

● 二〇〇八年十一月初，因金融風暴爆發不久，全球經濟普受影響，我針對大陸、台灣與世界未來五年的經濟情勢，共算了十五個卦。其中二〇〇九己丑年大陸國內的經濟情勢為大有卦，初、上爻動，齊變有恒卦（䷟）之象。大有元亨，恒則長久而穩定，遇大有之恒，應該絕對沒問題。恒卦〈大象傳〉稱：「雷風恒，君子以立不易方。」金融風暴雖然動盪劇烈，中國大陸的經濟確能屹立不搖，但並非仰賴上天保佑，而是長期自強不息所致。本書前面需卦部分二爻變占例已說明：二〇〇八年大陸經濟情勢為需卦初、五爻動，齊變有升卦之象。初九「需于郊，利用恒，无咎」。民生經濟所需，早有長久規劃準備，且由內陸往西部郊野漸次開發，風暴中應可無虞。

大有本即豐年之象，以前農業社會須看天吃飯，風調雨順才國泰民安。如果一年下來，種什麼長什麼，五穀豐登，即稱「大有年」；如果水旱蟲風災難頻仍，荒年飢饉，則稱「无妄年」。大有初九「无交害，匪咎」，基層民生不會遭受災害；「艱則无咎」，就算年初有些艱困，挺過了也無大礙。上九「自天祐之，吉无不利」，到年底更是多方福佑，必得善終。

《焦氏易林》遇大有之恒的斷詞為：「典冊法言，藏在蘭台，雖遭亂潰，獨不遇災。」經典宏論歷久彌新，可以啟發智慧，激勵勇氣，幫助人脫災解厄。由於此卦一出，我對風暴後的中國經濟充滿信心，二〇〇九年幾次赴大陸講課及接受採訪，都彈此調，而後勢發展確實應驗了預期，溫家寶總理宣稱的「保八」完全成功，成長率高達百分之八．七。普世經濟凋殘，中國一枝獨秀。當年二月底台灣《中國時報》，以及三月福建《廈門導報》都做了大幅報導，易理斷事的精嚴，可見一斑。

●二〇一〇年九月中，我受邀遠赴德國慕尼黑講《易》與養生之道，課程結束後，主辦單位招待在市區遊覽。我逛了不少當地的博物館，非假日時間遊客不多，慢慢品賞間，坐下來以手機占問：文化博物館的意義和價值為何？得出大有卦初、上爻動，齊變有恒卦之象。大有為世人所共有公有，恒則傳之久遠，歷時彌新。「典冊法言，藏在蘭台，雖遭亂潰，獨不遇災！」

●二〇一〇年三月下旬，我給老學生上的四十四堂高階班易經課結束，將錯卦、綜卦、交卦、互卦、爻變等關係，融會一爐而冶之，教學相長，自己也覺得有突破和進益。〈繫辭上傳〉第十章有稱：「參伍以變，錯綜其數，通其變，遂成天地之文，極其數，遂定天下之象。非天下之至變，其孰能與於此？」當時以易占給這種研究方法定位，得出大有卦初、上爻動，齊變有恒卦之象。大有眾也，上卦離明為網絡縱橫交織之象，錯綜交互的研究正是這般息息相關，觸類旁通。恒卦揭示天地自然永恆的真理法則，遇大有之恒，給這種方法以高度肯定，我也因此更增信心。

● 二〇一一年元月下旬，北京朋友籌辦「高端研易班」，請我規劃約五十小時的精選課程，這在大陸還屬創舉，我規劃好後，問合宜否？能否順利開課？得出大有二、五爻動，有同人（䷌）之象。「大有眾也，同人親也。」大有九二大車以載，「有攸往，无咎」；六五「厥孚交如，威如吉」。兩爻內外上下相應與，有大同之象，屬配合極好的格局。當年七、八月，該班順利舉辦，應驗了卦象。

● 一九九七年四月下旬，我占問：坤卦卦辭所稱「西南得朋，東北喪朋」，朋字究竟何義？得出大有卦初、四爻動，齊變有蠱卦（䷑）之象。大有和平共存，互助合作，蠱卦為積極任事，遇大有之蠱，朋為志同道合可共事者。大有初九「无交害」，九四「匪其彭」，都是相親相助之意。以陰陽之理而論，陰陽和合互補為朋。坤與乾為朋，後天八卦方位，西南屬陰方、東北屬陽方，坤若安居本位不僭越，與乾可親善互動，故稱得朋，若搶居東北陽方，將生對立緊張，故稱喪朋。

● 二〇一〇年六月下旬，我們學會在台北縣烏來舉辦春季研習營，主題為「窮神知化德之盛：易經與佛經的對話」。我帶頭寫了篇一萬四千字的論文：〈魔塵鑑與金剛心：六祖壇經的啟示〉。開始讀佛經三十多年，這還是第一次寫相關的論述，遂以易占問成績如何？得出大有卦初、四爻動，齊變有蠱卦之象。大有元亨，蠱卦卦辭稱：「元亨，利涉大川。」爻辭中屢見「幹父之蠱」，又寓繼往開來之意。遇大有之蠱，以易證佛，涵義深遠。大有初九「无交害」，九四「匪其彭」，皆獲無咎，兩大學問體系相參相證，道並行而不悖，萬物並育而不相害。九四〈小象傳〉稱「明辨晳」，對論證給予肯定。

●二〇一〇年六月中，我為右手拇指罹患扳機指所苦，去西醫復健也久不見效，學生齊教授介紹某民間療法，以浸泡的獨門藥水敷治。我為慎重起見，占問療效，得出大有卦初、四爻動，齊變有蠱卦之象。蠱卦正是有病治病，積極尋求有效的治療方法。大有元亨，初九「无交害，艱則无咎」，九四「明辨晳，无咎」。遇大有之蠱，應可康復無虞。果然幾月後痊癒，期間偶爾還是有去西醫處復健，究竟是哪種方法治好的呢？也難真正探究，至少「无交害」，並行不悖是確定的。

●二〇〇五年元月底，我占問年底台灣縣市長選舉，泛綠陣營的勝算？得出大有卦三、四爻動，齊變有損卦之象。三爻多凶，四爻多懼，處此人際之位，宜如損卦〈大象傳〉所稱：「君子以懲忿窒欲。」顯然這不是民進黨的作風。大有九三棄私用公，「小人弗克」；九四「匪其彭」，做不到和平低調，也難期無咎。遇大有之損，未能明照天下，反而遭致損失，看來選情不樂觀。年底揭曉，民進黨果然大敗，二十三席中僅選上南部六席，實力折損極大。

●二〇〇四年九月中，藍營提的兩椿選舉訴訟還在進行，我的學生投入甚多，被公司同事告訐，說他不務正業。他問如何因應為宜？我幫他占得大有卦二、三爻動，齊變有噬嗑卦之象。噬嗑為弱肉強食的叢林法則，百分之百的酷烈鬥爭，「遇大有之噬嗑」，在跨國公司的職場裡遭遇鬥爭。大有九二運轉無礙，「積中不敗」；九三「小人害」，單變為睽卦，有猜忌反目之意。小心應付，似無大礙。其後他雖離開公司，卻與此風波無關，而是另有人生規劃。

●二〇一〇年四月底，我率學生在武漢辛亥紀念館觀覽，起心動念問一些近代發生的大事。其中鄧小平推動的改革開放為大有卦，初、二爻動，齊變有旅卦之象。大有元亨，和平共存，向全世界開放。初九「无交害，艱則无咎」，剛開始時必遭各方阻礙，堅持下去即無咎。九二「大車以載，積中不敗」，活絡經濟，展開全球貿易，打下堅實的根基。中國改革開放的大業，鄧做到大有前二爻即辭世，如何承繼而發揚光大，則是後起者的責任。

● 二〇〇九年二月中，我推算美元二十年後的國際地位，得出大有卦初、二爻動，齊變有旅卦（䷷）之象。大有為全球化，九二「大車以載，積中不敗」，大家都得擁有美金，其霸權基礎太強太久，二十年後仍是主要國際通貨，到處流通。旅卦有失時、失勢、失位之意，「遇大有之旅」，似乎已漸衰頹，其他的貨幣可能興起，而分掉了一部分的市場。大有初九稱「无交害」，又言「艱則无咎」，正因很難獨霸，屆時必須學習與其他通貨和平共存。

● 二〇一〇年元旦，我依例占算天下大勢，其中馬英九的運勢為大有卦，初、三爻動，齊變有未濟卦之象。馬的主要政績為推動兩岸和解，大有初九「无交害，艱則无咎」。九三代表某種發展的瓶頸，由內而外，可能「小人害」，馬為選票考量，也會有所顧忌。未濟之象水火異路，使不上力，難期大成。當年中簽訂ECFA，但多項內政表現似乎不佳，民意支持也乏善可陳。

● 一九九九年九月二十一日台灣發生大地震，死傷慘重，我家住在高樓層，當夜也飽受驚嚇。家中的書櫃近乎全毀，碎玻璃散了一地，花了好些天才清理乾淨。十月上旬，考慮重新購置，甲案改採固定連壁書架，以防續震，為大有卦二、四爻動，齊變有賁卦（䷕）之象。「賁」為文飾裝潢，大有九二「積中不敗」，九四低調謹慎，以求無咎。「遇大有之賁」，看來穩妥可行。乙案用較便宜的組合式書櫃替代，為不變的小畜卦（䷈），密雲不雨，安全難測，顯然不如甲案。改裝成固定式後，十多年來再無任何問題。

三爻變占例

占事遇卦中三爻動，變數已半，呈現不穩定的拉鋸狀況。三爻齊變所成之卦，與本卦的卦辭卦象合參，稱為貞悔相爭。若其中一爻值宜變爻位，該爻爻辭影響較大，稍加重考量。

● 二〇〇三年四月下旬，SARS開始肆虐不久，美國也發動對伊拉克的戰爭。我針對大陸、台灣及美國三地未來十年的經濟情勢作預測。台灣為大有卦二、三、四爻動，貞悔相爭為頤卦（䷚）。大有為全球化經營，頤卦自養養人，遇大有之頤，台灣為海島型經濟，對外貿易是生存發展的命脈。大有九二「大車以載，積中不敗」，搬有運無，賺運輸的錢，這是台灣產業主力資訊電子業的特色。代工生產已成舉世重鎮，調貨、運貨以供應各種需求熟練之極，看來十年內不會有太大的變化。九三「公用亨于天子」，絕不能閉關自守，而成小人之害；九四「匪其彭，无咎」，貿易要做好，必須與世界各國和平交往，儘量避免紛爭。

若以競爭理論中價值鏈（value chain）的說法，配合易卦六爻來分析，內卦為廠內生產，外卦為市場行銷。初爻居地下基層，象徵原料蘊藏，二爻為生產的技術知識（knowhow），三爻代表量產製程；四爻為行銷通路，五爻君位代表品牌，上爻為客戶服務。由內而外、從產到銷，環環相扣，創造出企業整體的價值。台灣過去這十年的經濟情勢，涵蓋了大有二至四爻，表示從製造生產到全球行銷的營運活動，五爻未動，代表自創品牌不易，難怪前九四占例中，李焜耀 BenQ 併購西門子會失敗。設若大有六五爻也動了，則恰值宜變成乾卦，二、三、四、五爻齊變成益卦

（䷩），卦辭稱：「利有攸往，利涉大川。」頤卦只是自給自足，益卦可就大賺其錢，可見一旦創造出全球性的黃金品牌，價值連城，經濟效益完全不同。

●二〇〇二年七月底，我因脊椎壓迫神經的痼疾，右手小臂酸麻難忍，看了不少中西醫治療，不大見效。後來想鎖定西醫牽引復健的方式，密集處理，占問療效？得出大有卦二、三、四爻動，貞悔相爭成頤卦。頤卦為養生之道，大有「遏惡揚善，順天休命」。「遇大有之頤」，脊椎牽引應該還是正解，九二「積中不敗」，就是要持之以恆，密集復健。我下定決心施行，果然幾月後症狀消失，恢復正常。

●一九九九年十月下旬，我學易已屆二十四年，面臨跨世紀之交，自占未來在易學史上可能的地位。得出大有卦二、三、四爻動，貞悔相爭成頤卦。頤以養正，自養而後養人，大有「火在天上，元亨」，「遇大有之頤」，卦象不壞。九二「大車以載」，運轉不息，「積中不敗」；九三脫胎換骨，須小心突破修學的瓶頸；九四「明辨晢」，進一步慎思明辨的功夫不可缺，方能有成。

●二〇一一年九月中，我於高雄旅次占算自己多年研易成果如何？得出大有卦三、四、上爻動，上九值宜變成大壯，貞悔相爭成臨卦（䷒）。時隔十二年，顯然大有進益，除了九三、九四相同外，九二「積中不敗」，已躍升成上九「自天祐之，吉无不利。」頤卦為自養養人，臨卦則元亨利貞，〈大象傳〉稱：「君子以教思无窮，容保民无疆。」

●二〇一〇年四月中旬，冰島火山爆發，火山灰瀰漫北歐，嚴重影響空中交通。我占問此事之意義及影響？得出大有卦二、三、五爻動，貞悔相爭為无妄卦（䷘），大有九三值宜變成睽卦。〈雜卦傳〉稱：「无妄，災也。」無妄之災難以預料，大有為全球化之象，火在天上，正是火山噴發災情慘重。過去農業社會靠天吃飯，豐年種什麼長什麼，稱「大有年」，荒年種什麼都遭災害摧毀，無法指望收成，稱「无妄年」。「遇大有之无妄」，顯然由豐轉歉，將造成歐洲經濟進一步重挫。大有九二「大車以載」，九三「小人害」，國際航空運輸會受打擊，造成暌違的結果；六五居君位，「其孚交如」，各國領導人需透過國際合作，以解決問題。

接著我再問：往後三、五年，世界災難會更頻繁嗎？得出大有卦二、三爻動，有噬嗑卦（䷔）之象。噬嗑講人與人、人與天之間的殘酷鬥爭，「遇大有之噬嗑」，卦象可真正不妙。事實上也的確如此，二〇一一年初紐西蘭基督城地震、以及日本仙台大地震等劫難，接踵而至，讓人驚恐不已。

最後我問：面對多災多難的時代環境，個人、企業與國家如何因應？得出不變的无妄卦。起心動念勿妄想，行事勿輕舉妄動，才不會惹禍招災。佛教的觀念是一切天災源於人心不淨，《易經》即便不這麼唯心，於此亦多有提醒告誡，值得我們反省深思。

● 二〇〇〇年三月十八日台灣跨世紀大選當天上午，我作最後勝負的占測，其中宋楚瑜的卦象為大有卦，二、三、五爻動，貞悔相爭成无妄卦，大有九三值宜變成暌卦。大有眾也，為民望所歸，當時宋的支持率確實很高；「无妄，災也」，從前一年底中興票券案爆發後，重挫下滑成災。九二「大車以載，積中不敗」，原本實力雄厚，足以問鼎六五君位，「其孚交如」；卻遭九三小人陷害，與國民黨反目成暌。大有豐收的格局，淪變為无妄落空的下場，也是造化弄人。當晚結果揭曉，宋果然以三十萬票的差距飲恨，民進黨開始了八年的執政期。

●一九八九年十一月下旬，我在出版公司任職，當時欲籌劃創辦新的幼兒刊物，以延伸既有黃金品牌的效益，並將科普工作更往下紮根，茲事體大，苦思資源與人事佈局。當時開占才三個半月，斷占不易，相當敬謹從事。得出大有卦二、三、上爻動，貞悔相爭成震卦（䷲）；大有上九值宜變之位，單變成大壯卦。大有元亨，震為後繼有人、積極行動之象，「遇大有之震」，顯然大有可為。九二「有攸往，无咎，積中不敗」，根底深厚；人事安排不當的「小人害」，若能防範得宜，最終可獲天祐之吉而無不利。那份刊物開辦後發展順利，給公司帶來多方利益，確實應驗了卦象。

●二〇〇七年元旦，我依慣例作一年之計，自己全年的策運為大有卦，二、三、上爻動，貞悔相爭成震卦。上爻值宜變，單變有大壯卦之象。「遇大有之震」，幅度廣闊，生機勃勃，上九「自天祐之，吉无不利」，足可安心。九二「大車以載，積中不敗」，運轉自如；只要注意九三的「小人害」，全局即可無憂。前述當年「謀食」為遇同人之震，此整體運勢為大有之震，同人大有，震行不已，當年果然行腳天下，跑了很多趟，廣交天下英豪，收穫相當豐碩。

●二〇一一年二月下旬，一位旅美三十多年的台人來訪，他從事綠能產業的研發工作，似乎預聞一些美國國防科技的最新動態。我們聊金融風暴後的天下大勢，以及所謂二〇一二的浩劫傳聞等，他說美國可能已經發明了時光旅行的機器，在未來數年的試驗航行中，看到些令美國及世人都擔心的變故。此事匪夷所思，時光旅行的想法由來已久，並不新鮮，但在技術上真正可能落實嗎？占問的結果為大有卦，二、四、上爻動，貞悔相爭為明夷卦（䷣）；上九值宜變，又有大壯卦之象。明夷有韜光養晦之意，〈大象傳〉稱：「明入地中，君子以蒞眾，用晦而明。」絕對機密之事，領導階層不會對大眾透露，這才是真正的明智。大有九二「大車以載，有攸往，无咎」，還真是處處旅行之象；九四「匪其彭，无咎」，低調進行研發不欲人知，本是執政高層言行的常態；上九「自天祐之，吉无不利」，一副突破自然奧秘業已成功之象。整體看來，還真有此事？是耶非耶？

●一九九三年四月中，我在出版公司負責經營，面對各方吃緊的複雜情勢，以及股爭的根本威脅，有些窮於應付，遂問占求教。得出大有卦，下卦三爻全動，貞悔相爭為晉卦（䷢）。晉卦〈大象傳〉稱：「君子以自昭明德。」奮鬥上進只能靠自己，沒有外援可真正依靠。〈彖傳〉稱：「順而麗乎大明，柔進而上行。」柔和順勢以進，不能剛強挺進，沒有握股實力，徒呼奈何？大有初九「无交害」、九二「積中不敗」，九三須防「小人害」，「遇大有之晉」，將形勢分析得很清楚。

同年五月初，召開董事會前問吉凶，又得完全一樣之占，身陷大情勢之中，怎麼算都是這樣，只能戮力以赴。

●二〇一二年九月底，我們全家計畫翌年元月底赴秘魯旅遊十多天，預占為大有卦初、四、上爻動，貞悔相爭成升卦。宜變爻位在大有上九：「自天祐之，吉无不利。」升卦卦辭：「元亨。用見大人，勿恤，南征吉。」祕魯正在遙遠的南半球，後來玩得很愉快。

●二〇一六年十一月中，我預占二〇一七年中國大陸的國運，為大有卦初、四、上爻動，貞悔相爭成升卦。宜變爻位在大有上九：「自天祐之，吉无不利。」大有「元亨」，升「元亨」，顯然運勢甚強，擋都擋不住，結果全都靈驗。

占事遇卦中四爻皆動，變數已達三分之二，以四爻齊變所成之卦的卦象卦辭論斷，推敲本卦變為之卦的道理根由，參考四個爻的爻辭，若其中一爻值宜變，加重考量。

●一九九四年十二月初，台北市長大選前夕，我試占三位候選人的勝負。陳水扁為大有卦三、四、五、上爻動，齊變成節卦；六五值宜變，單變為乾卦。乾為君，大有六五又當君位，爻辭稱：「厥孚交如，威如吉。」那時陳水扁的民望真的很高。九三避開「小人害」、九四低調「匪其彭」，上九遂獲天祐之吉。節卦為節制規範之意，「遇大有之節」，當選希望極大。另外，國民黨的黃大洲為「遇旅之坤」，失時失勢失位，新黨的趙少康為「遇未濟之謙」，力道不足只能退讓。結果揭曉，陳果然以百分之四三．六七的得票率當選。

●一九九四年十月下旬，我還在給李登輝上課，高雄縣長余政憲的太太託朋友也想學易，約在台北馥園會晤。我問前景吉凶如何？得出大有卦初、二、四、上爻動，齊變成謙卦（䷎），九四值宜變，單變有大畜之象。大有「元亨」，謙「亨，君子有終」，大畜「不家食吉，利涉大川」，皆為佳象。大有初九「无交害」，九二「大車以載，有攸往，无咎」，上九「天祐，吉无不利」，沒有理由不好。九四「匪其彭」，只要低調處理即可無咎。後來課上了一年多，雖沒上完，卻結了台灣南部的善因緣，自己也多了番新的觀察與歷練。

●二〇一一年二月中，我在一家復健治療所接受保養治療時，遇到三十多年不見的李哲修神父。他曾任耕莘文教院院長，年輕時即風度翩翩，深受天主教信眾的歡迎，而今七十多歲，罹患癡呆遺忘之症，已從教務上退休。主持復健的療養師是天主教徒，好心請他來接受療治。我看他神氣衰弱之象，不免感慨，當下用手機暗算他往後五年內的健康狀況？得出大有卦二、三、五、上爻動，齊變成隨卦（䷐），六五值宜變，單變為乾卦。大有「元亨」，隨卦、乾卦元亨利貞，照講都非常好，但有關生老病死之占卻非如此。

依京房八宮卦序的屬性，大有為乾宮歸魂卦，隨為震宮歸魂卦，其〈大象傳〉稱：「君子以嚮晦入宴息。」隨著時間流逝，勞累的體軀有安息主懷之意。大有六五爻變為乾，回歸本宮乾為天，「厥孚交如」，上九上蒙天祐，都不是世俗樂生厭死之象。結果幾天後，驚聞李神父在復健時心肌梗塞暈厥，現場急救迅速送醫，因堵塞太嚴重，群醫束手，連兩個老姊姊都要同意放棄救護了。全省他的信眾不捨，集體全心為他祈禱，居然又動手術救了回來，繼續安養療護中。我占問五年內，幾天便出事，雖暫時救回逃過一劫，未來仍不樂觀。

● 二〇一〇年八月中，時當中元祭祖時節，我們在富邦集團的課堂上又談起鬼神之事。一位女學生問：常見有些商家在店門口設奠路祭孤魂野鬼，有效益否？我占出大有卦，二、三、四、上爻動，齊變成復卦（䷗）；九四值宜變，單變有大畜卦之象。「大有，眾也」，為乾宮歸魂卦，復即回歸再生，大畜「不家食吉，利涉大川」。眾多魂靈都得享供而輪迴重生，若依卦象所示，路祭還真有效？

● 二〇一一年八月下旬，我偕家人赴希臘旅遊，首日看完衛城著名的巴特農神殿後，接著參觀建在遺址上的博物館。我以手機電占館內氣場，得出大有卦初、二、三、四爻動，齊變成剝卦（䷖），大有九四值宜變成大畜。大畜為資料庫藏甚多，大有為乾宮歸魂卦，文物豐富，解說詳明，如占象所示，也有眾多靈魂駐此安生。

●一九九二年八月初，我任職的那家出版公司改組不久，我獲真除為總經理，督導日常業務，擬派任同事游某接掌人事，問合宜否？得出大有卦二、三、四、上爻動，齊變成復卦，九四值宜變，又有大畜卦之象。「遇大有之復」，一元復始萬象更新；大畜〈象傳〉稱：「剛上而尚賢……不家食吉，養賢也。」尚賢養賢，看來人事調度正確，遂敲定此事。游某台大法律系畢業，頭腦清晰，慎思明辨，又合大有九四「明辨晢」之意。任人事主管後，確實表現不錯，在那段艱苦經營的歲月裡幫了我很多忙。

●二〇一〇年二月上旬，春節剛過，幾位學生請我在居酒屋喝春酒，談談笑笑，也有些遊戲之占。其時台灣影藝圈流行「事業線」的說法，喻指女星靠暴露胸部取勝，雖言不及義，卻充斥於社交應酬的話題中。我們試占所謂事業線的意義，得出不變的坤卦，就是厚德載物、哺育群生的母性象徵。再問社會過度炒作這個話題，算是怎麼回事？得出大有卦初、二、五、上爻動，齊變成咸卦（䷞）；大有六五值宜變，單變有乾卦之象。六五「柔得尊位，大中而上下應之」；咸卦卦辭稱：「亨利貞，取女吉。」都突顯了對女性美的讚頌熱情。大有為眾，人人皆有；咸為自然的感情，也是全、皆之意，其〈彖傳〉末讚嘆：「觀其所感，而天地萬物之情可見矣！」「遇大有之咸」，卦象還真絕妙。

然而，《焦氏易林》的斷詞沒有好話：「裸裎逐狐，為人觀笑；牝雞司晨，主作亂根。」維妙維肖，有趣有趣！

●二〇一一年十月中旬，我們三對夫婦聯袂赴西藏旅遊半月，每天的車程平均都有五百公里，山河壯麗，可也相當辛苦。車行顛簸不能看書，我就用手機占了不少卦。中國社會流行十二生肖的說法，九月我去德國慕尼黑授《易》時，那些老外居然也都知道鼠牛虎兔的類型理論。《易經》中有不少動物的取象，藉其生態屬性，說明許多自然的道理。〈說卦傳〉第八章稱：「乾為馬，坤為牛，震為龍，巽為雞，坎為豕，離為雉，艮為狗，兌為羊。」十二生肖中已佔其七，鼠見於晉卦九四爻辭：「晉如鼫鼠，貞厲。」虎象多見，履虎尾已見前文。兔、蛇、猴未有明確的意象。傳說肖龍或馬的適合習易，肖狗的適合學佛，似乎也有一定的道理。西藏行途中，我占問：十二生肖屬性有意義嗎？得出大有初、二、三、上爻動，齊變成豫卦（䷏）。大有眾也，形形色色什麼都有；豫卦依據預定的稟性行事，〈大象傳〉稱：「殷薦之上帝以配祖考。」順性而動，有其天性與祖先遺傳的淵源。

五爻變占例

占事遇卦中五爻皆動，以五爻齊變所成之卦的卦辭卦象論斷，參考各爻爻辭的變化因由；若其中一爻值宜變，稍加重考量即可。

● 一九九四年四月上旬，那家出版公司劇烈股爭，我有心勞力絀、四面楚歌之感，占自己最後的吉凶為何？得出大有卦五個陽爻全動，齊變成坤卦，九二值宜變，單變有離卦之象。大有元亨，最後上九且獲天祐之吉；坤卦謙退包容，順勢用柔。離卦〈大象傳〉稱：「明兩作，離。大人以繼明照于四方。」人生事業，明明無盡，此退彼進，再造輝煌！忽忽近二十年過去，後勢發展完全如占象所示啊！

●二〇一六年五月初，大陸四海不寧，我問韓國、朝鮮會生事嗎？為大有卦五陽爻皆動，齊變成坤卦，九二宜變成離卦。大有即和平共存，九二「大車以載，有攸往，无咎。」離卦繼續光明照耀四方。大有五陽剛氣化盡成坤，為了廣土眾民利益而順勢用柔。肯定沒事，確實如此。

再問南海有事否？為同人卦九四爻動，有家人之象。爻辭稱：「乘其墉，弗克攻，吉。」各方還是「困而反則」，沒必勝把握就退保其地，回歸國際準則。

●二〇一二年五月底，我們學會剛辦完春季研習營，並已決定秋研營時回歸易理本身的深入探討，首選為易中最圓善的謙卦。我想在自己六十花甲之年，驗收一下授易二十多年的成果，找了十八位有潛力的學生從不同角度撰寫論文，然後結集印出。占問構想何如？為大有卦二、三、四、五、上爻動，上九值宜變為大壯，五爻齊變成屯卦（䷂）。大有眾也，上九「自天祐之，吉无不利」，屯卦培育種苗，清新可喜，卦象相當正面。大有往下正是謙卦，「有大者不可以盈，故受之以謙」，配合的多巧多好！當年十一月中，我們在北海岸八里「大唐溫泉物語」舉辦秋研營，論文質量豐富齊整，成果相當豐碩。

●二〇一六年十二月中旬，我又赴福建長泰龍人書院參加國學論壇，會前先至廈門會友。當晚與廈門大學台灣研究院劉國深院長完成簽約儀式，台商學生藍榮福劍膽俠心，以我名義捐贈十萬人民幣作獎學金，之後再以自己名義跟進十萬，期望兩岸互相增進了解，締造和平正果。餐前還接受鳳凰網記者採訪，暢談與廈門的深厚結緣與對國學發展的建言。整個行前問收穫，為大有卦初至五爻全動，齊變成觀卦。大有元亨，促進兩岸大同；觀卦〈大象傳〉稱：「風行地上，先王以省方觀民設教。」完全切合實情。

易斷全書：理解《易經》斷卦的實用寶典 /
劉君祖著. -- 初版. -- 臺北市：大塊文化, 2017.12
冊； 公分. --（劉君祖易經世界；12-15）

ISBN 978-986-213-846-5（全套：平裝）

1. 易經 2. 研究

121.17 106021211

劉君祖易經世界12

易斷全書 第一輯

理解《易經》斷卦的實用寶典

作　　者：劉君祖
責任編輯：李濰美
封面設計：張士勇
校　　對：石粤軍、趙曼如、劉眞儀、劉君祖
出　　版：大塊文化出版股份有限公司
地　　址：台北市 105022 南京東路四段二十五號十一樓
網　　址：www.locuspublishing.com
讀者服務專線：0800-006689
電　　話：(02) 87123898　傳眞：(02) 87123897
郵撥帳號：18955675　戶名：大塊文化出版股份有限公司
總 經 銷：大和書報圖書股份有限公司
地　　址：新北市 24890 新莊區五工五路二號
電　　話：(02) 89902588（代表號）　傳眞：(02) 22901658
初版一刷：二〇一七年十二月
初版三刷：二〇二三年五月
定　　價：新台幣二五〇〇元（四輯不分售）
法律顧問：董安丹律師、顧慕堯律師